"十三五"国家重点图书出版规划项目

国家自然科学基金应急项目系列丛书

新时期东北地区"创新与发展"研究

金凤君　王姣娥　杨宇　等／著

科学出版社

北京

内容简介

东北振兴是一项复杂而艰巨的长期任务，必须从新思路、新模式、新机制和新抓手上谋划新对策，适应经济发展新常态，如此才能探索出新的振兴之路。本书在国家自然科学基金委员会管理科学部设立的 2015 年第 3 期应急管理项目"东北地区振兴发展的新机制与政策研究"支持下，进行了学术总结。本书在深刻剖析东北社会经济发展状态与基础、区域发展新环境的基础上，提出新路径与新对策，并从农业可持续发展、产业发展新模式与新机制、创新驱动发展、对外开放与区域合作、新型城镇化发展、全球价值链整合与区域产业升级、单一结构城市转型、国有企业改革与创新途径、人力资本与人才战略、政府职能改革等方面论证了新时期东北创新与发展的系列重点问题。

本书可供政府相关部门的管理者，地理学、经济学、管理学的研究人员，以及高校教师、研究生使用。

图书在版编目（CIP）数据

新时期东北地区"创新与发展"研究 / 金凤君等著. —北京：科学出版社，2018.9

（国家自然科学基金应急项目系列丛书）

ISBN 978-7-03-058705-3

Ⅰ.①新… Ⅱ.①金… Ⅲ.①区域经济发展–研究–东北地区 Ⅳ.①F127.3

中国版本图书馆 CIP 数据核字（2018）第 206863 号

责任编辑：李　莉 / 责任校对：孙婷婷
责任印制：霍　兵 / 封面设计：蓝正设计

科学出版社 出版
北京东黄城根北街 16 号
邮政编码：100717
http://www.sciencep.com

北京通州皇家印刷厂 印刷
科学出版社发行　各地新华书店经销

*

2018 年 9 月第 一 版　开本：720×1000　B5
2018 年 9 月第一次印刷　印张：21 3/4
字数：436 000

定价：186.00 元
（如有印装质量问题，我社负责调换）

国家自然科学基金应急项目系列丛书编委会

主　编
　　吴启迪　教　授　国家自然科学基金委员会管理科学部

副主编
　　高自友　教　授　国家自然科学基金委员会管理科学部

编　委（按拼音排序）
　　程国强　研究员　同济大学
　　范维澄　教　授　清华大学
　　方　新　研究员　中国科学院
　　辜胜阻　教　授　中国民主建国会
　　黄季焜　研究员　北京大学
　　李善同　研究员　国务院发展研究中心
　　李一军　教　授　哈尔滨工业大学
　　林毅夫　教　授　北京大学
　　刘作仪　研究员　国家自然科学基金委员会管理科学部
　　汪寿阳　研究员　中国科学院数学与系统科学研究院
　　汪同三　研究员　中国社会科学院数量经济与技术经济研究所
　　王金南　研究员　中华人民共和国生态环境部
　　魏一鸣　教　授　北京理工大学
　　薛　澜　教　授　清华大学
　　杨列勋　研究员　国家自然科学基金委员会管理科学部

本书课题组成员名单

课题总协调人：中国科学院地理科学与资源研究所 金凤君 研究员
课题秘书：中国科学院地理科学与资源研究所 王姣娥 研究员

课题一：东北地区振兴发展的新机制与政策研究
承担单位：中国科学院地理科学与资源研究所
主持人：金凤君
课题组成员：杨宇、齐元静、王姣娥、马丽

课题二：产业结构调整升级的途径与机制研究
承担单位：中国科学院地理科学与资源研究所
主持人：王姣娥
课题组成员：马丽、李国旗、杜德林、杜超、景悦

课题三：现代农业可持续发展的途径与机制研究
承担单位：中国科学院东北地理与农业生态研究所
主持人：张平宇
课题组成员：刘文新、刘世薇、何秀丽、李鹤、李静、温鑫、刘大千

课题四：单一结构城市转型途径与对策研究
承担单位：吉林大学
主持人：宋冬林
课题组成员：汤吉军、董直庆、赵新宇、姚毓春、范欣、苟艺铭、董安琪、毕一博

课题五：东北地区人口结构和人力资源流失问题分析与对策研究
承担单位：哈尔滨理工大学
主持人：王志浩

课题组成员：王巍、田红娜、陆丰刚、李大宇、窦以鑫、于兴洋、符建华、宁虹超、隋明玉

课题六：创新驱动发展的新机制与策略研究
承担单位：大连理工大学
主持人：刘凤朝
课题组成员：马荣康、张娜、张淑慧、楠丁、赵雪键、张鸿鹤

课题七：对外开放的战略与途径研究
承担单位：中国科学院地理科学与资源研究所
主持人：刘志高
课题组成员：宋涛、叶尔肯·吾扎提、郑蕾、张薇

课题八：政府职能改革方向与途径研究
承担单位：国家发展和改革委员会国土开发与地区经济研究所，中国科学院科技战略咨询研究院
主持人：刘洋
课题组成员：王光辉、刘金凌、刘鹤

课题九：全球价值链整合与东北振兴的对策研究
承担单位：武汉大学
主持人：余振
课题组成员：顾浩、杨佳、冯家佳、周冰惠

课题十：深化国有企业改革的途径和对策研究
承担单位：辽宁大学
主持人：王伟光
课题组成员：吉国秀、冯荣凯、侯军利、张钟元、臧红敏、李晓梅、施炎、李腾、佟勃然、刘苹

本书编写分工

第一章 社会经济发展状态与基础
王姣娥、杜德林、金凤君

第二章 新时期区域发展的新环境
杨宇、李小云、金凤君

第三章 新时期区域发展路径与对策
金凤君

第四章 农业可持续发展途径与机制
张平宇、刘文新、刘世薇、何秀丽

第五章 产业发展新模式与新机制
王姣娥、马丽、杨威、施炎

第六章 创新驱动发展的机制与平台建设
刘凤朝、马荣康、张娜、张淑慧、楠丁、赵雪键、张鸿鹤

第七章 对外开放与区域合作
刘志高、杨宇、郑蕾、张薇

第八章 新型城镇化发展路径与对策
齐元静、朱迪、金凤君、李文琦

第九章 全球价值链整合与区域产业升级
余振、顾浩、杨佳、冯家佳、周冰惠

第十章 单一结构城市转型途径与对策
宋冬林、范欣、姚常成

第十一章 国有企业改革与创新途径

王伟光、冯荣凯、侯军利

第十二章 人力资本与人才战略

王志浩、于兴洋、王卫

第十三章 政府职能改革方向与途径

刘洋、王光辉、刘金凌、刘鹤

文字排版和插图绘制：王志辉

总　　序

　　为了对当前人们所关注的经济、科技和社会发展中出现的一些重大管理问题快速做出反应，为党和政府高层科学决策及时提供政策建议，国家自然科学基金委员会于1997年特别设立了管理科学部主任基金应急研究专款，主要资助开展关于国家宏观管理及发展战略中急需解决的重要的综合性问题的研究，以及与之相关的经济、科技和社会发展中的"热点"与"难点"问题的研究。

　　应急研究项目设立的目的是为党和政府高层科学决策及时提供政策建议，但并不是代替政府进行决策。根据学部对于应急项目的一贯指导思想，应急研究应该从"探讨理论基础、评介国外经验、完善总体框架、分析实施难点"四个主要方面为政府决策提供支持。每项研究的成果都要有针对性，且满足及时性和可行性要求，所提出的政策建议应当技术上可能、经济上合理、法律上允许、操作上可执行、进度上可实现和政治上能为有关各方所接受，以尽量减少实施过程中的阻力。在研究方法上要求尽量采用定性与定量相结合、案例研究与理论探讨相结合、系统科学与行为科学相结合的综合集成研究方法。应急项目的承担者应当是在相应领域中已经具有深厚的学术成果积累，能够在短时间内（通常是9~12个月）取得具有实际应用价值成果的专家。

　　作为国家自然科学基金的一个特殊专项，管理科学部的"应急项目"已经逐步成为一个为党和政府宏观决策提供科学、及时的政策建议的项目类型。与国家自然科学基金资助的绝大部分（占预算经费的97%以上）专注于对管理活动中的基础科学问题进行自由探索式研究的项目不同，应急项目有些像"命题作文"，题目直接来源于实际需求并具有限定性，要求成果尽可能贴近实践应用。

　　应急研究项目要求承担课题的专家尽量采用定性与定量相结合的综合集成方法，为达到上述基本要求，保证能够在短时间内获得高水平的研究成果，项目的承担者在立项的研究领域应当具有较长期的学术积累。

　　自1997年以来，管理科学部对经济、科技和社会发展中出现的一些重大管理问题做出了快速反应，至今已启动45个项目，共323个课题，出版相关专著16部。其他2005年前立项、全部完成研究的课题，其相关专著亦已于近期出版发行。

从 2005 年起,国家自然科学基金委员会管理科学部采取了新的选题模式和管理方式。应急项目的选题由管理科学部根据国家社会经济发展的战略指导思想和方针,在广泛征询国家宏观管理部门实际需求和专家学者建议及讨论结果的基础上,形成课题指南,公开发布,面向全国管理科学家受理申请;通过评审会议的形式对项目申请进行遴选;组织中标研究者举行开题研讨会议,进一步明确项目的研究目的、内容、成果形式、进程、时间结点控制和管理要求,协调项目内各课题的研究内容;对每一个应急项目建立基于定期沟通、学术网站、中期检查、结题报告会等措施的协调机制以及总体学术协调人制度,强化对于各部分研究成果的整合凝练;逐步完善和建立多元的成果信息报送常规渠道,进一步提高决策支持的时效性;继续加强应急研究成果的管理工作,扩大公众对管理科学研究及其成果的社会认知,提高公众的管理科学素养。这种立项和研究的程序是与应急项目针对性和时效性强、理论积累要求高、立足发展改革应用的特点相称的。

为保证项目研究目标的实现,应急项目申报指南具有明显的针对性,从研究内容到研究方法,再到研究的成果形式,都具有明确的规定。管理科学部将应急研究项目的成果分为四种形式,即一本专著、一份政策建议、一部研究报告和一篇科普文章,本丛书即应急研究项目的成果之一。

为了及时宣传和交流应急研究项目的研究成果,管理科学部决定将 2005 年以来资助的应急项目研究成果结集出版,由每一项目的协调人担任书稿的主编,负责项目的统筹和书稿的编撰工作。

希望此套丛书的出版能够对我国管理科学政策研究起到促进作用,对政府有关决策部门发挥借鉴咨询作用,同时也能对广大民众有所启迪。

国家自然科学基金委员会管理科学部

前　言

东北老工业基地是我国重要的区域经济板块。从 2003 年国家实施振兴东北老工业基地战略以来，区域经济振兴与社会发展取得了重大成绩，扭转了有着巨大失落感的社会氛围，传统产业发展活力显著提升，民生问题明显改善，现代农业实现了稳步发展，东北地区经济实力与过去相比有了显著的提升。

尽管东北老工业基地经济社会发展取得了显著成绩，但是深层次的结构性和体制性问题没有得到彻底解决。工业结构仍以重化工业为主，国有企业主导区域经济发展，新兴产业乏善可陈，市场经济体制发展不完善，在我国经济整体转型升级的背景下，依靠以投资和原材料需求拉动为主的东北经济表现出比其他地区更加明显的不适应，存在着支柱产业快速下滑、新培育产业夭折、资源型城市转型停止、政府债务、金融和人才流失、创新乏力及社会不够稳定等诸多风险点。2014 年以来，东北老工业基地经济增速快速下滑。2014 年辽宁、吉林、黑龙江三省地区生产总值增速落后于全国平均水平 1~2 个百分点，处在全国末位。2016 年，辽宁以 -2.5%的增速排全国倒数第一位，黑龙江以 6.1%的增速排倒数第三位，吉林的增速排名靠后，这意味着东北老工业基地经济发展存在再度衰退的风险。究其原因，内生增长动力不足是东北老工业基地振兴最大的瓶颈。因此，就东北地区而言，必须从新思路、新模式、新机制和新抓手上谋划新对策，适应经济发展新常态，如此才能探索出新的振兴之路。

当前东北老工业基地振兴发展的严峻形势，已经引起了国家领导人关注。2014 年 7 月 31 日李克强总理主持召开国务院振兴东北地区等老工业基地领导小组工作会议。2014 年 8 月 19 日，国务院正式发布了《国务院关于近期支持东北振兴若干重大政策举措的意见》，这标志着国家新一轮振兴东北老工业基地战略出台。2016 年 4 月，中共中央、国务院发布《中共中央　国务院关于全面振兴东北地区等老工业基地的若干意见》，为经济发展新常态下东北地区全面振兴指明了方向。

为加强学术界对东北地区的研究，为东北老工业基地振兴建言献策，国家自然科学基金委员会管理科学部设立了 2015 年第 3 期应急管理项目"东北地区振兴发展的新机制与政策研究"，笔者有幸作为课题总协调人，以中国科学院地理科学与资源研究所为牵头单位，联合中国科学院东北地理与农业生态研究所、大连理工大学、吉林大学、辽宁大学、武汉大学、哈尔滨理工大学、国家发展和改革委员会（简称国家发改委）国土开发与地区经济研究所等单位申请获得了资助，最终形成了"1+9"的项目组织模式。经过一年的研究，形成了近100万字的研究报告和若干份专题建议，研究成果多次在焦点访谈、经济日报、财经界、人民网、新华网、中国政府网等主流媒体刊登，提出东北振兴首要离不开的是创新，同时引导社会和民众认识到东北振兴是一项复杂而艰巨的长期任务。2015年12月和2016年9月，笔者两次前往中南海参与中共中央办公厅座谈会，为东北振兴建言献策。2016年，课题组在《地理科学》第36卷第9期组织了东北创新与发展专刊，共刊发论文13篇。

本书是在上述研究报告、咨询建议及学术论文的基础上凝练而成的，针对性地评述了东北社会经济发展的历史地位与基础，阐述了新时期东北区域发展的新环境，提出了新路径与新对策，并从农业可持续发展、产业发展新模式与新机制、创新驱动发展、对外开放与区域合作、新型城镇化发展、全球价值链整合与区域产业升级、单一结构城市转型、国有企业改革与创新途径、人力资本与人才战略、政府职能改革等方面论证了新时期东北创新与发展的系列重点问题。

本书的大纲由金凤君、王姣娥、杨宇设计，全书共十三章，最终大纲的审定和内容的定稿由金凤君完成，全书校对由金凤君、王姣娥、杨宇完成，前期课题协调和最终的形成过程中王姣娥做了大量细致的工作。

本书的研究成果在形成过程中，得到了国家自然科学基金委员会、国家发改委东北等老工业基地振兴司、东北各地有关部门的大力支持，特表感谢。

金凤君
2018年7月

目 录

第一章 社会经济发展状态与基础 ················· 1
    第一节 经济社会发展的历史过程 ················· 1
    第二节 经济社会发展的基础与优势 ················· 6
    第三节 经济发展水平及空间差异 ················· 12
    第四节 面临问题及未来趋势判断 ················· 19
    参考文献 ················· 25

第二章 新时期区域发展的新环境 ················· 27
    第一节 国内外发展环境与趋势 ················· 27
    第二节 国家区域发展政策变化 ················· 34
    第三节 国家宏观政策对东北地区发展的影响 ················· 40
    参考文献 ················· 48

第三章 新时期区域发展路径与对策 ················· 50
    第一节 区域发展历史症结与破解之路 ················· 50
    第二节 未来发展需调整的重大关系 ················· 56
    第三节 推动转型发展的突破路径 ················· 62
    第四节 对策建议 ················· 67
    参考文献 ················· 69

第四章 农业可持续发展途径与机制 ················· 71
    第一节 现代农业发展现状及存在问题 ················· 71
    第二节 国家粮食安全与东北现代农业发展 ················· 78
    第三节 现代农业发展的新模式与新机制 ················· 84
    参考文献 ················· 90

第五章 产业发展新模式与新机制 ················· 92
    第一节 产业发展现状与存在问题 ················· 92
    第二节 产业发展地位及演化 ················· 98

  第三节　高技术产业创新发展 112
  第四节　产业转型思路与路径 119
  参考文献 124

第六章　创新驱动发展的机制与平台建设 125
  第一节　创新资源驱动产业发展的机制 125
  第二节　创新平台建设问题及政策建议 139
  第三节　沈大国家自主创新示范区建设 143
  第四节　创业风险投资发展 150
  参考文献 154

第七章　对外开放与区域合作 156
  第一节　东北亚区域合作趋势 156
  第二节　东北地区对外开放现状 162
  第三节　东北地区对外开放的制约因素 169
  第四节　东北地区对外开放的战略构想 172
  参考文献 178

第八章　新型城镇化发展路径与对策 179
  第一节　城镇化发展历程与特征 179
  第二节　城镇化面临的问题与出路 182
  第三节　加快新型城镇化发展的对策建议 187
  参考文献 192

第九章　全球价值链整合与区域产业升级 193
  第一节　全球价值链整合的趋势与特点 193
  第二节　东北三省在全球价值链中的地位 202
  第三节　东北三省产业升级途径与对策建议 210
  参考文献 217

第十章　单一结构城市转型途径与对策 218
  第一节　单一结构城市识别方法 218
  第二节　单一结构城市类型与发展特征 224
  第三节　单一结构城市发展战略与途径 242
  第四节　单一结构城市可持续发展策略 247
  参考文献 250

第十一章　国有企业改革与创新途径 252
  第一节　国有企业发展现状与问题 252
  第二节　国有企业改革方向与途径 260
  第三节　深化国有企业改革与创新发展对策 267

参考文献 ·· 272
第十二章　人力资本与人才战略 ·· 274
　　第一节　人力资本特征与存在问题 ··· 274
　　第二节　经济发展与人力资本需要 ··· 280
　　第三节　人才发展战略与途径 ·· 293
　　第四节　对策建议 ·· 299
　　参考文献 ·· 301
第十三章　政府职能改革方向与途径 ··· 303
　　第一节　政府职能运行现状评价 ·· 303
　　第二节　政府干预强度和市场化发展水平评价 ··························· 307
　　第三节　政府职能改革方向及其路径 ··· 318
　　第四节　政府职能改革对策建议 ·· 327
　　参考文献 ·· 330

第一章 社会经济发展状态与基础

东北地区是我国具有特殊重要地位的自然地理单元和经济社会板块，在我国社会经济发展中一直起着非常重要的作用。直到20世纪80年代，东北地区始终在中国工业化历程中发挥着龙头作用。之后，由于全国的市场开放格局、政策体制发生了变化，加之东北部分重要矿产资源枯竭，社会经济发展面临一系列问题。2003年党中央、国务院做出实施东北地区等老工业基地振兴战略的重大决策，采取一系列支持、帮助、推动东北老工业基地振兴发展的专门措施。2013年以来，在各方面共同努力下，东北老工业基地振兴取得了明显成效和阶段性成果，经济总量迈上新台阶，结构调整扎实推进，国有企业竞争力增强，重大装备研制走在全国前列，粮食综合生产能力显著提高，社会事业蓬勃发展，民生有了明显改善。然而，随着我国经济发展进入新常态，东北地区经济下行压力增大，部分行业和企业生产经营困难，体制机制的深层次问题进一步显现，经济增长新动力不足和旧动力减弱的结构性矛盾突出，发展面临新的困难和挑战。本章从综合集成分析入手，阐述东北地区经济社会发展的历史过程及其地位变化，阐述东北发展的基础与优势，科学评判其经济发展水平及空间差异，剖析其发展面临的问题，并对未来发展趋势进行预判。

第一节 经济社会发展的历史过程

一、区域经济发展历程与地位

（一）区域发展历程

东北地区是我国较为完备的自然地理单元，拥有优越的资源禀赋和良好的生态环境基础，农业和工业开发历史均较早，是我国经济社会发展进程中极为重要的板块，也是我国产业发展和城市建设的先发地区（程伟，2009）。就东北地区的经济发展与工业化演进历程而言，大致经历了以下几个阶段（张国宝等，2008a）。

1. 1860~1930年：清末与民国初期资源开发与工业化起步阶段

鸦片战争以后，东北地区的工业发展进入萌芽发展时期。由于大规模垦荒的陆续展开，东北地区粮食生产及商品率均有大幅度提高，带动了农产品加工业的发展。尤其是20世纪初东北地区出现的移民浪潮加速了东北地区的土地开发，促进了农业发展，当时的东北地区已经成为具有世界意义的商品粮生产基地，这在一定程度上也为近代工业的起步奠定了物质基础，一批具有资本主义性质的近代产业逐渐发展起来。至20世纪20年代，逐渐形成了榨油、面粉和酿酒三大支柱产业，以及采矿业、机械制造业等工业部门，资源依赖型的区域产业结构特征初见端倪。从布局来看，大连、沈阳、鞍山、哈尔滨、齐齐哈尔等都是这一时期重要的工业城市。

2. 1931~1945年：日伪时期掠夺式资源开发与重工业畸形发展阶段

日俄战争（1904~1905年）以后，日本开始逐步控制东北地区的开发和经济命脉。1931年"九一八"事变后，日本占领了东北地区。为了服务军事扩张，日本重点开发中国东北地区的矿产资源及原材料工业，采矿、冶金、电力、机械等重工业部门急剧膨胀，毛织、制麻等轻工业及化学工业部门也快速发展，初步奠定了东北地区的工业基础。20世纪40年代，东北地区已经是当时世界上工业化快速发展的区域之一，也是中华人民共和国成立之前重要的工业集聚区域，从沈阳到大连的沈大线是当时举世闻名的"绵长工业区"。

3. 1949~1980年：计划经济时期工业化快速发展阶段

中华人民共和国成立初期，当时辽宁、吉林和黑龙江三省的原材料、能源及机械工业基础较好，因此成为国家"一五"时期（1953~1957年）建设重点，并将苏联援建的156个项目之中的57项安排在东北进行建设。这些项目的建成，强化了东北地区作为重工业基地的地位，20世纪60年代石油、森林和农业的开发进一步促进了炼油工业、化学工业、轻纺工业、能源工业、森林工业的发展，使东北地区的产业结构和生产力布局发生了显著变化，大庆、伊春、七台河等一批新型工业城市逐步形成。此后直到1980年，国家持续对东北地区实行优先发展重工业的政策，区域经济产业选择重化工的路径不断得到强化。

4. 1980~2002年：转型时期区域经济的适应性调整阶段

进入20世纪80年代，中央政府开始实施对外开放政策，中国东南沿海地区成为国家投资和政策供给的重点区域，同时，经济运行机制的市场取向也逐渐成为国家政策的主流倾向。东北地区经济发展遇到了前所未有的困难，计划经济的体制和模式对市场机制难以适应，过重的产业结构也面临繁重的技术改造任务，发展困难。虽然国家和地方政府出台了一系列政策试图改变东北地区经济发展乏力的状况，但效果并不理想。此外，新兴部门成长缓慢，导致工业部门结构没有发生实质性变化，区域竞争力也没有得到实质性提升，区域工业体系依然以物资消耗高、运输量大和污染严重的资源型及资金密集型产业为主，而附加值高的知识及技术密集型行业未得到充分发展。

5. 2003年至今：全面开放时期的产业升级改造与区域经济转型发展阶段

2001年末中国正式加入世界贸易组织（World Trade Organization，WTO），开启了加速融入全球经济的进程，使中国进入了全球化和市场经济时代。恰在此时，东北地区经济进入了最艰难和最困难的时期，发展机制和模式已经不能适应国内外发展的要求，经济的竞争力丧失。基于此，中央政府于2003年出台了振兴东北老工业基地战略，并辅之以一系列旨在推动产业升级和经济发展转型的政策，希冀重塑东北地区的产业体系和发展模式，使东北地区开始进入产业升级改造与区域经济转型发展的阶段。经过2013年以来的持续政策支持和资金投入，到目前为止东北经济取得了初步成效，但仍然任重道远。

（二）社会经济地位变化及其重要性

一方面，东北地区是我国经济社会发展进程中极为重要的板块，就其历史贡献和现实的战略重要性而言，可以用"推动我国工业化发展的'柱石'、保障国家粮食安全的'基石'、维护国家生态安全的'屏障'和巩固国家国土安全的'保障'"来定义其地位和作用（张国宝等，2008b；金凤君等，2006）。另一方面，我国计划经济时期的"六大经济区"、20世纪80~90年代的"三大地带"和21世纪初期的"四大板块"区域战略，均将东北作为相对完整的区域经济板块给予特别重视，充分说明了东北地区一以贯之的特殊地位和作用。在目前大力实施"一带一路"倡议、京津冀协同发展、长江经济带发展的背景下（刘卫东等，2011，2014），2016年发布的《中共中央 国务院关于全面振兴东北地区等老工业基地的若干意见》也明确提出"要像抓'三大战略'一样，持续用力，抓好新一轮东北地区等老工业基地振兴战略的实施"，这也充分表明了东北地区振兴在新时期全国区域经济发展中的战略性和独特地位。

东北地区作为我国工业化的先行地区，在推进我国工业化进程和建立完整的国民工业体系方面做出了历史性贡献（姜四清等，2010），1965年东北地区的原煤、原油、钢、水泥产量占全国的24%~79%，是名副其实的国家原材料工业基地；汽车产量占全国的 84%，轨道交通设备、发电设备、机床等装备生产占比也名列前茅，是全国名副其实的装备制造业基地，这一时期我国内地工业企业的建设多有东北工人的身影和技术支撑，一汽援建二汽、一重援建二重、鞍钢援建攀钢等，东北在中华人民共和国成立之后工业体系建设中支援了全国。1949 年后至 20 世纪 80 年代，东北地区始终在中国的工业化历程中发挥着龙头作用。即使经过改革开放 40 年，我国工业规模、工业格局和工业技术发生翻天覆地变化，东北在我国装备制造业和基础原材料领域仍发挥着"柱石"地位，一重、哈电、一汽、长客、鞍钢、沈阳机床、沈鼓、沈飞、大连造船等都是国宝级的企业，东北三省目前发电设备产量占全国 1/3，数控机床产值占 1/3，内燃机产量占 1/5，炼油能力接近全国 1/5，造船总能力接近全国 1/5，在重大技术装备和国防科技工业等领域继续发挥着支柱作用。从国家向现代工业强国迈进的愿景看，东北地区的科技研发和产业基础组合仍比较优越，有较大的潜力。所以，将东北地区打造成具有国际竞争力的先进装备制造业基地和重大技术装备战略基地，国家新型原材料基地、重要技术创新与研发基地，是全面振兴的必然选择。

在我国快速工业化和城镇化的进程中，农业发展的基础和格局发生了巨大变化，东北地区的地位日渐凸显，开始向保障国家粮食安全的"基石"地位转换，并且越来越重要。1985 年，东北三省的粮食产量仅占全国的 9.6%，2000 年占全国的比重提高到 11.5%，2014 年进一步提高到 19%，其中商品粮占全国的 40%。可以预见，东北地区将是维护我国粮食安全的"稳压器"。东北地区特殊的区位和自然地理条件，还具有维护国家生态安全的屏障和巩固国家国土安全的保障功能，并且一定程度上不亚于其经济在全国的地位，这也是全面振兴战略制定与实施必须考虑的出发点（金凤君等，2012）。

二、东北经济现发展阶段判断

经过一个多世纪的大规模开发和经济快速发展，东北地区整体处于工业化中后期阶段，与全国其他经济区基本同步，但第三产业不发达，农业比重较高。根据国际上常用的衡量工业化的标准，即人均收入水平［人均 GDP（国内生产总值）或 GNP（国民生产总值）］的变动、三次产业产值结构和就业结构的变动、工业内部结构的变动，对东北地区的发展阶段进行判断。

（一）基于人均 GDP 衡量，东北地区处于工业化中级向高级过渡阶段

按照 1964 年的美元标准，2015 年东北地区人均 GDP 为 770.4 美元（表 1-1），和全国平均水平基本持平，处于钱纳里等学者按人均收入水平划分的工业化中级阶段。其中，辽宁省和蒙东地区人均 GDP 分别为 1 000.3 美元和 830.7 美元，处于

工业化高级阶段，而黑龙江省和吉林省人均 GDP 分别为 603.2 美元和 781.0 美元，均处于工业化中级阶段。由于最近几年来东北经济增速明显放缓或出现负增长，按照 1964 年和 1990 年的美元标准，2014 年东北地区人均 GDP 分别为 818.4 美元和 3 223.8 美元，处于工业化高级阶段，2015 年人均 GDP 反而下降为 770.4 美元和 3 034.7 美元。因此，由于近几年经济发展形势不稳，东北地区整体上仍处于工业化中级向高级过渡的阶段。

表 1-1　2015 年东北人均 GDP 换算

人均 GDP 标准	东北地区	东北三省	辽宁	吉林	黑龙江	蒙东地区	全国
人均 GDP（1964 年美元）	770.4	806.9	1 000.3	781.0	603.2	830.7	768.3
人均 GDP（1990 年美元）	3 034.7	3 178.3	3 940.2	3 076.5	2 376.1	3 272.1	3 026.4

（二）基于三次产业结构衡量，东北地区处于工业化中期向后期过渡阶段

与全国三次产业的产出结构相比（表 1-2），2015 年东北地区的第一产业比重为 9.15%，第二产业比重为 41.24%，第三产业比重为 49.62%，整体上处于工业化中期阶段。具体分析，吉林省和蒙东地区第二产业比重接近 50%，高于一般模式中工业化完成阶段的第二产业比重，处于从工业化中期向后期发展的过渡阶段，辽宁省则是价格和统计方面的影响导致其第二产业比重低于 50%，2014 年辽宁省第二产业比重为 50.2%，因此总体上辽宁省也处于从工业化中期向后期发展的过渡阶段。黑龙江省则是第二产业低于第三产业比重，整体上仍处于工业化中期阶段。

表 1-2　东北三省产业结构及其就业结构

区域	2015 年三次产业结构			2010 年三次产业就业结构		
	第一产业	第二产业	第三产业	第一产业	第二产业	第三产业
东北地区	9.15%	41.24%	49.62%	38.2%	22.8%	39.0%
辽宁	8.32%	45.49%	46.19%	31.3%	26.2%	42.5%
吉林	11.35%	49.82%	38.83%	42.0%	21.3%	36.6%
黑龙江	17.51%	31.90%	50.88%	44.4%	19.4%	36.2%
蒙东地区	15.22%	49.05%	35.73%			
全国	8.83%	40.93%	50.24%	36.7%	28.7%	34.6%

注：表中东北地区就业结构为东北三省数据

（三）基于工业内部结构衡量，东北地区处于工业化中期

从当前东北地区轻重工业产值的比例分析，重工业仍然占据非常重要的地位。2014 年东北三省轻重工业比例为 26∶74，而 2004 年为 18∶82，20 世纪 80

年代为30∶70。由此可见，2013年以来东北三省重工业的地位逐步下降，但与20世纪80年代相比仍偏重型化。同时，重工业中的钢铁、机械、能源、化工等资源型重工业占据举足轻重的地位，这与中华人民共和国成立以来东北三省一直强调发展重工业有关。同时，东北三省的高新技术产业发展缓慢，技术密集型加工业比重较低，这种工业结构反映了东北三省目前仍处于工业化的中期阶段。

从各省市分析来看，辽宁省轻重工业比例为20.5∶79.5，主导产业主要集中在钢铁、石油加工、通用设备、化学原料和化学制品、农副食品加工业等方面，以资源依赖、资本投入和劳动密集型产业并重。2014年全省规模以上工业企业实现高技术产业主营业务收入2 351.7亿元，占地区生产总值的8.2%，并主要集中在航空航天设备、海洋-船舶、生物医药等方面。可见，辽宁省经济发展已经具有工业化中后期的发展趋势。吉林省为30.6∶69.4，重工业比重较辽宁省有所下降。其中，吉林省以汽车制造业、农副食品加工业、化学原料制造业及医药制造业为主，2014年高技术产业主营业务收入为1 667.9亿元，占GDP比重为12.1%。高技术产业比重较高，且主导产业以资本投入和劳动密集型特征为主，因此吉林省经济发展也具有工业化中后期的发展趋势。黑龙江省的轻重工业比重为35.6∶64.4，工业产业发展以石油开采、石油加工、农副食品加工、电力和热力的生产与供应为主导，资源依赖和劳动密集型产业特征突出。黑龙江省在2014年高新技术产业的主营业务收入为632.4亿元，占GDP的4.2%。可见，黑龙江省仍处于工业化的中期阶段。

总体而言，东北地区经济发展处于工业化中期向中后期过渡阶段，辽宁省处于工业化中后期，吉林省处于工业化中期向后期迈进阶段，而黑龙江省则处于工业化中期，蒙东地区处于工业化初期，处于大规模开发阶段。根据波特提出的经济增长方式与经济发展阶段之间的对应关系，工业化的前期、中期、后期和后工业化社会对应的产业发展要素分别为要素推动、投资推动、创新推动和财富推动。因此，东北地区产业发展的核心驱动力是投资和技术创新。

第二节 经济社会发展的基础与优势

一、资源环境基础

（一）较为完备的自然地理单元

东北地区紧邻朝鲜、俄罗斯和蒙古，呈三面环山，中部沃野千里的地势结构。

其南北跨越 15 个纬度，分布着寒温带、中温带和暖温带三个温度带，东西横贯 24 个经度，分为湿润、半湿润和半干旱三个干湿地区，自东而西排列着山地丘陵、平原、高原山地三个地貌类型，其中西侧大兴安岭、东侧长白山地、北部小兴安岭。中间形成了松嫩平原、松辽平原和辽河平原，东部为三江平原，西部为锡林郭勒大草原、科尔沁大草原、呼伦贝尔大草原。气温、水分、地貌三大自然要素经过不同地质年代的交互作用，使东北地区内部形成了不同的生态地理系统，各自发挥着相应的功能和作用，并存在各自的脆弱性。东北地区是我国森林面积最大的区域，自然景观以森林和草甸草原为主；土壤类型复杂，黑土为其代表性土壤，是世界著名三大黑土地分布区域之一。

东北地区自然环境最直接的经济意义就是提供了温带环境下结构和功能各具特色的各类自然地理区域，为建立多种类型的经济地域系统，特别是为稳定地进行大规模农、林、牧、渔、矿等经济地域类型奠定了广袤的地域空间，提供了多样性的自然条件。从总体上看，是我国发展第一产业自然生态条件较优越的区域。

（二）优越的资源禀赋条件

1. 资源总量丰富、种类齐全、配置合理

（1）东北地区各类资源在质与量两个方面居于各大经济区前列，有 40 多种资源居全国前三位，资源总量和开发规模是全国其他地区无法比拟的。东北地区是全国重点林区，森林资源丰富，占全区土地面积的 39%，现有林地面积 4 455 多万公顷，森林总蓄积量为 34 亿多立方米。东北林区木材品种齐全，林质优良，树的种类有 100 多种，全区有野生动物 1 100 余种。森林野生植物资源极为丰富，据不完全统计共有 2 400 多种，其中药用植物 800 多种，可食用植物 1 000 多种；东北地区天然草原野生植物也比较丰富，已查明的野生经济植物就有 800 余种。这些野生植物的潜在价值在数百亿元以上，堪称我国的"生物资源宝库"。

（2）东北地区土地总面积约占全国的 15.1%，人均耕地面积是全国人均耕地面积的 2 倍多。耕地资源质量也好于全国其他地区，一等耕地比重 65.20%，有机质含量一般在 3% 以上，高于全国其他地区。全区草场面积约 4 049.3 万公顷，约占全国草场面积的 10.6%，草场类型齐全、动植物种类繁多，是重要生态屏障。

（3）东北地区矿产资源分布广，种类全多，现已探明储量的矿种 80 多种，约占全国已探明矿种的 64%，其中有近 60 种为大中型矿床。累计探明储量占全国首位的有石油、铁、金、镍、锰、钼、菱镁、滑石、金刚石、火山渣、浮石、硅藻土、膨润土、硅灰石、石墨等；居全国前五位的有铜、镁、铅、锡、石膏、天然碱、白云岩、硅砂、陶瓷黏土、方解石、大理石等。其中，铁矿约占全国储量的1/4；石油储量约占全国的1/2；煤炭约1 402.69亿吨；油页岩储量约211.4亿吨，约占全国的65%。此外，菱镁矿储量约占全国的80%；滑石储量约占全国的50%；石墨储量约占全国的60%。优越的资源禀赋条件不仅构成了东北地区经济发展的重要支柱，还为东北地区在全国资源格局中占据重要地位奠定了基础，并且也将是东北区域经济振兴的重要依托。

2. 自然资源综合优势度较高

东北地区的自然资源空间组合状况良好，其铁矿、石油、煤炭等矿产资源，土地、水、森林等国民经济发展所需的主要资源，都能得到保障。水土资源、能源、矿产、可再生和不可再生资源空间组合明显优越于全国其他区域，土地、主要矿产资源优势明显。虽然有些资源已有枯竭之虞，但其良好的组合条件并没有遭到根本性破坏，仍然是我国资源组合条件最好的地区。但水资源排序靠后，经济发展受水资源的制约较大。辽宁省矿产资源丰度居全国首位；黑龙江省的土地资源、森林资源和能源较丰富；吉林省土地资源和森林资源优势度较好；蒙东地区蕴藏着丰富的煤炭和有色金属资源，构成了区域一体化发展的自然基础。

（三）相对较好的生态环境基础

1. 东北地区生态环境基础较好

东北地区东部和北部为大面积的森林；中部地区土地肥沃，属于世界三大黑土带之一，是我国重要的商品粮基地；西部地区草场资源丰富。长吉地区生态条件基础好，是我国温带自然地理环境中最适宜人类居住和产业发展的地域，哈大齐和辽中南是东北地区经济发展最好的地区，但生态环境受到一定程度的破坏。

2. 东北地区生态环境恢复性较强

东北地区生态资本的潜力雄厚，在实现可持续发展方面，可以节省大量的恢复-治理投资费用。东北地区平原面积相对广大，大规模开发的历史不过150余年，人口压力小，耕地面积仅约占全区总面积的17.4%，林地和草地约占到32.6%，即使是在人类干扰以后，对于半干旱条件的草地，这里的水分和热量条件可以在10年的周期内实现地带性植被的恢复；在人工措施条件下，山区恢复自然植被的时间不会超过60年。相对于我国的华北、华中、西北和西南的许多地区来说，具有不可比拟的优势。

二、经济基础

（一）良好的产业基础

1. 整体的产业分工优势

20世纪以来，东北地区在特定的背景与条件下，走了一条以重型为主的工业化道路，造就了东北地区独特的整体分工与布局的产业优势，形成了具有现代产业集群意义的特定产业集中区。到20世纪60年代初期，东北地区以重工业为主的部门体系与地域体系已经形成，许多产业与产品在全国占有非常重要的地位。目前东北地区的部分重工业产品占全国的比例有所下降，但从目前东北地区发展的整体看来，东北地区的产业主要集中在资源型的工业领域，重化工业仍然是东北地区产业特色和区域竞争力所在。东北地区许多传统工业优势并未完全丧失，并且正在形成一些新的优势产业和优势产品。目前，东北地区在装备制造业、造船、汽车工业、石油化工、钢铁、医药、农产品深加工和绿色产品生产及高技术产业上，已形成一批规模较大、在国内国际市场上具有较强竞争力的企业，具备产业集聚和集群效应，发展潜力巨大。

2. 雄厚的重型制造业基础

东北地区重型制造业基础雄厚，门类齐全，生产规模与生产水平在国内同行业中处于前列。辽宁的造船、矿山设备、石化及其他工业专用设备、数控机床、输配电设备、环境保护机械、燃气轮机制造业都位居全国前列，规模巨大、基础雄厚。黑龙江的大型压力容器、大型矿山设备、大型连铸连轧设备、重型数控机床、大型电站成套机组、核电设备等在全国具有领先水平，尤其是我国第一重型机械集团公司几乎垄断了国内大型加氢装置市场。吉林的交通运输设备制造业、化学制品制造业在全国也具有较强优势。东北地区的装备制造业是20世纪50~60年代中期国家重点建设的，拥有一批国内其他地区不可替代的装备制造业的优势部门。装备制造业企业主要集中在大连、沈阳、长春、哈尔滨等重要城市，并拥有鞍钢、一汽、哈电、一重、沈鼓、沈阳机床等一大批代表性企业。

3. 原材料工业基地

东北地区作为我国能源、原材料工业基地，生产的原钢、原煤、原木及各种机械设备曾经源源不断地支援全国，为我国的社会主义建设做出了重大贡献。即使现在有些资源、原材料在全国的比重有所下降（表1-3），但是，作为全国的能源、原材料基地的地位并没有改变，随着我国工业化进程的进一步推进，能源、原材料供需矛盾日益突出的情况下，东北地区的这种地位显得尤为重要。

表 1-3　东北三省主要能源、原材料在全国的地位（全国=100）

年份	石油	煤炭	钢铁
1990	52.3	14.8	19.5
1995	50.0	11.9	15.2
2000	44.1	11.1	13.6
2005	34.8	7.3	10.7
2014	26.9	3.9	10.0

资料来源：根据辽宁省、吉林省和黑龙江省各有关年份的统计年鉴整理。

4. 我国最大的商品粮基地，同时也是农牧产品深加工基地

农业是东北地区社会经济发展的基础。东北地区是我国重要的农林牧生产基地，不仅对国家50年来的经济发展做出过巨大贡献，而且在未来的国家现代化建设中仍具有十分重要的战略地位。东北地区具有发展农业和畜牧业的优势，现在仍然是我国重要的粮食基地和农牧产品深加工基地。其中以粮食、畜产品为主的大宗农产品，在全国占有较大的份额，具有明显的比较优势。从改革开放以来我国粮食生产巨大变化的实际看，东北地区已经成为全国粮食增长的两个中心之一。2003~2014年，东北粮食产量由7 088.6万吨增长到1.15亿吨，在全国占比由16.5%上升到19.0%；商品粮从2 000万吨增加到7 400万吨，其中外调约占一半，东北成为全国粮食增长最快、贡献最大的区域。很显然，无论现在还是将来，东北地区粮食生产能力在保障国家粮食安全供给方面，都显示出极其重要的、不可替代的地位和作用。

东北地区具有得天独厚的冷凉气候资源，土壤质量好、有机质含量高，环境污染少，具有开发有机食品的资源和生态环境条件，很多绿色和有机食品具有规模化生产和加工的垄断地位。同时，东北地区畜产品在全国也占有重要地位，肉、奶等产品丰富。农产品加工发展迅速，特别是绿色、特色农产品加工业，如大豆、玉米、乳制品、畜产品、绿色食品等的生产和加工形成一批有竞争优势的企业和一批名牌产品，对地方经济发展起到了重要的支撑作用。

（二）较完善的交通体系

东北地区位于东北亚的中心地带，当前的东北亚区域地缘环境为东北地区与国际在生产、贸易、劳务、旅游、金融等方面的国际经济合作中提供了难得的机遇。东北地区基本形成了由铁路、公路、水运、民航和管道等运输方式构成的现代化综合交通运输体系，区域内部的高速公路网络已基本形成，哈大高速铁路于2012年正式开通运营。京沈高铁已开工建设，未来将对促进东北地区与关内经济联系发挥巨大的作用。在空间布局上，东北地区的交通网络以哈尔滨、长春、沈阳和大连为中心，辐射东北三省和蒙东地区，并连接区际、区内大中城市和对外主要口岸。全区交通主要集中在以哈大线为中心的轴线及两翼地区，连接东北地区绝大部分大中城市、工农业基地、口岸重镇等，并通过京沈、京通、京承、集通铁路与全国铁路网相连，沟通了东北与关内各地的联系。

三、社会基础

（一）丰富的科技教育资源

东北地区集中了国内较高水平的科技力量和技术开发能力（宋周莺等，2016），同时，科技人力资源丰富，科教基础条件良好，聚集了众多实力很强的科研机构和学科优势明显的高等院校，拥有一批国家级、省级工程技术研究中心、重点实验室、高新技术产业开发区、特色产业园区和国家大学科技园，是一个极富科技创新潜力和后发优势的区域。数控系统、燃料电池等重大高新技术项目达到国际先进水平，并显示出良好的产业化前景。目前，拥有全国 12.4%和 8.4%的研发机构和研发人员，10.2%和 11.2%的高等学校和高级以上职称教师数量，建有国家工程研究中心 24 家（占全国的 7.3%），国家认定的企业技术中心 48 家（占全国的 5.4%），国家重点实验室 24 个（占全国 9.2%）。此外，东北地区拥有丰富的教育和人才资源，其高校在校学生数、专任教师数、中级及高级以上职称人数、研发机构数、研发机构从业人员数及投入等与知识产权创造相关的因素占全国的比重均在 8%以上，其中仅研发人员全时当量和就业人员数略低于 GDP 占全国的比重。

（二）较高的城市化水平

东北地区现代城市的产生与发展受内力和外力的双重推动，有着特定的历史背景、社会政治与经济背景。中华人民共和国成立后东北地区成为国民经济建设重点地区，开始了大规模的工业化建设，工业的大发展，推动了东北地区城市的快速发展，使东北地区在历史上长期为我国城市化水平最高的地区。在哈尔滨至大连、哈尔滨至齐齐哈尔铁路沿线，形成了以机械加工、石油、化工、金属冶炼、电力等重化学工业为主的工业城市。以工业城市为主体，形成了哈大、哈齐产业带，长吉工业区，并以特大城市为核心，形成了若干个城市组团，其中辽中南城市群是我国最重要的城市密集区、重工业基地之一。改革开放以来，东北地区城市化水平在较高的起点上有较快发展，城市化水平一直高于全国的平均水平。2015 年辽宁和黑龙江城市化率分别为 67.35%和 58.80%，均高于全国 56.1%的平均水平。虽然东北地区近几年城市化增长率低于全国平均水平，但整体上仍是我国城市化水平较高的地区，这是东北老工业基地振兴的重要优势条件。

第三节　经济发展水平及空间差异

一、经济发展水平测度方法

区域经济发展水平是不同区域在经济基础、速度、结构及质量等方面所表现出来的综合效应，并非单一指标所能完全体现。结合经济发展相关指标和数据可获得性，本节从经济基础、经济增长和经济结构三方面构建东北地区经济发展水平的综合评价指标体系（表1-4）。其中，经济基础主要反映区域经济发展和资源水平，并考虑到人口因素的影响，采用人均GDP、人均固定资产投资、人均地方财政收入、人均社会消费品零售总额、人均进出口总额静态性指标，研究中采用不变价；经济增长主要反映区域的经济扩张能力，采用速度指标来表明社会经济增长的相对程度，包括GDP增长速度、第二产业增长速度和第三产业增长速度三个指标；经济结构主要反映区域的经济质量、资源配置及可持续发展能力，采用第二产业产值比重等12个结构性和效益性指标。基础数据主要来源于历年的《辽宁统计年鉴》《吉林统计年鉴》《黑龙江统计年鉴》《内蒙古统计年鉴》《中国城市统计年鉴》及41个地级行政区的《国民经济和社会发展统计公报》等。在获得各项指标数据后，首先进行无量纲和标准化处理；其次采用因子分析法对东北地区各地级行政区的经济发展水平进行测度，在研究过程中，本节主要借助SPSS 22.0软件来测算2003年、2008年和2014年东北各地级行政区的经济发展水平；最后采用极差法进行标准化处理以获得各行政区的最终得分（王姣娥和杜德林，2016）。

表1-4　经济发展水平评价指标体系

目标层	一级指标层	二级指标层	单位
经济发展水平	经济基础	人均GDP	元
		人均固定资产投资	元
		人均地方财政收入	元
		人均社会消费品零售总额	元
		人均进出口总额	美元
	经济增长	GDP增长速度	%
		第二产业增长速度	%
		第三产业增长速度	%

续表

目标层	一级指标层	二级指标层	单位
经济发展水平	经济结构	第二产业产值比重	%
		第三产业产值比重	%
		人均第二产业产值	元
		人均第三产业产值	元
		万元GDP进出口总额	美元/万元
		万元GDP固定资产投资	元/万元
		万元GDP地方财政收入	元/万元
		城镇居民家庭人均可支配收入	元
		农村居民家庭人均纯收入	元
		普通高等学校在校生数比总人口	人/万人
		普通高等学校教师数比总人口	人/万人
		专利授权量	件

注：表中价格指标均采用不变价

二、经济发展水平及空间差异

（一）整体发展水平与区内差异

振兴东北老工业基地战略实施以来，东北地区的经济发展水平整体呈现出先上升后下降的趋势（表1-5）。2003年，东北地区各地级行政区的经济发展水平总值为11.892，2008年提升至14.191，2014年又下降至12.787，这表明东北地区整体经济发展水平有所提升，但近几年略有下降。与此同时，2003年、2008年和2014年东北地区经济发展水平的变异系数分别为0.365、0.424和0.726，区内经济发展水平差距较大，且呈扩大趋势。对比经济发展水平最大值与最小值的倍数关系及标准差，也可以发现东北地区内部处于不断极化之中。

表1-5 东北地区经济发展水平分布特征

年份	总值	最大值	最小值	平均值	标准差
2003	11.892	0.618	0.174	0.290	0.106
2008	14.191	0.822	0.134	0.346	0.147
2014	12.787	1.000	0.000	0.312	0.226

采用GDP指标进一步分析，2003年东北三省GDP总量为12 722亿元，至2014年增加至57 469亿元，总量翻了1.8倍（不变价），实现了持续增长的态势。从全国占比分析发现（图1-1），2003~2014年东北三省GDP占全国比重总体上呈现出先降后升再下降的趋势，比重维持在8.4%~9.2%。其中2003~2007年处于下降趋势，在2007年（8.5%）达到较低点，之后2009~2012年呈增长态势，

2012年达到最高（8.8%），2014年东北三省GDP占全国的比重回落到8.4%，成为振兴东北工业以来的最低值。从GDP增长速度（不变价）分析，东北三省则呈现出先上升后下降的趋势（图1-2）。其中2003~2010年，东北三省经济增长速度高于全国平均水平，之后GDP增速快速下降。2014年黑龙江、辽宁、吉林的GDP增速分别为5.5%、5.8%和6.5%，分别位居全国倒数第二位、第三位和第四位，由此形成"新东北现象"。

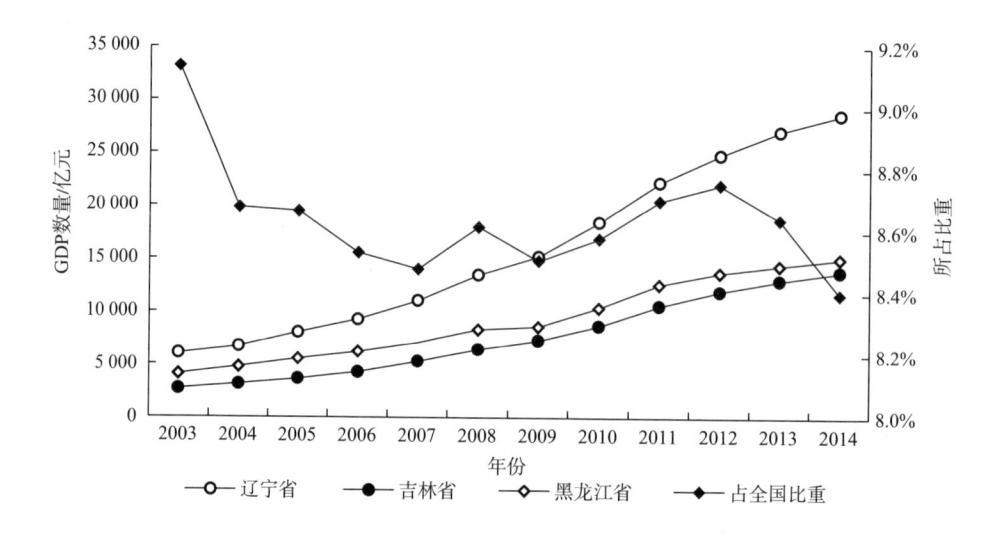

图 1-1　2003~2014年东北三省GDP及占全国比重

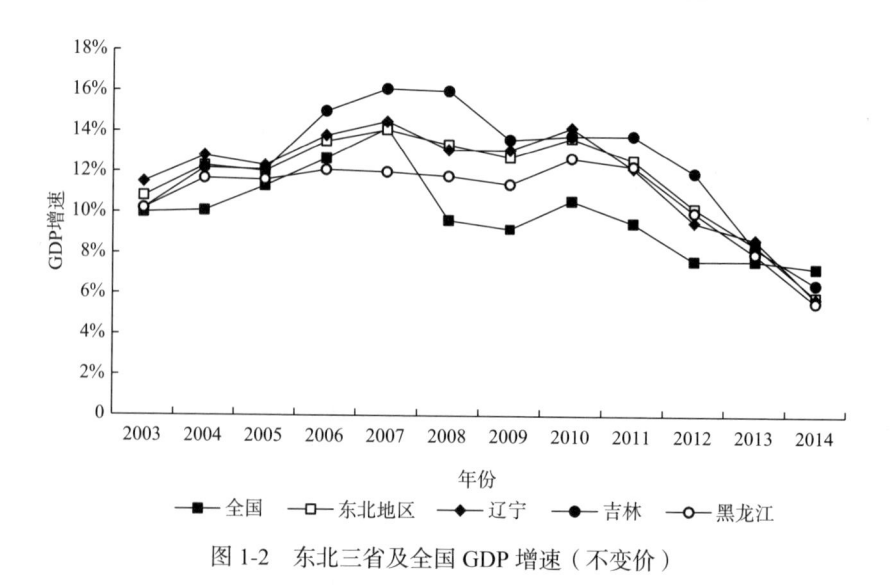

图 1-2　东北三省及全国GDP增速（不变价）

（二）空间格局

以东北地区经济发展水平3年平均值的0.5倍、1.0倍和1.5倍为分界点，将各地市分为低水平、中低水平、中高水平和高水平四个等级（表1-6）。分析发现：①2003年高水平经济发展类型包括沈阳、长春、哈尔滨和大连4个城市，后来大庆进入该行列；②中高水平发展类型的城市数量先增加后减少，2003年为4个，2008年增加到16个，2014年减少至8个；③中低水平发展类型的城市较多。2003年为32个城市（78.0%），2008年（19个）和2014年（20个）该类型城市数量有所下降，但总量仍然较多；④低水平发展类型的城市较少。2003年和2008年只有黑河属于该类型，2014年新增了大兴安岭地区、七台河、伊春、双鸭山、鹤岗、鸡西、铁岭7个城市，绝大部分（6个）属于资源型城市，且主要集中在黑龙江北部地区。总体而言，振兴东北老工业基地战略实施以来东北经济发展属于高水平的城市数量基本保持不变，步入中高水平的城市略有增加，但降为低水平的城市更多，两极分化趋势加剧。

表1-6 东北地区城市经济发展水平分类及变化

类型	2003年	2008年	2014年
高水平	沈阳市、大连市、长春市、哈尔滨市	沈阳市、大连市、长春市、哈尔滨市、大庆市	沈阳市、大连市、长春市、哈尔滨市、大庆市
中高水平	大庆市、吉林市、鞍山市、锦州市	吉林市、鞍山市、锦州市、抚顺市、通化市、白城市、营口市、辽阳市、辽源市、延边朝鲜族自治州、松原市、四平市、白山市、丹东市、锡林郭勒盟、盘锦市	吉林市、鞍山市、盘锦市、抚顺市、锦州市、牡丹江市、本溪市、营口市
中低水平	抚顺市、盘锦市、辽阳市、本溪市、佳木斯市、延边朝鲜族自治州、阜新市、营口市、丹东市、通辽市、辽源市、齐齐哈尔市、四平市、七台河市、呼伦贝尔市、葫芦岛市、牡丹江市、兴安盟、通化市、赤峰市、双鸭山市、锡林郭勒盟、大兴安岭地区、白城市、铁岭市、鹤岗市、鸡西市、朝阳市、松原市、绥化市、伊春市、白山市	本溪市、佳木斯市、通辽市、阜新市、七台河市、铁岭市、葫芦岛市、齐齐哈尔市、赤峰市、朝阳市、呼伦贝尔市、牡丹江市、鸡西市、鹤岗市、大兴安岭地区、兴安盟、绥化市、伊春市、双鸭山市	辽阳市、延边朝鲜族自治州、佳木斯市、丹东市、阜新市、通化市、松原市、辽源市、通辽市、四平市、呼伦贝尔市、白城市、锡林郭勒盟、齐齐哈尔市、白山市、赤峰市、葫芦岛市、兴安盟、朝阳市、绥化市
低水平	黑河市	黑河市	七台河市、黑河市、铁岭市、大兴安岭地区、鸡西市、鹤岗市、伊春市、双鸭山市

进一步比较发现（表1-7），2003~2014年东北共有21个城市的经济发展水平得到了提升，其余20个城市则有不同程度的下降。从经济发展水平变化绝对值分

析，大连、沈阳、哈尔滨的提升幅度最大，其余经济发展水平上升的城市也主要分布在这四大城市周围，而下降的城市则主要位于黑龙江省北部和蒙东地区。

表 1-7　2003~2014 年东北地区城市经济发展水平变化

类型	城市
经济发展水平上升	哈尔滨市、沈阳市、大连市、长春市、牡丹江市、盘锦市、抚顺市、松原市、锦州市、大庆市、营口市、白山市、吉林市、鞍山市、本溪市、白城市、锡林郭勒盟、通化市、延边朝鲜族自治州、佳木斯市、丹东市
经济发展水平下降	黑河市、呼伦贝尔市、阜新市、辽阳市、辽源市、四平市、通辽市、齐齐哈尔市、赤峰市、葫芦岛市、绥化市、朝阳市、兴安盟、铁岭市、大兴安岭地区、鸡西市、七台河市、鹤岗市、伊春市、双鸭山市

（三）特殊类型城市

老工业基地城市和资源型城市是东北地区两类特殊类型的城市，分别有 24 个和 23 个。东北等老工业基地振兴战略实施后，国务院又相继颁布了《全国老工业基地调整改造规划（2013-2022 年）》和《全国资源型城市可持续发展规划（2013-2020 年）》，旨在通过政策和资金支持来扶持全国老工业基地城市和资源型城市的发展。然而，经过 2003~2014 年的振兴发展和相关政策引导，东北老工业基地城市和资源型城市虽然得到一定程度的发展，但其经济发展水平仍然低于东北平均水平，尤其是资源型城市（表 1-8）。2003 年老工业基地城市的经济发展水平为东北平均值的 95.2%，2014 年降为 90.4%；资源型城市经济发展水平则分别为东北平均值的 91.0%和 79.5%，差距呈扩大的趋势。2003~2014 年，老工业基地经济发展水平仅提高了 2.2%，远低于东北平均提升幅度 7.6%；资源型城市则从 0.264 下降为 0.248，下降了 6.1%。进一步分析发现，同属于老工业基地和资源型的城市大部分经济发展水平都有一定提升，其中以抚顺、盘锦和牡丹江等城市为代表，2003~2014 年经济发展水平平均值提升了 3.9%；衰退型资源型城市的经济发展水平下降最为严重，以伊春、鹤岗、双鸭山、七台河和大兴安岭地区为代表，同期下降了 32.4%。

表 1-8　东北地区老工业基地城市和资源型城市经济发展水平

城市类型		城市数量/个	经济发展水平平均值		
			2003 年	2008 年	2014 年
老工业基地城市		24	0.276	0.331	0.282
资源型城市	合计	23	0.264	0.305	0.248
	成长型	2	0.229	0.301	0.252
	成熟型	8	0.284	0.315	0.306
	衰退型	9	0.241	0.277	0.163
	再生型	4	0.292	0.351	0.318

续表

城市类型	城市数量/个	经济发展水平平均值		
		2003 年	2008 年	2014 年
既是老工业基地城市又是资源型城市	15	0.283	0.333	0.294
仅是老工业基地城市	9	0.264	0.326	0.262
仅是资源型城市	8	0.228	0.252	0.161
东北地区平均水平	41	0.290	0.346	0.312

进一步采用变异系数来分析老工业基地和资源型城市内部的差异，发现 2003 年、2008 年和 2014 年东北老工业基地城市经济发展水平的变异系数分别为 0.240、0.218 和 0.397，而资源型城市分别为 0.267、0.287 和 0.548。这表明：①资源型城市的内部差距相对更为明显，但两者均小于东北地区内部平均差异，表明内部差异仍相对较小；②两类城市经济发展水平差距均在不断扩大，以资源型城市尤为显著。

三、经济发展水平空间分异模式

（一）核心-边缘模式

东北地区的经济发展主要集中在大连、沈阳、长春和哈尔滨四大城市，振兴东北老工业基地战略实施以来其 GDP 占东北的比重一直保持在 35%以上。2003 年，四大城市的经济发展水平占东北地区的 18.68%，2008 年上升至 20.39%，2014 年进一步达到 28.26%，经济发展不断向四大城市进行集聚。以四大城市为核心，东北经济发展进一步形成了辽宁沿海城市群、辽宁中部城市群、吉林中部城市群和哈大齐工业走廊的辐射区域，2003 年其经济发展水平占东北总量的 62.93%，2008 年和 2014 年上升至 64.60%和 72.01%。进一步分析发现，2003 年东北经济发展高水平和中高水平的城市全部位于四大城市群地区（8 个），2008 年和 2014 年分别有 80.95%（17 个）和 92.31%（12 个）落在了该区域。

（二）轴带集聚模式

哈大轴线是东北经济和人口聚集的主要区域，包括哈尔滨、长春、沈阳、大连、鞍山、营口、辽阳、铁岭、四平和松原 10 个城市。2003 年，哈大轴线城市的经济发展水平占东北地区的 32.50%，2008 年和 2014 年该比重分别上升至 35.20%和 41.49%。从经济发展水平类型城市分析，2003 年哈大轴线高水平和中高水平城市占东北地区的 62.5%（5 个），2008 年和 2014 年虽然下降为 42.9%（9 个）和

46.2%（6个），但仍然保持了较高的比重。从平均水平分析，2003年、2008年和2014年哈大轴线城市的经济发展水平平均值分别为0.387、0.499和0.531，高于东北平均水平。

（三）南部沿海-北部沿边模式

东北地区南部沿海城市的经济发展较好，而北部沿边城市则相对较差。沿海城市包括辽宁省的大连、营口、丹东、盘锦、锦州和葫芦岛6个城市，北部沿边城市包括黑龙江省的大兴安岭地区、黑河、伊春、鹤岗、佳木斯、双鸭山和鸡西及内蒙古的呼伦贝尔8个城市。2003年东北沿海城市的平均经济发展水平为0.336，2014年提升至0.419（24.7%），而北部沿边城市则由2003年的0.222下降至2014年的0.125（-43.7%）。也就是说，2003年东北沿海城市的平均经济发展水平仅为北部沿边城市的1.51倍，2008年略微提升到1.78倍，但2014年骤升到3.35倍。随着经济发展进入新常态，东北南部沿海和北部沿边城市的发展差距进一步扩大。从城市发展类型分析，大连一直为高水平城市，丹东和葫芦岛为低水平城市，其余3个沿海城市在2014年为中高水平城市；而北部沿边城市在2003年和2008年主要为中低水平城市，2014年绝大部分降为低水平城市，在空间上形成了低水平集聚区域，成为东北经济发展最为薄弱的区域。总之，东北地区经济发展水平的空间格局呈现出明显的南部沿海-北部沿边的发展模式。

经过2013年以来的振兴发展和相关政策引导，东北经济发展水平虽然得到了一定程度的提高，但在时间过程上表现出先上升后下降的趋势。在空间上，东北经济发展的空间集聚性趋势进一步加强，区内差异也在不断增大。东北经济发展水平的空间分异与其自然因素、交通区位及早期矿产资源依赖和开发程度有较大关系。东北地区基本呈中部平原、东北西三面环山的地势，黑龙江北部、蒙东地区和东北东部的自然条件较差，三个省会城市均位于平原的核心地带，同时交通条件较好的地区也主要在哈大轴线和南部沿海地区，由此决定了东北地区经济发展的重点。此外，东北地区矿产资源丰富、主要矿种比较齐全，早期的矿产资源开发对于整体经济发展起到了很大的促进作用，但一些城市形成了过度依赖资源的产业结构和经济发展方式，当面临资源趋于枯竭、大宗矿产资源产品价格下降和全国经济转型发展时，城市经济发展产生较大波动，导致与其他城市发展差距越来越大。随着经济发展进入新常态，未来东北老工业基地的振兴战略应从全面普惠型政策向重点区域、边缘城市及特殊类型城市转移，实行精准式的政策扶持模式。具体而言，衰退资源型城市、黑龙江省北部沿边城市是当前东北经济发展最为薄弱的地区，也是产业结构单一、经济转型最为困难的区域，为缩小东北地区区内发展差异、实现全面小康建设目标，需要政府进一步加强对这类地区的扶持与关注，建立以政府为引导的城市和产业转型模式，以实现社会经济的健康发展。

第四节 面临问题及未来趋势判断

一、经济发展面临问题

（一）产业结构转型与升级不足是东北经济发展面临的最主要问题之一

1. 阶段性问题

目前东北整体处于工业化中后期阶段，投资和创新驱动应是产业发展的核心驱动力。虽拥有较好的科教资源，但创新能力不足导致产业发展整体受限。2015年东北三省 R&D 投入全时当量占全国的 5.1%，远低于其人口和 GDP 的比重（8%）。此外，东北企业创新主体地位未得到充分发挥，尤其是规模以上工业企业和高技术企业（图 1-3）。近年来东北三省的专利申请量和授权量、技术市场成交金额占全国比重继续呈下滑趋势，2015 年专利申请量和授权量仅分别占全国的 3.5%和 3.3%，远低于其 GDP、人口及规模在全国的占比水平，并在近五年一直处于下滑趋势。创新能力不足直接导致东北高技术产业在全国地位的持续下降（2015 年占全国的 3.1%），对经济拉动效果不明显。

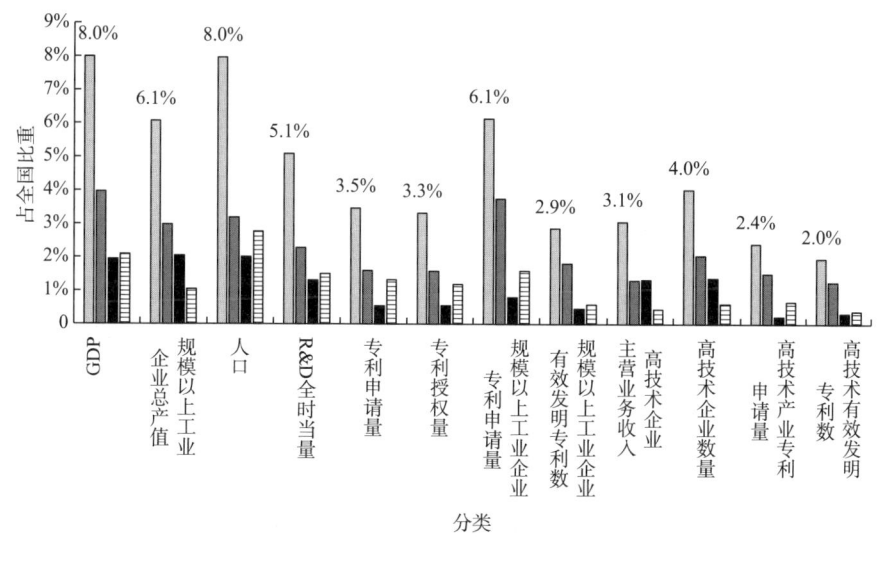

图 1-3 2015 年东北三省创新基本情况

2. 结构性问题

从产业结构分析，2015年东北地区产业结构为9.2∶41.2∶49.6，全国为8.9∶40.9∶50.2，虽然总体遵循"三二一"的产业结构，但实际上是2011年东北地区工业增速下滑明显所致，2013年东北地区产业结构为11.6∶49.7∶38.7，而全国为10.0∶43.9∶46.1，与全国产业结构相反。从工业内部结构分析，经过2013年以来的调整，东北的重工业、国有经济和大型企业的比重仍然高于全国平均水平。"一业独大""一企独大"的局面尚未得到明显改观，产业发展抵御风险能力偏弱。辽宁省装备制造、冶金、石化产业占工业增加值比重达65%，吉林省汽车工业利润占全部工业利润约40%；黑龙江省大庆油田利润约占全部工业利润的50%。从服务业内部结构分析，东北金融业、文化创意产业、电子商务、快递业等生产性服务业和新兴业态发展严重滞后。

3. 区域性问题

从空间布局分析，黑龙江省的产业发展问题在东北地区表现最为严峻。辽宁省的产业结构转型已取得一定成效，集中了东北2/3以上装备制造业的规模和资产，吉林省的汽车工业、医药制造业和农副食品加工业在全国具有一定竞争力，效益较好，而黑龙江省的主导产业主要为石油开采、石油加工及煤炭开采等资源依赖型产业，受市场环境影响大。

（二）投资依赖性较大，消费与外贸低迷成为制约经济发展的重要原因

东北地区的经济发展过度依赖于投资，2011年以来全国投资增速趋势均放缓明显。在2003~2013年，东北地区的固定资产投资占全国比重先上升后下降，2012年达到最大比例11%。2013年，东北地区固定资产投资占全国比重为10.4%，2014年进一步回落至8.9%，仅较2003年高1.3个百分点。从固定资产投资增长率分析，东北地区一直略高于全国平均水平，其中2004~2008年、2010年、2012年其增长率也高于其他三个地区。但在2013年，东北地区固定资产投资增长率位于四大区域中的末位，仅为13.4%，远低于全国平均水平19.1%，2014年东北地区的固定资产投资增长率为负（-1.4%），其中黑龙江省下降尤为明显（-14.2%），其次为辽宁省（-1.5%），吉林省（13.6%）基本与全国平均水平相当（14.7%），固定资产投资增速下降在很大程度上也是近几年东北地区GDP增速放缓的原因之一。

具体分析投资对经济增长的贡献率发现，东北地区的消费对GDP的拉动率低于全国平均水平，2014年固定资产投资额大幅下降导致其对GDP的拉动作用迅速下降。2014年，全国最终消费支出对GDP的贡献率达到51.6%，对其GDP的

拉动率达到 3.8 个百分点；资本形成总额对 GDP 的贡献率达到 46.7%，拉动 GDP 增长 3.4 个百分点。由于受金融危机的影响，2009 年以来，出口对 GDP 的拉动作用一直为负（2010 年除外），2014 年出口对 GDP 的拉动为 0.1 个百分点。与此同时，东北地区的经济发展更加依赖于投资。以辽宁省为例，2013 年，其资本形成总额对 GDP 的贡献率达到 69.4%，高出全国平均水平 15 个百分点，拉动 GDP 增长 6.0 个百分点。2014 年，由于固定资产投资额的下降，辽宁省资本对 GDP 的贡献率下降至 38.3%，拉动 GDP 增长 2.2 个百分点，而消费对 GDP 的贡献率达到 47.4%，拉动 GDP 增长 2.8 个百分点（低于 2013 年 0.8 个百分点），净出口对 GDP 的贡献率由负转正，达到 14.3%，拉动 GDP 增长 0.8 个百分点（表 1-9）。

表 1-9 三大需求对生产总值的拉动作用

三大需求	2013 年		2014 年	
	全国	辽宁	全国	辽宁
消费	3.7%	3.6%	3.8%	2.8%
资本	4.2%	6.0%	3.4%	2.2%
出口	−0.2%	−0.9%	0.1%	0.8%
GDP 增长率	7.7%	8.1%	7.3%	5.6%

（三）传统产业优势未能得到充分发挥，在全国的竞争优势下降

（1）传统优势装备制造业部门规模和效益发展趋势背离，而新兴装备制造部门缺乏规模和效益的双重优势。东北装备制造业以交通运输设备、通用设备、专用设备等基础性装备制造业为主，但其效益指数却低于全国平均水平。而电气机械及器材制造和电子及通信设备制造等高附加值的新兴装备制造业在产业规模和生产效率上均不具有竞争力。例如，电气机械及器材制造业的生产效益低于长江三角洲、珠江三角洲、中部和成渝地区。2014 年较 2005~2010 年，全国工业发展中贡献率增长最快的行业为计算机、通信和其他电子设备制造业，达到 15.2%，而东北该行业的贡献率基本为零，较 2005~2010 年均值下降了 1.8 个百分点。

（2）能源基础原材料产业生产效益下降，产业链条短。2003~2014 年，东北三省能源基础原材料产品的产值和主营业务收入都出现平稳增长趋势，而利润却出现波动变化趋势，且利润增速明显低于产值和主营业务收入的增速，这表明其生产效益并没有得到有效提高。此外，东北能源原材料产业链条较短，缺乏下游加工产品。以石油化工行业为例，东北乙烯产能约占全国的 1/4，但其下游化学纤维、化学农药产能均不足全国 1%，"油大化小"的局面一直没有改观。在农

副食品加工业中，以初加工和粗加工为主，领军企业数量明显不足，农产品品牌效应不明显，从而受原材料和产品市场价格波动影响较大。

（3）东北产业发展受经济发展周期性影响明显。东北的煤炭、石化、冶金等行业专用设备，占装备制造业主营业务收入和利润的10%以上。随着全国固定资产投资的持续下滑，市场空间被不断压缩，行业利润下降明显。与此同时，能源基础原材料产业受市场需求萎缩、产能过剩、大宗商品价格下跌等因素影响明显。研究表明，农副食品加工业、钢铁、煤炭、化工、石油和天然气开采等能源基础原材料行业是导致东北经济增速下滑的主要行业。东北三省基础原材料各类型变化率及贡献率见图1-4。

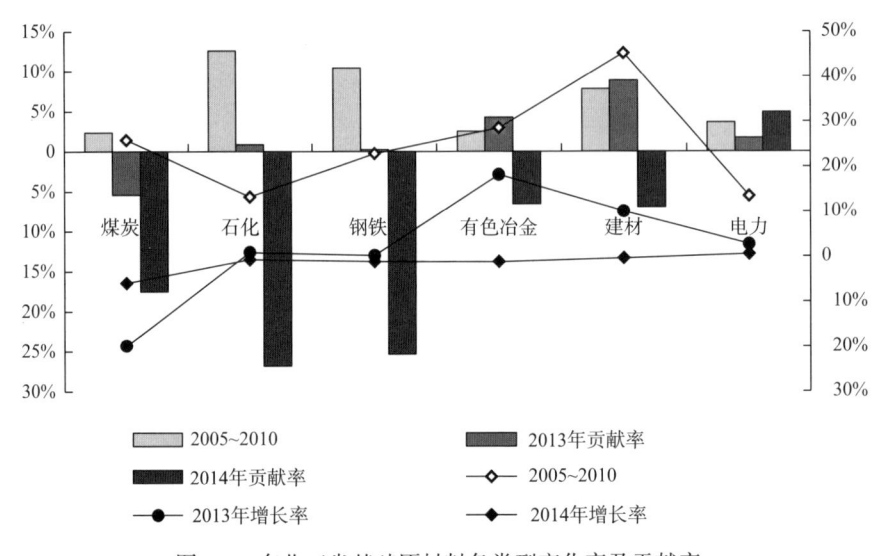

图1-4 东北三省基础原材料各类型变化率及贡献率

（四）高技术产业整体发展落后，对经济发展贡献率不高

近年来，东北地区的高技术产业发展取得了一系列成就，在一定程度上保持了东北经济的活力，但整体发展水平不高，在全国占比不高。存在问题包括：一是除医药制造业外，其余高技术产业在全国地位持续下降，2014年占全国比重仅为3.65%。二是创新能力不足。与国内外部分先进地区相比，东北地区在科技人才投入强度、创新能力提升、科技成果转化等方面还有较大差距。东北地区高技术产业的专利申请率和授权率甚至低于其工业行业的平均水平，且在主导产业领域的一些核心技术和关键环节仍依赖进口，创新驱动作用有待发挥。高技术产业技术储备不足，创新体系活力不够，尚未成为高水平研发转化基地，导致许多重要的一流的科技成果在外地孵化。三是发展活力不足。与我国其他地区相比，发展活力不足，尤其是新兴产业发展较慢也是东北地区高技术产业面临的突出问

题。例如，在光电器件及激光、高端医疗器械等战略性新兴产业领域，东北地区虽具有雄厚的科研基础优势，但总体来看与东部沿海地区相比，发展速度略显缓慢。另外，东北地区高技术产业国有企业比重偏高，私营企业数量偏少，尤其是创新型中小企业偏少，导致高技术产业发展活力不足。四是高技术产业结构亟待优化。东北地区高技术产业同构同质问题突出，未能形成良好的产业分工协作体系。各级地方政府均将高技术产业及战略性新兴产业作为拉动经济发展的新引擎，都提出要大力发展新能源、新材料、高端装备制造、生物制药、电子信息、节能环保等战略性新兴产业，缺乏有效的沟通协调。五是出口份额比重不高，且2013年来一直处于下滑趋势。2014年东北地区高技术产业产品的出口值仅为418亿元，仅占全国的0.82%，比2000年低4.5个百分点，亦低于上年同期水平。

（五）对外贸易发展水平较低，出口和消费拉动效果不明显

自20世纪80年代以来，中国采取了自沿海向内陆逐步递进的对外开放模式，东北地区在开放的时间上落后于东南沿海地区。同时，由于东北地处东北亚地区，紧邻俄罗斯远东地区，地缘政治相对较为复杂。2003~2015年，东北地区占全国的进出口贸易总额比重一直维持在4%~4.5%，相比其他地区对外贸易发展较为落后。2008年后，受金融危机的影响，对外贸易额大幅度下降，2010年后恢复到正常水平。但2013~2015年，东北地区的对外贸易额急剧下降，尤其是黑龙江波动幅度最大。从进出口国别分析，东北地区对外贸易市场集中程度高，对少数市场依赖较强。如今俄罗斯、日本、德国是东北地区外贸主要的市场，而振兴初期的主要贸易伙伴为日本、俄罗斯和韩国，已有较大的区别。近两年由于卢布贬值，对俄贸易影响较大。

（六）公平开放竞争的市场环境尚未形成，制约着地区经济的发展

东北地方政府主导经济发展的特征明显，市场化程度不高，竞争不充分，严重影响创新型企业发展和新兴业态涌现（李玉潭，2008）。知识产权保护体系建设进展较慢，专利评估等中介机构缺乏，专利执法、商标执法在全国处于中下游水平。东北适应新兴产业和新兴业态的投融资体系尚未形成，多层次资本市场并不完善，金融环境仍待优化，企业融资成本较高。不仅创业投资总量不大、规模偏小，天使投资缺失，融资性担保机构不甚发达，还制约了东北中小创新型企业的发展。

二、未来发展趋势判断

（一）全国重要的经济支撑带

2016年，《中共中央 国务院关于全面振兴东北地区等老工业基地的若干意

见》对外公布，为经济发展新常态下东北地区全面振兴指明了方向。该文件明确指出，东北地区是中华人民共和国工业的摇篮和重要的工业与农业基地，拥有一批关系国民经济命脉和国家安全的战略性产业，资源、产业、科教、人才、基础设施等支撑能力较强，发展空间和潜力巨大。东北地区区位条件优越，沿边沿海优势明显，是全国经济的重要增长极，在国家发展全局中举足轻重，在全国现代化建设中至关重要。此外，还提出"在此基础上，争取再用10年左右时间，东北地区实现全面振兴，走进全国现代化建设前列，成为全国重要的经济支撑带，具有国际竞争力的先进装备制造业基地和重大技术装备战略基地，国家新型原材料基地、现代农业生产基地和重要技术创新与研发基地"。这"五基地一支撑带"的定位和目标既体现了对东北经济社会发展的历史继承，也体现了为适应新趋势必须面对的新要求，是衡量和评价东北全面振兴的重要标准。

（二）全国重要的现代农业生产基地，并具有不可替代的地位

东北地区具有发展现代化大农业得天独厚的条件与优势，并在我国大农业发展中具有举足轻重的地位。2014年粮食产量、牛肉产量、牛奶产量和森林产品产量分别占全国的23%、25%、28%和36%，是名副其实的大农业基地。其中商品粮占全国的40%，是维护我国粮食安全的"稳压器"。作为未来全面振兴的基础支撑产业，东北地区大农业必须走"稳基增效"的创新发展之路（金凤君等，2016）。重点要夯实农业发展基础，转变农业发展方式，积极探索现代农业发展之路。一方面，在稳定大农业发展基础方面，应通过一系列"藏粮于地、藏粮于技"等重大工程，巩固国家商品粮生产核心区地位，调控生产规模，提高效率；加强农业环境治理、农地整理、农田生态修复的科技支撑；提高大农业的可持续发展能力；推进粮食主产区玉米、水稻、大豆生产全程机械化系统工程研究及成套设备研发；提高农业发展的保障能力；加强现代种业技术，形成有力的基础支撑。另一方面，要创新现代农业发展体制。开展特色资源产业化开发增值技术研究，提高特色资源的产业化增值水平；鼓励发展专业大户、农民合作社、家庭农场、农业企业等新型经营主体，积极培育绿色生态农产品知名品牌，大力发展"互联网+"现代农业；以增值增效为引领，推进现代农业示范区建设。

（三）具有国际竞争力的先进装备制造业基地和重大技术装备战略基地

装备制造业是东北地区的传统优势产业，具有规模和效率的双重优势。但随着东部沿海及西部成渝地区装备制造业的发展，实施创新链支撑产业链提质增效行动，将成为全面提升东北装备制造业竞争力的重要抓手。一是整合资源，搭建智能制造网络系统平台，打造有实力的装备制造企业研发团队，推动信息化和工业化深度融合；二是组织实施东北装备制造业智能化改造重大技术攻关；三是选

择有条件的企业，推广先进生产管理模式和方法；四是推广先进成型的加工方法、在线检测方法、智能化生产与物流系统技术；五是推行装备制造业综合标准化，研究智能制造等重点领域的主要技术指标标准体系；六是以企业为主体构建学习型和创新型的企业文化。到2025年左右，东北地区高技术产业发展对经济发展的贡献率从目前的6.5%提高到20%以上。

（四）全国重要的技术创新与研发基地

在新常态经济发展趋势下，创新驱动成为我国转变经济发展方式的首要驱动力。自2013年振兴政策实施以来，经过转型发展，东北老工业基地正处于从要素驱动、投资驱动向创新驱动发展转变的关键时期，《国务院关于近期支持东北振兴若干重大政策举措的意见》（国发〔2014〕28号）明确提出，紧紧依靠创新驱动发展是支撑下一轮东北经济振兴的重要抓手。因此，发挥东北地区科教资源优势，增强自主创新能力、促进产业结构优化升级等均对知识产权发展提出了更高要求。东北地区拥有全国12.4%和8.4%的研发机构和研发人员，10.2%和11.2%的高等学校和高级以上职称教师数量。尤其在部分产业领域人才和人力资源丰富，具有科技创新潜力和后发优势，是东北地区振兴的人才基础和宝贵财富。如何用好国家的各类人才政策，尤其是产业人才政策，聚焦产业创新新型人才培养与引进，打造有实力的装备制造企业研发团队和新兴产业开发团队，为东北产业发展提供有力的人才支撑，是东北地区创新驱动发展中重要的抓手。

参 考 文 献

程伟. 2009. 东北老工业基地改造与振兴研究. 北京：经济科学出版社.
姜四清，王姣娥，金凤君. 2010. 全面推进东北地区等老工业基地振兴的战略思路研究. 经济地理，30（4）：558-562.
金凤君，张平宇，樊杰，等. 2006. 东北地区振兴与可持续发展战略研究. 北京：商务印书馆.
金凤君，陈明星，王姣娥. 2012. 东北地区发展的重大问题研究. 北京：商务印书馆.
金凤君，王姣娥，杨宇，等. 2016. 东北地区创新发展的突破路径与对策研究. 地理科学，36（9）：1285-1292.
李玉潭. 2008. 中国东北对外开放. 长春：吉林大学出版社.
刘卫东，金凤君，刘彦随，等. 2011. 2011中国区域发展报告. 北京：商务印书馆.
刘卫东，龙花楼，张林秀，等. 2014. 2013中国区域发展报告. 北京：商务印书馆.
宋周莺，车姝韵，王姣娥. 2016. 东北地区的创新能力演化及其经济带动作用分析. 地理科学，36（9）：1388-1396.

王姣娥，杜德林. 2016. 东北振兴以来地区经济发展水平演化及空间分异模式. 地理科学，36（9）：1320-1328.
张国宝，宋晓梧，刘铁男，等. 2008a. 东北地区振兴规划研究（重大问题研究卷）. 北京：中国标准出版社.
张国宝，宋晓梧，刘铁男，等. 2008b. 东北地区振兴规划研究（综合规划研究卷）. 北京：中国标准出版社.
张国宝，宋晓梧，刘铁男，等. 2008c. 东北地区振兴规划研究（专项规划研究卷）. 北京：中国标准出版社.

第二章　新时期区域发展的新环境

展望东北地区发展的国际环境，既有积极因素，也存在着不确定性。新兴经济体的崛起、国际分工转型与产业转移的深化、国际区域合作关系的强化、"一带一路"倡议新的地缘合作契机等有利的国际条件，为东北地区未来发展提供了难得机遇（金凤君等，2012）。但是全球经济复苏还不牢固，经济全球化也存在波折，贸易保护主义抬头，全球产业处在转型调整之中，资源价格压力骤增。从国内环境看，我国经济总量保持着快速扩张的良好态势，区域分工进一步强化，空间集聚格局逐渐形成，新一轮热点发展区域出现，区域合作得到提升，都成为东北地区发展的积极推动因素。从国家政策来看，自中华人民共和国成立以来，东北地区就是国家政策的热点区域。2003年国家正式启动振兴东北老工业基地战略，针对东北地区经济社会发展中存在的突出矛盾和问题，结合该区域在全国中的定位，将结构升级、体制转轨、就业增长和区域经济一体化作为东北振兴的战略目标，国家设计、制定和实施了一系列旨在促进各区域经济发展的政策措施，既包含东北地区全局发展的宏观政策、东北行业和部门的政策，又包括对城市群、城市和开发区等特定区域的政策，基本形成了"全局-行业-区域"的政策体系，然而部分政策已经失效或失去优势，部分政策存在力度不够、难以落实的问题，政策的分类指导不够细致，政策的长效保障机制还不健全。从国家政策与东北本地环境的契合来看，未来产业结构升级、国有企业改革、新增长空间、基础设施建设、营商环境和人才问题仍是政策的重点。

第一节　国内外发展环境与趋势

一、国际经济格局的积极因素

（一）新兴经济体的崛起

近年来，中国及其他新兴市场经济国家经济保持较强的增长势头，成为全球经济增长的新引擎。发展中国家经济增长加速引起了人们的普遍关注,世界新兴经济力量的崛起显现出一定的整体性。凭借着地域辽阔、人口众多、资源丰富、市场潜力巨大及日益开放和市场化的经济体制,新兴经济体受到国际资本更多的青睐,开始分享国际分工和全球产业结构调整的更大利益,从而不断提升自身的国际影响力,发达国家在世界经济和国际经济秩序中独领风骚的局面松动,世界经济多极化的发展趋势逐步增强。金融危机的出现进一步强化了国际经济秩序变革趋势。受金融危机冲击,发达国家的影响力受到削弱,国际经济格局的力量对比已发生微妙变化。在未来的全球治理结构中,发展中国家的力量日益凸显,新兴经济大国将获得更多参与国际事务的机会。在国际经济格局中,我国经济地位的提高有利于改善国际经济秩序及其制衡机制,将在一定程度上逐步实现由国际规则的应对者到参与者、再到设计者的角色转变,通过在更高层次、更广泛地参与国际经济协调,充分发挥发展中大国的作用,从而为我国经济发展提供更有利的外部保障。

（二）国际分工转型与产业转移的深化

随着全球化进程的不断深入,以及贸易、投资自由化趋势的增强,国际生产组织方式也随之发生深刻变革,以商品贸易和比较优势为基础的传统国际分工格局迅速向产业间分工、产业内产品分工和要素分工并存的新型国际分工模式演进,形成动态、多层次、网络化的国际分工体系。在这种新型体系下,国际分工的边界将由不同产业转向同一产业或产品价值链的不同增值环节,国际分工的接点由产品转变为要素。

国际分工转型使世界范围内产业融合趋势增强,国际产业资本和技术流动性也相应提高,发达国家与发展中国家产业结构之间的互动性逐步加强,世界各国产业结构的关联度和开放效应显著提升,逐步形成世界产业结构的大系统。在这一背景下,发展中国家可以通过引进高端产业与技术提升产业结构和要素禀赋结构,通过承接服务外包和各种类型的国际产业转移,适时把产业发展的重点转向高端制造业及新兴服务业领域,实现战略产业的超前发展。可见,国际分工转型与产业转移的当前趋势,为我国产业结构升级提供了全新的路径,有利于我国快速提高产业发展的整体水平和国际竞争力,从而提升我国在国际分工中的地位。

（三）国际区域合作关系的强化

在全球化背景下,区域一体化也在加速发展,全球化与区域一体化形成既相互促进又相互制约的发展格局。随着各类区域合作组织的建立和双边自由贸易协定（free trade agreement, FTA）的推进,区域一体化将向更高层次、更广的范围发展,成为各国参与国际合作的重要平台。特别是在新地区主义力量逐渐高涨的背景下，加强国际区域合作愈来愈成为谋求稳定发展空间的有效手段。

作为亚太地区的政治与经济大国，在经济全球化和一体化迅速发展的趋势下，我国已初步形成"依托周边、拓展亚洲、兼顾全球"的参与国际区域经济合作的总体布局，并与局部地区形成了双边自由贸易框架。目前，我国参与的具有实质内容的国际区域经济合作有六个，包括亚洲太平洋经济合作组织、大湄公河次区域经济合作、图们江次区域经济合作、上海合作组织、中国-东盟自由贸易区、曼谷协定。同时，我国积极参与各类具有论坛性质的国际区域经济合作组织，包括亚欧会议、中非合作论坛、东亚-拉美合作论坛、博鳌亚洲论坛、中国-加勒比经贸合作论坛等，与其他地区进行的双边自由贸易协定谈判也取得了积极成果。总体上看，我国与其他国家和区域的国际经济合作已全方位展开。随着我国参与国际区域经济合作层次的不断提升，我国参与国际经济大循环的外部环境将更加宽松，有利于提高我国在国际分工格局中的影响力和控制力。

（四）"一带一路"倡议新的地缘合作契机

2015年3月28日，中国政府正式发布了《推动共建丝绸之路经济带和21世纪海上丝绸之路的愿景与行动》（简称"愿景与行动"），这预示着贯穿亚欧大陆的宏大倡议构想"一带一路"有了切实的行动指南。从内容上看，虽然东北亚地区由于地区矛盾等因素尚未被全部纳入"一带一路"框架，但无论从"一带一路"倡议构想的目标来看，还是从东北亚的实际情况来看，都存在将东北亚地区纳入"一带一路"重点合作区域的必要性和可行性。"一带一路"的核心是包容性全球化，促进沿线各国的共同繁荣与各领域区域合作深入发展。沿线国家多为新兴经济体和发展中国家，普遍处于经济上升期，开展互利合作前景广阔。从全球视野看，东北地区凭借其独特的区位特点、产业特征，无疑将被视为中国向北开放合作的门户。实际上，东北地区不仅仅是国内向北开放窗口，其经过多年的工业积淀和改革开放前期的特殊政策扶持，累积的雄厚工业基础也是其他区域无法比拟的。凭借"一带一路"提供的倡议时机，东北地区在提升完善原有工业结构和技艺的基础上，还具有向南、向西发展合作贸易的巨大潜力。2017年5月，138个国家聚会北京参加"一带一路"国际峰会，共商、共建"一带一路"，各国政府、地方和企业等达成了一系列的合作共识、重要举措及务实成果，形成了涵盖政策沟通、设施联通、贸易畅通、资金融通、民心相通五大类，共76大项、270多项具体成果。其中中国铁路总公司与俄罗斯、蒙古等关于深化中欧班列合作协议，与蒙古国的自由贸易协定联合可行性研究的谅解备忘录，国家发改委中俄地区发展合作投资基金等合作协议与东北地区未来发展密切相关，与30多个国家的经济贸易协定也为未来东北地区全面融入"一带一路"包容性经贸合作提供了重要的潜在机遇。

二、国际经济格局的不确定因素

(一)全球经济复苏的复杂性

受金融危机影响,发达国家生产、生活方式面临深化调整,发达国家去杠杆化、储蓄上升、消费萎缩和进口减少将成为经济发展中长期趋势。美国的实际消费增长在金融危机后有所下降,从而导致整个发达国家需求萎缩。即使欧美市场消费需求在未来有所恢复,也难以达到原来的规模和水平。随着欧美国家结构调整的不断深化,其贸易结构也将发生重大变化,传统因素支撑世界经济增长的作用亦将进一步弱化。金融危机导致主要发达国家泡沫破灭、财富减少,造成全球"第二次世界大战以来最严重的衰退"。发达国家消费与储蓄达到新的平衡需要长期的调整过程,并且危机可能引发的生活模式调整与转变将使发达国家消费需求很难恢复到危机前的规模与水平。因此,世界经济发展几乎不太可能恢复到危机前的水平,将进入低速增长时代。

(二)经济全球化进程的曲折性

随着全球化进程的不断深化,国际经济交流中的利益关系日益复杂化,并由此出现越演越烈的贸易保护主义倾向。当前,在投资自由化、农产品贸易、服务贸易等谈判议题中,新贸易保护主义被披上了"公平贸易"的伪装。一是越来越多的成员,尤其是发展中成员大量采用反倾销、反补贴等传统贸易保护手段。二是知识产权保护、劳工标准、环境标准也出现被滥用的趋势。这种趋势必将进一步加剧世界范围内的贸易摩擦,增加我国产品出口的难度和成本。后经济危机时期,发达国家为缓解国内巨大的就业压力,贸易保护主义也将进一步加剧,中国以传统方式继续分享经济全球化红利的时代已经成为历史。由于新贸易保护主义日渐盛行,世界各国运用多边贸易体制运行机制的障碍、成本增加,对经济全球化进程造成的冲击在所难免,经济全球化将进入影响因素日趋复杂化的曲折发展阶段。

(三)全球性结构调整的压力与挑战

发展低碳经济正成为各国在后危机时代推进经济复苏和应对气候变化的基本共识,低碳经济将成为世界性结构调整的基本趋势。奥巴马政府2009年提出"美国复兴与再投资计划",预计在未来十年内投入 1 500 亿美元发展新能源,创造 500 万个就业岗位;日本提出"绿色经济和社会变革"方案,推进低碳社会建设;欧盟提出能源气候一揽子计划,并在 2013 年前出资 1 050 亿欧元支持发展绿色经济。以低碳经济为导向的世界性结构调整,对我国发展方式转型造成巨大压力。2016年我国碳排放总量97亿吨，排放总量占全球的27.5%，超过美国位居全球第一。由于当前巨大的碳排放，我国在应对气候变化上承受着巨大压力，发展方式调整已势在必行。我国当前产业结构、核心产业的技术层次、低碳经济技术储备与发达国家均存在明显差距，向低碳经济转型不仅要面对发达国家占据明显优势的巨大竞争压力，还要面对打破"两高一资"模式"路径依赖"的空前挑战。

三、国内经济环境的积极因素

（一）持续扩张的经济总量和产业结构升级转型

受国际金融危机的冲击，我国经济增长明显放缓，但仍显著快于发达国家和其他新兴经济体，居于世界前列。据世界银行报告，2015年全球GDP总量达74万亿美元。其中，总量排名第一的仍然为美国，占比24.32%；其次是中国，GDP总量占比14.84%；排第三、第四的国家分别是日本、德国，占比分别为5.91%、4.54%。我国步入工业化中期阶段，自主创新和产业结构升级是经济发展的重点。我国目前还尚未成为制造业强国，装备制造业、重化工业技术水平和国际竞争力还不强。经验表明，在工业化发展到中期以后，如果不能跨越自主创新的门槛，通过自主创新促进产业结构升级，将形成对外依附型经济以及工业化停止现象。党的十六届五中全会指出"提高自主创新能力，建设创新型国家"的战略目标，是适应社会经济发展的必然选择，也是未来经济发展的必然趋势。总体上看，经过改革开放40年的发展，我国经济总量迅速膨胀，目前已成为世界第二大经济体，取得的成就令世界瞩目，为下一步向质量型发展模式转换提供了相对充分的条件。

（二）日趋明显的空间集聚格局

改革开放以来，随着市场导向原则的逐步确立，我国经济总量开始向初始条件优越的特定区域集中，而城市群日益成为经济集聚的主要载体。在20世纪90年代初期以来，长三角地区、珠三角地区、京津冀地区、辽中南地区、成渝经济区、山东半岛、海峡西岸经济区等十大城市群的经济集聚效应已初步显现。近年来，若干新的重点战略地区发展速度明显加快，新一轮热点发展区域已现端倪。其中，环渤海地区、成渝经济区、海峡西岸经济区、北部湾经济区、黄河中上游能源化工区的集聚势头尤其引人注目，进一步深化内陆与沿海的区域合作，还将有效推动与东北亚、东南亚乃至泛太平洋国家和地区的全方位国际合作。从发展潜力和能力上看，长江经济带、京津冀地区、东北地区等区域共同决定着我国区域经济的长期发展格局和态势。

（三）不断强化的区域分工

通过鼓励东部率先发展、实施西部大开发、振兴东北等老工业基地、中部崛起等一系列重大区域协调发展战略举措，各地产业结构进一步调整，优势特色产业体系逐步建立，区际分工有所深化，初步形成了各具特色的区域优势产业。东部沿海地区以装备制造业为代表的高端产业发展迅猛，相对于中西部地区具有突出的比较优势。随着产业结构的深化调整，东部沿海地区以纺织业为代表的劳动密集型产业已开始向中西部地区转移，局部地区冶金工业也开始向资源环境条件更为适宜的地区转移。中部地区装备制造业的总体规模优势远逊于东南沿海地区，但冶金、化学、原料、建材等原材料工业的整体规模优势要比东南沿海地区突出。近几年原材料工业向中部地区集中的势头尤其明显，仅河南、山西两省的原铝生产规模就占全国产量近 1/3。能源、有色冶金工业等对资源依赖程度较强的产业向中西部地区集聚的势头明显。西部地区能源优势突出，有色冶金、黑色冶金、化学原料等原材料工业也表现出明显的比较优势。近几年能源工业向西部地区集聚的势头非常明显，西南地区的水电资源开发、西北地区的油气资源开发、陕蒙地区的煤炭资源开发都形成了相当规模，对国家经济支撑的突出作用越来越重要。

（四）方兴未艾的区域合作

随着整体经济发展的持续活跃，我国区域合作的步伐也不断加快，区域合作在国民经济发展中的地位日益提高，已成为促进区域协调发展中极其重要的力量。东西合作正逐渐由政府主导向市场运作转变，由单向的对口支援向双向的互动转变。东西合作领域在不断拓展，合作内容和形式也不断深化，促进了西部经济社会环境的全面可持续协调发展，更使西部整体上都充满了前所未有的发展活力。合作主体也有了新的突破，民营企业渐渐成为跨区域合作的生力军，对西部国有企业的经营机制、管理机制和分配制度改革，以及所有制结构调整，都产生了重要促进作用。在东西合作逐渐深入的形势下，东部 11 个省市及西部 12 个省市区经济发展速度都超过了历史最高水平，并且实现了连年持续增长。自从改革开放以来，虽然从横向比较来看，西部地区与东部地区，甚至全国平均水平都还有很大差距，但从纵向历史对比可以发现，西部地区的经济确实正一步步迈上更高的台阶。另外，东西合作的稳步深入，进一步密切了东西部的经济联系，有力促进了东西部经济市场化程度的提高。同时，通过"优势互补"，提升和优化了双方各自的产业结构。东部地区的产业结构已经逐步升级，初步建立了以第三产业为主的高层次产业结构体系，而西部地区的产业结构也由当初的第一产业比重过高的农业经济，逐渐向以第二产业为主的工业经济过渡，局部地区已显示出向更高级的产业结构层次转变的趋势。

四、国内经济环境的制约因素

（一）区域经济与社会发展的差距

改革开放以来，东南沿海地区率先发展使我国经济总量迅速扩张，造就了世界经济发展史上的奇迹。但是，在经济总量快速扩张、综合国力大幅提升的同时，我国东部地区与中西部地区间的发展差距也呈现出持续加大的演变趋势（王菲和李善同，2016）。进入 21 世纪，我国区域发展差距出现了进一步扩大的趋势，而这种趋势恰恰是在国家先后出台一系列旨在缩小地区发展差距的区域政策的背景下形成的。由此不难看出，缓解我国区域经济发展差距的艰巨性和复杂性。区域协调发展以经济增长与社会进步之间的良性互动为基本前提，是经济增长与社会进步"双轮"驱动的结果。区域经济发展差距持续扩大的趋势，为我国区域可持续发展埋下了诸多隐患，不利于经济与社会实现健康、平稳发展。区域经济差距如果长期得不到有效缩减，不仅会制约经济总量扩张，还会阻碍我国结构升级进程。同时，也会妨碍区域社会发展差距、城乡差距等其他矛盾的缓解。因此，区域发展差距是我国全面小康社会中后期，实现区域协调发展目标将要面对的最为突出的矛盾，更是区域协调发展的难点所在。从城乡差距来看，城市和乡村作为两个相互依存的空间系统，它们以各自的功能共同推动着社会的进步和繁荣。然而，从中华人民共和国成立以来我国城乡关系的历史轨迹看，城市一直处于城乡关系的支配地位；在利益分配方面，农村和农业始终处于弱势地位。这种发展趋势的城乡关系，在城乡居民收入对比上表现得最为明显、直接。1978 年我国城镇居民人均可支配收入和农民人均纯收入分别为 288 元和 135 元，城镇居民收入比农村居民收入多一倍；到 2015 年，我国城镇居民人均可支配收入达到 31 195 元，而农民人均可支配收入为 11 422 元，城镇居民收入是农村居民收入的近三倍。近年来在四大经济板块中东北地区经济表现不佳，经济活力和发展潜力都有所掣肘。未来进一步缩小区域发展差距、缩小城乡差距，是实现东北地区全面振兴面临的重要挑战（金凤君等，2006）。

（二）资源约束明显加强

基础战略性资源的供给压力加大。随着我国经济总量的急剧扩张及二次重型化的兴起，我国对主要矿产资源的需求量也快速攀升。受国内资源供给能力的限制，利用境外资源已成为我国调剂国内余缺的重要手段。一些重要的战略性矿产资源的获取，已对国外市场形成了较高的依赖，并以石油、铁矿石需求对国外市场的高依赖度最具典型。预计未来 20 年，我国经济发展仍将以大量消耗自然资源的物质生产为主。在人口总量增加、人均 GDP 增加、生活水平继续提高的情况下，我国的资源消耗总量不可避免地会较大幅度地增加。基于资源供给压力的现实状况和未来资源类产品的需求趋势，国家应对资源依赖型产业的发展规模和空间进行合理引导，通过总量约束和空间布局战略调整，改变我国经济发展对资源类产品形成刚性需求的趋势。土地日益成为各地区发展的刚性制约因素。一方面，高速工业化和城市化对优质土地的不断占用，造成与粮食安全之间的巨大矛盾；另一方面，"三废"和过度使用农药及化肥，持续损害着土地质量，加重了土地短缺问题。

（三）环境压力明显提升

高投入、高污染的数量型扩张是我国改革开放以来所采用的主导发展模式，这一模式的支撑产业以"两资一高""两高一资"为主体，其代价是生态环境的严重破坏。当前，在东南沿海地区，这种发展模式的生态环境后果已展露无遗，并成为约束未来发展的主要"瓶颈"。为了尽快扭转、缓解当前发展模式对生态环境的巨大压力，国家出台了以节能减排、主体功能区、生态文明建设为主要内容的调控政策和措施，把环境保护提升到事关国家长远发展和人民切身利益的战略位置。但是，国家当前的干预手段与措施并未达到预期目标，部分主要区域的环境污染指标不降反升，环境约束呈现出进一步加大的趋势。从2015年我国环境状况来看，全国338个地级以上城市中，有73个城市环境空气质量达标，占21.6%；265个城市环境空气质量超标，占78.4%。338个地级以上城市平均达标天数比例为76.7%；平均超标天数比例为23.3%，其中轻度污染天数比例为15.9%，中度污染为4.2%，重度污染为2.5%，严重污染为0.7%。480个城市（区、县）开展了降水监测，酸雨城市比例为22.5%，酸雨频率平均为14.0%，酸雨类型总体为硫酸型，酸雨污染主要分布在长江以南-云贵高原以东地区。全国967个地表水国控断面（点位）开展了水质监测，Ⅰ~Ⅲ类、Ⅳ~Ⅴ类和劣Ⅴ类水质断面分别占64.5%、26.7%和8.8%。在5 118个地下水水质监测点中，水质为优良级的监测点比例为9.1%，良好级的监测点比例为25.0%，较好级的监测点比例为4.6%，较差级的监测点比例为42.5%，极差级的监测点比例为18.8%。污染海域主要分布在辽东湾、渤海湾、莱州湾、江苏沿岸、长江口、杭州湾、浙江沿岸和珠江口等近岸海域。

第二节 国家区域发展政策变化

改革开放以来，我国采取了一系列重大战略与政策举措，不断缩小地区差距,促进区域协调发展,特别是党的十八大以来,我国着力推动"三大战略"实施,继续深入实施区域发展总体战略,大力实施脱贫攻坚,大力推进新型城镇化,进一步拓展重大平台建设,促进区域发展取得了显著成绩。"十三五"时期,国家把促进区域协调发展放在突出重要位置,继续深入实施区域发展总体战略,落实好已出台的政策和发展规划,并针对区域发展中出现的新情况、新问题和区域政策制定实施中存在的薄弱环节,进一步完善相关思路和举措,推进"三大战略"实施取得新突破。

一、改革开放至"九五"时期

在 1979~1990 年,中国区域发展战略主要受不平衡发展思潮的影响,国家投资布局和区域政策强调效率目标,向条件较好的沿海地区倾斜,同时对贫困落后地区和少数民族地区给予一定的补偿。随着经济发展战略和体制的转轨,国家区域政策的手段也不断转变。从"六五"计划开始,中国生产力布局和区域经济发展的指导方针,由过去主要强调备战和缩小地区差别,逐步转移到以提高经济效益为中心,向沿海地区倾斜。《中华人民共和国国民经济和社会发展第六个五年计划(1981—1985)》明确指出:"积极利用沿海地区的经济基础,充分发挥它们的特长,带动内地经济进一步发展";《中华人民共和国国民经济和社会发展第七个五年计划(1986—1990)》进一步将全国划分为东部沿海、中部、西部三大经济地带,提出"要加速东部沿海地带的发展,同时把能源、原材料建设的重点放到中部,并积极做好进一步开发西部地带的准备"。1988 年,中共中央、国务院还提出了以沿海乡镇企业为主力、"两头在外,大进大出"为主要内容的沿海地区经济发展战略。

党的十一届三中全会确定了中国实行对外开放、对内搞活经济的重大战略方针。1979 年 7 月,中共中央、国务院正式批准广东、福建两省,在对外经济活动中,实行特殊政策、灵活措施。1980 年以来,国家又相继设立了深圳、珠海、汕头、厦门和海南五个经济特区,1984 年以后,国家又决定进一步开放大连等 14 个沿海港口城市,设立了大连、秦皇岛等 14 个经济技术开发区,实行类似经济特区的政策。之后,国家又相继把长江三角洲地区、珠江三角洲地区、闽南厦漳泉三角地区、辽东半岛、胶东半岛等开辟为沿海经济开放区,并设立了福建台商投资区。1990 年,中共中央、国务院正式批准上海市开发和开放浦东新区,实行某些经济特区的优惠政策,由此形成了一条从南到北沿海岸线延伸的沿海对外开放地带。

二、"九五"至"十一五"时期

1995 年 9 月召开的党的十四届五中全会提出,对于东部地区与中西部地区经济发展中出现的差距拉大问题，应当把坚持区域经济协调发展、缩小地区差距作为一条长期坚持的重要方针。从"九五"时期开始，中央着手实施有利于缓解差距扩大趋势的政策。1999年提出实施西部大开发战略，2003年提出振兴东北地区等老工业基地战略，2006年提出促进中部地区崛起的战略，并分别颁布了相关政策文件。至此，与鼓励东部地区率先发展的战略一道，形成了中央关于促进区域协调发展的总体安排，一般称为"四大板块"战略。

"四大板块"战略在一定程度上细化了区域政策的地区指向，在缩小地区差距方面发挥了积极的作用。"十一五"以来，立足于发挥各个地方的比较优势，推进"四大板块"战略实施的深化、细化和实化，也推动宏观调控和经济调节从"一刀切"转向分类分区指导。研究制定了近120个区域规划和政策性文件，对重点地区基本实行"一区一策"，大大细化和优化了区域政策的地区指向。推动编制了有关国家海洋事业发展、海洋经济发展的一系列重大规划，在山东、浙江、广东等地开展了海洋经济发展试点；推动设立了首个以海洋经济为主题的国家级功能区——浙江舟山群岛新区；充分发挥重要航空枢纽的作用，推动设立了全国第一个航空港经济区——郑州航空港经济综合实验区。推进区域政策指导由内为主转向内外联动，制定了面向东北亚、南亚、中亚、东盟等的一系列重大开放合作规划，推动建立了前海、横琴、平潭、珲春、喀什、霍尔果斯等一批重要的开放合作试验区和边境开发区。

"九五"以来，国家着力建设一批承载特殊使命的重要功能平台。一是在浦东新区实施综合配套改革试点，推动设立了天津滨海、重庆两江、广州南沙、甘肃兰州等国家级新区，建立了武汉城市圈、长株潭城市群等综合改革试验区，建立了海峡西岸经济区、成渝经济区、中原经济区、苏南现代化建设示范区、黄河三角洲高效生态经济区、鄱阳湖生态经济区、皖江城市带产业转移示范区等特色经济区。二是着力解决老少边穷等地区发展问题。对一些重点贫困地区和革命老区制定了专门的扶贫攻坚规划，出台了五个民族自治区加快发展的指导意见。三是着力推进区域合作联动。出台了推进长三角地区、珠三角地区和环渤海地区改革发展和开放合作的相关规划和指导意见，加强了对跨省区经济合作的指导，推动建立了一批一体化合作示范区（金凤君和陈明星，2010）。

三、党的十八大以来区域战略和政策的发展与突破

（一）着力推动"三大战略"实施

中央从战略和全局高度出发，强调着力促进区域协调发展，推动形成以沿海沿江沿线经济带为主的纵向横向经济轴带。在深入实施区域发展总体战略的同

时，高瞻远瞩地提出并推动实施"一带一路"建设、京津冀协同发展、长江经济带发展三大倡议。"一带一路"倡议是 21 世纪我国深化对外开放的总体行动纲领，旨在通过共商、共建、共享的原则，强化与沿线国家和地区的开放与合作，打造利益共同体、命运共同体和责任共同体。"一带一路"建设从无到有、由点及面，进度和成果超出预期，已有 100 多个国家和组织参与其中，中国同 30 多个沿线国家签署了共建合作协议，同 20 多个国家开展国际产能合作；制定了京津冀协同发展规划纲要和一系列专项规划，明确了协同发展的路径和方向；积极攻克协同发展瓶颈，在交通一体化、生态环境保护、产业升级转移三个领域实行率先突破；推进体制创新，稳步开展协同创新、公共服务等领域改革试验。按照以生态环境保护为主线推进长江经济带开发开放的总要求，长江经济带战略实施进展顺利。在国务院出台的指导意见基础上，制定了总体规划纲要，明确了长江经济带发展的方向、目标和重点；突出解决重点问题，出台了加强黄金水道环境污染防治治理等一系列措施；以畅通黄金水道为重点，推进综合立体交通走廊建设，一批重点工程陆续开工；着力推进体制机制创新，加快以省际协调联动为重点的开放合作体系建设。

（二）继续深入实施区域发展总体战略

优先推进西部大开发，贯彻落实《中共中央国务院关于深入实施西部大开发战略的若干意见》和《西部大开发"十二五"规划》，促进优质生产要素流动和高新产业集聚，提升基本公共服务水平，推动资源节约和环境保护。全面振兴东北等老工业基地，出台实施了解决近期问题和推动中长期发展的一系列重要规划和政策文件，着眼于培育提升内生发展动力，着力完善体制机制，着力推进经济结构调整，着力保障和改善民生，着力扩大开放合作。大力促进中部地区崛起，围绕建设"三基地一枢纽"，积极打造支撑平台，全面推进产业承接转移、"四化"协调发展、深化对内对外开放等各项工作（李裕瑞等，2014）。积极支持东部地区率先发展，加快创新驱动和结构优化，建立健全国际化管理体制，探索陆海统筹新机制，更好地发挥全国经济发展重要引擎和辐射带动作用。

（三）大力实施脱贫攻坚

中央把扶贫开发摆到前所未有的高度，召开了高规格的扶贫开发工作会议，出台了《中共中央 国务院关于打赢脱贫攻坚战的决定》等文件；明确了政策指向，组织编制《"十三五"脱贫攻坚规划》，研究制定一系列专项规划和支持政策；摸清了贫困底数，在全国开展扶贫开发建档立卡工作，对贫困户和贫困村进行精准识别；落实了工作责任，明确了中央统筹、省负总责、市县抓落实的工作机制，22 个省（自治区、直辖市）党政主要负责同志向中央签署脱贫攻坚责任书；提出了脱贫路径，按照因人施策、因地制宜的原则，发展生产脱贫一批、易地扶贫搬迁脱贫一批、生态补偿脱贫一批、发展教育脱贫一批、社会保障兜底一批。与此同时，更加重视支持特殊地区的发展，继续加大对老少边穷地区的支持力度，促进资源枯竭、产业衰退、生态严重退化等困难地区转型发展。

（四）大力推进新型城镇化发展

新型城镇化是实现现代化的必由之路，是培育发展新动能的潜力所在和推进供给侧结构性改革的重要抓手。中央分别召开了城镇化工作会议和城市工作会议，出台了推进新型城镇化的总体规划，以人的城镇化为中心，新型城镇化建设稳步展开。明确工作目标，根据新型城镇化发展的总体要求，确定了年度工作任务和完成时限，并建立了部门、地方和相关工作进展"一本账"的跟踪督导机制；推进相关改革，出台了户籍制度改革、非户籍人口城市落户、支持农业转移人口市民化财政政策等一系列改革举措；制定重大规划，《长江三角洲城市群发展规划》《长江中游城市群发展规划》《成渝城市群发展规划》《哈长城市群发展规划》等陆续出台；开展重要试点，新型城镇化综合试点、特色小城镇建设试点稳步推进，农村"三权"分置改革试点全面启动，特大镇设市试点着手进行。

（五）进一步拓展自由贸易试验区和国家级新区建设

继续把重大平台建设放在促进区域协调发展的重要突出位置。推动建立自由贸易试验区，在构建开放型经济新体制、建设法制化营商环境等方面，进行先行先试，目前，已分三批设置了11个自由贸易试验区；继续有序推进新区建设，国家级新区已达到18个（表2-1）。推进临空经济区发展，一批临空经济示范区的基础性工作稳妥展开；推动设立国家生态文明试验区，积极探索生态文明建设的路径与机制。此外，还开展了产城融合示范区、城市综合改革试验区等功能平台的建设。

表2-1 国家级新区及战略定位

新区名称	主体城市	批获年份	面积/平方千米	战略定位
浦东新区	上海	1992	1 210.41	科学发展的先行区和"四个中心"（国际经济中心、国际金融中心、国际贸易中心、国际航运中心）的核心区
滨海新区	天津	2006	2 270	我国北方对外开放的门户、高水平的现代制造业和研发转化基地、北方国际航运中心和国际物流中心
两江新区	重庆	2010	1 200	内陆重要的先进制造业和现代服务业基地，长江上游地区的金融中心和创新中心，内陆地区对外开放的重要门户，科学发展的示范窗口

续表

新区名称	主体城市	批获年份	面积/平方千米	战略定位
舟山群岛新区	舟山	2011	1 440（陆地面积），20 800（海域面积）	浙江海洋经济发展的先导区、海洋综合开发试验区、长江三角洲地区经济发展的重要增长极
兰州新区	兰州	2012	1 700	西北地区重要的经济增长极、国家重要的产业基地、向西开放的重要战略平台和承接产业转移示范区
南沙新区	广州	2012	803	粤港澳优质生活圈和新型城市化典范、以生产性服务业为主导的现代产业新高地、具有世界先进水平的综合服务枢纽、社会管理服务创新试验区
西咸新区	西安、咸阳	2014	882	丝绸之路经济带重要支点；统筹科技资源；发展高新技术产业；健全城乡发展一体化体制机制；保护生态环境和历史文化；创新体制机制
贵安新区	贵阳、安顺	2014	1 795	中国内陆开放型经济示范区、中国西部重要的经济增长极和生态文明示范区
西海岸新区	青岛	2014	2 096（陆地面积），5 000（海域面积）	海洋科技自主创新领航区、军民融合创新示范区和建设陆海统筹发展试验区
金普新区	大连	2014	2 299	引导东北地区全面振兴的重要增长极、老工业基地转变发展方式的先导区、体制机制创新与自主创新点的示范区、新型城镇化和城乡统筹的先行区
天府新区	成都、眉山	2014	1 578	西部科学发展的先导区、西部内陆开放的重要门户、城乡一体化发展示范区、具有国际竞争力的现代产业高地、国家科技创新和产业化基地以及国际化现代新城区
湘江新区	长沙	2015	490	产城融合、城乡一体的新型城镇化示范区，全国两型社会建设引领区，长江经济带内陆开放高地
江北新区	南京	2015	2 451	自主创新先导区、新型城镇化示范区、长三角地区现代产业集聚区、长江经济带对外开放合作重要平台
福州新区	福州	2015	1 892	两岸交流合作重要承载区、扩大对外开放重要门户、东南沿海重要的现代产业基地、改革创新示范区、生态文明先行区
滇中新区	昆明	2015	482	我国面向南亚、东南亚辐射中心的重要支点，云南桥头堡建设重要经济增长极，西部地区新型城镇建设综合试验区，改革创新先行区
哈尔滨新区	哈尔滨	2015	493	中俄全面合作重要承载区、东北地区新的经济增长极、老工业基地转型发展示范区和特色国际文化旅游聚集区
长春新区	长春	2016	499	创新经济发展示范区、新一轮东北振兴重要引擎、图们江区域合作开发重要平台、体制机制改革先行区
赣江新区	南昌、九江	2016	465	长江中游新型城镇化示范区、中部地区先进制造业基地、内陆地区重要开放高地、美丽中国"江西样板"先行区

第三节 国家宏观政策对东北地区发展的影响

一、国家区域政策指向

国家区域发展政策是国家在一定的经济发展时期，立足于国家总体发展方针和区域经济发展的态势，根据国家经济发展需要，并针对区域发展中存在的问题，设计、制定旨在促进各区域经济发展的一系列政策措施。长期以来，区域政策在国家与区域发展上发挥着越来越重要的作用（魏后凯，2008；金凤君等，2016）。自中华人民共和国成立以来，东北地区就成为国家政策的热点区域。在中华人民共和国成立初期的重工业化过程中，国家在东北地区投入了大量的人力、物力和财力。在国家的"四大板块"战略中，东北地区占据了重要的战略地位。2003年国家正式启动振兴东北老工业基地战略，针对东北地区经济社会发展中存在的突出矛盾和问题，结合该区域在全国中的定位，将结构升级、体制转轨、就业增长和区域经济一体化作为东北振兴的战略目标，自此东北地区的发展再次上升为国家战略的高度。由此，国家设计、制定和实施了一系列旨在促进东北各区域经济发展的政策措施，如《东北地区振兴规划》《国务院关于进一步实施东北地区等老工业基地振兴战略的若干意见》《国务院关于近期支持东北振兴若干重大政策举措的意见》《中共中央 国务院关于全面振兴东北地区等老工业基地的若干意见》《关于支持老工业城市和资源型城市产业转型升级的实施意见》《国家开发银行关于进一步支持东北地区等老工业基地全面振兴的意见》等。

从政策的尺度来看，既包含东北地区全局发展的宏观政策、东北行业和部门的政策，同时也包括对城市群、城市和开发区等特定区域的政策，基本形成了"全局-行业-区域"的政策体系。从区域类型来看，国家对东北地区实施的区域政策主要包括区域产业（企业）政策、区域财税金融政策、资源型城市转型政策、区域社会保障政策、区域开放政策、区域空间布局政策、区域其他政策等，共同形成了区域政策组合。产业发展和企业改革政策是当前政策的主体和关键，财税和金融政策是东北振兴的重大机遇和主要外力，资源型城市转型是东北地区具有代表性的突出问题，社会保障政策关系到东北地区改革平稳和社会安定。2007年以前，东北区域政策主要强调"输血"功能，针对亟待解决的问题，给予直接的帮扶和补助政策；2007年之后，虽然也有直接扶助政策的出台和实施，但是侧重内容已经从直接"输血"功能向提升"造血"功能转变。国家实施的区域政策发挥了积极作用，振兴东北地区等老工业基地取得了重要的阶段性成果（魏后凯和邬晓霞，2010）。

从政策的指向来看，东北地区是我国政策最密集的区域之一。针对东北地区经济社会发展中存在的矛盾和问题，以及区域未来发展在国家层面的定位，在结构升级、体制转轨、就业增长、区域创新和区域经济一体化等方面实施了一系列具有明确指向的政策。在产业结构升级方面，相关政策不仅包含了三次产业之间的调整方向，同时还指导了第二产业内部的轻重工业之间、传统优势产业与高新技术产业之间和现代服务业的发展，引导东北地区产业结构战略性调整，以打破东北老工业基地的经济运行路径依赖。在体制转轨方面，相关政策也围绕着突破传统计划经济体制的约束，转变政府职能，推进产权制度改革，完善社会保障体系，大量发展非公有制经济等设计了相关的政策框架。同时，国家在消除行政区壁垒，加强分工协作，建立统一的基础设施网络、要素市场、资本市场和商品市场，提高东北经济活力和创新能力，建立产学研用的科技创新体系等方面也均出台了一系列的政策，而且这些政策逐步细化到东北全面振兴的方方面面。例如，2016年，国家发改委出台《关于推进东北地区民营经济发展改革的指导意见》，制定了一系列关于深入推进东北地区民营经济发展改革，健全和完善促进民营经济健康发展的体制机制，优化民营经济发展环境的指导意见。2017年国务院办公厅印发《东北地区与东部地区部分省市对口合作工作方案》，组织东北地区与东部地区部分省市建立对口合作机制，通过市场化合作促进要素合理流动、资源共享、园区共建，开展干部交流培训，支持东北地区进一步转变观念，增强市场意识和竞争意识，激发内生活力和动力，促进东部地区与东北地区在合作中相互借鉴、优势互补、互利共赢、共谋发展。鉴此，可以发现东北地区在不同层次、不同领域均享受了大量的国家政策，并且在很多方面国家对东北的政策是带有明确指向性和针对性的。

二、普适性政策的效力

振兴东北老工业基地战略的一系列政策实施以来，总体上取得了明显成效，国家政策倾斜和扶持对东北地区发展发挥了重要作用，但也存在着不少的困难和问题，很多政策在具体实施过程中其效力没有完全发挥出来（姜晓秋等，2017）。其中，主要问题包括：部分政策已经失效或失去优势，部分政策力度不够或难以落实，政策的分类指导不够细致，政策存在较为明显的项目指向和国企指向，政策的长效保障机制还不健全，等等。

（一）部分政策已经失效或失去优势

随着外部环境条件变化，一些政策本身已经没有优势，变成普惠性政策，甚至失效。例如，2004年《财政部 农业部 国家税务总局关于2004年降低农业税税率和在部分粮食主产区进行免征农业税改革试点有关问题的通知》的出台对东北地区具有倾斜性和政策优势，但是后来国家全面取消了农业税，东北地区的这一政策优势消失。又如，2004年财政部等提高计税工资税前扣除标准，东北地区企业的计税工资税前扣除标准提高到每月人均1 200元，而当时全国通用标准是每月800元，但自从2006年起，全国工资、薪金所得费用扣除标准都从每月800元提高到每月1 600元。不少的扶持和财政支持政策都是一次性的，政策作用时间短，"造血"功能不足。例如，2008年财政部和国家税务总局出台了《财政部 国家税务总局关于豁免蒙东企业历史欠税的通知》，这种政策的落实对东北地区的发展具有直接性和有效性，但是存在不可持续的问题。有的政策和其他区域相比缺乏优势，在对外贸易政策方面，优惠力度不及东部一些政策区，这些政策的比较性劣势使东北地区在区域经济竞争中并不处于优势区。

（二）部分政策力度不够或难以落实

一些政策符合地方实际情况和发展需求，但在执行中存在力度不够的情况，影响了政策发挥的空间和效果（杨东亮，2011）。例如，税收优惠政策的力度和广度不够，财政部和国家税务总局出台《财政部 国家税务总局关于东北地区军品和高新技术产品生产企业实施扩大增值税抵扣范围有关问题的通知》，政策范围主要针对军品类和高新技术产品，仅对进入名单的企业有直接帮助，大量的工业企业却享受不到优惠政策，因此对区域发展的促进作用可以说是杯水车薪。在信贷方面，国债投资计划等有力地支持东北地区的大型工业改造项目。信贷资金主要集中于大型企业工业升级或者铁路、公路等重点工程建设。虽然一些重大规划有提及加强金融信贷政策支持，但是从信贷政策来看，东北地区，尤其是中小企业享受的特别政策非常有限，融资难问题非常突出，缺乏细化具体的可操作政策。同时，东北地区大量的农产品加工企业缺乏足够资金进行产业化、集群化发展运作。地方政府和地方金融机构在信贷方面也缺乏足够支撑。从人才政策来看，国家虽然通过一些特殊政策吸引人才、留住人才，使他们为东北地区经济建设及社会发展创造更多的财富和贡献，但是到实践层面，如何真正改善东北地区高层次人才的工作和生活条件等，目前没有特殊政策确保东北地区科研人员、机关或事业单位人员的平均工资水平，在科研经费、事业经费等方面缺乏足够的政策倾斜，不但很难吸引人才到东北地区工作，而且东北地区人才流失的问题较为严重。在科技创新方面，自主创新科技研发政策不具体。东北地区以国有企业改革为重点,多种所有制经济蓬勃发展,经济结构调整、发展都离不开自主创新能力的提升。东北地区特别是企业存在科研基础设施落后、研发经费投入少、科技创新和服务能力弱的问题,创新人才匮乏,科技成果转化率低。虽然在综合性规划等政策内容中有提及要发挥东北地区等老工业基地的人才优势,建立健全鼓励自主创新的体制机制,但是没有有关的东北地区的创新专项政策,也没有出台具体的操作流程,没有明确研发经费的筹集渠道和使用方式。

(三)政策的分类指导不够细致

东北地区是一个地域广阔、地形复杂、人口众多的特殊区域,内部各地区之间差异较大,在历史基础、区位条件、自然和社会资源的配置、经济发展水平及产业结构等方面大不相同,反映在区域发展的态势、问题等方面,也必然表现出很大的区域差异特征。有的地区重点问题是资源型城市转型,有的地区是城乡统筹和社会发展、就业等问题更为突出,有的地区是如何促进产业集群式优化和重点发展,有的地区则是如何强化国家政策重点扶持社会民生实现区域可持续发展(张国宝等,2008)。即使是同一类型区域也需要制定不同的政策来有效应对,如资源型城市,不同资源型城市转型的突破口必然不一样;如老工业基地,不同城市也面临不同的出路和选择。因此,区域政策的设计、制定和实行一定要结合地方实际,强调分类指导、因地制宜。从扩大开放来看,改革开放是中国特色社会主义道路取得巨大成就的基本经验,但是从国家对东北有关开放的政策来看,国家有关部门虽然制定了具有远见、已经高度关注东北地区扩大开放的政策文件,并且该项政策文件也可以看作扩大开放的指导性文件,但是相关的具体政策缺乏具体政策条目,可操作性不强。从区域创新来看,当前专项政策虽然包含了东北高技术产业化项目和人才队伍建设等政策,但是产学研一体化机制尚未建立,通过怎样的激励方式更好地鼓励众多科技人才参与到东北振兴中还缺乏细则。

(四)政策存在较为明显的项目指向和国企指向

通过对国家出台的一系列关于东北地区的区域政策进行分析,可以看出政策具有较为明显的项目指向和国企指向。应该说为配合振兴东北老工业基地战略,国家在项目投资方面给予相应支持是必要的、直接的和有效的,东北地区近年来的发展成效也证明如此,因此很多政策还需要保持,部分政策还需要加强。但是,从区域长远的发展来看,这些政策也容易滋生出一些问题,需要警惕,必要时需要通过其他政策进行协调和调整。从政策的项目指向来看,这类政策会对受助企业带来直接效益,但是对于企业发展来讲,短期的经济援助只能帮助企业暂时走出困境,如果一些观念、体制和机制没有任何改变的话,这些项目所发挥的作用将受到很大限制，甚至出现三年、五年以后有可能需要再来一次调整改造，国家将需要再次注入大量的资金现象。企业也可能因此产生依赖心理，对企业自身改革不加重视，总盯着国家投资，必须要从"授人以鱼"向"授人以渔"这样的方式转变。从政策的国企指向来看，很多项目、投资和优惠主要集中在国有企业，尤其是国有工业方面，因而将有可能持续强化东北地区的国有经济比重，这和东北地区国有企业改革的大方向存在一定的冲突。同时，政策的国企指向会影响民营经济的活力，进而影响到产业结构升级，尤其不利于东北地区服务业发展。此外，大量的国有经济投资有可能会对民间资本产生一种挤出效应。事实上，过去的经验表明，东北老工业基地国有经济涉及的领域过于广泛，而国有企业往往采取内部化的方式，把产业链各个环节甚至相关活动都集中在一个企业内部完成，由此扼杀了民间资本的投资机会，对民间投资产生明显的挤出效应。

（五）政策的长效保障机制还不健全

东北地区的多项政策已经失去优势，政策本身的作用已经失效，同时政策出台随年际波动性大，区域发展并没有获得太多的政策倾斜和优势，政策的连续性还需要加强，政策的长效保障机制还需要建立和健全。东北全面振兴是一项长期的艰巨任务，东北地区要实现产业结构调整升级、社会经济全面发展和繁荣，逐步缩小与东部地区之间的差距，还需要较长的时间阶段。在实现之前，为使振兴东北老工业基地战略能够有效地贯彻实施和持续稳步推进，最好通过各种法律法规，明确界定中央、地方统筹协调区域发展的原则、方法和措施，明确东北地区应该在全国范围内所享有的政策优势和倾斜性待遇，促进东北地区持续快速发展，提升国家产业结构完整性和产业竞争力，维护国家安全和社会稳定。

三、国家政策与东北本地环境的契合

实现东北全面振兴与发展，不仅是东北人民的迫切需要和愿望，还是促进国家社会经济可持续发展、调整升级产业结构体系、提升国家竞争力的客观需要。自2003年东北振兴规划实施以来，东北地区取得了重要的阶段性成果。目前东北全面振兴已经由"单项突破"的前期阶段进入"纵深推进、全面振兴"的战略新阶段，新阶段的重点任务是引导东北地区自我发展能力快速提高、经济社会全面发展、城乡统筹发展。在这一阶段，政策体系科学合理地设计、制定、贯彻和执行非常关键，对实现全面振兴的战略目标至关重要。未来一段时期，政策应着力于推动国家政策与东北本地环境的契合。政策契合应集中在以下方面：一是以产业结构优化升级和国有企业改革为主线展开；二是以培育新的区域增长极与产业的空间合理布局为重要依托；三是以社会和谐发展为出发点和落脚点重视基础设施建设；四是进一步加强改革开放与区域合作机制建设；五是注重营商环境塑造的相关政策；六是科技创新与人才政策。

（一）产业结构优化升级和国有企业改革政策

在当前及未来一定时期内，产业结构优化升级和国有企业改革依旧是政策制定的主线。从产业结构优化升级来看，一是建设集成化、智能化的装备制造业基地，形成以高新技术为支撑的交通运输机械、动力设备等的装备工业体系，充分发挥东北地区在全国传统重化工业现代化改造的示范和引领作用，继续加大国家有关重大项目在东北地区的布局建设。二是积极引导培育高新技术产业和新兴医药产业。依托电子信息、光谷、新材料等的科研基地，发挥东北地区高校众多、科研力量雄厚的优势，大力发展高新技术产业，突出医药工业发展的资源、环境特色，建设生物工程、制药基地，成为具有区域比较优势的轻工产业。三是建立现代农业产业化体系，建设强大的绿色农产品生产及加工业基地，进一步增强在全国的绿色农业产业化地位，保障国家粮食安全。四是积极培育生态旅游产业，实现资源型城市转型和新经济增长点培育。在国有企业改制、重组和促进民营经济发展方面，一方面加快推进国有企业的改制和重组。积极搞好国有企业的战略性布局调整，解决国有企业覆盖面大、战线过长的问题，优化整合各方面资源，构建一批专业化分工明确、竞争力较强的大型企业集团。同时要积极搞好主辅分离、辅业改制，加快分离企业办社会。在推进国有企业重组的过程中，中央应加大财政支持的力度，妥善解决好下岗分流职工的社会保障和就业安置。另一方面，积极鼓励私营经济发展，增强经济发展的活力和竞争力。要进一步创造宽松的环境和平等的竞争环境，政府要积极扶植，做好服务，在外贸出口、国际合作、上市融资、贷款担保、财税负担、市场准入等方面创造有利的条件。加强培育企业家精神的氛围，建立一套鼓励自主创业的金融和财税优惠政策，通过简化创业办理的有关程序，给予灵活的金融信贷政策，对自主创业的税收采用适当的优惠减免政策。

（二）新的区域增长极与产业空间布局政策

中国工业化快速发展并取得巨大成就的基本经验与模式之一就是开发区的设立与相应产业政策的定向施策，东北地区全面振兴的政策制定应对这些经验模式进行深化与借鉴。开发区是东北地区产业体系再造的载体和机制创新的有效平台。虽然东北地区的各类开发功能区在推动经济增长中发挥了重要作用，但是其效率和推动产业结构转型的作用不强。以各类功能区域为抓手，围绕产业发展，探索继承性创新和开拓性创新的模式与机制，聚焦空间载体创新，打造精明增长功能区，是东北地区全面振兴的有效途径，也是从粗放增长向精明增长转变的载体,更是从要素驱动向创新驱动转变的有效载体。东北地区的体制机制完善需要找准突破口进行渐进式推进,而具有明确国家政策导向的各类"区"是很好的试点平台和抓手。未来的全面振兴过程中要解决的问题与以前振兴要解决的问题有很大不同,需要依托明确的功能区域精准施策,推动经济社会从"振"向"兴"转变,推动其率先形成经济增长极,进而带动所依托城市的功能升级,并通过中心城市的发展带动城镇群及更大区域的发展,形成"试点示范区－中心城市－城镇群－更大区域"的递推式区域发展模式。因此未来在哈尔滨新区、金普新区、长春新区和图们江等各类区域中给予有针对性的区域政策,推动新常态下东北地区的先行先试,打造区域新的增长极。

（三）社会和谐发展与基础设施建设政策

东北地区由于历史积累等多种因素,当前社会经济可持续发展仍然面临城乡差距较大、社会就业不充分、资源型城市衰退等诸多问题。因此,东北地区改革与发展始终要以社会和谐发展为出发点和落脚点,同时继续加强基础设施建设。要促进社会和谐发展,东北地区要突出关注三个方面:一是城乡统筹发展。城市与乡村在区域发展中实际上是一个相互影响、相互制约、相互促进的动态过程。随着城市的发展壮大,城市有责任和义务带动农村摆脱困境,促进与拉动农村发展,广大农村又成为城市未来发展的巨大潜在市场,城市的可持续发展必须依赖于广大农村,城乡统筹是城市和农村可持续发展的前提。东北地区的工业化已经跨入中期阶段,加强城乡统筹既符合客观规律,也是现实需要。二是扩大社会就业。千方百计扩大就业,多层次开展就业指导、就业培训,大力发展社区服务业,创造新的就业岗位,同时通过中央和地区财政的共同支持,建立更广范围、更大力度的社会保障体系,确保社会稳定和谐。三是继续引导资源型城市转型。东北地区资源型城市数量较多,受资源枯竭和资源保护等因素的制约,不少城市需整体转型和发展接续产业,已有政策取得了积极效果,需要继续保持,并且可以加大产业转型的支持力度。从基础设施建设来看,东北地区经过多年的建设,已经初步拥有较好的基础设施基础,但为了发挥交通等基础设施在区域发展中的带动作用,应继续加强基础设施建设,增强水利、能源和交通等基础产业和基础设施对经济社会发展的保障能力;积极发展资源水利、效益水利和生态水利,以及节水型工业,建立节水型社会;进一步完善交通基础设施建设,初步建立综合交通体系网络,在空间上合理布局,改造边境口岸设施,增强对外通道和出口的通行能力;完善邮电通信网络布局,推进信息化建设;加快城市供水、供电、排水和道路等市政基础设施、社会公益事业和住房建设,提高环境质量,完善城市功能。

（四）改革开放与区域合作机制建设政策

进一步扩大开放领域，大力优化投资环境，是顺利实施振兴东北老工业基地战略的重要途径。一方面，充分利用两个市场、两种资源，建立与国际接轨的对外经贸体制和运行机制，在更大的范围、更宽的领域和更高的层次扩大对外开放。依托资源优势和产业基础，承接国际产业转移，鼓励国内外战略投资者参与老工业基地改造和产业优化升级。鼓励外资以并购、参股等多种方式参与国有企业改组改造或处置不良资产。加快外资进入服务业领域，在商业零售、物流、科研、教育、文化、卫生、旅游、信息咨询等服务业领域提供准入和投资便利。创造条件提前开放金融、保险、证券、会计、律师等领域。加强东北亚地区国际合作，推动与俄罗斯、日本、韩国、朝鲜等周边国家经贸、科技、资源等多方面的合作与交流。加强图们江地区开发开放，建立促进区域性贸易与投资制度，加快口岸环境建设，大力发展边境贸易、互市贸易和转口贸易。另一方面，大力推进对内开放。采取多种方式，吸引域外企业、各类生产要素进入东北地区的市场，积极吸引域外资金参与投资建设等。这些都需要具有明确指向和针对性的区域政策设计。

（五）营商环境塑造政策

加强金融、税务、信贷风险投资市场建设。国家政策性银行贷款、国际金融组织和外国政府优惠贷款，在坚持贷款原则的条件下，提高用于东部地区的比例，对投资大、建设周期长的基础设施项目，适当延长贷款期限，并适度降低贷款利率；建立专项针对民营经济的金融和信贷专项资金支持，实行适当的税费优惠政策。例如，购买住房的各项税费优惠政策，加大对廉租住房建设和棚户区改造的投资支持力度等。给予优惠的信贷政策，扶持高科技企业的研发。继续推动有成长性的优秀高新技术企业股票上市，形成具有活力的高科技板块，增加对公众风险资本的吸引力；建立产权流动机制，即建立有效的风险投资的市场退出机制，需要一个成熟完善的产权市场。社会团体、企业和个人可以采取灵活方式，针对项目的参股投资；对高新技术企业、高新技术项目的整体收购；针对高新技术企业的控股或参股投资；与高新技术企业进行资产重组；鼓励民营经济的股份制融资、合股、共建等多种形式融资；企业应转变经营观念，增加对研发的投入。

（六）科技创新与人才政策

1. 实施产业发展智库体系建设政策

体制机制的破与立对东北地区的发展同等重要，事关全面振兴目标的实现。

目前各界比较关注东北地区体制机制障碍的破除方面,而对重构发展动力的具体机制创立方面重视不足。从东北地区发展的现状和未来的趋势看,在转变政府职能的同时,也应以重构发展动力为目标,深入精细、因地制宜研究有利的机制抓手。从产业发展方面看,应以打通产学研用的通道为目标,重构产业发展的科技与智库体系,形成政府引导、技术支撑、市场引领的振兴智库支撑格局,为工业行业和企业发展的新机制、新动力、新模式、新业态提供系统有力的智力与科技支撑,营造和释放科技促进振兴的新动能和第一生产力,提升科技对经济发展的贡献率。

2. 实施精准人才配置的政策体系

用好东北地区的各类人才,夯实行稳致远的基础。东北的人才和科技重点服务于东北地区的全面振兴是一个值得研究的课题,用好本地人才,区域发展的内生动力、发展活力和竞争力再造才有保障。东北地区拥有全国 12.4%的研发机构、8.4%的研发人员、10.2%的高等学校、11.2%的高级以上职称教师。尤其在部分产业领域人才和人力资源丰富,具有科技创新潜力和后发优势,是东北地区振兴的人才基础和宝贵财富。首先,国家应制定切实可行的政策,激励本地人才为全面振兴献力的责任意识、创新热情和奉献精神,营造全社会服务振兴的人才氛围,激发本地人才的活力与潜力。其次,强化国家的各类人才政策,尤其是产业人才政策,聚焦产业创新新型人才培养与引进,打造有实力的装备制造企业研发团队和新兴产业开发团队,为产业发展提供有力的人才支撑。最后,研究东北地区居民返乡创业和参与振兴的鼓励政策。用东北地区的文化改造东北社会、为东北地区的居民带入新的机制,是东北地区未来发展值得探索的一个课题,也可能是东北地区振兴的一个捷径。此外,还应研究居住在沿海发达地区或国外的东北地区居民返乡创业和参与振兴的鼓励政策。

参 考 文 献

姜晓秋,梁启东,郭连强,等. 2017. 中国东北地区发展报告(2016). 北京:社会科学文献出版社.

金凤君,陈明星. 2010. "东北振兴"以来东北地区区域政策评价研究. 经济地理,30(8):1259-1265.

金凤君,张平宇,樊杰,等. 2006. 东北地区振兴与可持续发展战略研究. 北京:商务印书馆.

金凤君,陈明星,王姣娥. 2012. 东北地区发展的重大问题研究. 北京:商务印书馆.

金凤君,王姣娥,杨宇,等. 2016. 东北地区创新发展的突破路径与对策研究. 地理科学,

36（9）：1285-1292.

李裕瑞，王婧，刘彦随，等. 2014. 中国"四化"协调发展的区域格局及其影响因素. 地理学报，69（2）：199-212.

王菲，李善同. 2016. 中国区域差距演变趋势及影响因素. 现代经济探讨，（12）：81-86.

魏后凯. 2008. 东北振兴政策的效果评价及调整思路. 社会科学辑刊，（1）：60-65.

魏后凯，邬晓霞. 2010. 十二五时期中国区域政策的基本框架. 经济与管理研究，（12）：30-48.

杨东亮. 2011. 东北振兴政策实践效果评价与政策启示——基于全要素生产率增长的全国比较. 东北亚论坛，20（5）：99-108.

张国宝，宋晓梧，刘铁男，等. 2008. 东北地区振兴规划研究（重大问题研究卷）. 北京：中国标准出版社.

第三章　新时期区域发展路径与对策

进入21世纪以来，东北地区一直是以"增长动力缺失区"的区域整体形象展示给社会的，与我国其他地区欣欣向荣的经济态势形成了明显的反差。虽然国家和地方做了大量努力，但至今仍没有改变上述状态。追根溯源，东北地区目前的状态是体制转变迟缓、全球化冲击和老工业基地衰退三大因素综合作用形成的，复杂程度和破解难度绝不是国外工业基地产业衰退形成的问题那么简单。所以，必须在系统上进行统筹谋划、因势利导、远近结合，才能使东北地区逐步走向兴旺之路。本章简要分析了东北地区发展的历史症结，阐释了区域创新的破与立、振与兴的关系，提出了推动东北地区转型与创新发展的对策。

第一节　区域发展历史症结与破解之路

一、区域发展历史症结

东北地区近百年来经历了跌宕起伏的发展历程（孔经纬，1986），面临着极为复杂的发展环境。社会制度，经济社会运行的体制机制、发展模式、发展政策与国内外发展环境等方面经历了数次变化，导致东北地区发展路径的不连续性和转弯特征，每次变化都带有"重构"社会的味道，其难度不单纯是世界上老工业基地遇到的经济和产业结构问题，更重要的是其变化所形成的社会管理问题，要进行适应性转型是极其困难的，因此任重道远。

综合分析，东北地区目前面临的发展环境与态势是21世纪以来体制转变迟缓、经济全球化冲击和老工业基地衰退综合作用的结果（金凤君等，2016）。前两者对东北地区的影响是深远的，适应性的变革是缓慢的，应对性的策略是乏力的，都大大增加了东北地区未来发展的不确定性。

（一）体制转变迟缓

20世纪80年代以来，我国开始逐步从计划经济体制向市场经济体制过渡，建立市场机制也逐渐成为国家政策的主导方向。虽然东北地区在这一过程中也进行了相应的机制体制转换，包括国有体制改革、政府职能转变、市场经济机制建立等诸多方面，曾取得了阶段性成效，但是，东北地区作为我国计划经济体制和模式最明显的区域，无论是市场经济体制机制建立方面，还是政府职能转变方面，都是比较滞缓的，可以说，到目前为止，还没有形成与市场经济相适应的体制机制环境（常修泽，2015）。其原因在于：改革开放初期我国实施的是"试探"性的改革策略，政策的着力区域多集中在我国的南方沿海区域，计划经济体制的惯性和"试探"性改革的不确定性客观上迟缓了东北地区的市场化改革。正是由于计划经济"惯性"力量的强大（源于国家和地方）和国家"试探性"改革的逐步成功在东北地区形成了明显的不适应，才逐渐形成了东北地区经济发展状态与国家整体经济发展状态之间渐行渐远的态势。在上述"试探性"改革的演化路径中，东北地区客观上充当了"背书者"和"稳定器"的角色，可以认为不同时期东北地区的角色一定程度上保障了国家改革开放政策的成功——得益于资源和基础工业的支撑。国家调控的"大东北"与地方运作的"小东北"交织在一起，是其体制机制转变迟缓的根本原因。虽然21世纪以来实施的振兴东北老工业基地战略使东北地区经济、社会在相关领域取得了明显成就，但深层次的体制性、机制性问题依然没有得到彻底解决，目前的经济社会运行机制越来越不适应市场化的要求。

（二）经济全球化冲击

20世纪80年代我国开始实施对外开放政策，在利用外资、推动技术进步、建立现代企业制度、解决就业、完善市场化机制、促进经济转型等方面取得了巨大成就，重构了我国区域发展的优势、动力和格局。但是，就全球化的区域响应看，东北地区在这一进程中应对乏力，全球化的动力对地区经济发展的贡献是有限的（陈思思，2015）。尤其是2001年末我国正式加入WTO，开启了加速融入全球经济的进程，使我国进入了全球化和市场经济时代。而恰在此时，东北地区由于各种历史问题的累积作用，经济进入了最艰难和最困难的时期，对外经济地位不断降低（表3-1），发展机制和模式已经不能适应国内外发展的要求，直接导致了经济竞争力的快速丧失。突出表现在三个方面：一是经济发展市场的丧失。计划经济时期东北地区的许多企业和产品服务全国，而21世纪则收缩为区域性的市场，甚至本地市场的丧失。二是作为我国国家资本和国有企业的主要集聚区域，随着国家垄断和保护性政策的减弱，东北地区竞争力急剧下降。三是新兴部门成长缓慢，导致工业部门结构没有发生实质性变化（高国力和刘洋，

2015），没有获得加入 WTO 以来全球产业转移和创新发展带来的红利。区域工业体系依然以物资消耗高、运输量大和污染严重的资源型及资金密集型产业为主，而附加值高的知识及技术密集型行业未得到充分发展。四是作为市场竞争的主体，东北地区的国有企业逐步改变了以东北地区为增长基地或增长核心的模式，向其他区域布局新的增长空间和新产业，其发展对东北地区的带动作用不断减弱。此外，除了看重东北地区的资源外，国际性大企业和集团在东北地区布局新产业偏少，且多是处于产业链低端的生产加工环节。

表3-1 东北三省经济在全国地位的变化

年份	GDP占全国比重	进出口额比重	固定资产投资比重	外商投资企业货物进出口总额比重
2003	9.49%	4.47%	7.58%	8.3%
2004	9.42%	4.16%	7.92%	8.0%
2005	9.22%	4.02%	8.65%	8.2%
2006	9.06%	3.93%	9.56%	7.7%
2007	8.72%	4.00%	10.14%	6.7%
2008	8.90%	4.24%	10.83%	7.4%
2009	8.99%	4.12%	10.57%	6.9%
2010	9.17%	4.14%	11.05%	6.4%
2011	9.37%	4.30%	10.48%	6.3%
2012	9.45%	4.30%	10.95%	6.2%
2013	9.26%	4.31%	10.43%	6.0%
2014	9.03%	4.17%	8.96%	3.1%
2015	8.00%	3.44%	7.33%	2.8%

所以，21世纪以来，全球化对东北地区经济发展的冲击是非常严重的，尤其是对传统工业和传统优势产业的冲击可以说是致命的。例如，原来东北地区的消费类产业，到目前为止已经基本退出了市场。

（三）老工业基地衰退

东北地区资源丰富，其资源开发时间较长，依据资源优势建立起来的资源型产业特征明显。资源开发的逐步枯竭和产业发展进入"夕阳"阶段，其经济增长乏力必然导致经济地位的下降和角色的变化（陈才等，2004；金凤君等，2006；金凤君等，2012）。根据《全国资源型城市可持续发展规划（2013—2020）》，东北地区共有资源型城市42座，其中地级城市22座，县级市20座。其中资源枯竭城市占1/3以上，如阜新、抚顺等煤矿城市，鞍山、本溪等冶金城市，伊春、白山等森林城市。经过几十年甚至上百年的开发，加之缺乏可持续发展理念，资源已经枯竭，以此建立起来的经济体系和城市面临严峻的衰退态势。根据《全国老工业基地调整改造规划（2013—2022年）》，我国在计划经济时期在全国范围内共建设工业城市120个，其中东北地区有28个，均是建成时间比较早的工业城市。这些城市绝大多数以重化工业为主，结构单一，长期以来生产任务过重而忽视了技术更新和技术改造，导致地区产业结构老化、生产工艺落后、设备陈旧，产品缺乏市场竞争力。此外，企业多以国有企业为主，体制机制不活，应对市场竞争乏术。

（四）区域发展面临严峻态势

上述三大因素作用，使东北地区已经成为增长动力的缺失区域，发展面临非常严峻的态势：一是重塑发展路径任重道远。面临老工业基地衰退、体制转型艰难、全球化经济冲击三方面不利因素的叠加影响，如何重构东北地区的发展路径并能引领其走出困境，还没有看见非常光明的前景。就目前中央实施的政策和地方所做的努力看，要使东北在"市场开拓"、"转变方式"、"创新驱动"和"改革开放"等方面走出新路径，还任重道远。二是重塑发展信心任务艰巨。东北地区曾经的经济"辉煌"和优越感明显的"社会心理"，仍然根植在东北地区的社会之中，而与其他地区发展差距巨大的现实又使东北地区的社会陷于"自卑"之中，以及被指责的社会旋涡中，东北地区发展的信心不足。虽然2003年起实施的振兴东北老工业基地战略，改变了当时具有巨大失落感的社会倾向，整个社会的发展信心有所提升，但近两年东北地区经济增长乏力和地位的急速下滑，发展的信心又受到打击。随着全球经济发展的竞争越来越激烈，确立变中求新、变中求进、变中突破、变中求发展的思路非常重要，运行机制探索的任务艰巨，存在巨大的不确定性。三是重构有持续竞争力的产业体系"道窄力微"。产业结构转型与升级动力不足仍然是东北经济发展面临的最主要问题之一（张可云，2015），重构现代产业体系也是未来不遗余力的努力方向。但是，支撑这一方向的政策有限、平台有限、手段有限、能投入的力量有限，与破解东北地区难题所需要的规模存在较大差距，形成"道窄力微"之势，存在非常大的不确定性。首先有发展潜力的新产业有限，不能形成巨大的发展动能；其次各类政策措施有限，与其他地区相比，效力呈现明显的"式微"态势；最后创新能力不足，目前东北R&D投入占GDP比重仅为1.3%左右，低于全国平均水平0.7个百分点。近年来东北地区的专利申请量、授权量、技术市场成交金额占全国比重继续呈下滑趋势，2013年仅分别占全国的4.0%、3.9%和4.4%，远低于其GDP、人口在全国的占比水平（8%~10%）。创新能力不足直接导致东北高技术产业在全国地位的持续下降（2013年占全国的3.8%），对经济拉动效果不明显。这一态势可能会长期存在。从经济地位看，东北地区的经济总量占全国的比重将保持在 7%左右，与辉煌时期占全国 15%左右的地位相差甚远，提高的难度巨大，有成为"贫困的中国先行工业化区域"的风险。

二、转型发展与补短扬长

如前面所述，东北的问题是体制、全球化和工业基地衰退综合作用的结果。破解这一难题，仅仅用解决老工业基地的手段已不能促进东北地区的发展，应将东北地区列为更复杂的"问题区域"来对待。由于过多地集中在老工业基地问题的解决方面，东北地区经济发展着力点侧重在存量调整方面，而在增量发展方面努力不够，缺乏持续的长久的战略；侧重在传统产业方面的改造提升，而在新兴产业发展方面努力不够，没有形成新的增长点和竞争力（樊杰等，2016）。总体看，无论地方还是国家政策，在东北地区形成了以解决历史与现实问题为主的发展历程，短期着力点明显，系统性的改良设计缺乏。当然，客观地看，过去 30 多年（1978—2012 年）对东北地区进行系统性改良还不具备条件和环境，也没有明确的参照系。但目前我国经济社会发展越来越成熟，已经积累了一系列经验与模式，为东北地区的系统性改良提供了条件。此外，随着老工业基地问题的逐步解决，东北地区的政策与发展也应进入另一个阶段。

（一）从解决历史遗留问题向系统性改良着力

系统性改良的核心着力点就是东北地区的发展路径与模式改良或重构，围绕这一核心建机制、供政策、搭平台、筑载体：①机制的建设必须将东北的独特性、国家发展的适合经验和市场经济的基本准则有机结合起来，建立有利于东北地区良性发展的"运行性"体制机制。即在运行机制上精细化研究，必须走"扬弃"结合的现实路径。弘扬东北地区和国家已经形成的成功模式，逐步消弭不适合发展趋势和发展规律的模式。②政策供给注重"给"与"改"相结合，体制机制完善和创新驱动相结合，加强系统设计，凝聚国家愿景、地方诉求和市场需求的合力。③围绕"增量建机制、建模式，存量优化效率、提质量"，搭建好各类政策平台。④围绕以信息化带动工业化，突出城镇化对工业化的引导作用，优化空间载体，尤其是开发的发展模式，形成符合现代发展趋势的载体（金凤君等，2016）。

（二）从适应性调整向转型发展着力

总结我国自 20 世纪 80 年代以来实施的改革开放政策的演化路径，可以发现，我国经济社会发展机制的主基调是"变革性创新"，即通过不断的制度性变革创新、经济发展模式变革创新和区域发展政策变革创新，促进经济社会快速发展。但不同区域在应对创新的政策方面存在巨大差异，所产生的区域红利也存在明显的差异。我国东南沿海地区是"变革性创新"的引领区域，是国家政策和地方政策结合最好的区域，创造了诸多经验和模式，形成了巨大的发展潜力。

在国家"变革性创新"的大背景下，东北地区的未来发展必须在经济体制转型、发展战略转型、经济增长方式转型、经济结构转型四方面持续用力，精准施策，才能走出经济发展乏力的窘境：①以重构"发展路径"为着力点，建立符合全球化和信息革命发展趋势的经济体制。被动型调整已经不能推动东北地区快速发展，只能固化已经缺乏竞争力和发展潜力的既有发展路径（姜巍，2016）。应紧紧把握国家改革创新的大方向和新要求，积极适应全球化和信息革命的发展趋势，探索既符合东北地区历史特色又适应国内外环境变化的体制机制，破解东北地区体制不活、结构不优的问题，发挥调整生产关系、合理分配生产资源、引领科技进步的作用。②积极实施"新型工业化"战略。东北地区在过去发展中传统工业化走在了前列，如果再沿用这一路径必将落后。未来实现振兴和可持续发展的目标，必须实施"新型工业"或"再工业化"战略，将新因素、新环境、新机制和新模式与产业发展有机结合起来，坚持以信息化带动工业化，以工业化促进信息化，实施科技含量高、经济效益好、资源消耗低、环境污染少、人力资源优势得到充分发挥的工业化战略（张平宇，2004）。③着力解决东北地区发展拼资源、拼资金、拼人力、拼设备的粗放增长方式，着力解决东北"投资驱动型"经济发展特征，积极探索科技创新、新因素带动增长的机制，改变其增长方式。④以新经济与传统经济的融合为核心，推动产业结构、技术结构、市场结构、供求结构、企业组织结构和区域布局结构的调整；积极应对经济全球化和经济信息化的突起，让高新技术和商务电子技术与传统产业相结合，带动人才流、技术流、资金流的流动，从而推进市场资源进行整合，最终促成传统产业升级换代和经济转型。

（三）补短扬长

就东北地区的发展阶段和面临的形势看，首先是补短。如果不解决短的问题，东北地区具有的长也是短。这一点必须有清醒的认识。就近期而言，补短应突出两方面。一是补市场之短，扬资源之长。目前东北地区扬资源之长意识比较清楚，但运作机制上"长以短用"发展思维和运作模式以"我有什么就干什么""我能干什么就干什么"的基本特征为主，重点聚焦在东北地区的资源转化上，体现的是"产品生产"的经济理念与模式，由此形成的是工厂化生产，而不是产业链构建，这一模式对地方产业体系的构建和地方经济的带动作用有限。未来应注重补市场之短，在充分研究市场和消费需求的前提下谋划发展，实施招商引资。二是补体制机制僵化落后之短，扬科技创新资源之长，再建东北的创新链条。根据企业成为"主要驱动者"的大趋势，政府的角色必须从"参与者、决策者"转变为"促进者、指引者和激励者"。东北地区科技资源相对丰富，但没有很好地与地方经济结合起来。未来应以促进产学研用结合为主线，优化人才、资本、产业、技术、管理等要素的配置机制，激发新活力，培育发展新动力，推动经济发展。同时，着眼于全球、全国的产业竞争与技术创新，提高产业的竞争力。

政策设计上充分考虑国有企业改革、产业项目布局、创新工程设置对地方经济、就业的带动作用，以信息化带动工业化，突出城镇化对工业化的引导作用，大力优化提升产业结构。强化现代产业体系建设、经济发展方式转变、区域分工协作、城市化改造、社会环境建设等领域的政策深化设计和引导作用。

（四）引导东北地区向新实体经济转型

所谓新实体经济，就是在现代工业技术、互联网平台和信息通信技术支撑下以智能化制造、精准性关联、营销型创新、时效性流动为特征的经济综合体，也就是与传统经济发展不同的新产品、新行业、新业态和新商业模式（陆大道，2003）。在"变革性创新"大背景下，长远来看东北地区更需要重构新实体经济，应在下列几方面着力与创新。第一，持续努力优化生产方式。围绕生产的智能化、产业链效益的最大化、营销的市场导向化、管理的精细化，改造东北地区企业的运行模式与运行机制。第二，大力促进生产组织方式的适应性调整。目前东北地区企业或区域经济的生产组织方式已经远远不能适应时代的趋势。应充分利用互联网、物联网等技术，因地制宜，精准化改造传统的生产组织模式，提高企业或行业的运行效率和效益。第三，引导制造模式的变革。例如，现在的制造模式是消减式模式，然后加工成产品，其中浪费很多，劳动力投入也很多；3D打印机代表了另外一种生产方式，它依靠叠加式的打印技术，生产实体产品，所以它不需要切削，而且可以分散生产，需要更多新型材料（工业和信息化部，2016）。应引导制造模式变革。第四，优化流通方式。建立生产制造到供应链服务链条，实现线上线下的融合。

第二节　未来发展需调整的重大关系

一、体制机制破与立的关系

众所周知，体制机制的深层次问题是东北地区发展的障碍和破解的难点。《中共中央　国务院关于全面振兴东北地区等老工业基地的若干意见》明确提出,"全面深化改革、扩大开放是振兴东北老工业基地的治本之策,要以知难而进的勇气和战胜困难的信心坚决破除体制机制障碍,加快形成同市场完全对接、充满内在活力的新体制和新机制"。但如何排除体制机制的障碍,如何处理破与立的关系,突破点在哪里、突破手段在哪里、时序进程是什么、实施主体是谁,都是值得我们深入研究的关键问题。目前来看,东北地区体制机制的形式与沿海发达地区的差异不大,但本质上则存在巨大差异——运行机制上与先进地域差异巨大。基于东北地区目前的状态和可能的发展趋势,必须在"破"与"立"上做文章。

(一)破行政经济之窠臼,立符合发展形势的"新型政经关系"

从政府与经济发展的关系看,目前东北地区体现的是"大政府、小社会""强政府、弱市场"的运行机制,存在政府权力固化、政府职能泛化现象,市场配置资源的基础设施作用比较弱。在具体经济发展的运作方面,多体现为工业园区等经济发展载体行政化设计与命令性管理特色突出,行政与市场的契合比较弱;企业发展的政府影响较强、适应市场的能力偏弱。因此,应紧紧围绕经济建设这一主线,建立有效率的运作机制(任锦华,2015)。

要破解上述机制,需要建立新的政经机制:由政府(官员)运作经济发展向政府与企业家运作经济发展载体和经济发展机制转变,最终形成企业家运作经济——政府提供保障的新型政经关系,改变"首长决策""官本位"主导经济的现状。整合各管理部门的职能与机制,形成服务经济发展的"合力型"协作机制。选择有条件的城市或县区,进行开发区整合试点,集聚优势,改善环境,促进经济发展。

(二)破低效运行之窠臼,立创新高效之机制

完善政府管理体制,向管理创新要效率,在管理创新中培育新动能。在简政放权的同时,也应改变政府的效率机制。首先,应"裁冗减员",提高政府运行效率,围绕经济发展探索管理体制改革、党政职能改革。建立新型的政商关系,选择有条件的开发区和行政区,探索政府结构精简改革和职能整合试点。其次,综合评估直管县、开发区管理、农垦、森工、油田等特殊区域管理的作用和机制,进行扬弃性机制创新,建立合理的体制机制改革路线图,有序分阶段推进。在发挥政府引导经济作用与职能方面,应从"我能干什么"向"市场需要什么"的体制机制转换,积极研究市场及市场的变化,围绕市场需求调整相应的职能和运作机制,制定符合市场的规划与战略方针。在地方优势与市场需求方面,更应突出准确把控市场需求的能力。

（三）破泛工业化之意识，立精准产业化之机制

工业化是一个复杂的系统，需要资金、技术、市场、人才、资源多种条件的有效组合。在我国快速工业化进程并在总体上取得巨大成就的大背景下，每个地区都将工业化作为发展的目标和重点，热衷设立开发区，招商引资，尤其是条件较差的县级行政单元，更迫切期望有工业项目增加GDP和财政收入，这一意识在一定程度上促进了经济的发展，但也存在泛化的倾向，结果是导致资源浪费和效益低下。东北地区工业泛化的具体形式：县级行政单元以行政命令设置数个园区，但基础设施和其他条件不具备；以资源招商建厂的趋势很突出，缺乏统筹。总体看，资源不能高效集约利用，资金也不能集中使用，基础设施也不能有效提供。客观上不能聚势生力，抑制了经济的发展。

因此，应以地级城市为基本区域单元，统筹谋划产业的总体战略与布局，实现空间上集约高效化，产业链与集群构建的有限目标化。一是选择好的开发区，将资源与市场紧密结合，以高效、集约和可持续利用资源为核心，精准引导企业和产业链建设，弥补产业链短的客观现实；二是建立精准的绩效与奖惩机制，调动社会各界发展经济的积极性，尤其是要调动公务员队伍谋划地方发展的积极性；三是建立好的营商环境，积极探索合理的公私合作（public-private partnership，PPP）运作模式，加强基础设施建设，提高支撑能力，积极营造良好的金融营商环境，提高经济发展的安全性；四是加强社会氛围的营造，形成有利于经济发展的社会氛围，积极建立以企业为主体的独立运行机制，优化政府与企业发展的关系。

（四）破劳动地域分工之困境，立新型增长区域之战略

计划经济时期形成的劳动地域分工的惯性影响依然存在，东北地区在这种分工中，被赋予了原料和上游产品提供者的地位，资源型产业产品价值向下游转移的问题仍然存在。因此，必须充分审视东北地区的新优势和新形势，系统谋划区域发展的新空间、新经济。在新的经济发展形势和区域发展战略框架下，以及全国区域经济发展新格局下，应重新审视东北地区的经济定位和地位，从宏观层面提出区域发展的新战略，指导东北地区未来的发展与建设。

二、经济发展"振"与"兴"的关系

（一）由"振"向"兴"转变

东北地区经济发展中的"振"是原有产业的提振和扩张，是依托已有的产业基

础扩大产能，提高产量，是量的扩张；"兴"是新兴产业的构建与发展，是产业的创新与结构的升级，是质的提升。因此，东北地区发展中"振"与"兴"是密不可分的一个过程的两个方面。2003年实施振兴东北老工业基地战略以来，东北地区经济发展取得了显著成就，但多限于"振"的层面，经济的增长主要是原有产业量的扩张。这种产能扩张，掩盖了深层次的结构危机，不能进行深度改革，不能及时实现经济结构的转型。因此在"路径依赖"的发展模式下，东北地区经济发展的传统动力强化，而新兴经济发展后续动力不足，产业结构固化，产业优势退化，导致产业生态位下滑。东北地区在市场环境变化后，尤其是进入新常态后，各种深层次的矛盾集中显化，旧产能过剩，新动能缺失，导致区域经济增长停滞，增速断崖式下滑。

（二）营造四个方面"兴"的动力

展望未来，要想使东北地区摆脱发展的困境，必须在"兴"的方面着力，围绕创新、载体、支撑和环境四方面营造"兴"的动力。一是建立市场导向的产业技术创新体系，推进科技创新成果有效转化应用，营造东北地区经济兴旺的新动能。以突破制约产业发展关键核心技术、促进延伸产业链、培育新兴产业集群为目标，打通基础研究、应用开发、中试和产业化之间的创新链条。二是利用好国家政策推进大众创业、万众创新，激发产业发展活力动力。三是以提质增效为核心，推进产业结构向中高端迈进。集聚东北地区潜能实施"中国制造2025"，推进新一代信息技术与东北制造业的深度融合，强化工业基础能力建设，提高综合集成水平。四是促进新产业新业态大发展，改变结构偏重、产品单一的发展局面。应积极培育发展一批有基础、有优势、有竞争力的新兴产业。壮大工业机器人、燃气轮机、发动机、集成电路装备、卫星应用、光电子、生物医药等产业规模，打造国内领先新兴产业集群。大力发展生产性服务业，引导制造业企业从主要提供产品制造向提供产品和服务转变，鼓励优势企业发展生产性服务业，提供社会化、专业化服务。实施"互联网+"行动计划，围绕各行业产品、生产线、供应链及商业模式等环节，开展跨界融合创新，积极发展电子商务、供应链物流、互联网金融等新兴业态。逐步改变东北结构相对单一状况，形成多点多业支撑新格局。五是打造一批产业创新发展高地，引领东北产业发展。应分层次打造一批产业发展新的增长极和增长带，依托这些区域，形成促进产业发展的新机制、新平台。

三、产业发展"调"与"转"的关系

（一）改变政策着力点

自2003年实施振兴东北老工业基地战略以来，东北传统产业和资源优势型产业发展活力显著增强,实力明显提升;现代农业实现了稳步发展;民生问题和社会氛围也得到了巨大改善。东北地区产业结构的调整具有一定成效,但转变发展方式和增长方式的成效甚微,成就乏善可陈。突出体现在:继续延续重化工、资源型产业的发展路径,扩大装备制造业、农副食品加工业、医药制造业等传统优势产业,投资型、资源型的产业结构特征没有明显改善;创新发展、新兴产业发展、提质增效、外向型经济发展等转型发展明显不足。

（二）转变发展方式

因此,未来应向转变发展方式着力,由主要依靠第二产业带动转变为一、二、三产业协同带动,由依靠增加资源消耗转变为依靠科技进步、劳动者素质提高、管理创新转变。一是通过体制机制、组织和技术创新,巩固东北地区已经形成的装备制造业、农副食品加工业、医药制造业等产业的规模优势和竞争优势,在提质增效上下功夫,努力创造条件延长产业链条和提高产业的关联效应,发挥稳定东北经济的核心作用。二是大力扶植新兴产业、高技术产业和现代服务业发展,选择有条件的新材料、环境节能设备、电子信息、机电一体化、精细化工、生物制药、智能制造设备、光电子、农产品深加工、轻纺工业等为突破口,通过产业门类的扩容壮大实现第二产业的结构转型和优化(工业和信息化部,2016);努力推动制造业与服务业的协同发展,促进由生产型制造向服务型制造转变,并努力营造其他服务业的发展环境和动力。力争到2020年左右,使第三产业对经济增长的贡献率从目前的48%(2013年全国为62%)提高到60%左右。三是利用辽中南城市群、长吉图经济区、哈大齐经济走廊、辽宁沿海经济带已经形成的城镇、产业园区和产业集聚优势,选择有条件的城镇、产业、园区、企业,创新机制,着力培育新兴产业,整合发展,提高东北产业的发展活力和竞争力。四是牢牢把握好创新驱动发展这一"牛鼻子",实施一系列旨在提升产业活力与竞争力的创新工程,推动建立结构优化、技术先进、清洁安全、附加值高、吸纳就业能力强的区域产业体系。

四、发展模式"老"与"新"的关系

所谓"老"是指传统的发展模式,在东北地区大体上可归纳为企业以"生产型"、"资源型"、"资本型"和"单体型"为主,产业链短,产业集群优势不突出,创新与生产和市场结合不够紧密,区域上以"行政区"经济为主。21世纪以来,东北地区的发展仍沿用老的发展路径与模式,适应市场发展的新模式与新业态不多,与发达地区的发展差距越来越大。所以未来必须从传统发展模式向新经济、新需求、新业态和新模式发展转型(王姣娥和杜德林,2016)。

（一）从生产型向服务型转变

努力改变生产型经济的区域特征，以延伸产业链、提高效益、增强竞争力为核心，上游向研发、设计延伸，下游向服务、销售延伸，有条件的企业和区域，设计全产业链的产业体系，尤其是国有企业地位突出的地区和资源优势明显的区域，区域经济发展的模式必须转变。

（二）从传统发展模式向创新产业发展模式转变

新一代信息技术与制造业深度融合，正在引发影响深远的产业变革，形成新的生产方式、产业形态、商业模式和经济增长点。基于信息物理系统的智能装备、智能工厂等智能制造正在引领制造方式变革；网络众包、协同设计、大规模个性化定制、精准供应链管理、全生命周期管理、电子商务等正在重塑产业价值链体系；可穿戴智能产品、智能家电、智能汽车等智能终端产品不断拓展制造业新领域。东北地区要想实现全面振兴，就应在生产方式、产业组织、商业模式方面创新，围绕生产投资、共同开发、协作配套、销售售后等开展产业发展模式和终端产品价值链再造，努力推动制造业与服务业的协同发展，打通相互促进的环节，促进重点企业和行业由生产型制造向服务型制造转变，并努力营造其他服务业的发展环境和动力，通过企业合作或区域合作构造有效益的产业链条，实现产业耦合共生发展。

（三）改变区域经济发展模式

在政区经济的运作背景下，东北地区存在"只要你不比我好"的"比肩邻里"区域心态。未来应打破以一城、一地单独设计发展模式的思路，以开放、系统、网络的视角统筹自身的发展，按照共享、效益的理念确定自身的定位，以便应对共同的市场，促进区域共赢发展，破除行政区域的限制，引导资源的合理配置，促进工业化、城市化和信息化深度融合。所以，创新产业发展模式和区域发展模式是东北地区全面振兴的关键，也是长远可持续发展需要破解的难题。

五、要素集散与新增长空间的关系

东北地区吸引投资和招商引资的优势之一是"资源"，国内外投资者看重的也是这一要素。但如何利用好这一要素推动经济发展则是一门科学。目前东北地区多以不同层级的行政区域为单元，招商引资。从实际运行看，虽然这一路经就东北地区而言是可行的路径，但存在同质化、趋同化和要素不集聚、区域竞争加剧等现象与趋势。因此，21世纪东北地区的发展，应处理好要素利用与新增长空间的关系。

（一）破除资源简单利用之模式，建立高效利用资源之机制

作为东北地区最具优势的农业与农产品资源，包括粮食、畜产品和林产品，存在被简单利用的"粗暴"模式，集约高效利用任重道远。所以，科学利用资源、深化利用资源、高效利用资源、精细化利用资源是东北地区发展的重点。对于一些关键资源，应以地级市或更大区域为单元进行统筹规划，精细化设计，精准化招商，使之切实成为地方经济发展的新动能。应特别重视市场对资源的需求，以整体效益最大化设计一个区域的产业链（杨宇等，2016）。

（二）建立开发区联动机制，打造新增长空间

东北地区开发区独立的运作机制已经不适应新时期发展的大趋势。应在其他条件具备的前提下，建立各级开发区（园区）联动发展机制，以地级市为单位构建覆盖市域的对外开放平台体系，构建联合平台、联合发展、统筹开放的体制机制，推动新增长空间聚势发展。

第三节　推动转型发展的突破路径

一、实施产业发展智库体系建设工程，营造第一发展动力

（一）实施目标

体制机制的破与立对东北地区的发展同等重要，事关全面振兴目标的实现。目前各界比较关注东北地区体制机制障碍的破除方面，而对重构发展动力的具体机制创立方面重视不足。从东北地区发展的现状和未来的趋势看，在转变政府职能的同时，也应以重构发展动力为目标，深入精细、因地制宜研究有利的机制抓手。从产业发展方面看，应以打通产学研用的通道为目标，重构产业发展的科技与智库体系，形成政府引导、技术支撑、市场引领的振兴智库支撑格局，为工业行业和企业发展的新机制、新动力、新模式、新业态提供有力的智力与科技支撑，营造和释放科技促进振兴的新动能和第一生产力，使科技对经济发展的贡献率从目前的45%左右提高到60%以上。

（二）实施策略

一是建议组建东北地区工业技术创新与应用研究院，以新机制与新模式为宗旨，以市场和技术为导向，系统研究东北地区老工业基地产业发展的技术问题，

提出系统的解决方案，弥补政府主导下的"行政性"振兴战略与政策的不足。重点是探索东北地区创新链整合，构建以企业为主体，科研院所、高校、职业院校、科技服务机构等参加的产业技术协同创新机制，打通基础研究、应用开发、中试和产业化之间的有效通道。破解体制机制障碍，探索科技与经济结合的有效模式与途径；统筹调度国家各部门的力量，如统筹重点实验室、工程中心、技术中心、孵化器等，尽力为东北地区产业发展提供系统性支撑平台；根据具体情况因势利导、因地制宜制订系统的战略性新兴产业的发展方案并提供技术支撑；建立服务企业技术需求的科技服务网络。

二是以打通政产学研用通道为目标，建立有效机制，促进东北的科研力量为东北产业发展和振兴服务。围绕国家重大需求，力争在东北地区设立 2~3 个国家级实验室，夯实重大科学技术基地的地位；围绕东北地区重点行业转型升级和新一代信息技术、智能制造、新材料、生物医药等领域创新发展的重大共性需求，依托沈阳、大连、长春和哈尔滨等工业城市设立国家制造业创新中心（或工业技术研究基地），重点开展行业基础和共性关键技术研发、成果产业化、人才培训等工作。强化高档数控机床和机器人、航天装备、发电与输变电设备、工程机械、轨道交通、高技术船舶制造方面的基础科技支撑能力。

三是引导国家各个部门资源，搭建智库网络系统平台，探索协同创新服务东北地区振兴的机制与模式；建立企业与科研机构、高校的专项攻关机制与体系；加强院企、院地合作，推进知识创新与技术创新融合、知识创新与区域创新融合。

二、实施精准人才配置工程，为东北地区行稳致远提供保障

（一）实施目标

应根据东北的具体情况，针对管理、科研、企业发展的问题和需要，建议国家制订东北地区人才特别行动计划，深化稳定人才政策、激励人才政策、吸引人才政策和优化人才政策，打造智慧高地，释放发展产能。研究在国外、国内其他地区（尤其是发达地区）工作、经销的东北地区居民返乡创业和参与振兴的鼓励政策。

（二）实施策略

一是用好东北地区的各类人才，夯实行稳致远的基础。东北的人才和科技重点服务于东北地区的全面振兴是一个值得研究的课题，用好本地人才，区域发展的内生动力、发展活力和竞争力再造才有保障。东北地区拥有全国 12.4%和 8.4%

的研发机构和研发人员，10.2%和11.2%的高等学校和高级以上职称教师数量。尤其部分产业领域的人才和人力资源丰富，具有科技创新潜力和后发优势，是东北地区振兴的人才基础和宝贵财富。国家应制定切实可行的政策，激励本地人才为全面振兴献力的责任意识、创新热情和奉献精神，营造全社会服务振兴的人才氛围，激发本地人才的活力与潜力。

二是用好国家的各类人才政策，尤其是产业人才政策，聚焦产业创新型人才培养与引进，打造有实力的装备制造企业研发团队和新兴产业开发团队，为产业发展提供有力的人才支撑。

三是研究东北地区居民返乡创业和参与振兴的鼓励政策。用东北地区的改良文化改造东北社会、用域外的东北地区居民带入新的机制是推动东北地区未来发展值得探索的一个课题，也可能是东北地区振兴的一个捷径。此外，东北地区的民营经济发展缓慢是突出问题，要破解这一问题，除了建立完善的机制、激发居住在本地的居民积极开拓创业外，还应研究居住在沿海发达地区或国外的东北地区居民返乡创业和参与振兴的鼓励政策。

三、实施稳基增效行动，推动大农业创新发展

（一）实施目标

东北地区具有发展现代化大农业得天独厚的条件与优势，并在我国大农业发展中具有举足轻重的地位。2014 年东北地区粮食产量、牛肉产量、牛奶产量和森林产品产量分别占全国的 23%、25%、28%和 36%，是名副其实的大农业基地，其中商品粮占全国的 40%，是维护我国粮食安全的"稳压器"。但是，21 世纪以来粮食产量快速增长的同时，东北的经济效益却没有快速增长，如 2015 年东北地区第一产业增加值仅占全国的 9.7%。低效益农业是东北大农业发展的基本现状，应引起高度重视，并且黑土区还面临水土流失与土地退化的问题。因此，在巩固国家粮食安全保障基地的基础上必须以提高效益为目标，调整大农业结构。到 2025 年左右，使农业效益达到全国平均水平以上。

（二）实施策略

作为未来全面振兴的基础支撑产业，东北地区大农业必须走稳基增效的创新发展之路。在稳定大农业发展基础方面，一是构建符合 21 世纪粮食安全需求的商品粮基地，通过一系列"藏粮于地、藏粮于技"等重大工程，巩固国家商品粮生产核心区地位，调控生产规模，提高效率；二是加强农业环境治理、农地整理、农田生态修复的科技支撑，提高大农业的可持续发展能力；三是推进粮食主产区

玉米、水稻、大豆生产全程机械化系统工程研究及成套设备研发，作物关键环节农机装备研发，大型拖拉机、精准变量复式作业机具、高效能联合收获机械、精量低污染大型自走式施药机械、种子繁育与精细选别加工设备、健康养殖智能化设备研发与应用，提高农业发展的保障能力；四是加强现代种业技术，包括种质资源保护、育种创新、品种测试和制（繁）种技术研发与推广，以及动植物疫病防控技术，形成有力的基础支撑。

提质增效应是未来东北农业创新发展的重点方向。应以提高效益为核心，改善大农业生产体系、经营体系，推进农业生产规模化、集约化、专业化、标准化。一是借鉴荷兰大农业发展模式与经验，在有条件的地区建立以畜产品为最终产品导向的种植业—养殖业—加工业联动发展模式，推动大农业产业结构调整；二是开展特色资源产业化开发增值技术研究，提高特色资源的产业化增值水平；三是鼓励发展专业大户、农民合作社、家庭农场、农业企业等新型经营主体，积极培育绿色生态农产品知名品牌，大力发展"互联网+"现代农业；四是以增值增效为引领，推进现代农业示范区建设。

平台建设方面，以新的机制和模式，整合资源，建立东北地区农业可持续发展研究平台（网络），提升对东北地区现代农业科技进步的服务能力，加强国家农作物种质资源圃、国家育种创新基地种质资源保护、育种创新、国家农作物品种测试和国家制（繁）种基地建设，围绕农业主产区资源环境承载力与预警监测开展持续研究，建立稳定合理的人才激励机制，鼓励高等院校、科研机构建立长期研究计划。

四、实施创新链支撑产业链提质增效行动，推动构建产业新体系

（一）创新引领产业转型升级

创新产业发展模式，应加快推进产业内部融合发展。从抓龙头、铸链条、建集群出发，以打造国际竞争力的先进装备制造业基地、重大技术装备战略基地和重要技术创新与研发基地为目标推进东北地区装备制造智能化改造（张国宝等，2008）。一是整合资源，搭建智能制造网络系统平台，打造有实力的装备制造企业研发团队。二是组织实施东北装备制造业智能化改造重大技术攻关。推动信息化和工业化深度融合，瞄准高档数控机床、工业机器人及智能装备、燃气轮机、先进发动机、集成电路装备、卫星应用、光电子、生物医药等行业，推进制造业智能化改造；促进工业互联网、云计算、大数据在企业研发设计、生产制造、经营管理、销售服务的综合集成应用；研究流程制造、离散制造、敏捷制造、智能装备和产品、新业态新模式、智能化管理、智能化服务等关键技术；发展再制造

产业，实施高端再制造、智能再制造、在役再制造。三是选择有条件的企业，推广卓越绩效、六西格玛精益生产、质量诊断、质量持续改进的先进生产管理模式和方法。四是推广先进成型加工方法、在线检测方法、智能化生产与物流系统技术。五是推行装备制造业综合标准化，研究智能制造等重点领域的主要技术指标标准体系。六是以企业为主体构建学习型和创新型的企业文化。到2025年左右，使高技术产业发展对经济发展的贡献率从目前的 6.5%提高到 20%以上（宋周莺等，2016；焦敬娟等，2016）。

（二）因地制宜设立示范基地

力争在东北有条件的城市设立新一代信息技术与制造装备融合的集成创新和工程应用示范基地。整合力量组建地方工业发展研究院。提升工程（技术）中心的创新作用。利用工业强基等重点工程资金、技术改造资金、国家科技重大专项资金，或者引入社会资本、金融资本等，采用首台套、税收优惠等多种政策支持方式，建立精准创新的扶持机制。建立智能制造产业联盟，技术对接和配套协作，协同推动智能装备和产品研发、系统集成创新与产业化。培育智能监测、远程诊断管理、全产业链追溯等工业互联网新应用。以既有科研院所的知识、技术、人才和科技资源为核心，构建引领东北地区等老工业基地产业转型创新链体系。

（三）推动新兴产业集群建设

充分发挥特色资源优势，引导农产品精深加工、现代中药、高性能纤维及高端石墨深加工等特色产业集群发展。以信息化带动工业化，突出新型城镇化对工业化的引导作用，改造提升现有的制造业聚集区，推动产业集聚向产业集群转型升级（余振和顾浩，2016）。

五、优化提升各类功能区，为全面振兴提供载体

目前东北地区既有的国家级开发区在优化东北产业结构、促进新兴产业发展方面虽然发挥了一定作用，但效果不明显。应通过政策的引导，使各类开发区在产业链和产业集群建设方面发挥更大作用，带动东北地区产业结构的优化升级。

（一）强化各类功能区改革示范区的功能

改革开放以来，虽然东北地区的各类开发区在促进地区经济增长方面发挥了重要作用，也发挥了区域辐射带动作用，但是改革的先行示范引领作用没有发挥出来。在全面振兴的过程中，应以国家级新区、国家级自主创新示范区等为载体，重点探索体制机制的新模式与新路径，形成引领带动作用，逐步推进整个东北地区的机制创新。选择有条件的开发区从招商引资向"引资购商"转变。根据实体经济产业链转型升级的需要，有目的地实施"引资购商"战略。此外，总结既有开发区和高新技术开发区的机制经验，总结模式经验，进一步优化完善，发挥先行示范引领作用。

（二）整合产业园区，打造新增长空间

目前东北地区行政性设置园区的模式已经不适应发展的形式，存在资源、资本浪费的现象，也存在基础设施支撑能力弱、环境差等问题，不能成为推动东北地区经济发展的新增长空间。因此，基于新的发展形势，建立符合工业化发展规律的空间政策，将资源、资本、技术、政策有效整合在一定的空间内，才能形成新的增长动能和动力，推动地方经济发展。因此，至少应以县级行政区域为单元，整合各类开发区域，减少开发区数量，加大开发区基础设施的建设力度，尤其是工业类园区，集聚集约建设；用有限的人力、财力建设成为有新动能、新活力的产业增长空间。

提高开发区的发展效率。集约利用土地，发展绿色化循环经济，使各类开发区成为自主创新能力强、资源利用效率高、绿色精益制造特色明显、信息化程度高、质量效益好的示范窗口。

（三）积极借鉴经验与模式

三、四线城市发展活力不足是东北地区振兴与发展的难点之一。大部分城市依托资源建立起来的产业体系由于受资源、市场和产业本身竞争能力下降等因素的影响，加之不利的区位制约，面临较大困难。因此，应借鉴东部与西部地区"对口"支援的理念，创新对内开放模式，以产业合作园区（或有条件的开发区）为平台，选择长三角、珠三角等地区发展状态好、经验丰富的城市，与东北有关城市结对子，在人才、管理、产业等方面合作，引进成熟的、可推广的经验模式，推动其创新发展，激发城市发展活力和潜力。

第四节 对策建议

自 2003 年国家正式启动振兴东北老工业基地战略以来，国家、省及地市各级政府都制定了一系列政策措施推进东北振兴，但这些政策在时间上分布差异较大，呈波动式变化。以 2007 年为界点，前期主要强调"输血"功能，针对亟待解决的问题，给予直接的帮扶和补助政策；后期侧重内容已经从直接"输血"功能向提升"造血"功能转变，政策自身也处于关键性的转型时期，且政策在空间层面上，有两个特点：一是东北地区区域政策主要以全区域政策为主，专门区域政策为辅；二是区域政策空间性随着时间发生着变化，由侧重全区域通用政策向强调子区域专门政策转变，但仍未在空间层面上形成分重点的发展战略和空间政策体系。

目前，振兴东北老工业基地战略已经由"单项突破"的前期阶段进入"纵深推进、全面振兴"的战略新阶段，新阶段的重点任务是引导东北地区自我发展能力快速提高、经济社会全面发展、城乡统筹发展。

一、研究建立机制与要素投入相结合的长效政策体系

注重体制机制和创新驱动相结合，政策设计上充分考虑国有企业改革、产业项目布局、创新工程设置对地方经济、就业的带动作用，以信息化带动工业化，突出城镇化对工业化的引导作用，大力优化提升产业结构。强化现代产业体系建设、经济发展方式转变、区域分工协作、城市化改造、社会环境建设等领域的政策深化设计和引导作用。

按照新型工业化的要求，以老工业区搬迁制造、承接产业转移示范区等为抓手，改造提升现有的制造业聚集区，推动产业集聚向产业集群转型升级，支持建设一批（而不是几个）特色优势突出、产业链协同高效、核心竞争力强、公共服务体系健全的新型工业化示范基地。营造创新驱动的氛围和环境，激发中小企业创新活力，发展一批主营业务突出、竞争力强、成长性高、专注与细分市场的专业化"小巨人"企业。

二、营造产业发展的基础动力

结合东北装备制造业的优势和战略作用，着力推动整机企业和核心基础零部件、先进基础工艺、关键基础材料和产业基础技术企业协同发展；强化平台支撑，利用国家自主创新示范区等开展产学研用协同创新改革试验，布局和组建一批基础研究中心，创建一批公共服务平台，完善重点产业技术基础体系，加快机械、航空、汽车、轻工、纺织、食品、电子等行业的智能化改造，提高精准制造、敏捷制造能力；创新中央预算内引导东北创新链整合专项资金安排方式，支持企业牵头，以市场需求为导向，创新与科研院所合作模式，通过体制机制创新带动技术创新；围绕沈阳、大连、长春和哈尔滨，扶持制造业创新中心建设，重

点开展行业基础和共性关键技术研发、成果产业化和人才培训等。

三、优化产业发展环境

推动创新创业发展，激发产业活力和潜力。有针对性地深化研究东北老工业基地创新创业问题，探索优化劳动力、资本、产业、技术、管理等要素配置的系统政策（或方案），激发新活力，培育发展新动力，推动新技术、新产业、新业态在东北地区快速发展。努力破解政府直接参与创新资源配置偏重、市场需求对技术创新引领作用发挥不足、科研院所和国有企业创新管理体制滞后等问题，营造促进东北创新创业发展的良好环境，形成大众创业、万众创新的生动局面。加快实施"互联网+"行动计划，利用互联网平台和信息通信技术改造东北传统产业，促进新产品、新行业、新业态和新商业模式不断涌现。

四、不断深化东北地区与沿海发达地区的合作与经验借鉴

2016年11月国务院发布了《国务院关于深入推进实施新一轮东北振兴战略加快推动东北地区经济企稳向好若干重要举措的意见》（国发〔2016〕62号），正式提出"组织辽宁、吉林、黑龙江三省与江苏、浙江、广东三省，沈阳、大连、长春、哈尔滨四市与北京、上海、天津、深圳四市建立对口合作机制"。2017年上述对口合作省（市）间建立了广泛的合作机制。随着合作的深入，国家应瞄准东北地区全面振兴的目标，与时俱进，因地制宜，因时制宜，深化与细化政策，不断完善合作机制与模式，推动东北地区更多、更广泛地吸收先发地区的经验与模式，不断提高东北地区健康发展的动力。

参 考 文 献

常修泽. 2015. "再振兴"东北战略思路探讨. 人民论坛，（31）：18-21.
陈才，李广全，杨晓慧. 2004. 东北老工业基地新型工业化之路. 长春：东北师范大学出版社.
陈思思. 2015. 东北振兴的政策评价与新思考. 中国集体经济，（19）：29-30.
樊杰，刘汉初，王亚飞，等. 2016. 东北现象再解析和东北振兴预判研究. 地理科学，36（10）：1445-1456.
高国力，刘洋. 2015. 当前东北地区经济下行特征及成因分析. 中国发展观察，（10）：77-79.
工业和信息化部. 2016. 中国制造2025解读材料. 北京：电子工业出版社.
姜巍. 2016. 东北再振兴：找准发展定位与突破口. 中国发展观察，（2）：14，20-21.

焦敬娟，王姣娥，刘志高. 2016. 东北地区创新资源与产业协同发展研究. 地理科学，36（9）：1338-1348.

金凤君，张平宇，樊杰，等. 2006. 东北地区振兴与可持续发展战略研究. 北京：商务印书馆.

金凤君，陈明星，王姣娥. 2012. 东北地区发展的重大问题研究. 北京：商务印书馆.

金凤君，王姣娥，杨宇，等. 2016. 东北地区创新发展的突破路径与对策研究. 地理科学，36（9）：1285-1292.

孔经纬. 1986. 东北经济史. 成都：四川人民出版社.

陆大道. 2003. 中国区域发展的新因素与新格局. 地理研究，22（3）：261-271.

任锦华. 2015. 把握"四新"求发展　提升"状态"促振兴——浅谈学习市委十三届七次全会精神. 学理论，（7）：1.

宋周莺，车姝韵，王姣娥. 2016. 东北地区的创新能力演化及其经济带动作用分析. 地理科学，36（9）：1388-1396.

王海蕴. 2016. 金凤君：找准东北创新发展新支点. 财经界，（3）：16-19.

王姣娥，杜德林. 2016. 东北振兴以来地区经济发展水平演化及空间分异模式. 地理科学，36（9）：1320-1328.

杨宇，董雯，刘毅，等. 2016. 东北地区资源型产业发展特征及对策建议. 地理科学，36（9）：1359-1370.

余振，顾浩. 2016. 全球价值链下区域分工地位与产业升级对策研究——以东北三省为例. 地理科学，36（9）：1371-1377.

张国宝，宋晓梧，刘铁男，等. 2008. 东北地区振兴规划研究（综合规划研究卷）. 北京：中国标准出版社.

张可云. 2015. 新一轮东北振兴如何精准定位. 人民论坛，（31）：36-38.

张平宇. 2004. 新型工业化与东北老工业基地改造对策. 经济地理，24（6）：784-787.

第四章　农业可持续发展途径与机制

东北地区具有优越的农业资源与生态环境优势，东北农业对国家粮食安全具有不可替代的作用。当前农业已成为支撑东北振兴的重要力量，并且地位与作用将会越来越重要。经济发展新常态下，东北农业也面临着紧迫的结构调整与资源环境问题。本章基于对东北现代农业发展现状及存在问题的分析，在国家粮食安全战略转变、全面振兴东北与深化农业供给侧结构性改革背景下提出了将东北地区建设成为国家永久的粮食安全保障基地、绿色农牧产品生产加工基地和现代化大农业示范区的功能定位，从转变农业发展方式和推动大农业创新发展等角度阐释了东北地区加快发展规模农业、智慧农业、循环农业、"互联网+农业"、休闲农业等新模式和新机制，并从优化区域布局、加快现代农业基础设施建设、推进多种形式适度规模经营、培育新型农业经营主体、完善粮食流通体系建设、保护农业生态环境等方面提出了对策建议。

第一节　现代农业发展现状及存在问题

东北地区是我国重要的商品粮基地，对于保障国家粮食安全具有重要的战略地位。自 2003 年实施振兴东北地区等老工业基地战略以来，国家出台了《国家粮食安全中长期规划纲要（2008-2020 年）》《全国新增 1 000 亿斤粮食生产能力规划（2009-2020 年）》《国务院关于进一步实施东北地区等老工业基地振兴战略的若干意见》《关于加快转变东北地区农业发展方式建设现代农业的指导意见》《全国现代农业发展规划（2011-2015 年）》《全国农业可持续发展规划（2015-2030 年）》等一系列文件，极大地促进了东北现代农业发展。实施振兴东北老工业基地战略以来，东北三省粮食产量由 2003 年的 6 270.2 万吨大幅增长到 2015 年的 11 973.5 万吨，年均增速达 5.54%，粮食产量接近翻了一番，占全国的比重由 14.56%增长到 19.27%，成为我国粮食增产的主要贡献区。与此同时，东北地区粮食生产也存在着粗放扩张、种植结构不合理、玉米库存压力大、生态环境破坏严重、受国际粮食价格影响大、粮食成本上升与比较效益下降、农业基础设施落后等诸多问题。

一、振兴战略实施以来东北三省农业发展态势

（一）粮食生产增长势头强劲，保障国家粮食安全能力增强

2003 年以来，东北三省粮食总产量呈"稳步增加"的趋势（表 4-1），2015 年粮食总产量达 11 973.50 万吨，比 2003 年增加了近一倍。粮食产量增加巩固了东北三省在全国粮食安全中的地位，产量占全国份额从 2003 年的 14.56%上升到 2015 年的 19.27%，上升幅度达 4.71 个百分点。

表 4-1 东北三省粮食作物产量及其占全国比重的变化

年份	产量/万吨				比重			
	粮食	水稻	玉米	豆类	粮食	水稻	玉米	豆类
2003	6 270.20	1 471.60	3 376.70	815.60	14.56%	9.16%	29.15%	38.34%
2004	7 365.00	1 940.00	4 212.10	901.10	15.69%	10.83%	32.33%	40.37%
2005	7 927.01	2 065.00	4 534.80	944.30	16.38%	11.43%	32.54%	43.77%
2006	8 297.00	2 279.60	4 649.00	840.50	16.66%	12.54%	30.67%	41.95%
2007	8 254.50	2 663.50	4 536.30	615.10	16.46%	14.32%	29.79%	35.76%
2008	8 925.30	2 602.60	5 094.00	780.50	16.88%	13.56%	30.70%	38.20%
2009	8 404.00	2 585.50	4 693.30	706.90	15.83%	13.25%	28.62%	36.62%
2010	9 620.70	2 870.00	5 478.90	732.00	17.60%	14.66%	30.91%	38.60%
2011	10 777.10	3 186.90	6 375.10	676.70	18.87%	15.86%	33.07%	35.46%
2012	11 174.80	3 211.00	6 890.20	547.20	18.95%	15.72%	33.51%	31.62%
2013	11 750.67	3 290.70	7 555.30	473.90	19.52%	16.16%	34.58%	29.71%
2014	11 528.89	3 290.10	7 247.40	538.10	18.99%	15.93%	33.61%	33.11%
2015	11 973.50	3 297.50	7 753.40	501.00	19.27%	15.84%	34.52%	31.52%

资料来源：2004~2016 年《中国统计年鉴》

从粮食的内部结构来看，玉米和水稻的增产是区域粮食总产量增加的主要原因。2003~2015 年，东北三省玉米的产量由 3 376.70 万吨增加到 7 753.40 万吨，年均增长 7.2%，占全国份额由 29.15%逐步提高至 34.52%；同期水稻产量由 1 471.60 万吨增加到 3 297.50 万吨，年均增长 7.0%，占全国份额由 9.16%上升到 15.84%。与玉米、水稻的增加趋势相反，东北三省豆类受国际市场冲击导致产量呈下降趋势，尤其是豆类产量的下降趋势非常明显，同期产量由 815.60 万吨下降到 501.00 万吨，年均下降 4.0%，削弱了东北地区豆类生产的地位，占全国份额由 38.34%

下降到31.52%。

东北三省积极推进新一轮优势农产品区域布局规划的实施，在水稻、玉米、大豆良种补贴等支农惠农政策支持下，一批具有综合比较优势的农产品产业带快速形成。2015年东北三省玉米、水稻、豆类产量分别占东北粮食总产量的64.80%、27.54%、4.20%，播种面积分别占三省粮食总播种面积的61.4%、22.68%、11.56%（数据来源于《中国统计年鉴2016》），已经形成了以玉米、水稻、大豆为主的生产能力格局。从粮食作物品种的空间分布看，产粮大市主要分布在松嫩平原、三江平原等农业生产条件比较优越的平原地区。其中，水稻生产主要分布在三江平原以及松嫩平原的北部，玉米生产主要分布在东北地区中部，大豆生产主要集中在黑龙江。

（二）畜产品产量稳步提高，畜牧基地地位进一步巩固

2003~2015年，东北三省畜产品产量呈稳定上升态势，牛肉和牛奶产量占全国比重保持在10%以上（表4-2）。从肉产品产量结构来看，猪肉产量增加显著，2003~2015年由318.01万吨增加到501.55万吨，年均增长3.87%，显著高于全国2.68%的水平；牛肉和羊肉的产量及比重的变化趋势与猪肉的变化趋势相似，同期产量分别由104.05万吨和15.53万吨增长到128.45万吨和25.57万吨，年均增长率为1.77%和4.24%，占全国份额由16.50%和4.35%上升到18.35%和5.80%，增长了1.85个百分点和1.45个百分点。

表4-2 东北三省畜产品产量及占全国比重变化

年份	产量/万吨					比重				
	肉类	猪肉	牛肉	羊肉	牛奶	肉类	猪肉	牛肉	羊肉	牛奶
2003	650.11	318.01	104.05	15.53	365.84	9.38%	7.04%	16.50%	4.35%	20.95%
2004	727.20	367.70	117.70	19.10	458.20	10.04%	7.82%	17.41%	4.78%	20.27%
2005	781.60	399.80	124.30	22.00	544.52	10.09%	7.98%	17.47%	5.05%	19.78%
2006	805.90	411.60	129.70	23.90	588.50	10.01%	7.92%	17.29%	5.09%	18.43%
2007	744.70	379.50	119.00	21.80	660.77	10.85%	8.85%	19.40%	5.70%	18.74%
2008	759.61	411.20	110.27	21.32	649.30	10.44%	8.90%	17.98%	5.61%	18.26%
2009	803.00	440.20	118.80	23.00	683.20	10.50%	9.00%	18.69%	5.91%	19.42%
2010	843.50	462.70	123.80	22.90	717.20	10.64%	9.12%	18.96%	5.74%	20.06%
2011	853.30	464.80	124.70	23.60	712.80	10.72%	9.20%	19.26%	6.00%	19.49%
2012	894.90	491.30	127.90	24.10	733.70	10.67%	9.20%	19.31%	6.01%	19.60%
2013	904.08	503.34	127.94	24.05	686.56	10.59%	9.16%	19.01%	5.89%	19.44%
2014	921.28	523.30	129.40	25.20	737.11	10.58%	9.23%	18.78%	5.89%	19.79%
2015	918.27	501.55	128.45	25.57	763.06	10.65%	9.14%	18.35%	5.80%	20.32%

资料来源：2004~2016年《中国统计年鉴》

牛奶产量呈现"快速上升—趋于稳定"趋势，2003~2010年东北三省牛奶产量由365.84万吨快速增加到717.20万吨，2011年以后牛奶产量逐渐稳定在700万吨左右。与产量变化趋势有所不同，东北三省牛奶产量占全国的比重比较稳定，2003~2015年基本保持在20.0%左右。

东北三省优势畜产品日益集中，各省进一步明确了畜牧业发展的优先领域、主导品种和优势区域，畜牧业优势产品带已初步形成。其中，猪肉、牛肉生产主要集中在齐齐哈尔、绥化、哈尔滨、长春、铁岭、沈阳、朝阳一线的中西部地区，形成以白城为中心倒"C"形格局；羊肉主要分布在东北地区西部，呈现"西高东低"的空间格局。

（三）种植业和畜牧业是农业长期优势主导产业

2015年，东北三省种植业、林业、畜牧业和渔业产值占全国比重分别为11.07%、10.82%、15.15%和7.79%，农业整体发展水平得到显著提升。东北三省内部农业结构长期保持种植业>畜牧业>渔业>林业的比例构成（图4-1），种植业在大农业中的绝对优势地位并未改变。具体而言，2003年，东北三省农林牧渔所占比重分别为50.56∶4.61∶35.66∶9.16，到2015年该结构变化为52.22∶3.93∶36.92∶6.93，种植业和畜牧业比重均有提高，但幅度不大，二者之和稳定在85%~90%，而林业和渔业的比重之和则由15%降至10%左右。进入21世纪以来黑龙江农业的地位显著提升，2003年吉林、辽宁和黑龙江种植业产值占东北三省总产值比重分别为30.47%、34.57%和34.96%，2015年转变为21.95%、32.42%和45.63%；吉林、辽宁、黑龙江三省畜牧业产值占总量比重分别由2003年的29.41%、41.59%和29.00%转变为2015年的27.60%、34.61%和37.79%（表4-3）。

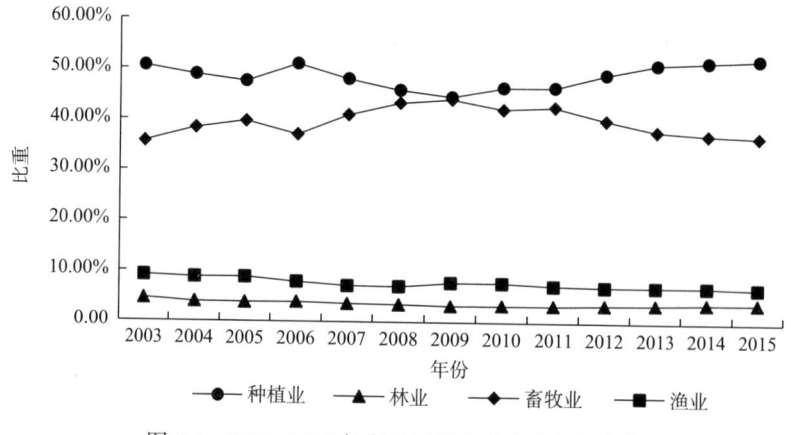

图4-1 2003~2015年东北三省农业产业结构变化

表 4-3 2003~2015 年东北分省种植业、畜牧业比重变化

年份	种植业比重			畜牧业比重		
	辽宁省	吉林省	黑龙江省	辽宁省	吉林省	黑龙江省
2003	34.57%	30.47%	34.96%	41.59%	29.41%	29.00%
2004	35.59%	28.31%	36.11%	40.67%	29.60%	29.72%
2005	34.11%	27.61%	38.29%	40.66%	29.87%	29.46%
2006	33.51%	28.06%	38.42%	39.76%	31.24%	28.99%
2007	34.01%	26.52%	39.47%	39.57%	32.57%	27.86%
2008	32.15%	26.86%	40.99%	39.93%	29.22%	30.85%
2009	31.52%	26.83%	41.65%	40.86%	28.79%	30.35%
2010	33.77%	25.68%	40.55%	41.42%	27.10%	31.48%
2011	31.65%	24.71%	43.63%	40.18%	28.38%	31.43%
2012	30.66%	23.23%	46.11%	39.52%	27.55%	32.93%
2013	28.90%	21.78%	49.32%	38.93%	27.85%	33.23%
2014	28.46%	22.04%	49.50%	39.05%	27.17%	33.79%
2015	32.42%	21.95%	45.63%	34.61%	27.60%	37.79%

资料来源：2004~2016 年《中国统计年鉴》

（四）经济林产业发展较快，森林食品成为新的经济增长点

依托区内森林资源优势，东北三省经济林产业发展迅速。2013 年东北三省各类经济林产品已达 899.8 万吨，占全国经济林产品的 6.09%。2006~2013 年干果产量、水果产量和森林食品分别由 18.6 万吨、319.5 万吨和 32.4 万吨提高至 81.8 万吨、700.2 万吨和 117.8 万吨，同期占全国比重由 4.1%、3.6% 和 5.6% 提高至 7.5%、5.2% 和 35.9%（表 4-4）。与全国其他省（自治区、直辖市）相比，东北地区森林食品产量位于全国前列，其中黑龙江在我国 31 个省（自治区、直辖市，不包括港澳台地区）中位列第 2，辽宁位列第 3，吉林位列第 8。

表 4-4 2006~2013 年东北三省主要经济林产品生产情况

年份	产量/万吨			占全国比重		
	干果	水果	森林食品	干果	水果	森林食品
2006	18.6	319.5	32.4	4.1%	3.6%	5.6%
2007	30.1	351.6	30.2	6.3%	3.6%	13.1%
2008	34.0	419.6	44.5	6.4%	4.3%	15.8%
2009	44.8	782.2	49.9	6.7%	7.0%	19.0%
2010	56.8	461.6	78.9	7.6%	4.2%	30.8%
2011	71.1	619.5	112.9	7.7%	5.4%	38.5%
2012	71.0	530.1	111.9	7.2%	4.3%	36.3%
2013	81.8	700.2	117.8	7.5%	5.2%	35.9%

二、区域农业发展面临的突出问题

（一）农业基础设施建设滞后，农业科技支撑体系不够健全

区域农业靠天吃饭的落后状况仍未从根本上转变，水利枢纽及配套灌区建设进程缓慢、水利工程体制机制不健全、县级农田水利规划不完善等诸多问题，使农田灌溉用水保障能力较弱、中低产田比重偏高，东北地区水土资源配置亟须进一步优化。东北三省有效灌溉面积占耕地面积的比重为 35.63%，远低于全国 52.15%的平均水平。2003 年以来东北三省累计受灾面积达 6 762.92 万公顷，其中辽宁省 1 163.8 万公顷，吉林省 1 556.39 万公顷，黑龙江省 4 042.73 万公顷，给农业经济发展带来重大损失。

尽管东北地区科技成果支持力度不断增强，农业科技生产贡献率高于全国平均水平，但与发达国家相比，仍低 20~30 个百分点。农业科技创新能力不强，信息化推进缓慢。在良种培育、丰产栽培、农业节水、农业生态环境建设、动植物疫病防控、绿色储粮、粮食收储快速检测技术等方面尚未形成有效的技术集成、创新体系、推广体系及相关的管理体制，农业科技对粮食增产和内部结构调整的推动能力有限。数字农业、智能农业、精准农业和智能粮库等农业信息化进程缓慢，尤其是面向东北地区快速发展的种粮大户、农民专业合作社等新型农业生产经营主体的电子商务服务尚不健全。2013 年以来东北三省粮食产量提高 45%以上，粮食播种面积和单产分别提高了 29.4%和 12.4%，单产水平对粮食增产的贡献偏弱。黑龙江省是三省中粮食生产的主要力量，年粮食生产能力占东北三省份额的 54.2%，播种面积占比 63.3%，而单产水平仅相当于东北三省平均水平的 85.4%，且东北三省平均水平尚比全国同期均值低 5%，因此提高单产水平是促进东北三省粮食增产的有效途径。另外，务农人员整体素质不高，制约着农业新技术的推广应用。东北三省务农人员有 2.1%的人不识字，28.1%的人是小学文化程度，60.9%人是初中文化程度，高中文化程度只有 5.7%，大专及大专以上的只有 1.9%，高中以上文化程度的务农人员比重低于全国平均水平。

（二）部分商品粮基地县优势丧失，农产品市场流通体系不健全

东北商品粮基地建设经历了从重点布局到分散布局再到成片布局的过程，空间上由中部平原向东部山区和西部草原地区扩展，表现为均衡式布局，但由于基地县数量较多，平均而言每个县市的有效投资以及国家整体扶持力度不足，尚缺乏完善的资金保障体系（张国宝等，2008）。目前，已建设的商品粮基地县中粮食总产量、人均粮食产量及粮食单产等主要指标超过东北三省均值的县（市、

区）数量分别为82个、71个和74个，大约占70%，说明部分商品粮基地县的粮食生产优势或以农为主的产业结构发生了变化。有必要结合"十五"规划以来国家现行政策以及县域粮食生产和供给能力进行测度与考核，构建符合新时期粮食安全需求的商品粮基地县布局，推进以商品粮基地县粮食生产能力提升为示范的现代农业的发展进程。

粮食仓储及流通体系不健全。国有粮食企业和农业产业化龙头企业的仓储与烘干设施不完备，同时规模农户与普通农户普遍不具备科学储粮能力，导致东北地区粮食仓储过程中频发霉变和虫害，严重降低了粮食品质。在运输过程中，东北国家级商品粮基地县普遍缺乏专业化粮食装卸设施、配套粮食储备库，同时陆海联运交通基础设施建设滞后，农产品运输能力普遍不强，都在一定程度上削弱了"北粮南运"能力。

（三）现代农业经营体制形成与发展受到多重制约

在国家连续出台多项对专业大户、家庭农场和农民专业合作社等新型土地规模经营主体扶持政策背景下，仍然存在诸多因素限制东北地区新型经营主体的发展。从转出土地农户视角看，制约因素包括二、三产业的接纳能力有限，户籍和社保制度不健全，农村劳动力非农就业能力不强，以及区域农民收入结构中家庭经营性收入长期占80%增加了农户对土地的依赖程度。从土地农户视角看，制约因素包括土地流转制度不完善、农村金融发展滞后对规模经营户的信贷供给不足及农业风险保障机制不健全等。此外，新型经营主体结构不优，生产性主体比重大，服务性主体比重小，带动能力不足。以黑龙江省为例，黑龙江省农民合作社规模小，有60%的农民合作社资产规模在50万元以下；30%的农民合作社经营土地在500亩（1亩≈666.67平方米）以下；90%以上农民合作社局限在本村组建和生产经营。以黑龙江省"两大平原"农民合作社为例，种植业合作社占总数的58.3%，流通、运输、加工等二、三产业合作社仅占18.8%，农工贸一体化、产加销一条龙全产业合作社发展薄弱。

（四）农业产业链条不完整，加工行业支撑能力降低

东北三省农业全产业链发展进程缓慢，链上各环节衔接不紧密，稳定的粮食高产能力并未有效地转化为加工效益；农产品加工行业大企业数量偏少、产品品牌知名度较低，难以提升产品附加值，部分农业龙头企业的主要产品原料（大豆为主）来自于外地采购，农产品停留在初加工水平上，精深加工能力较差，加工增值链条较短，产品附加值不高，农产品销售还停留在传统销售模式上，网络营销等新型农产品销售模式还不够多。

农副食品加工业作为与农产品链接最为密切的产业，企业数量、规模、产值

及营利能力等多项指标在 2007~2010 年呈现较高水平发展，但近两年效益整体下降显著。2014 年东北三省农副食品加工业销售产值占食品工业比重、农副食品加工业销售产值占制造业比重、食品工业销售产值占制造业比重均较 2013 年有所下降，其中各项指标中以农副食品加工业占食品工业比重降幅最高。这些变化说明：一是在东北三省食品工业发展整体下滑背景下，农副食品加工业的下滑程度更为显著；二是食品工业占制造业份额有缩减趋势。农副食品加工业的低迷发展会对粮食市场价格产生影响，进而会影响粮食生产规模与结构，并对粮食生产产生影响。

第二节　国家粮食安全与东北现代农业发展

一、国家粮食安全的形势与问题

（一）粮食供给结构转向非口粮化

2000 年以来，我国粮食产量由 46 217.5 万吨提高至 2015 年的 62 142.9 万吨，粮食供给能力得到显著提升。但在粮食供给能力提升的过程中供给结构发生了重大变化（朱晶等，2013），同期数据显示，2000~2015 年，中国人均粮食拥有量由 364.7 千克提高到 452.1 千克，人均口粮（稻谷和小麦）拥有量由 226.9 千克提高至 246.2 千克，粮食产量、人均量、人均口粮量年均增长幅度分别为 1.86%、1.35%和 0.51%，这表明在粮食供给能力增强的同时口粮作物产量有弱化态势。

自 2012 年起，我国粮食供给结构由以稻谷为主转向以玉米为主。2000~2015 年稻谷、小麦、玉米、豆类和薯类占粮食总供给量比重分别由 40.66%、21.56%、22.93%、4.35%和 7.97%变化为 33.51%、20.95%、36.15%、2.56%和 5.35%（图 4-2），这个过程中稻谷和玉米产量所占比重发生的变化较为显著，稻谷产量下降了 7 个百分点，玉米则上升了近 13 个百分点，玉米产量在 2012 年首次超过稻谷产量。此外，豆类和薯类产量所占比重一直较低且均呈现下降趋势，小麦产量所占比重年际波动幅度不大，基本稳定在 20%上下。

2000~2015 年，粮食作物占农作物播种面积比重略有下降，约降低了 1.26 个百分点，粮食作物播种面积总量变化微小，而其内部结构发生了显著变化（表 4-5）。其中，比较明显的变化是玉米播种面积由占农作物总面积的 14.75%提高至 22.91%，提高了 8.16 个百分点，相当于播种面积增加了 1 500 万公顷以上。此外，小麦和豆类播种面积占农作物总面积分别降低了 2.5 个百分点左右，稻谷降低了约 1 个百分点。

图 4-2　2000~2015 年我国粮食供给结构变化

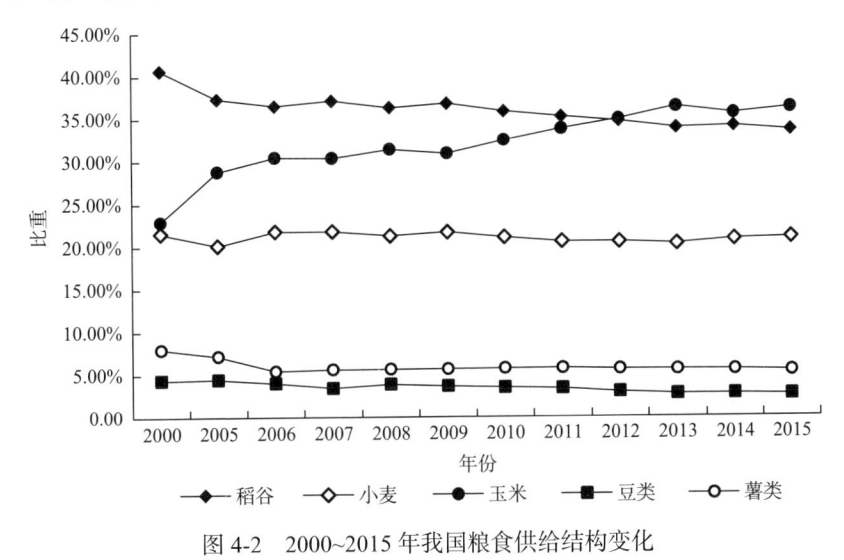

表 4-5　2000~2015 年我国粮食作物播种面积占农作物总播种面积比重

年份	2000	2005	2010	2014	2015
粮食作物	69.39%	67.07%	68.38%	68.13%	68.13%
稻谷	19.17%	18.55%	18.59%	18.32%	18.16%
小麦	17.05%	14.66%	15.10%	14.55%	14.51%
玉米	14.75%	16.95%	20.23%	22.44%	22.91%
其他谷物	2.21%	1.58%	1.16%	1.03%	1.05%
豆类	8.10%	8.30%	7.02%	5.55%	5.33%

（二）我国粮食净进口趋势增强

目前我国三大主粮库存消费比达到了 50%。2015 年，我国进口谷物 3 238.1 万吨，同比增长 68.5%。其中大米进口 334.8 万吨，同比增长 31.1%；小麦进口 296.6 万吨，增长 3.2%；玉米进口数量出现恢复性增长，进口 458.6 万吨，增长 84%。高粱和大麦已经成为谷物进口的主角，进口量分别为 1 059 万吨、1 073.2 万吨，分别增长 84.2% 和 98.3%。大豆进口继续增加，累计进口 8 168.4 万吨，较 2014 年增长 14.4%（数据来源于《中国统计年鉴 2016》）。

据海关统计，2015 年我国农产品进出口金额为 1 861 亿美元，同比下降 3.5%（图 4-3）。其中，农产品出口 701.8 亿美元，下降 1.6%，低于全国出口降幅 1.2 个百分点。国内外严重价差是导致净进口趋势增强的主要因素。以玉米为例，2014 年 12 月美国玉米抵达我国南方港口的到岸税后平均价为 1 710 元/吨，而国内南方港口玉米平均成交价格为 2 436 元/吨，国内外玉米价格差 726 元/吨，剔除关税后国内外玉米价差 912 元/吨，美国玉米抵达我国后仍比国产玉米便宜约 40%，导致国内农产品市场空间狭小（仇焕广等，2015）。

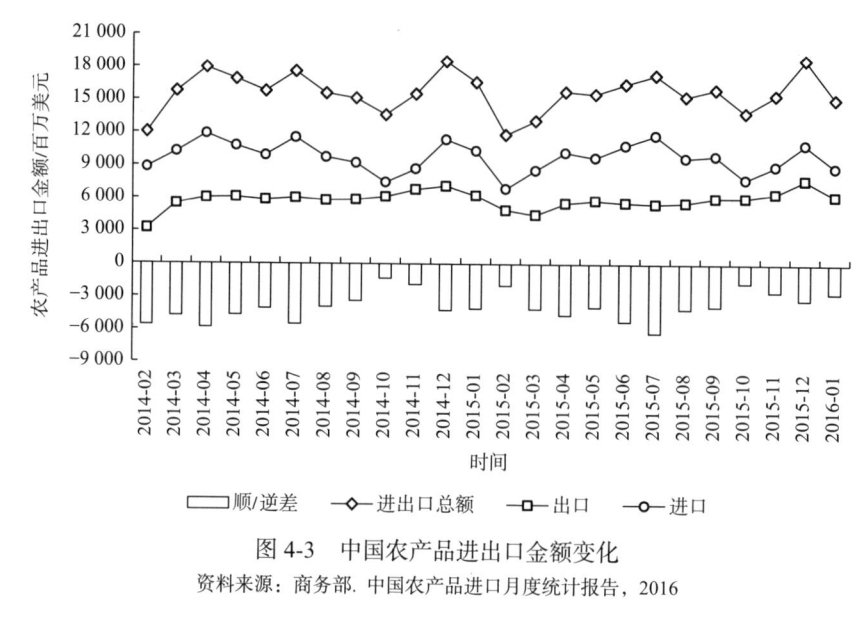

图 4-3　中国农产品进出口金额变化

资料来源：商务部. 中国农产品进口月度统计报告，2016

（三）粮食持续供给能力受到生态环境约束

我国土地资源自给率只有 80%，只能满足国内 90%谷物、油料等农产品的消费需求，因此必须利用外部资源。截至 2010 年底，我国人均耕地面积减少至 1.38 亩，仅是世界平均水平的 40%，而我国人均水资源拥有量不到世界平均水平的 1/4，是全球 13 个人均水资源最贫乏的国家之一。

我国粮食"十二连增"是以化肥、农药等投入增加，农业开发强度濒临极限，生态环境牺牲为代价的。数据显示，2013 年我国中重度污染耕地已达到 5 000 万亩左右，耕地污染超标率为 19.4%，超标面积达 3.5 亿亩。我国每亩耕地化肥施用量是发达国家的 3 倍左右，化肥单季利用率仅为 30%左右，低于发达国家 20 个百分点以上。农药利用率仅为 33%左右，低于发达国家 20~30 个百分点。全国约有 1.4 亿亩耕地受农药污染，土壤自净能力受到严重影响。

（四）国家粮食补贴和价格保护难以为继

国内农业生产补贴面临 WTO 黄箱政策限制，进一步提高补贴的空间已经非常有限。从 2002 年起，我国陆续建立了良种补贴、粮食直补、农机具购置补贴和农资综合补贴"四项补贴"体系。2013 年我国粮食补贴总额已超过 1 700 亿元，超过粮食总产值的 10%（仇焕广等，2015）。2015 年，中央财政预拨的种粮直补资金为 151 亿元，农资综合补贴资金为 1 071 亿元，农作物良种补贴资金达 200 亿元以上，补贴提高的空间已经十分有限。

面对新的粮食供给新形势，2016 年玉米临储制度改革转向"市场化收购"加"补贴"的新机制。国内外主要粮食品种已持续四年多价格倒挂，同时，大麦、高粱、木薯干等玉米替代品进口数量激增，对玉米市场造成了较大冲击，由此带来了加工转化开工不足、库存不断增加、安全储粮压力突出等现象。在国际粮价大幅下跌、全球能源价格持续下滑等因素的共同作用下，国内外粮食差价不断加大，我国重要农产品竞争力不足的问题开始凸显，使玉米收储制度改革势在必行。东北三省和内蒙古自治区于 2016 年取消临时收储政策，一方面，玉米价格由市场形成，生产者随行就市出售玉米，各类主体自主入市收购，实现由市场来调节生产与需求；另一方面，建立玉米生产者补贴制度，中央财政补贴资金拨付到省区，由地方政府统筹将补贴资金兑付到生产者，以保持优势产区玉米种植收益基本稳定。

二、国家粮食安全战略的转变

（一）重新定义粮食自给保障水平

1996 年发布的《中国的粮食问题》白皮书首次明确提出，"立足国内资源，实现粮食基本自给，是中国解决粮食供需问题的基本方针"，"中国将努力促进国内粮食增产，在正常情况下，粮食自给率不低于 95%，净进口量不超过国内消费量 5%"。2008 年国务院审议批准的《国家粮食安全中长期规划纲要（2008—2020 年）》重申，"粮食自给率稳定在 95% 以上"。可以说，"粮食自给率 95% 以上"是主导我国粮食生产政策乃至耕地保护政策近二十年的重大方针（黄季焜等，2012）。按照这个口径，我国粮食自给率在 2012 年已经降为 89%。

2013 年中央经济工作会议指出，进一步明确国家粮食安全的工作重点，合理配置资源，集中力量把最基本最重要的保住，做到谷物基本自给、口粮绝对安全（韩长赋，2014），即确保水稻、小麦、玉米三大主粮自给率保持在 95% 以上，其中水稻、小麦两大口粮保持 100% 自给，提出"适度进口"作为粮食安全战略的重要组成部分，能够有效保障"食物自给能力"，相比之前笼统要求粮食基本自给，将重点放在主粮上，该提议体现了实事求是、与时俱进的精神。

（二）统筹两个市场、用好两种资源

粮食进口已经成为解决我国粮食供需结构性缺口的重要途径。2004 年以来，在粮食生产"十二连增"的背景下，随着人口增长、人民生活水平提高、人口城乡结构及国民膳食结构的变化，粮食特别是大豆进口量直线上升，大豆进口填补了国内市场供给缺口，为发展现代养殖业和改善国民膳食结构提供了有效支撑。在充分挖掘国内潜力的同时，充分利用国际农业资源，是加快推进农业现代化的重要内容。

提高统筹利用国际国内两个市场两种资源的能力，要着眼于在全球范围内优化农业资源配置，不仅要充分发挥农产品国际贸易的积极作用，还要更好地实现农业"走出去"，拓展我国的农业发展空间。目前，围绕"一带一路"倡议，我国正在制定实施规划，并且与相关国家进行积极沟通与协商，得到越来越多国家的理解和支持。农业"走出去"在既有成就基础上，围绕"一带一路"倡议展开新的布局也十分必要。

（三）构筑"粮食均衡安全"的新国家粮食安全战略体系

2017 年中央一号文件指出，从生产端、供给侧入手，创新体制机制，调整优化农业的要素、产品、技术、产业、区域、主体等方面结构，优化农业产业体系、生产体系、经营体系，突出绿色发展，聚力质量兴农，使农业供需关系在更高水平上实现新的平衡。我国是人口大国，粮食是战略性储备物质，保口粮充足自给，是"国家粮食安全"的核心战略。但目前玉米、水稻、小麦三大主粮，都已进入全面饱胀阶段，去除 30%的粮食库存不计算，三大主粮仍然累计超储 2.5 亿吨，国储"爆仓"危机绝不仅仅是玉米，水稻、小麦的压仓库容同样处于高位。在这样的宏观调控下，生态环境灾难进一步加剧、压仓总量进一步增加、市场低迷进一步谷贱伤农。所以，应依托农业战略顶层设计，推进农业发展模式转型以及集约化、专业化、组织化、绿色化的实施路径创新，从种植结构、种养结构进行全面调整，构建均衡粮食安全体系。

三、东北地区现代农业发展战略定位

东北地区是我国重要的商品粮和农牧业生产基地，也是农业资源禀赋最好、粮食增产潜力最大的地区（张国宝等，2008；张平宇，2008）。近年来，随着东北地区等老工业基地振兴战略等政策的实施，东北地区农业发展迈上了新台阶。面向我国粮食安全和全面振兴东北老工业基地的战略需求（韩长赋，

2014；刘旭等，2016；金凤君等，2016），深化农业供给侧结构性改革，进一步发挥东北地区资源优势，夯实农业发展基础，优化农业产业结构，强化农业科技支撑，创新农业经营机制，发挥国有农场引领示范作用，把东北地区建设成为国家永久粮食安全保障基地、绿色农牧产品生产加工基地和现代化大农业示范区。

（一）国家永久粮食安全保障基地

大力实施"藏粮于地、藏粮于技"战略，完善农业基础设施，全面提高粮食综合生产能力，进一步提升国家商品粮生产核心区地位，建设国家永久粮食安全保障基地；结合永久基本农田划定，建立粮食生产功能区，确保水稻等优质口粮综合供给能力；提高中央财政对优势产区转移支付水平与奖励力度，完善口粮产区利益补偿机制以保护生产积极性，形成稳定可持续的口粮生产能力；完善农业补贴政策，提高水稻等口粮补贴额度，稳步提升种粮农户积极性；改造中低产田、建设高产稳产农田，将水土资源配置良好、兼具口粮生产规模与品质优势的黑龙江垦区建设成为全国可靠的口粮生产示范基地。

（二）绿色农牧产品生产加工基地

发挥东北地区农业资源优势，建设特色农业生产基地，推进标准化生产，制定主要优势农产品和特色农产品质量安全生产规范和标准，建设"以企业为龙头、基地为依托、标准为核心、品牌为引领、市场为导向"五位一体的农产品质量安全管理模式，提高农产品核心竞争力。加快牧业小区建设，提高东北地区畜禽养殖业规模化、专业化、标准化及加工一体化水平，引导分散小规模饲养向标准化规模养殖转变，形成具有规模优势的生产基地。采取投资补助或以奖代补形式，支持标准化规模养殖基地建设，支持适应东北地区气候环境的良种驯养及繁育基地建设。规范竞争，培植行业协会，建立"龙头加工企业+合作社+规模养殖场（小区）"产业发展模式，提高绿色畜牧产品的综合供给能力和竞争力。

（三）现代化大农业示范区

率先构建现代农业产业体系、生产体系、经营体系，提高农业生产规模化、集约化、专业化、标准化水平和可持续发展能力，重点推进黑龙江省"两大平原"现代农业综合配套改革试验和吉林省金融综合改革试验，完善农业全产业链条，促进一、二、三产业融合，调整农业产业结构，优化区域布局，提高农业质量效益和竞争力。发挥东北地区耕地资源优势，强化科技创新、经营体制创新，转变农业发展方式，强化国有农场示范，将东北地区建设成为农业土地产出率、资源利用率和劳动生产率达到发达国家水平的现代化大农业示范区。培育种粮大户、家庭农场、农民专业合作社等新型耕地规模经营主体，加大补贴倾斜和政策引导，提高农业组织化程度，探索多种形式的土地规模化经营。加快中低产田改造和高标准农田建设，增强基本农田防灾减灾、抗御风险的能力。推广科学施肥、节水技术，增强耕地蓄水保墒能力，减轻农业面源污染，保护和改善农村生态环境。

第三节　现代农业发展的新模式与新机制

在现代农业建设过程中，各地结合区域农业经济发展进行了大量探索实践，形成了许多适合自身区域发展的现代农业建设途径和模式。从理论分析和实践总结角度出发，学术界将"十一五"以来的现代农业发展模式归纳为龙头企业带动型、农户公司带动型、农牧结合型和城乡统筹型等，这些模式在现代农业的发展中起到了重要的推动作用。当前，现代农业发展形势和条件正在发生深刻变化，农业需求结构、供给模式、经营方式、资源配置和调控机制等均出现了新的特点，据此提出符合东北地区现代农业未来发展的新模式与新机制，推进和保障现代农业的健康发展。

一、现代农业重点发展方向

（一）以农业社会化服务为基础，大力发展规模农业

以农产品生产、加工和销售为主线，以公共服务机构为依托、合作经济组织为基础、龙头企业为骨干、其他社会力量为补充、公益性服务和经营性服务相结合、专项服务和综合服务相协调，为农业生产提供产前、产中、产后全过程综合配套服务的体系，实现农产品全程服务的农业组织形式，在探索农业生产全程化服务的同时搭建粮食产销一体化服务平台。通过提供社会化服务，各种现代生产要素与家庭经营各环节相融合，不断提高农业的物质技术装备水平，促进规模经营、集约经营，不断推进东北地区农业生产专业化、商品化和社会化。

（二）深化科技创新驱动，发展高效智慧农业

针对现代农业发展面临的科技贡献率不高的突出问题，通过优化制度设计，

强化农业科技研发、推广，推进农业资源配置、农业生产经营组织形式等方式进行改革创新，激活农业生产要素，形成创新驱动力。发挥东北地区农业科研院所的科研优势，推广黑龙江垦区先进的农业生产技术与经验，以科技创新推动现代农业发展，建设高效智慧农业新模式。

（三）以全产业链思想为指导，建设生态循环农业

根据资源禀赋、环境承载力、产业基础、主体功能定位等实际，合理规划布局，选择不同的技术路线，形成具有东北地区特色的农业循环经济发展模式，推进多种形式的产业循环链接和集成发展，构建一、二、三产业联动发展的现代工农复合型循环经济产业体系。以辽宁盘锦"稻田蟹"、吉林西部"牧草-羊-鲜食玉米"等为经验，推进种养结合、农牧结合，养殖场建设与农田建设有机结合，在东北三省探索构建农业、林业及复合型循环经济产业链。

（四）依托现代信息技术，融合发展"互联网+"农业

依托互联网、移动互联、物联网等新一代信息技术，加快信息资源整合，拓展传统农业发展空间，形成新的产业形态与业态。以"互联网+"农业信息大数据平台为基础，整合农业基础数据资源，集成相关生产技术模型，形成"互联网+"智能农业生产体系，打造"互联网+"农产品电商平台，整合销售、采购、定价、结算、融资等供应链各环节，推动农产品电商向生鲜农产品电商深化发展，实现生产集约化、规模化、品牌化，促进农业增效、农民增收。

（五）发挥农业多功能性，大力发展都市休闲农业

依托东北地区地大物博，山脉、草原、江河等自然景观齐全的自然优势，以及区域以汉文化为主体融合了满族、蒙古族、鄂伦春族、鄂温克族、朝鲜族等民族风俗的人文优势，大力发展观光农园、农业公园、教育农园、森林公园和民俗观光村等休闲农业业态，挖掘都市休闲观光农业在提高农业效益、促进经济持续增长、增加农民收入等方面的巨大潜力。

二、发展现代农业的对策与建议

（一）优化农业区域布局，稳定提升农业产能

以市场化为导向，优化配置农业生产要素，推进农业生产区域化、规模化、集约化，合理划分农业功能区，促进现代农业发展（史文娇等，2015）。围绕农业可持续发展战略，制定东北地区农业综合开发战略转型规划，调整优化现有开

发布局。综合考虑东北地区农业发展基础、自然生态条件、经济社会发展水平和区位条件等因素作用，按照粮经饲统筹、农林牧渔结合、种养加一体化的思路，推进先导示范区、核心支撑区和"限制+保护区"三类区域协调发展，构建东北地区农业优势区域布局和专业化生产格局，提高农业生产与资源环境匹配度，引领东北地区现代农业可持续发展（汤怀志等，2008；陈晓红等，2012）。以农垦总局所属农场为现代农业示范区，培育壮大农业产业化龙头企业。发挥松嫩平原、三江平原等农业生产条件比较优越的县（市、区）粮食生产优势，以建设主要粮食作物产业带为重点，构建东北地区率先实现农业现代化的核心支撑区。三江平原等水稻主产区，在农业水资源量分析和测算的基础上，划定"水稻水资源红线"，保证粮食安全所需要的底线水资源量（李保国和黄峰，2010）。以大小兴安岭、长白山区、张广才岭、老爷岭、完达山林区及草原、湿地生态区的县（市、区）为"限制+保护区"，坚持保护优先、限制开发的原则，充分利用独特的生态资源优势，适度发展生态产业和特色产业，为东北地区现代化大农业发展提供重要的绿色生态保障。

（二）完善现代农业基础设施，提升农业防灾减灾能力

东北地区农业靠天吃饭的落后状况仍未从根本上转变，农田水利设施和大型灌区建设滞后（石玉林和戴景瑞，2007）。要加快推进辽西北供水、吉林西部河湖连通、松原灌区、三江平原灌区、尼尔基引嫩扩建配套灌区和三江连通等重点水利工程建设，到2020年辽宁省新增有效灌溉面积184万亩，吉林省新增水田有效灌溉面积200万亩，黑龙江省新增旱田高效节水灌溉面积1 000万亩。加强黑龙江、松花江、嫩江等干流蓄滞洪区和主要支流治理，实施界河防护工程，完善防洪体系。加大"两大平原"灌区建设，加大粮食主产区、严重缺水区和生态脆弱区的节水灌溉工程建设力度，到2020年东北三省农田灌溉用水有效利用系数达到0.6。继续推进高标准农田建设、黑龙江亿亩生态标准农田建设，改造中低产田，通过配套完善粮田基础设施，培肥基础地力，增强粮田防灾抗灾能力，达到旱涝保收、高产稳产的目的。加快构建监测预警、应变防灾、灾后恢复等防灾减灾体系，强化气象灾害监测预警预报和信息发布系统建设，提高应对自然灾害和重大突发事件能力，保障粮食生产安全。

（三）培育新型生产经营主体，推进适度规模经营

培育专业大户、家庭农场和农民专业合作社等新型农业经营主体，逐步形成以家庭承包经营为基础，其他组织形式为补充的新型农业经营体系，发展多种形式的农业规模经营和社会化服务，保障国家粮食安全和农业健康发展。借鉴国内典型土地流转模式的经验做法，如四川成都的"确权赋能"模式、山东宁阳"股

份+合作"模式、福建三明"土地承包经营权抵押"模式、河南沁阳"土地承包经营权公开拍卖"模式、上海松江"家庭农场"模式、浙江绍兴"土地信托"模式、宁夏平罗"土地信用合作社"模式、四川崇州"农业共营制"模式,探索总结适宜东北地区农业生产特点、农户组织结构的规模经营形式,推进适度规模经营。同时,明确流转土地用途,避免出现"非农化""非粮化"。通过土地确权,明确土地流转过程中承包经营权的法律保障,完善新型经营主体的政策支持体系和法律保障体系;严格控制土地流转中土地用途发生改变,保护农业综合生产能力,强化有效的约束机制,实现规模经营对保障农产品和粮食供给安全的目标;在财政、保险、金融等方面加大对农业生产规模经营主体的政策倾斜力度,有效强化激励机制,增强规模经营农户的持续推进经营意愿。

(四)完善农业流通基础设施,提升农业流通效率

东北地区已成为我国最大的粮食净调出地区,粮食外运量占全国粮食跨省运输量的35%以上。建设具有集中采购和跨区域配送能力的综合性加工配送中心、产地集配中心,提升农产品流通效率;推进农产品现代物流发展,打通"北粮南运"主通道,在东北地区主干道"哈大线"建设多个大型粮食装车点,积极发展中储粮、中粮粮库铁路散粮专列。加强与公路集并的衔接,建设大型中转仓库;充分利用东北地区口岸城市(如大连港、北良港、营口港等)转运能力,完善粮食铁水联运物流系统,开展东北地区糙米"入关"集装化(集装箱或集装袋)运输试点和大宗成品粮储运技术示范。重点支持"大连-东北专线"跨区域农产品冷链物流发展,形成100万吨冷库群及冷链物流配套产业群,支持冷库和冷链物流集散中心建设改造、冷藏车辆购置更新、冷链物流监控系统建设等,开展农产品冷链示范,提升农产品冷链流通水平;重点在沈阳、大连、长春、哈尔滨等建设集分级预冷、加工包装、仓储运输、批发零售等功能为一体的农产品冷链物流集散中心,增强农产品错峰上市能力、稳固产销链条。

(五)加快推进农村金融改革,提高农村金融服务水平

推广吉林省农村金融综合改革试验做法,提升金融服务"三农"水平。第一,加快构建多层次、广覆盖、可持续的农村金融服务体系。鼓励金融机构拓展农村金融市场,支持村镇银行、贷款公司、农村资金互助社等新型农村金融机构和小额贷款公司规范有序发展,逐步形成合理分工、有序竞争的农村金融体系,满足现代农业发展的资金需求。第二,推进农村金融服务和产品创新。深化以信用为基础的金融产品和服务方式创新,推广肇源县的"公司+农民专业合作社+农户""农民专业合作社+农户"等信贷模式以及勃利县的评定信用村、信用户,实施差别化的金融服务模式。推进农村抵押担保方式创新,探

索农业资金补贴、土地经营权、畜牧物权、农产品等适合东北农村地区的抵押方式，扩大各类抵押贷款试点数量，开展农产品仓单质押融资试点。第三，增强资本市场支持"三农"能力。完善农业保险体系，逐步减少产粮大县对主要粮食作物保险的保费补贴比例，加大省级财政补贴力度；不断提高玉米、水稻等保险品种，尽快实现养殖业应保尽保；鼓励涉农企业通过多层次资本市场拓宽融资渠道，通过发行股票、债券、短期融资券、中期票据等融资工具筹集生产发展资金，降低融资成本。

（六）提高农民综合素质和生产技能，加快培育新型职业农民

提高农民综合素质，培育新型职业农民是加快农业发展转向依靠科技进步、提高劳动者素质的客观要求，也是解决我国未来"谁来种地、如何种地"问题的必然选择（夏益国和宫春生，2015）。第一，针对农村青少年受教育程度低、教育资源相对贫乏等问题，进一步加强基础教育。实施农村中小学交通安全项目，抓好农村初中改造和农村中小学寄宿制学校建设等工程，继续改善农村办学条件，促进城乡义务教育均衡发展；提高农村教师工资待遇，改善工作条件，鼓励人才到农村第一线工作。第二，建立职业农民培训体系。加速建立以农业广播电视学校、农民科技教育培训中心等农民教育培训专门机构为主体，中高等农业职业院校、农技推广服务机构、农业科研院所、农业企业和农民合作社广泛参与的新型职业农民教育培训体系，认定一批农业园区、农业企业、农民专业合作社，建立实训基地，加强农业职业教育培训师资队伍建设。第三，加快培育新型职业农民。以科技示范户、农机大户、从事种养业的骨干农民和村干部为重点，鼓励通过"半农半读"等方式就地就近接受职业教育；加强涉农专业全日制学历教育，支持农业院校办好涉农专业，定向培养职业农民（李国祥和杨正周，2013）；引导有志投身现代农业建设的农村青年、返乡农民工、农技推广人员、农村大中专毕业生和退役军人等加入职业农民队伍。推广、完善吉林省新型职业农民培育工程实施方案，从遴选培育对象、认定培育机构、开展培训指导、实施监督管理等方面加快新型职业农民培育进程，加快实现农民由"身份"向"职业"的转变。

（七）大力发展"互联网+现代农业"，构建智能农业生产模式

从东北地区农业的区情出发，以国家现代农业示范区、农村改革试验区及全国农业电子商务示范基地为重点，积极开展"互联网+农业"试点示范，加快推进互联网、农业物联网等新一代信息技术在生产、流通、服务等环节应用，改造升级农业产业链，构建"互联网+"智能农业生产模式（许世卫等，2015）。农业物联网在现有黑龙江农业信息网、吉林省农业委员会网、辽宁金

农网、内蒙古农牧业信息网等为农服务平台资源为支撑的基础上，加快物联网数据采集点建设，其中吉林省"互联网+农业"行动计划到2025年建设完成600个物联网数据采集点，发展智能节水灌溉、测土配方施肥、农机定位耕种等精准化作业以及农机数字化管理。黑龙江省"互联网+农业"行动计划到2018年测土配方施肥覆盖面积达到1.1亿亩，并在此基础上启动建设东北农业云数据中心，打造集农作物长势、收获与产量监测预警，农产品市场价格监测预警，农产品质量安全监测预警，农业自然灾害监测预警，动植物疫病监测预警，农业水土资源环境监测预警等内容于一体的综合信息平台，推进信息技术在玉米、水稻、杂粮、设施蔬菜、食用菌类等产业的生产、加工、管理及产品质量追溯等方面应用，完善提升互联网技术在农业全产业链集成应用水平。深化与阿里巴巴等知名电商平台合作，加快完善生态龙江、北大荒购物网、"开犁网"、辽宁名优农产品网上展销平台、"蒙优汇"电商平台等特色农业电子商务平台建设。借鉴以"政府背书+基地化种植+科技支撑+营销创新"为主要特征的"通榆模式"和其他县域电子商务模式，积极引导各类新型农业经营主体顺应互联网与农业深度融合的新趋势，加快转变传统生产观念，牢固树立"互联网+"经营理念，积极打造互联网应用型农业经营主体，其中黑龙江省"互联网+农业"行动计划在2017年组织完成3 000家合作社、农业企业进驻省内主要农业电子商务平台。

（八）加强农业生态环境保护体系建设，提升东北农业绿色发展水平

建立生态环境协调发展、互惠互利的东北现代农业生态环境保护体系，因地制宜开展农业生态修复工程（程叶青和张平宇，2006），在中部平原加强黑土区土壤保育，在西部牧区进行"三化"草原治理，辽东丘陵地区改造坡耕地、建设基本农田；综合运用少耕、免耕、缓坡地等高耕作、沟垄耕作、土壤深松等技术，形成适合东北垄作旱作的生态化耕作方式（何艳芬等，2004），促进农业系统生态良性循环。减少化肥农药用量，转变粗放生产方式。以控氮，减磷，稳钾，补锌、硼、铁、钼为施肥原则，结合深松整地和保护性耕作，加大秸秆还田力度，增施有机肥；在适宜区域实行大豆、玉米合理轮作，推广化肥机械深施技术，适时适量追肥；结合东北地区玉米化肥减量增效试点项目，在干旱地区玉米推广高效缓释肥料和水肥一体化技术；重点推广玉米螟生物防治、生物农药预防稻瘟病等绿色防控措施，发展大型高效施药机械和飞机航化作业。综合利用秸秆、畜禽粪污，加强农业面源污染防治。普及推广秸秆还田、秸秆养畜、秸秆沤肥、秸秆栽培食用菌、秸秆工业利用、畜禽粪便综合处理处置等技术，建立"猪-沼-菜""玉米秸秆多元化应用"等农牧结合循环农业发展模式；大力推行标准化规模养殖，支持规模化养殖场配套建设畜禽粪污处理设施，在种养

密度较高的地区建设集中处理中心，探索规模养殖粪污的第三方治理与综合利用机制。

参 考 文 献

陈晓红，王玉娟，万鲁河，等. 2012. 基于层次聚类分析东北地区生态农业区划研究. 经济地理，32（1）：137-140.
程叶青，张平宇. 2006. 东北地区农业可持续发展问题探讨. 经济地理，26（2）：300-303.
韩长赋. 2014. 全面实施新形势下国家粮食安全战略. 求是，（19）：4-7.
何艳芬，张柏，李方，等. 2004. 东北黑土区农业生态环境问题与对策. 干旱地区农业研究，22（1）：191-194.
黄季焜，杨军，仇焕广. 2012. 新时期国家粮食安全战略和政策的思考. 农业经济问题，33（3）：4-8.
金凤君，王姣娥，杨宇，等. 2016. 东北地区创新发展的突破路径与对策研究. 地理科学，36（9）：1285-1292.
李保国，黄峰. 2010. 1998~2007年中国农业用水分析. 水科学进展，21（4）：575-583.
李国祥，杨正周. 2013. 美国培养新型职业农民政策及启示. 农业经济问题，34（5）：93-97.
刘旭，王济民，王秀东，等. 2016. 粮食作物产业的可持续发展战略研究. 中国工程科学，18（1）：22-33.
罗超烈，曾福生. 2015. 农业与生态环境协调发展：加拿大经验及启示. 世界农业，（6）：28-31.
仇焕广，李登旺，宋洪远. 2015. 新形势下我国农业发展战略的转变——重新审视我国传统的"粮食安全观". 经济社会体制比较，（4）：11-19.
石玉林，戴景瑞. 2007. 东北地区农业发展战略研究. 北京：科学出版社.
史文娇，胡云锋，石晓丽，等. 2015. 宁夏农业综合开发战略转型区划研究. 地理学报，70（12）：1884-1896.
汤怀志，吴克宁，付宗堂. 2008. 基于农用地保护的主体功能区划分. 农业工程学报，24（S1）：93-98.
夏益国，宫春生. 2015. 粮食安全视阈下农业适度规模经营与新型职业农民——耦合机制、国际经验与启示. 农业经济问题，36（5）：56-64.
许世卫，王东杰，李哲敏. 2015. 大数据推动农业现代化应用研究. 中国农业科学，48（17）：3429-3438.
张国宝，宋晓梧，刘铁男，等. 2008. 东北地区振兴规划研究（综合规划研究卷）. 北京：中国标准出版社.

张平宇. 2008. 东北区域发展报告2008. 北京：科学出版社.
朱晶，李天祥，林大燕，等. 2013."九连增"后的思考：粮食内部结构调整的贡献及未来潜力分析. 农业经济问题，34（11）：36-43.

第五章 产业发展新模式与新机制

东北地区作为我国工业化的先行地区,在推进我国工业化进程和建立完整的国民工业体系方面做出了历史性贡献。实施振兴东北老工业基地战略以来,东北地区大力推进产业结构调整,产业规模不断壮大,产业结构呈现典型的区域特征。突出表现为:产业结构得到优化,农业在全国地位日趋显著,传统制造业改造效果明显。总体来看,产业结构调整取得积极成效,但存在问题仍较为突出,主要表现在:传统优势产业在全国地位逐渐弱化,新兴产业发展较慢,竞争力不强;服务业发展滞后,新兴业态发展不足。这些问题的背后,是长期以来形成的深层次结构矛盾和体制机制制约。在经济发展新常态下,东北产业转型的"阵痛"更剧烈。本章重点阐述了振兴以来东北地区产业发展现状与存在问题,剖析了产业发展,尤其是传统优势产业在全国的地位及其随时间的变化,重点深入分析高技术产业发展现状及制约因素,最终提出东北产业转型思路与路径。

第一节 产业发展现状与存在问题

一、产业结构

实施振兴东北老工业基地战略以来,东北大力推进产业结构调整,产业规模不断壮大,产业结构呈现典型的区域特征。总体上,从工业内部结构、国有经济比重和大中小型企业比重来看,东北产业结构均得到了一定程度的改善。

(一)轻重工业结构

从轻重工业比重分析(图 5-1),东北三省的重工业虽然有一定程度的下降,但仍高于全国平均水平。2003 年,东北三省重工业比重高达 82.0%,轻工业比重仅为 18.0%。2014 年,东北三省重工业比重下降到 74.4%,其中,辽宁省重工业比重最高（79.5%），吉林省其次（65.3%），黑龙江省比重最低（64.4%）。东北三省重工业比重虽然有所下降，但仍然高于全国平均水平。

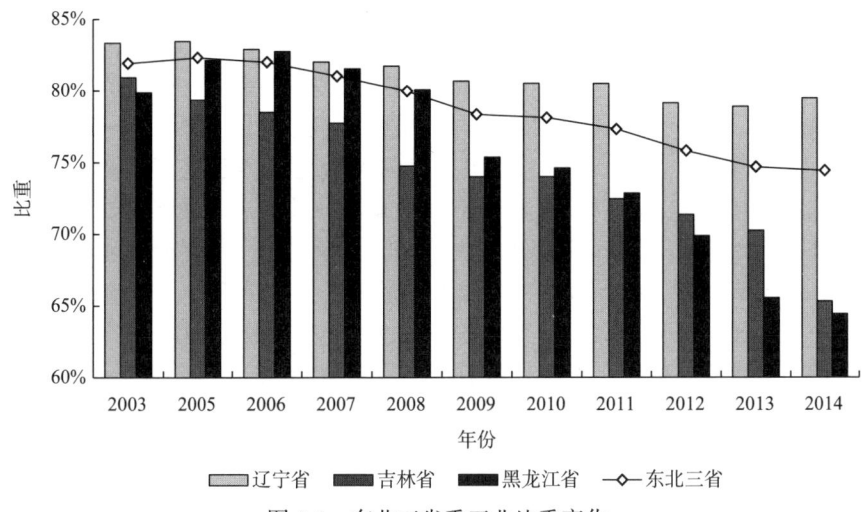

图 5-1 东北三省重工业比重变化

2014 年无数据

（二）企业组织结构

2003 年以来，东北地区民营经济得到了一定程度的发展，且大型企业和国有经济比重不断下降（表 5-1），但仍高于全国平均水平。其中，辽宁省和吉林省非公经济发展较快，2014 年民营经济占地区生产总值的比重分别达到 68.0%和 51.1%，较 2003 年分别提高了 23 个百分点和 21.4 个百分点；但黑龙江的民营经济发展相对较为缓慢。2003~2014 年，东北三省国有经济比重从 37.8%下降到 32.1%，国有经济比重虽有一定程度的下降，但仍然高于全国平均水平。从企业角度分析来看，2014 年东北大中型企业的工业总产值比重为 54.3%，比 2003 年下降了 26 个百分点，但仍高于东部地区和中部地区。从东北三省分析，国有经济比重由高到低依次为：黑龙江省、吉林省和辽宁省。2003~2014 年，吉林省和辽宁省国有经济比重下降速度较快，而黑龙江省基本保持不变。

表 5-1 2003~2014 年东北三省产业内部结构变化

省份	结构类型	2003 年	2014 年
辽宁	民营经济占地区生产总值比重	45.0%	68.0%
	国有及国有控股企业工业总产值占比	61.9%	25.3%
吉林	民营经济占地区生产总值比重	29.7%	51.1%
	国有及国有控股企业工业总产值占比	76.8%	35.6%
黑龙江	非公有制经济占地区生产总值比重	29.3%	52.3%
	国有及国有控股企业工业增加值占比	86.8%	47.1%（工业总产值）

（三）主导产业

食品工业、装备制造业、能源基础原材料是东北地区的主导产业。从各省分析，辽宁省的产业以装备制造业、石化工业、冶金工业和农产品加工业为主（表 5-2），2014 年这四个行业占全省规模以上企业主营业务收入的 84.2%。2003~2014 年，辽宁省装备制造业和农产品加工业的地位不断上升，而石化工业和冶金工业的重要性有所下降。同期，吉林省的重点产业是汽车制造、食品产业、石油化工、冶金建材以及医药，2014 年规模以上企业增加值占全省的 2/3 以上。吉林省得益于其相对较为发达的民营经济，食品产业和医药产业得到了长足的发展，地位有所提升。黑龙江省产业以能源工业、食品产业、石化工业和装备制造业为主，2014 年规模以上企业增加值占全省的 89.05%。由于煤炭、石油等资源的枯竭，黑龙江省能源工业的地位有所下降，从 2003 年占全省工业的 2/3 逐步下降到 2014 年的 55.0%。同时，食品产业、石化产业和装备制造业得到了较大的发展（李诚固等，2009）。

表 5-2　东北三省支柱产业结构变化

省份	产业	2014 年 增加值/亿元	2014 年 占全省比重	2003 年 增加值/亿元	2003 年 占全省比重
辽宁	规模以上工业总计（主营业务收入）	48 801.56	100.00%	1 715.90	100.00%
	支柱行业	41 100.39	84.20%	1 382.40	80.60%
	装备制造业	15 554.42	31.90%	425.10	24.80%
	农产品加工业	8 224.26	16.90%	184.20	10.70%
	石化工业	8 948.85	18.30%	455.50	26.50%
	冶金工业	8 372.86	17.20%	317.60	18.50%
吉林	规模以上工业总计	6 492.93	100.00%	814.80	100.00%
	重点产业	4 976.00	76.64%	641.10	78.70%
	汽车制造产业	1 615.89	24.89%	330.60	40.60%
	食品产业	1 136.31	17.50%	78.70	9.70%
	石油化工产业	886.10	13.65%	145.50	17.90%
	冶金建材产业	835.33	12.87%	40.00	4.90%
	医药产业	502.26	7.74%	46.30	5.70%
黑龙江	规模以上工业总计	4 741.80	100.00%	1 363.10	100.00%
	主导产业	4 222.56	89.05%	1 202.20	88.20%
	能源工业	2 606.37	54.97%	900.20	66.00%
	食品产业	729.03	15.37%	91.30	6.70%
	石化工业	528.00	11.13%	121.70	8.90%
	装备制造业	359.17	7.57%	89.00	6.50%

二、产业空间格局

（一）工业总产值

东北地区工业产值较高的地区主要集中在哈大交通走廊沿线核心城市及其周边地区，尤其是沈阳、大连和长春。从地级行政单元分析，沈阳市拥有最大的工业规模，2013年其产值占东北地区的15.45%，其次为大连市和长春市，占东北地区的比重也均高于10%，第四位为大庆市，前四位城市工业总产值比重约为42.6%；哈尔滨的工业总产值位居东北第五，略低于同省份的大庆市。黑龙江省的大兴安岭地区、黑河、伊春、七台河、佳木斯、鸡西、佳木斯及吉林省白城市工业总产值较低，占东北地区的比重均低于0.8%。从县区尺度分析，长春绿园区、大连金州区、大庆让胡路区及沈阳铁西区等拥有最高的工业总产值，占东北地区的比重均高于3%，同时，这些地区也是在东北经济发展中仍发挥重要作用的央企和国有企业主要的集聚区。其中，长春绿园区是东北汽车行业的主要集聚区，其汽车行业对长春市GDP的贡献率在50%以上。整体上，工业总产值在沈阳、大连和长春周边形成主要集聚区，而哈尔滨周边的集聚特征不明显。此外，东北地区工业总产值在空间上具有一定的集聚性。

（二）重点行业

首先，东北地区工业总产值最高的行业为农副食品加工业，产值达12 000亿元，占东北地区的比重均在12.8%，在空间上主要集中在沈阳、大连、长春、哈尔滨四个城市，占东北地区农副食品加工业总量的40.1%。其次，为交通运输装备制造业，占东北地区工业产值比重的10.7%，在空间上主要集中在长春，占东北地区该行业比重的58.1%。再次，为沈阳和大连，这三个城市交通运输制造业产值约占东北地区的85.8%，黑色金属冶炼和压延加工业是东北地区第三大产业，占地区工业产值的7.5%，并主要分布在辽宁本溪、鞍山和大连等城市。最后，通用设备制造业和专用设备制造业也是东北地区的主导行业之一，分别占地区工业产值的5.7%和3.7%，并主要分布在辽宁省的大连、沈阳、铁岭等城市。

三、产业发展趋势与存在问题

（一）产业结构偏重、产业链条偏短，受经济发展周期性影响明显

装备制造产品，特别是煤炭、石化、冶金等行业专用设备，随着全国固定资产投资下滑，市场空间减少，行业利润下降明显。能源原材料产业缺乏下游加工

产品（杨宇等，2016）。以石化行业为例，东北乙烯产能占全国约 1/4，但下游化学纤维、化学农药产能不足全国 1%。研究表明，2014 年石化、钢铁、煤炭、有色冶金、建材等能源基础原材料行业是导致东北经济增速下滑的主要行业，对比 2005~2010 年对工业增长的贡献率分别下降了 39.4 个百分点、35.8 个百分点、19.9 个百分点、9.1 个百分点和 14.8 个百分点。食品加工业中领军企业数量明显不足，主要以初加工和粗加工为主，受原材料和产品市场价格波动影响较大。

（二）"一业独大""一企独大"的局面尚未得到明显改观，产业发展抵御风险能力偏弱

2014 年，辽宁省装备制造、冶金、石化产业占工业产值比重达 67%，吉林省汽车工业利润占全部工业利润约 55%；黑龙江省石油开采利润占全部工业利润约 67%。三省工业发展呈现出"冰火两重天"的格局，与这种产业布局有直接关系。辽宁省主导产业集中在冶金、石化等行业，行业增长空间不大，企业生产经营困难。黑龙江省石油和石化工业虽然利润较高，但受大庆油田减产影响，2014 年全省能源工业增加值同比下降 0.6%，成为经济增速较大回落的主要原因之一。吉林省汽车工业目前效益尚可，但 2014 年全国汽车销量增长率已降至 6.9%，若不及时谋划新的增长点，也将对吉林省经济发展带来较大影响。

（三）创新投入不足，丰富的科技资源没有转化为产业技术创新优势

东北三省有一大批高水平的重点高校和研究机构，科研专利产出占全社会 50% 以上，但相关成果难以在本地企业产业化，导致"墙内开花墙外香"。中科院大连化学物理研究所的科技成果转化率位居中科院所有院所首位，2011~2014 年，在全国实现技术转移转化合同数 872 项，合同额达 9.1 亿元，但在辽宁转化金额仅为 3 633 万元，不足 4%。企业尤其是规模以上工业企业和高技术企业的创新主体地位未得到充分发挥。辽宁省企业技术改造支出自 2012 年起开始下降，持续开展技术改造和产品研发的意愿降低。2015 年，东北三省专利申请量、授权量、技术市场成交金额占全国比重分别是 3.5%、3.3%和 4.2%，远低于其主要经济指标占全国比重。

（四）公平开放竞争的市场环境尚未形成，难以发挥培育新兴产业和孕育新兴业态的重要作用

东北地方政府主导经济发展的特征明显，市场化程度不高，严重影响创新型企业发展和新兴业态涌现。知识产权保护体系建设进展较慢，专利评估等中介机构缺乏，专利执法、商标执法在全国处于中下游水平。东北适应新兴产业和新兴业态发展的投融资体系尚未形成，多层次资本市场并不完善，金融环境仍待优

化，企业融资成本较高。不但创业投资总量不大、规模偏小，而且天使投资缺失、融资性担保机构不甚发达，制约了东北中小创新型企业的发展。

（五）传统优势产业规模优势尚存，但比较优势正在丧失

能源基础原材料产业和装备制造业是东北地区的传统优势产业（马丽和王姣娥，2016）。振兴东北老工业基地战略实施以来东北地区的能源基础原材料产业均实现了较大规模增长，但与全国相比处于明显的劣势地位。能源基础原材料产业产值的增长主要依赖于产业结构的惯性，竞争力水平较低，附加值不高。随着近年来煤炭、石油等能源资源价格持续下行，对东北能源和基础原材料工业造成较大影响。在装备制造业方面，振兴东北老工业基地战略实施以来，更主要的是国家进入第二次重工业化阶段，钢铁、冶金、电力、石化等基础原材料产业发展规模扩大，并进一步拉动了对生产装备的需求增长，从而拉动了东北三省能源基础原材料和装备制造业的发展。但是，随着国际经济发展低迷和我国经济发展进入新常态，当前的需求与生产矛盾突出，工业领域产能过剩问题日益突出，工业领域呈通缩迹象，产能过剩（主要为结构性过剩）问题不断凸显。服务于煤矿、石油、冶金等产能过剩产业的专用设备制造业在东北装备制造业中又占据较大比重，由此导致了东北地区的装备制造业和石化行业的生产、投资增速回落，主要产品价格下跌，企业效益状况下降，生产增势放缓。东北三省的装备制造业部门年均增速和对工业主营业务收入增量的贡献率也呈现了下降趋势（图5-2）。

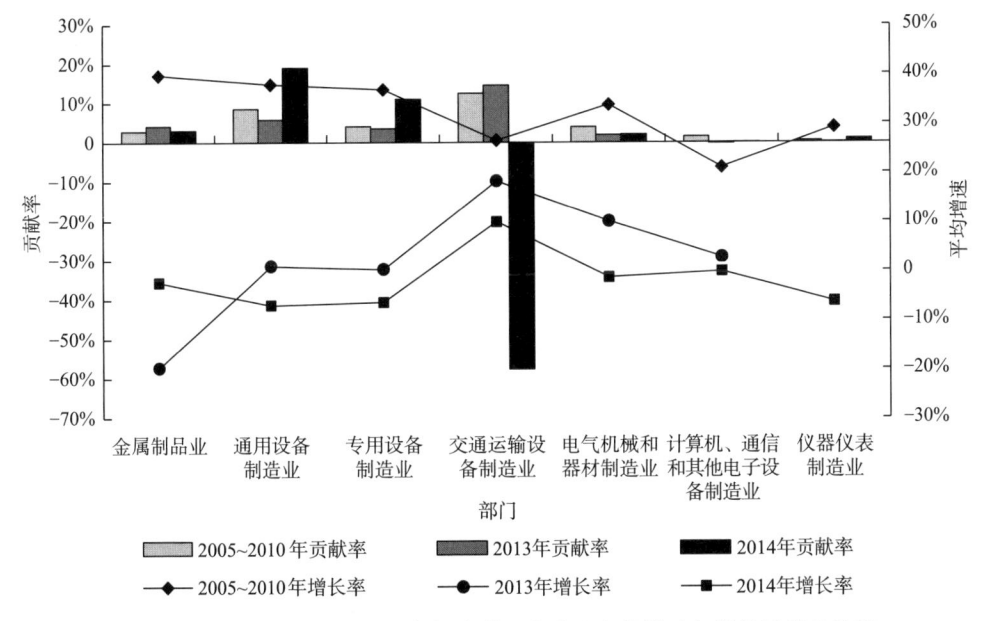

图5-2 不同时期装备制造业部门主营业务收入年均增速与增量贡献率比较

（六）规模以上企业活力与竞争力不强，运营效率相对较低

在东北企业组织结构中，2014 年，东北三省大中型企业占到规模以上工业企业总资产的 70.1%，但主营业务收入仅占 54.5%，企业利润为 57.9%。国有企业则占到了规模以上工业企业总资产的 50.9%，主营业务收入和利润仅分别占 33.2%和 33.1%。与此同时，东北地区规模以上国有及国有控股企业的亏损比重高于全国平均水平，2014 年国有企业亏损额度占规模以上工业企业的 63.9%，高于全国平均水平 12.4 个百分点。当然，其国有企业占规模以上企业的税金额度比重也高于全国平均水平 18.0 个百分点。以辽宁省为例，2014 年其规模以上国有及国有控股企业主营业务收入 12 266.9 亿元，占全省规模以上工业企业的 24.7%，利润 144.7 亿元，占全省 7.2%，这表明辽宁省国有及国有控股企业用全省 24.7%的主营业务收入，仅创造了全省 7.2%的利润。与此同时，国有及国有控股企业多项经营指标也劣于全国平均水平，亏损总额占规模以上工业企业的 57.4%。

第二节　产业发展地位及演化

一、工业地位

（一）规模总量

自东北振兴政策实施以来，东北地区的工业总量实现了持续增长，在全国仍占据重要地位，但地位不断下滑。从规模上看，2003~2014 年，东北三省规模以上工业企业资产增加近 4 倍，主营业务收入增加近 7 倍。同期，能源基础原材料、装备制造业、食品工业主营业务收入分别由 6 510 亿元、3 375 亿元、935 亿元增长到 3.43 万亿元、2.63 万亿元、1.32 万亿元。其中，食品工业产值占全国比重由不足 1/5 迅速提高至约 1/3。从质量效益上看，鞍钢、一汽、哈电、一重、沈鼓等代表性企业重新焕发活力。沈阳机床连续多年销售收入世界第一。百万千瓦核电机组、百万吨级乙烯装置、大型盾构机、350 千米高速列车等产品实现自主化生产，展示出东北装备在全国不可替代的重要地位。

（二）工业增速

2003 年以来，东北三省的工业呈现了快速增长趋势，年均增速高于全国平均水平，且在 2003~2010 年还保持了近两位数的增速（图 5-3）。但自 2010 年以

来，工业增速持续下滑。2015年，东北三省的第二产业平均增速全部低于全国平均水平，其中黑龙江省下滑最为显著，低于全国6.5个百分点；辽宁省低于全国4.8个百分点，吉林省低于全国1.0个百分点。实际上，自2012年初，东北三省的工业增加值月均增速就由15%左右下降到10%左右，其中吉林省下降幅度最为明显，从2012年2月的28.4%下降到4月的10.1%，辽宁省和黑龙江省工业增速均降到了个位数。虽然三省工业增速在2012年底有小幅度上升，曾回到两位数，但是自2013年3月后，工业增速持续下滑，到2013年7月，东三省的工业增速几乎全部低于全国平均水平。黑龙江省最初下降幅度较大，月均工业增速低于5%；辽宁省工业自2014年7月开始，工业增速大幅度下降，到9月形成负增长。

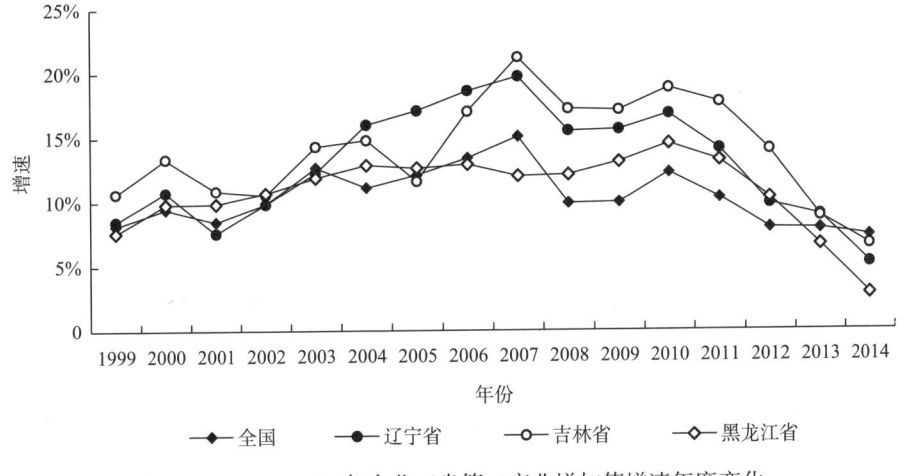

图5-3 1999~2014年东北三省第二产业增加值增速年度变化

由于工业增速不足，东北在全国工业总量中的比重逐步下降。从规模以上工业企业数量分析①，2015年东北三省规模以上工业企业占全国的比重由2003年的5.96%下降到5.78%。从工业企业资产、主营业务收入和利润三个指标看，东北三省近十年来在全国的地位呈现下降趋势。其中，工业企业资产比重由2003年占全国的10.28%下降到2015年的7.03%，主营业务收入由8.33%下降到6.06%，利润由11.65%下降到4.14%。

（三）工业贡献率

2003~2010年，一、二、三产业对东北三省经济发展的贡献率分别为9.7%、53.44%和36.86%（表5-3），在这期间东北经济增长的动力主要来自于第二产业的发展，其贡献率是全国平均水平的1.13倍。2014年，东北经济发展的动力主要

---

① 2011年规模以上工业企业统计起点标准由主营业务收入500万元提高到2 000万元。

来源于第三产业，第二产业贡献率降低为 16.33%，比 2013 年下降 19 个百分点；第三产业的贡献率为 75.84%，比 2013 年上升 28 个百分点。与全国比较而言，2014 年东北三省经济发展中第二产业的贡献率低于全国平均水平，而第三产业的贡献率略高于全国平均水平，与 2013 年的数据结论相反。与 2003~2010 年相比，2014 年东北三省的第二产业对 GDP 增长率的贡献比重下降了 37 个百分点，比全国平均水平下降较多。其中，黑龙江省的工业贡献率变化幅度下降最大，2014 年工业贡献率为-56.9%。因此，东北三省第二产业贡献率远低于全国平均水平，工业经济增速下滑成为东北经济动力不足的重要因素。

表 5-3　不同时期全国、东北三省三大行业贡献率统计特征

地区	2003~2010 年			2013 年			2014 年		
	第一产业	第二产业	第三产业	第一产业	第二产业	第三产业	第一产业	第二产业	第三产业
全国	8.72	47.16	44.12	9.18	29.10	61.71	6.29	31.23	62.48
东北三省	9.70	53.44	36.86	16.80	35.34	47.86	7.84	16.33	75.84
辽宁省	8.15	56.83	35.02	7.43	46.57	46.00	4.92	29.77	65.31
吉林省	9.38	56.00	36.95	9.32	46.19	44.47	7.57	54.79	37.64
黑龙江省	13.51	44.99	41.51	58.31	-17.27	58.96	14.41	-56.94	142.53

二、装备制造业

（一）规模总量与比重

规模总量持续增长，在全国比重逐步提升。自 2003 年东北振兴政策实施以来，主要是国家进入第二次重工业化阶段，钢铁、冶金、电力、石化等基础原材料产业发展规模的扩大拉动对其生产装备的需求增长，从而拉动了东北三省装备制造业的发展。装备制造业的产值规模从 2003 年的 3 496 亿元增长到 2014 年的 26 131 亿元，在全国装备制造业产值中的比重也从 2003 年的 6.99%增长到 2014 年的 7.2%。

从东北三省产值来看，辽宁省依然是东北三省中装备制造业比重最大、发展势头较好的地区。2003~2012 年，其在全国及东北三省装备制造业中比重呈现了增加趋势，分别从 3.45%和 49.4%增加到 5.0%和 63.1%，表明 2003~2012 年辽宁省的装备制造业在规模上的确有所增强。相对而言，吉林省和黑龙江省的装备制造业规模优势呈现萎缩态势，其在全国和东北三省装备制造业中的比重呈现了下降趋势。其中黑龙江省下降趋势最为明显，装备制造业占全国及东北三省的比重分别从 0.8%和 11.5%下降到 0.48%和 6%，近乎下降了一半。

（二）资产与就业人员

不同于产值比例的提高，东北装备制造业的资产虽然总量规模有所增长，但其在全国的比重呈现逐步萎缩的态势，并且是固定资产和流动资产比重的同步降低。2003 年，东北三省装备制造业的资产总量占全国比重为 9.89%，但到 2012 年该比重已下降到 8.01%，下降了近 2 个百分点，而在全国层面，资产比重上升的区域是成渝和中部六省，表明东北的装备制造业优势正在向中部和西部核心地区转移。从东北内部三省份占的比例而言，辽宁省的比重呈现上升趋势，其比重从 2003 年的 52.15%增长到 63.34%，吉林省和黑龙江省的比重都有所下降。但就三省在全国的比重而言，都出现了不同程度的下降，辽宁省、吉林省、黑龙江省分别下降了 0.08 个百分点、0.97 个百分点和 0.83 个百分点，占到其 2003 年比重的 1.59%、32.97%和 46.05%。

同样，东北三省装备制造业的就业人数总规模虽从 2003 年 121.96 万人增加到 2011 年的 186.85 万人（2012 年数据缺失），但占全国装备制造业总就业人员的比重却从 7.71%降到了 5.74%，下降了近 2 个百分点。其中辽宁省下降了 0.3 个百分点，吉林省下降了 0.6 个百分点，黑龙江省下降了 1.1 个百分点。同步而言，黑龙江的地位下降最为明显。实际上，自东北振兴以来，黑龙江的装备制造业一直在呈现萎缩状态，其就业人数的绝对规模在不断下降，从 2003 年的 27.7 万人下降到 21.34 万人，人员流失 6.4 万。

（三）主营业务收入与利润

从主营业务收入的变化来看，东北三省在 2003~2013 年有了较大的增长（图 5-4）。总体规模从 2003 年的 3 375 亿元增加到 2013 年的 25 922.4 亿元，绝对规模增加了近 8 倍，其在全国装备制造业主营业务收入中的比重也有所增长，从 2003 年的 6.92%增长到 2013 年的 7.84%，增加了 0.9 个百分点，比 2012 年略有减少。通过比较辽宁、吉林、黑龙江三省各自的主营业务收入比重可以发现，东北三省主营业务收入比重的增长完全是由辽宁省贡献的。2003～2013 年，吉林和黑龙江省的主营业务收入比重都有了不同程度的下降，其中黑龙江省下降了近乎 0.3 个百分点，下降幅度近 40%；吉林省下降了 0.15 个百分点，下降幅度 7%，只有辽宁省的比重有所提高。因此，在东北地区内部，辽宁省主营业务收入的比重也呈现了大幅度提高趋势，吉林和黑龙江的比重显著降低。

装备制造业的利润也呈现了同样的变化趋势（图 5-5），但在内部区域格局变化上有所不同。2003~2013 年，东北三省装备制造业的利润规模在经历了 2005 年的低谷后迅速回升，最终从 150 亿元增长到 1 791 亿元，增长了近 10 倍，其在全国的比重也从 6.04%增长到 7.79%，增加了近 1.7 个百分点，由此在规模和比重上均

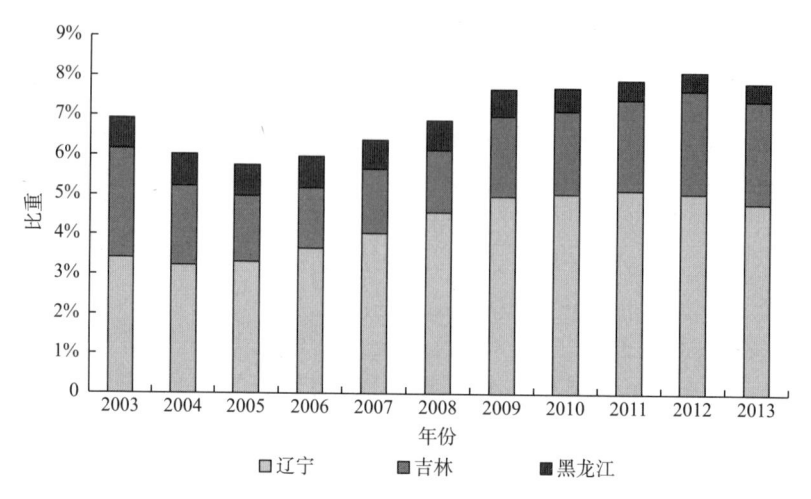

图 5-4 东北三省占全国装备制造业主营业务收入比重的变化

超过了主营业务收入的增长幅度，表明东北三省装备制造业生产的利润率有所提高。但与主营业务收入的区域分布不同，虽然辽宁省依然体现了较高的增长趋势，在全国和东北三省的比重都大大增强；吉林省在全国和东北内部的比重降低；黑龙江省也体现了增长趋势，在全国总利润中的比重从 0.18% 增长到了 0.24%，增幅近 50%，表明黑龙江省的具有竞争力的装备制造业在向少数部门和产品集中。

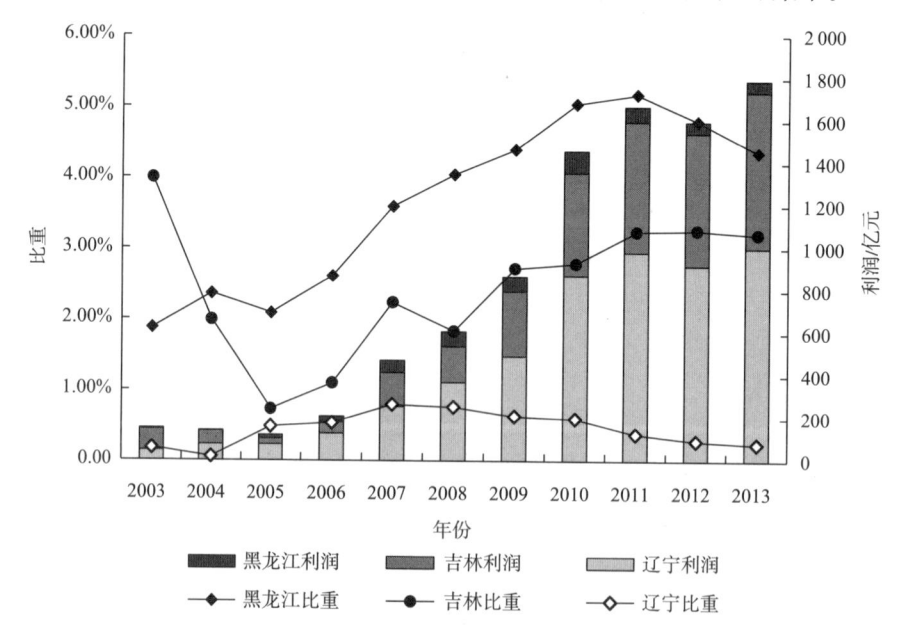

图 5-5 东北三省装备制造业利润规模及其在全国比重的变化

（四）产品规模与比重

从东北三省的制造业产品看，只有专用设备、通用设备和交通运输设备产品等市场容量较小的基础装备产品在全国占据较大比重，电子电器等高附加值产品比重较低。2003~2014 年，在东北三省的主要制造业产品中，金属切削机床、发电设备和汽车产量在全国总量中的比重占 10%以上，而代表高新技术的集成电路、微型电子计算机等产品比重更是不足 0.5%（表5-4）。

表 5-4　东北三省工业产品占全国比重变化

主要产品	2003 年	2004 年	2005 年	2006 年	2007 年	2008 年	2009 年	2010 年	2011 年	2012 年	2013 年	2014 年
金属切削机床	19.80%	20.20%	23.40%	24.20%	24.70%	21.70%	25.10%	20.00%	20.10%	14.40%	12.60%	13.40%
大中型拖拉机	0.41%	5.64%	0.00	0.00	0.00	0.14%	0.67%	1.07%	1.42%	3.67%	2.49%	1.80%
发电设备	16.60%	16.10%	23.70%	23.20%	24.10%	25.20%	22.40%	17.10%	15.90%	18.50%	13.50%	15.50%
汽车	21.80%	19.60%	17.00%	16.00%	15.70%	15.00%	13.80%	14.20%	13.50%	13.00%	12.80%	15.20%
家用电冰箱	5.35%	4.34%	4.41%	2.67%	3.05%	2.93%	1.59%	1.19%	1.10%	1.20%	0.92%	1.78%
家用洗衣机	0.39%	0.05%	0.00	0.00	0.00	0.00	0.00	0.00	0.00	0.00	0.00	0.00
空调	1.86%	1.83%	3.99%	3.28%	2.96%	2.59%	2.13%	1.74%	1.40%	1.14%	0.82%	0.68%
彩色电视机	9.03%	5.74%	7.11%	3.89%	5.00%	5.82%	4.66%	4.96%	4.72%	3.93%	3.45%	2.39%
集成电路	0.01%	0.32%	0.01%	0.15%	0.08%	0.13%	0.21%	0.16%	0.01%	0.27%	0.32%	0.27%
微型电子计算机	5.67%	3.05%	0.38%	0.04%	0.14%	0.02%	0.02%	0.01%	0.01%	0.01%	0.01%	0.01%

东北三省的主导优势装备产品的比重呈现萎缩趋势。受全国市场需求的影响，东北三省金属切削机床产量增加显著，但波动明显。2003~2014 年，东北金属切削机床产量从 6.14 万台增加到 11.6 万台，几乎增长一倍，但其在全国金属切削机床产量中的比例却大大降低，从 19.8%降低到 13.4%；同样，在全国具有竞争优势的发电设备产量从 613 万千瓦增加到 2 181 万千瓦，但在全国的比重却由 16.6%降低到 15.5%。汽车产品的比重下降尤为显著，从 21.8%的市场份额降低到了 15.2%。

（五）重点行业

1. 汽车行业

东北地区是我国七大汽车生产基地之一，拥有汽车生产能力 300 万辆，轿车生产能力 200 万辆，并拥有一汽、一汽大众、哈飞、华晨等品牌。2003~2014 年，东北地区的汽车产量规模虽然不断增加，从 97 万辆增加到 360 万辆，年均增长率达到 11.3%，但仍低于全国平均 14.5%的增长水平，2003~2013 年东北地区汽车产量占全国比重由22%下降到13%（图5-6）。2014年，东北地区的汽车产量增加规模较大，达到360.3万辆，占全国比重回升到15%，增长率达到27.2%。对东北三省而言，其中吉林省的汽车工业最为发达，2014年汽车产量达到237万辆，占东北地区的65.9%。

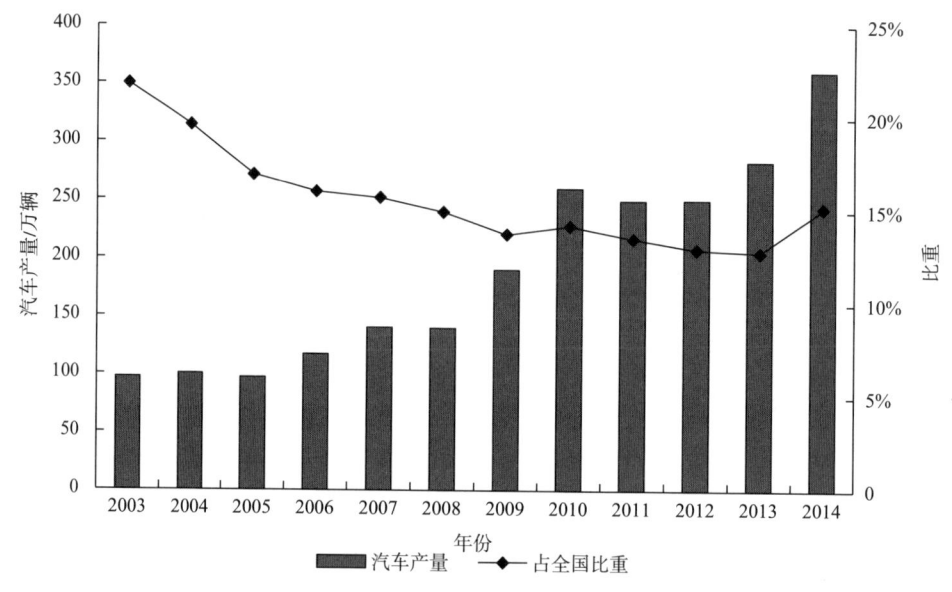

图 5-6　2003~2014年东北地区的汽车产量及占全国比重

2. 船舶制造业

江苏省、上海市、浙江省、辽宁省是全国船舶制造业重点分布的省市，四省市的造船完工、当前新承接船舶订单、手持订单总量均占全国的八成以上。2012年，辽宁省的造船完工量1 311.63万载重吨，占到当年全国总量的21.78%，居全国第二位。2014年辽宁省造船完工量下降到484万载重吨，同比下降44.3%，占全国比重下滑到12.4%。与全国的船舶制造业以及江苏、广东的结构比较发现（图5-7），在辽宁省船舶制造业部门结构中，除传统的金属船舶制造外，海洋工程专用设备制造、船舶修理和船用配套设备制造等部门也占据较高比重。尤其是海洋工程专用设备制造，已经占据辽宁省船舶业总产值的21%，而其在全国的比重也高达28.6%，船舶修理占全国比重的40%，大大高出其船舶制造业生产总值的比重和传统的金属船舶制造产值比重。但在生产效益方面，辽宁省船舶制造业的生产效益水平并不高，总产值利润率方面低于全国平均水平，仅金属船舶制造、船舶修理两个部门的产值利润率高于全国平均水平。目前全国层面存在散货船、油船等生产能力相对过剩的问题，而高技术、高附加值船舶生产能力明显不足。产业自主创新能力不足，导致辽宁省的船舶产量比重远高于其产值比重，更高于其利润比重。

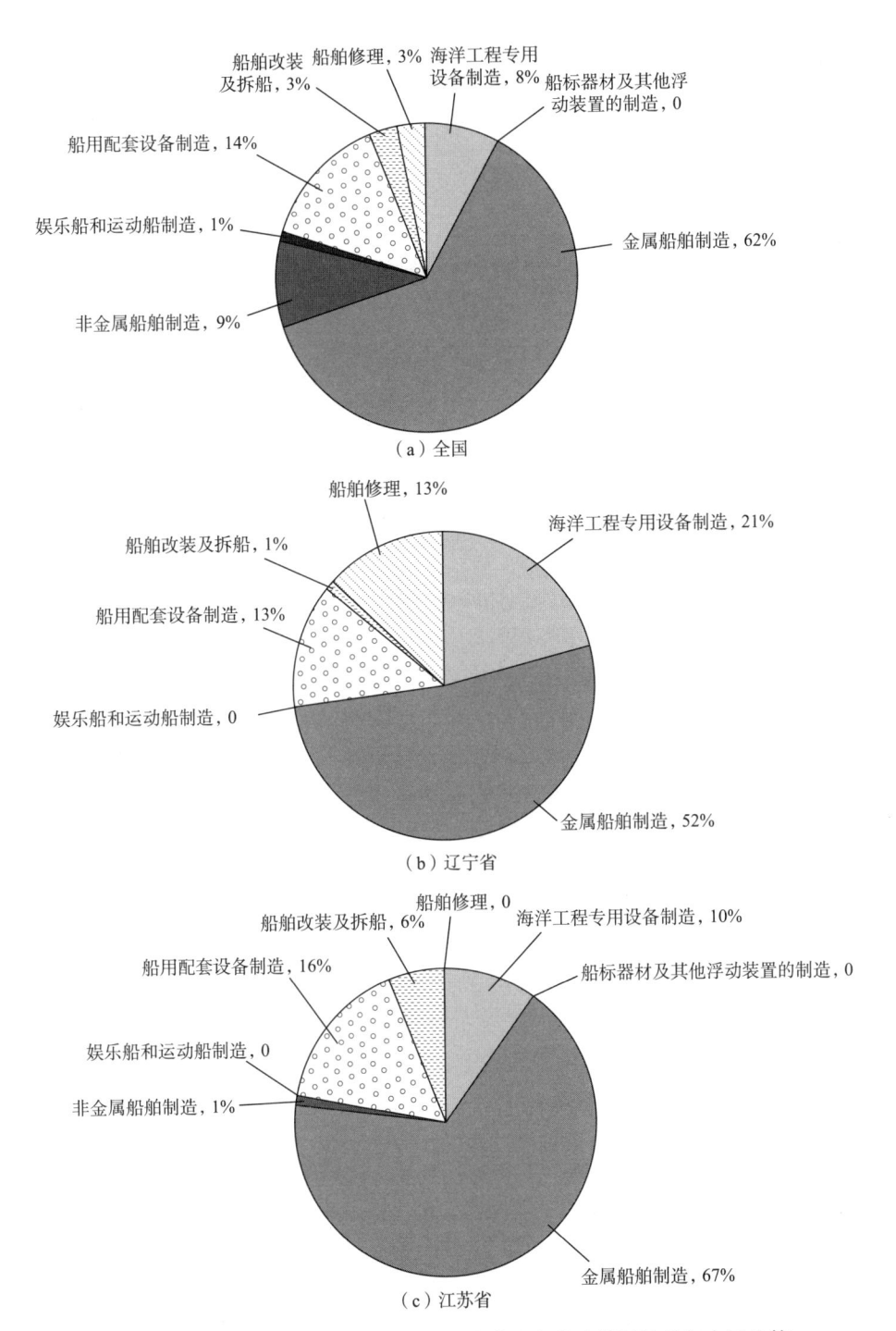

图 5-7 辽宁省、江苏省、广东省船舶制造业主营业务收入部门结构与全国比较

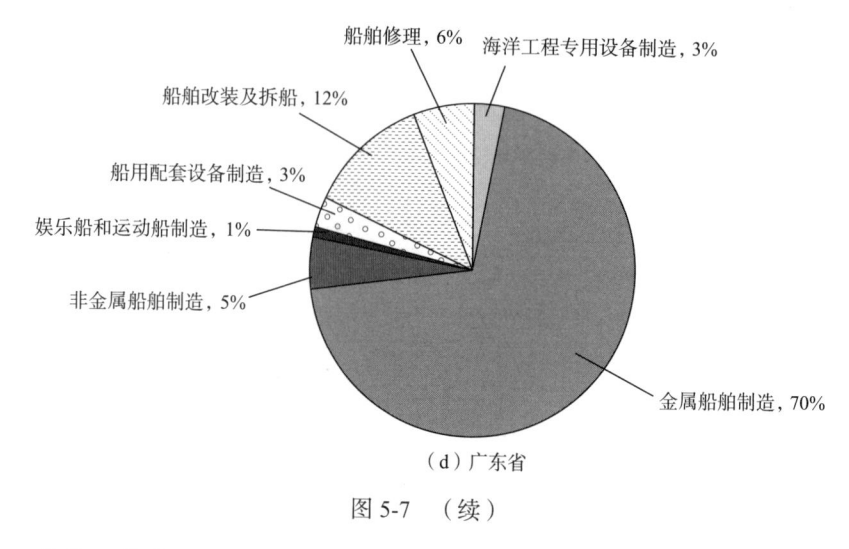

船舶修理，6%　海洋工程专用设备制造，3%
船舶改装及拆船，12%
船用配套设备制造，3%
娱乐船和运动船制造，1%
非金属船舶制造，5%
金属船舶制造，70%

(d) 广东省

图 5-7　(续)

3. 机床工具业

机床工具行业包含金属切削机床、金属成形机床、铸造机械、木工机械、机床附件、工具量及量仪、磨料磨具、其他金属加工机械等部门。东北三省有机床工具的企业 410 家，占全国总量的 8.39%，机床工具产业工业总产值约占全国的 15.9%。自 2003 年以来，随着西部成渝地区的发展，东北地区的机床产品在全国的比重呈现逐步下降趋势。金属切削机床产量的比重从 2003 年的 19.85%下降到 2013 年的 15.21%，产值比重也同步下降。从部门结构而言，东北三省的机床工具业主要以金属切削机床、磨料磨具、机床附件部门为主（图 5-8），工业总产值可占到总量的 73%左右，金属成形机床、铸造机械、切削工具等部门比例相对较低。在全国金属切削机床产量略有下降的情况下，东北地区的产量逆向上升。2014 年，东北三省的金属切削机床的产量为 11.6 万台（99%集中在辽宁省），比 2013 年增长 5%，占全国的比重由 2013 年的 15.2%下降到 13.4%，下降了 1.8 个百分点。目前我国对机床工具的需求主要向中高端产品转化，数控机床的需求量大大增加。但是东北三省的机床产量中，数控机床比例并不高。

4. 通用设备

东北在通用设备制造方面占据较大比重。东北地区拥有沈阳鼓风机厂、远大压缩机、深蓝泵业、大高阀门等龙头企业，在压缩机、核电用泵、石化用泵、阀门等产品上具有技术领先优势。目前该产业主要以国有大型企业为主，中小民营企业不发达，产品生产与销售主要与国家重点投资项目相关，市场灵活性较差，生产效益水平低，产值利润率和产品出口率均低于全国及长三角地区（表 5-5）。

(a) 全国

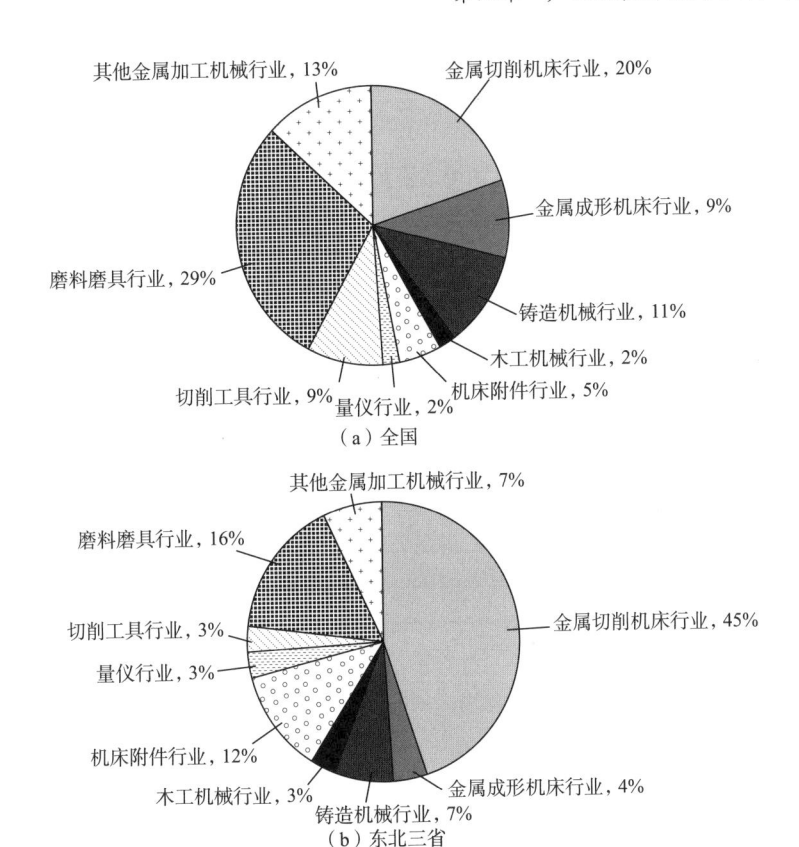

其他金属加工机械行业, 13%
金属切削机床行业, 20%
金属成形机床行业, 9%
铸造机械行业, 11%
木工机械行业, 2%
机床附件行业, 5%
量仪行业, 2%
切削工具行业, 9%
磨料磨具行业, 29%

(b) 东北三省

其他金属加工机械行业, 7%
磨料磨具行业, 16%
切削工具行业, 3%
量仪行业, 3%
机床附件行业, 12%
木工机械行业, 3%
铸造机械行业, 7%
金属成形机床行业, 4%
金属切削机床行业, 45%

图 5-8 东北三省机床工具业部门结构与全国比较

表 5-5 东北通用机械工业产值比重与生产效益与其他板块比较

地区	主营业务收入比重	利润比重	出口交货值比重	产值利润率	产值出口率
东北	12.77%	11.65%	3.38%	6.38%	2.76%
京津冀	7.00%	8.66%	6.01%	8.66%	8.98%
长三角	31.41%	32.60%	57.70%	7.26%	19.19%
广东	6.37%	5.20%	16.14%	5.71%	26.47%

5. 重型机械行业

重型机械行业是冶金矿山机械制造和物料搬运设备制造的合称。东北地区是我国重型机械工业第三大生产地区，仅次于中部地区和长三角地区，其主营业务收入约占全国 15%。全国重型机械工业主要以矿山机械、起重机和冶金机械为主，东北也不例外，这三类机器约占到东北地区重型工业机械主营业务收入的 95%以上。相对长三角地区和珠三角地区而言，东北地区重型机械工业的市场主要是面对以投资为主的矿山和冶金工业，而面向市场的起重机比重相对较低。在生产效率上，东北地区的产值利润率和产品出口率相对较低（表 5-6）。其产值利润率几乎全部低于无论是全国平均水平，还是长三角地区、珠三角地区和中部地区，而在产品出口率方面，除了冶金机械和矿山机械，其余全部低于全国平均水平。

表5-6 主要经济板块重型机械工业各部门产值利润率和产品出口率比较

产值利润率	冶金机械	矿山机械	轻小型起重设备	起重机	连续搬运设备
全国	4.63%	6.45%	7.16%	5.97%	7.43%
东北三省	3.71%	6.51%	3.16%	4.27%	6.77%
长三角	8.86%	4.00%	5.38%	4.21%	6.42%
广东	7.03%	3.42%	8.90%	4.99%	4.73%
中部	9.46%	5.53%	9.52%	9.22%	9.04%
产品出口率	冶金机械	矿山机械	轻小型起重设备	起重机	连续搬运设备
全国	5.00%	3.21%	21.08%	10.67%	3.45%
东北三省	7.50%	3.76%	2.91%	2.70%	0.00
长三角	9.58%	12.85%	38.90%	20.90%	8.67%
广东	9.28%	1.32%	7.70%	0	0
中部	0.75%	2.37%	0.16%	0.79%	0.97%

三、能源基础原材料

（一）规模总量与比重

由于地区资源禀赋和长期的历史积累，能源基础原材料产业在东北地区工业体系中占据重要地位，但占全国比重不断下降。通过计算煤炭、石油、石油化工、黑色冶金、有色冶金、电力等能源基础原材料产业的主营业务收入占比发现，能源基础原材料产业从2003年的56%下降到2014年的42%左右（图5-9）。其中，黑龙江省的比重最高，占比达到60%以上；其次是辽宁省，占比在40%；吉林省的比重最低，占比在30%以上。通过与全国其他经济板块相比发现，东北三省曾经是仅次于西部的第二个能源基础原材料发展大区，只有在2008年起才被中部地区和京津冀地区超越。但依然显著高于成渝、长三角地区和珠三角地区。2014年以后，其基础原材料产业比重的下降幅度已经减缓，基本进入稳定阶段。

（二）产值与利润

在全国对能源基础原材料产品需求旺盛的驱动下，东北三省的能源基础原材料主营业务收入逐步升高，从2003年的6 631亿元提高到2014年的34 351亿元，但其在全国能源基础原材料的比重却从12.77%下降到了8.04%；利润规模从118.45亿元增加到1 398亿元，其比重却从4.99%增加到6.14%。而且，2003~2014年，工业总产值和主营业务收入都呈现了平稳增长态势，但利润则变化较大，甚

(a)

(b)

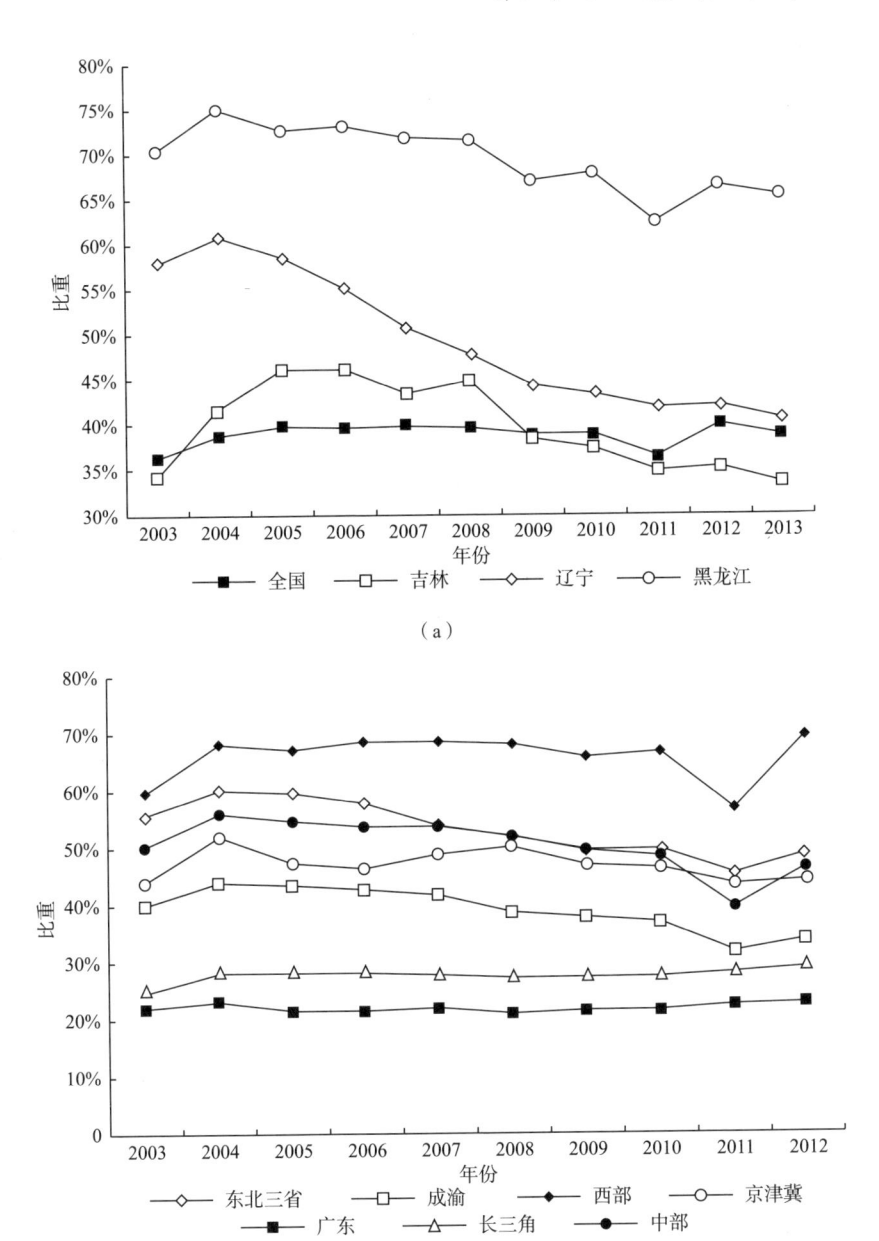

图 5-9 东北三省基础原材料产业主营业务收入比重及其与其他地区比较

至在 2008 年出现了负值。

（三）重点产品

同样，除石油工业外，能源基础原材料产业的主导产品规模在 2003~2014 年也有了较大的提高，但其在全国总量中的占比却呈下降趋势（图 5-10）。受资源储量限制，东北的原油产量在 2003~2014 年出现递减趋势，从 2003 年的 6 649 万吨下降到 2014 年的 5 686 万吨，在全国占比也由 39.20%下降到 26.89%。原油的供给受限也限制了该地区的原油加工和后续产品加工，随着全国东南沿海原油炼化产能的布局与企业投资，东北的乙烯、化学纤维等产品在全国的比重也不断下降。乙烯产能虽随着大连炼化产能的投产从 156 万吨增加到 331 万吨，但其在全国占比却从 25.53%降低到 19.45%；化学纤维的产能基本没有变化，但其在全国的比重已经下跌到 1.11%。在基础的化学产品方面，硫酸、烧碱、纯碱等产能基本保持不变，在全国占比也较小，占 3%左右（表 5-7）。也就是说，东北的石化及化工产业在全国的地位处于不断下降趋势。

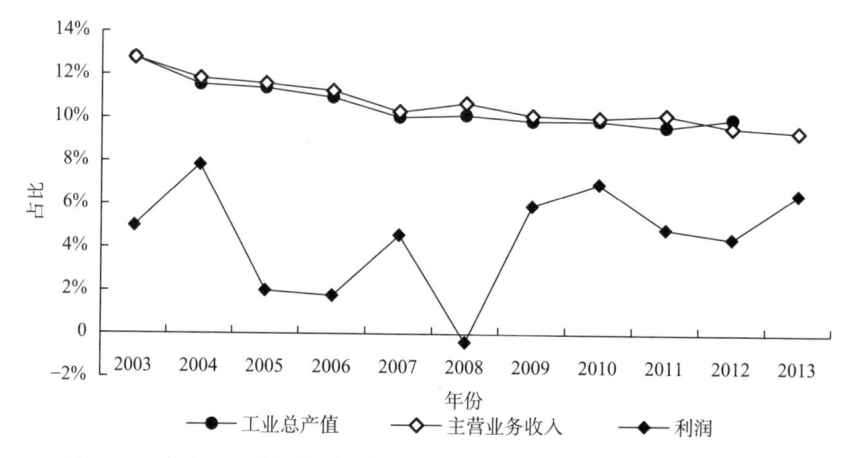

图 5-10 东北三省能源基础原材料产业主要指标规模与在全国占比变化

2013 年工业总产值的数据缺失

表 5-7 东北三省能源基础原材料部门主要产品规模及其在全国占比情况

产品	指标	2003 年	2005 年	2010 年	2011 年	2012 年	2013 年	2014 年
煤炭	总产量/万吨	14 578	18 613	22 471	22 335	22 064	19 075	15 200
	比重	6.56%	5.54%	4.40%	3.83%	3.72%	4.80%	3.91%
原油	总产量/万吨	6 649	6 328	5 657	5 745	5 812	5 622	5 686
	比重	39.20%	34.89%	27.87%	28.32%	28.01%	26.78%	26.89%
焦炭	总产量/万吨	1 387	1 967	3 244	3 522	3 502	3 451	3 393
	比重	7.80%	7.74%	8.35%	8.14%	7.82%	7.20%	7.07%
乙烯	总产量/万吨	156	154	229	249	238	278	331
	比重	25.53%	20.36%	16.14%	16.29%	16.01%	17.13%	19.45%
化学纤维	总产量/万吨	66	66	55	59	56	52	49
	比重	5.61%	3.96%	1.78%	1.73%	1.46%	1.25%	1.11%
粗钢	总产量/万吨	2 775	3 769	7 033	6 999	7 049	7 959	8 249
	比重	12.48%	10.67%	11.04%	10.21%	9.74%	9.79%	10.03%

续表

产品	指标	2003 年	2005 年	2010 年	2011 年	2012 年	2013 年	2014 年
平板玻璃	总产量/万重量箱	1 949	2 801	2 377	3 228	3 278	3 796	4 975
	比重	12.48%	10.67%	11.04%	10.21%	9.74%	9.79%	10.03%
硫酸（100%折纯量）	总产量/万吨	123	149	122	112	127	129	248
	比重	3.65%	3.28%	1.71%	1.49%	1.61%	1.58%	2.79%
烧碱（100%折纯量）	总产量/万吨	72	78	85	92	90	88	91
	比重	7.66%	6.33%	3.80%	3.70%	3.35%	2.99%	2.97%
化学农药原药	总产量/万吨	2.82	4.02	4.51	4.05	3.56	3.63	3.7
	比重	3.68%	3.50%	2.02%	1.76%	1.22%	1.20%	0.99%
发电量	总产量/亿千瓦时	1 670	1 934	2 677	2 914	2 982	3 148	3 301
	比重	8.74%	7.73%	6.36%	6.18%	5.98%	5.80%	5.84%

与此同时，基础原材料的主要部门产品停留在初级产品加工阶段，缺乏后续产品加工。尽管东北的工业基础雄厚，发展历史较早，但是受路径依赖和沉没成本限制，其一直集中在初级产品的加工阶段，后续产品加工比率低。以石油化工行业为例，东北地区的乙烯产量占到全国 20%左右，但是其下游的化学纤维产能仅占全国的 1%，初级产品塑料只有全国的 8%，化学农药原药等不足 1%。东北地区化工产业长期以来存在的"油大化小"的局面一直没有改观。以钢铁行业为例，东北三省的生铁产量占全国的 10%~11%，其粗钢产量占全国 9%~10%，而其钢材产量却不足全国的 9%。产能在初级产品加工链条的集中，极大地限制了行业效益的提升。

在能源方面，随着辽宁省煤炭资源的日益枯竭，黑龙江省加大了对东部地区的煤炭开发，由此整个东北三省的煤炭产量不断增长，从 1.46 亿吨增加到 1.5 亿吨，同期焦炭产量也不断提高，从 1 387 万吨增加到 3 393 万吨，发电量的规模从 1 670 亿千瓦时增加到 3 301 亿千瓦时（表 5-7）。但是由于黑龙江东部地区煤炭资源埋藏较深、开发成本相对较高，再加上内蒙古、新疆等西部地区煤炭基地产能的不断释放，东北三省在全国煤炭生产中的比重不断下降，煤炭产量占比已从 2003 年的 6.56%降低到 3.91%；焦炭占比经历了中间上升后又下降的过程，目前在全国占比基本没有大的变化；发电量的比重则从 8.74%下降到 5.84%。在其他产品方面，钢铁产能随着国内钢铁需求的增长也有所扩张，粗钢产量从 2 775 万吨增加到 8 249 万吨，在全国占比从 12.48%降至 10.03%；平板玻璃由 1 949 万重量箱增加到 4 975 万重量箱，在全国比重由 12.48%下降到 10.03%。

第三节　高技术产业创新发展

一、发展现状与特征

（一）综合实力不断提升

近年来，在科技进步的不断推动、市场需求的持续拉动及振兴政策的不断扶持下，东北地区高技术产业综合实力不断提升，有力地推动了东北地区的经济发展。一方面，产业规模不断壮大。2005~2014年，东北高技术产业主营业务收入呈持续增长趋势（表5-8），年均增长率达19.2%（按当年价格计算）。2015年，随着国家整体经济增速放缓，东北地区辽宁、黑龙江两省高技术产业主营业务收入出现了负增长，东北三省高技术产业主营业务收入总量为4 284.4亿元，占该地区当年GDP的7.4%。此外，东北地区高技术产业门类齐全，部分产业，如吉林省的医药制造业、辽宁省的航空航天器及设备制造业等在全国具有较强的竞争力。

表5-8　东北三省高技术产业主营业务收入（单位：亿元）

地区	2005年	2006年	2007年	2008年	2009年	2010年	2011年	2012年	2013年	2014年	2015年
东北地区	1 067.2	1 136.9	1 495.1	1 790.3	2 125.0	2 751.6	3 289.3	3 877.0	4 404.5	4 652.0	4 284.4
辽宁	608.5	721.3	973.5	1 119.0	1 294.1	1 709.8	1 898.5	2 214.1	2 362.4	2 351.7	1 813.7
吉林	145.4	188.1	250.6	359.7	474.4	642.4	918.1	1 138.7	1 431.3	1 667.9	1 848.5
黑龙江	313.3	227.5	271.0	311.7	356.5	399.2	472.7	524.2	610.8	632.4	622.2

资料来源：2007~2016年《中国高技术产业统计年鉴》

经济效益不断提升。相较其他产业而言，由于技术含量和附加值较高，东北地区高技术产业利润较好（表5-9）。2015年，东北三省高技术产业利润总额为412亿元，占全国比重的4.6%，高于营业收入占比。高技术产业利润率[①]为9.6%，高于全国高技术产业利润率。分省来看，辽宁、吉林和黑龙江利润率分别为8.6%、10.1%和11.3%，均高于全国平均水平，表明东北三省高技术产业经济效益较高。

---

① 利润率为利润总额占主营业务收入比重（%）。

表 5-9　2015 年东北三省高技术产业生产经营情况

地区	主营业务收入/亿元	利润总额/亿元	利润率
辽宁省	1 813.7	155.2	8.6%
吉林省	1 848.5	186.5	10.1%
黑龙江省	622.2	70.6	11.3%
东北三省	4 284.5	412.3	9.6%
全国	139 968.6	8 986.3	6.4%

资料来源：2007~2016 年《中国高技术产业统计年鉴》。

（二）产业体系日益完善

目前东北地区高技术企业达 1 189 家[①]，在现代中药、高端装备制造等领域优势比较突出。2015 年吉林省医药制造业主营业务收入达 1 639.2 亿元，仅次于山东、江苏和河南（图 5-11），居全国第四位。吉林 19 个县（市）建立了五味子等 26 个品种 40 个道地药材 GAP（good agricultural practices，良好农业规范）基地，已有人参等四个中药材品种八个基地通过国家 GAP 认证，数量居全国首位。辽宁在高端装备领域，已经形成了完整的工业体系，拥有沈飞集团、黎明航空发动机、大连机床、沈阳鼓风机集团、沈阳机床集团等一批国内行业领军企业，而且百万吨级乙烯压缩机、数控机床、百万伏输变电设备、大型盾构机等重大装备已经迈入世界先进行列。2015 年，辽宁省航空、航天器及设备制造业主营业务收入为 282.2 亿元，仅次于天津、陕西和江苏，居全国第四位。黑龙江在高端装备领域优势也非常突出，拥有哈电、哈飞、一重、哈轴等一大批国内知名企业集团，重型数控机床、电站设备、大型铸锻件、高端工量具轴承、功能部件等行业处于国内领先地位或世界一流水平。

（三）拥有良好的创新能力基础

在实施创新驱动战略推动下，东北地区各类创新平台建设顺利推进，高技术产业创新能力逐步增强。目前，在高技术领域，东北地区拥有大批科研机构，创建了国家重点实验室、国家工程实验室、国家工程技术中心等一批国家级研发平台。目前，拥有大连化学物理研究所、沈阳金属研究所、长春光学精密机械与物理研究所等八所中科院院所，哈尔滨工业大学、吉林大学、大连理工大学、东北大学四所"985"高等院校，应用光学国家重点实验室、机器人技术与系统国家重点实验室、汽车动态模拟国家重点实验室等 29 所国家重点实验室。另外，从 R&D 经费投入来看，东北地区创新投入增长迅速。2015 年东北三省高技术产业

---

① 《中国高技术产业统计年鉴 2016》。

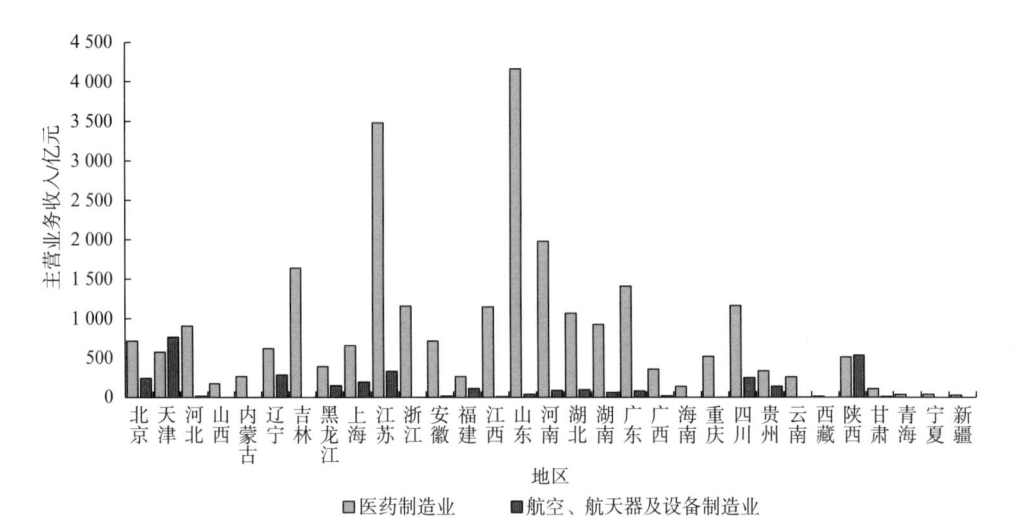

图 5-11 医药制造业和航空、航天器及设备制造业主营业务收入

R&D 经费内部支出达到 68.7 亿元，比 2006 年增长了 2.6 倍左右。随着创新投入的不断增加，东北创新产出也实现了快速增长，且增长速度高于创新投入。从创新成果最终转化来看，2015 年东北三省高技术产业新产品销售收入达到 575.7 亿元，比 2006 年增长了 3.9 倍（图 5-12）。

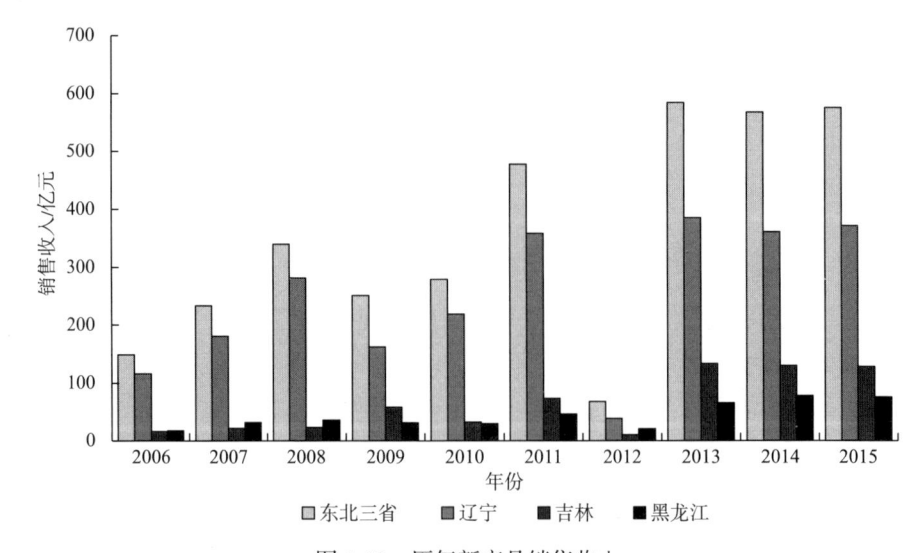

图 5-12 历年新产品销售收入

资料来源：2007~2016 年《中国高技术产业统计年鉴》

（四）劳动生产率逐年提高

随着产业体系的日益完善和创新能力的逐步提升，东北地区高技术产业劳动

生产率呈逐年增长的趋势（图 5-13）。本节劳动生产率采用"高技术产业主营业务收入/高技术产业从业人员年平均数"算得（周冬冬，2014）。2005年，东北地区高技术产业劳动生产率为 35.08 万元/人，此后逐年提升。2010年，东北地区高技术产业劳动生产率增速最快，较 2009 年增长 31.6%，此后增速放缓。到 2014 年，东北地区高技术产业劳动生产率达到 104.84 万元/人，是 2005 年的近三倍。2015 年，随着全国经济整体增速的放缓，东北地区高技术产业劳动生产率出现了负增长，较 2014 年减少 4.2%。分省来看，2005~2014 年，吉林省高技术产业劳动生产率增长最快，2014 年高技术产业劳动生产率已经达到 109.93 万元/人，是 2005 年的 4.5 倍。辽宁省次之，2014 年的高技术产业劳动生产率为 110.68 万元/人，比吉林省略高，是 2005 年的近三倍。相比于辽宁、吉林两省，黑龙江省高技术产业劳动生产率增长较慢，2014 年的高技术产业劳动生产率为 79.52 万元/人，是 2005 年的两倍。2015 年，除吉林省外，辽宁、黑龙江的高技术产业劳动生产率均出现了负增长的情况，较 2014 年分别下降 16.0%、1.2%，这与全国经济整体增速放缓有一定关系。

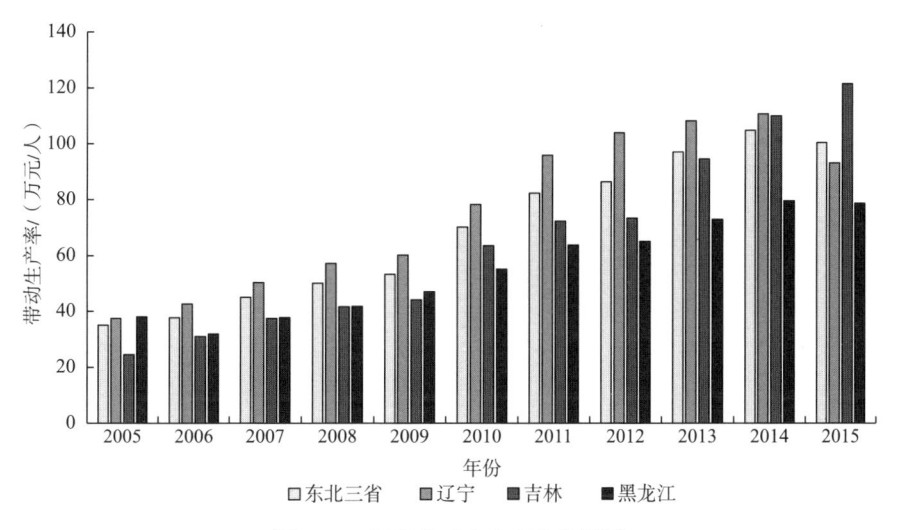

图 5-13 历年劳动生产率变化情况

资料来源：2006~2016 年《中国高技术产业统计年鉴》

二、存在问题

（一）发展活力不足，地位持续下降

振兴东北老工业基地战略实施以来，东北地区产业结构单一，民营科技型企业数量减少，产业发展活力不足，导致高技术产业发展相对缓慢，在全国的地位不断下降（图 5-14）。从企业结构分析，2015 年东北三省国有及国有控股企业占高技术产业主营业务收入比重为 21.4%，高出广东省 13.9 个百分点，其中辽宁和黑龙江两省为 29.3% 和 51.9%，分别比广东省高 21.8 个百分点和 44.4 个百分点。从高技术产业发展地位分析，2015 年东北地区高技术产业主营业务收入比重仅占全国的 3.06%，比 2000 年下降了 2.92 个百分点（图 5-15）。

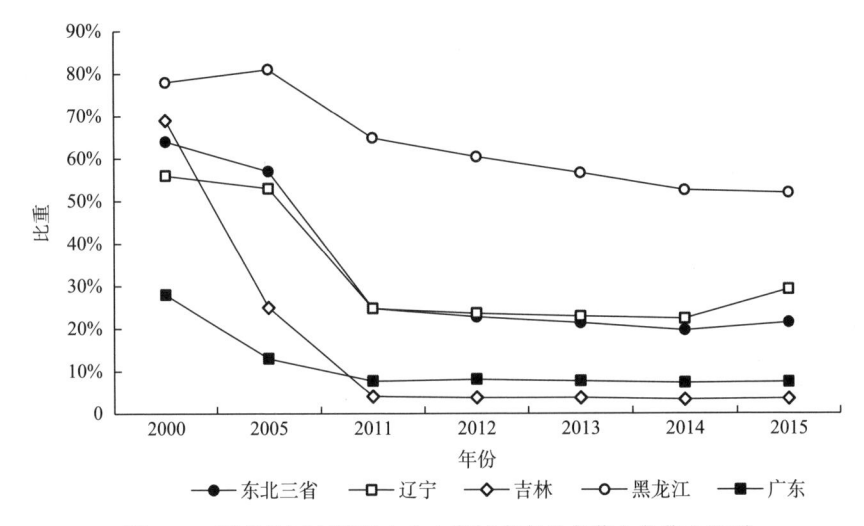

图 5-14　国有及国有控股企业占高技术产业主营业务收入比重

资料来源：2006~2016 年《中国高技术产业统计年鉴》

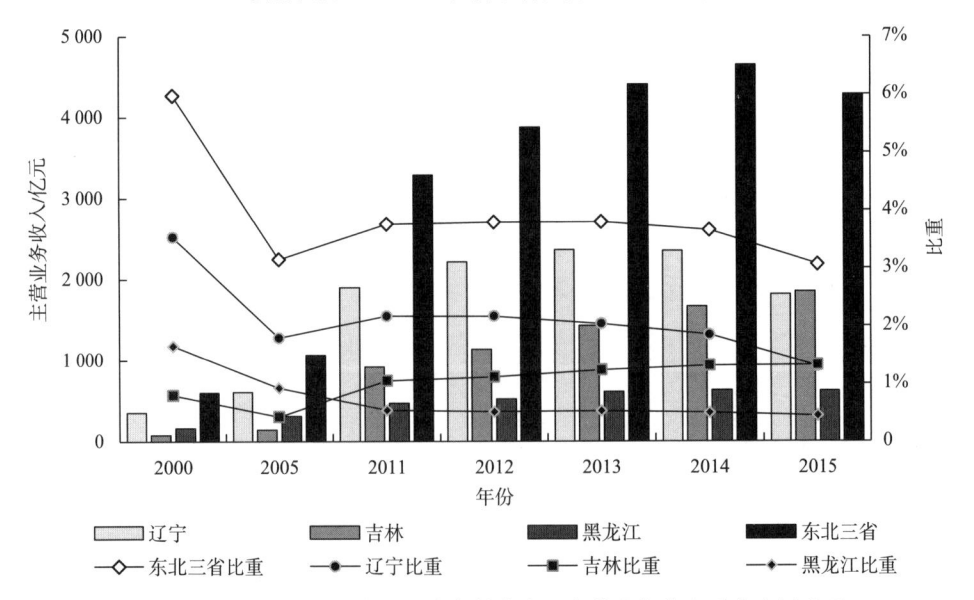

图 5-15　2000~2015 年东北三省高技术产业主营业务收入及占全国比重

资料来源：2001~2016 年《中国高技术产业统计年鉴》

（二）人才外流严重，创新能力不强

东北地区高校和科研院所密集，培养了大批科技人才，为高技术产业和战略性新兴产业提供了稳固的人力资源保障。但近年来随着人才的大量外流，东北地区高技术产业和战略性新兴产业就业人员逐步减少，导致创新能力不强（宋周莺等，2016）。2015年东北三省高技术产业就业人员数量为426 397人，比2014年减少了17 318人，其中辽宁和黑龙江高技术产业就业人员分别比2014年减少了17 491人和326人（图5-16）。研发投入不足是导致东北创新能力不强的另一重要因素。2015年，东北三省高技术产业R&D投入强度降到了1.60%，低于全国R&D投入强度（1.88%），更是低于广东省等沿海地区。与国内外部分先进地区相比，东北在创新产出方面差距也比较大（表5-10）。2015年，东北三省高技术产业R&D经费内部支出和R&D人员折合全时当量分别为68.7亿元和20 600.6人年，占全国的比重分别为2.6%和2.8%，与主营业务收入占全国的比重（3.06%）大致相当。从有效发明专利数分析，2015年东北三省有效发明专利数仅占全国的2.0%，与其创新投入比重大致相当。

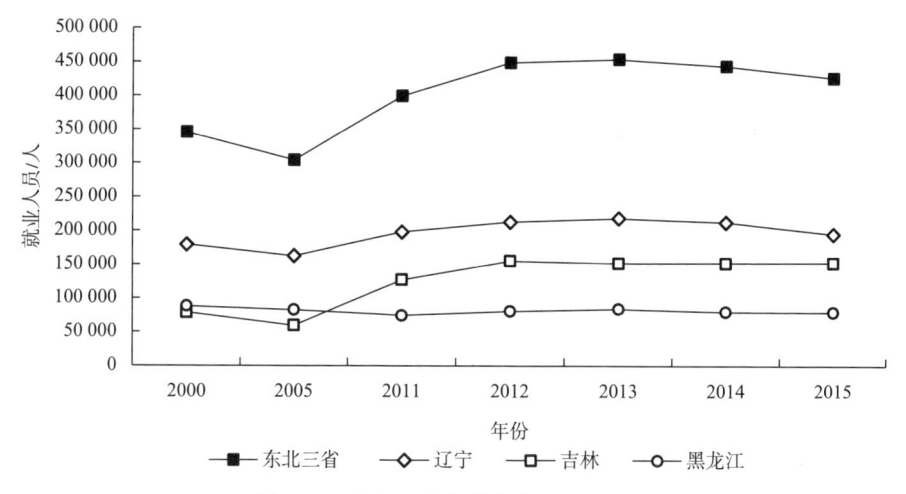

图 5-16　东北三省高技术产业就业人员

资料来源：2006~2016年《中国高技术产业统计年鉴》

表 5-10　2015年东北三省高技术产业研发投入与产出情况

项目	R&D人员折合全时当量/人年	R&D经费内部支出/亿元	有效发明专利数/件
辽宁省	10 094.5	39.1	3 018.0
吉林省	3 036.9	9.4	769.0
黑龙江省	7 469.2	20.2	922.0
东北三省	20 600.6	68.7	4 709.0
广东省	203 116.5	827.2	125 471.0

续表

项目	R&D 人员折合全时当量/人年	R&D 经费内部支出/亿元	有效发明专利数/件
全国	726 983.3	2 626.7	241 404.0
辽宁省所占比重	1.4%	1.5%	1.3%
吉林省所占比重	0.4%	0.4%	0.3%
黑龙江所占比重	1.0%	0.8%	0.4%
东北三省所占比重	2.8%	2.6%	2.0%
广东省所占比重	27.9%	31.5%	52.0%

资料来源：《中国高技术产业统计年鉴 2016》

（三）创新成果就地转化少，带动作用较弱

东北地区科教资源优势突出，创新成果丰富，但成果就地转化较少，难以支撑高技术产业发展（杨威，2016）。尤其是一些"国家队"科研院所在东北地区形成的人才和技术反而都输出到其他地区，未能很好地为东北地方经济社会发展服务。以中科院系统转化率排在首位的大连物理化学研究所为例，2011~2015 年中科院在全国共实现技术转移转化合同数为 872 项，合同金额达到 9.1 亿元，在辽宁转移转化项数为 94 项，金额为 3 663 万元，仅占 10.78%和 4%。究其原因，东北地区高技术产业创新成果就地转化缺乏有效的激励机制，科技成果交易市场体系还不够完善，科技成果转化过程中各方利益难以得到保障，奖励机制不健全，难以形成对科技人员的激励作用。东北创新成果就地转化少，进一步导致高技术产业对经济发展的贡献率低（焦敬娟等，2016）。2015 年，辽宁、吉林、黑龙江以医药制造、航空航天器以及设备制造等为代表的高技术产业主营业务收入占工业总产值比重分别为 5.5%、8.3%和 5.3%，远低于全国平均水平（9.6%）。从新产品开发项目分析（表 5-11），2015 年辽宁、吉林和黑龙江高技术产业新产品开发项目数为 972 项、687 项和 926 项，分别在全国排名第 18 位、21 位和 19 位，三省共计 2 585 项，仅占全国的 3.3%。从新产品产出分析，2015 年辽宁、吉林和黑龙江高技术产业新产品销售收入分别为 371.2 亿元、128.3 亿元和 76.1 亿元，分别在全国排名第 16 位、19 位和 22 位；三省共计 575.7 亿元，仅占全国的 1.4%。

表 5-11 2015 年东北三省高技术产业新产品情况

地区	辽宁省	吉林省	黑龙江省	东北三省	占全国比重
新产品开发项目数/项	972	687	926	2 585	3.3%
新产品销售收入/亿元	371.2	128.3	76.1	575.7	1.4%

资料来源：《中国高技术产业统计年鉴 2016》

（四）产业发展环境亟待优化，"融资难、融资贵"问题突出

东北地区的产业发展环境，尤其是高技术产业发展环境较差，社会化、市场化的科技中介机构和服务体系不健全，难以适应高技术及战略性新兴产业发展的需要。由于金融类的科技服务中介结构较少，东北地区孵化基金、种子基金、风险资本等相比全国其他地区而言极其缺乏，容易出现"融资难、融资贵"的问题。2013 年，东北三省被风险投资的企业数量和金额仅有 16 个和 25.27 亿元，分别占全国的 1.45% 和 1.68%（表 5-12）。长期以来，受制于区域宏观经济下行压力及投资环境较差的影响，东北地区一直未成为风险资本投资的"热点"区域，更令人担忧的则是东北地区被风险资本投资的企业和金额在全国比重都在逐步降低。此外，从股市融资来看，东北地区相对全国差距也比较大，也不利于东北地区高技术产业发展壮大。万得资讯数据（wind 资讯）显示，2015 年我国在上海和深圳证券交易所上市的企业共有 2 639 家。从区域分布来看，这些企业主要集中在广东省（395）、浙江省（275）、江苏省（259）、北京市（241）、上海市（203）和山东省（154），这六个省市拥有的上市企业总数达到 1 527 家，占全国上市创业企业总数的 57.9%，而在东北三省中，辽宁省只占有 70 家，吉林和黑龙江分别只有 40 和 32 家。

表 5-12　东北三省风险投资企业地区分布统计

地区	2009 年 数量比例	2009 年 金额比例	2010 年 数量比例	2010 年 金额比例	2011 年 数量比例	2011 年 金额比例	2012 年 数量比例	2012 年 金额比例	2013 年 数量比例	2013 年 金额比例
北京	17.70%	18.97%	22.10%	29.01%	22.33%	33.46%	23.94%	21.15%	29.71%	34.92%
上海	10.47%	11.43%	10.99%	8.19%	11.26%	14.79%	11.46%	14.67%	15.40%	13.35%
深圳	8.26%	4.34%	8.87%	3.45%	7.36%	7.85%	10.04%	6.61%	7.07%	7.96%
东北	4.42%	3.48%	2.25%	1.66%	2.70%	3.07%	1.83%	2.89%	1.45%	1.68%

资料来源：《中国风险投资年鉴 2014》

第四节　产业转型思路与路径

一、发展形势与环境

（一）全球制造业格局面临重大调整

新一代信息技术与制造业深度融合，正在引发影响深远的产业变革，形成新的生产方式、产业形态、商业模式和经济增长点。各国都在加大科技创新力度，

在 3D 打印、移动互联网、云计算、大数据、生物工程、新能源、新材料等领域取得新突破。基于信息物理系统的智能装备、智能工厂等智能制造正在引领制造方式变革；网络众包、协同设计、大规模个性化定制、精准供应链管理、全生命周期管理、电子商务等正在重塑产业价值链体系；可穿戴智能产品、智能家电、智能汽车等智能终端产品不断拓展制造业新领域；等等。我国制造业转型升级、创新发展迎来重大机遇。

全球产业竞争格局正在发生重大调整，我国在新一轮发展中面临巨大挑战。国际金融危机发生后，发达国家纷纷实施"再工业化"战略，重塑制造业竞争新优势，加速推进新一轮全球贸易投资新格局。与此同时，创新驱使一些发展中国家也在加快谋划和布局，积极参与全球产业再分工，承接产业及资本转移，拓展国际市场空间。因此，我国制造业面临发达国家和其他发展中国家"双向挤压"的严峻挑战，未来发展必须放眼全球，加紧战略部署，着眼建设制造强国。

（二）我国经济发展环境发生重大变化

新型工业化、信息化、城镇化、农业现代化同步推进，超大规模内需潜力不断释放，为我国制造业发展提供了广阔空间。各行业新的装备需求、人民群众新的消费需求、社会管理和公共服务新的民生需求、国防建设新的安全需求，都要求制造业在重大技术装备创新、消费品质量和安全、公共服务设施设备供给和国防装备保障等方面迅速提升水平和能力。全面深化改革和进一步扩大开放，将不断激发制造业发展活力和创造力，促进制造业转型升级。

我国经济发展进入新常态，制造业发展面临新挑战，资源和环境约束不断强化，劳动力等生产要素成本不断上升，投资和出口增速明显放缓，主要依靠资源要素投入、规模扩张的粗放发展模式难以为继，调整结构、转型升级、提质增效刻不容缓。形成经济增长新动力，塑造国际竞争新优势，重点在制造业，难点在制造业，出路也在制造业。

随着经济全球化和信息技术的发展，经济发展逐渐由依靠传统的资本、劳动力投入等基础生产要素转向倚重于科技创新和人力资本等新型生产要素投入转变。随着知识经济的带来，国家和企业的竞争均出现了一些新特点、新变化。从宏观角度看，无论是老牌的资本主义发达国家、新兴工业化国家，还是发展中国家，都在寻求以新科技为支撑的国家竞争优势；从微观角度看，地区之间的竞争更多地体现在区域内知识创新和科技运用能力的竞争。我国在党的十八大中首次提出实施创新驱动发展战略，并出台了《中共中央 国务院关于深化体制机制改革加快实施创新驱动发展战略的若干意见》、《中国制造2025》、《国务院办公厅关于发展众创空间推进大众创新创业的指导意见》和《国务院关于新形势下加快知识产权强国建设的若干建议》等文件，并在《中共中央关于制定国民经济和社会发展第十三个五年规划的建议》中明确提出促进科技与经济深度融合的要求，而科技的发展最直接的表现是科技产出（知识产权资源）的增加。因此，随着知识经济和经济全球化深入发展，创新驱动日益成为国家发展的战略性资源和国际竞争力的核心要素。

（三）有利于实现东北全面振兴的政策环境正在逐步形成

产业发展的环境因素有助于推进产业稳定、健康和可持续发展。无论从中央政府宏观政策环境还是产业政策环境，都更有利于东北地区高技术产业和战略性新兴产业的健康发展。针对当前东北地区发展面临的新问题，中央政府和国家部委已经密集出台了《国务院关于近期支持东北振兴若干重大政策举措的意见》、《关于促进东北老工业基地创新创业发展打造竞争新优势的实施意见》、《中共中央 国务院关于全面振兴东北地区等老工业基地的若干意见》和《关于支持东北老工业基地全面振兴 深入实施东北地区知识产权战略的若干意见》等政策，同时围绕高技术及战略性新兴产业，国家也出台了许多重大改革举措，将发挥市场配置资源的决定性作用和更好发挥政府作用有机结合，有利于稳定市场预期，增强经济发展后劲和活力，实现产业的持续健康发展。此外，为促进产业的健康发展，东北三省地方政府也纷纷出台政策助推产业发展，这都有助于产业继续平稳快速增长。但也必须清醒地认识到，这些政策措施从出台到落实并持续发挥功效，还需要一个过程。另外，在"互联网＋"时代，随着云计算、大数据、社交媒体等的兴起，降低了市场准入的门槛，生产要素的动员和使用更加大众化，地域可能不再是社会和经济组织活动局限的主要制约因素，这将会扭转东北地区高技术产业发展在全国生产物流体系"末梢"的窘境。

二、产业转型思路

综合上述分析，我们初步判断东北地区进入了巩固扩大振兴发展成果、努力破解发展新难题、营造提质增效新动力的阶段。这是因为，自2003年实施振兴东北老工业基地战略以来，东北传统产业和资源优势型产业发展活力显著增强，实力明显提升；现代农业实现了稳步发展；民生问题和社会氛围也得到了巨大改善（金凤君等，2012）。但是，东北地区产业内生增长动力不足仍是最大瓶颈，建立现代产业体系和提升竞争力的任务仍然非常艰巨；改变投资拉动经济增长方式的难度非常大，粗放式的发展模式仍占据主导地位。未来产业结构的调整，必须着眼于精准化施策。从新思路、新模式、新机制和新抓手上谋划新对策，使东北在"市场开拓"、"转变方式"、"创新驱动"和"改革开放"等方面走出新的道路，打赢东北全面振兴的攻坚战。

具体思路建议是"固本增效、优二进三、聚势升力、创新驱动"。一是通过体制机制、组织和技术创新，巩固东北地区已经形成的装备制造、农副食品加工业、医药制造业等产业的规模优势和竞争优势，在提质增效上下功夫，努力创造条件延长产业链条和提高产业的关联效应，发挥稳定东北经济的核心作用。二是大力扶植新兴产业、高技术产业和现代服务业发展，选择有条件的新材料、环境节能设备、电子信息、机电一体化、精细化工、生物制药、智能制造设备、光电子、农产品深加工、轻纺工业等为突破口，通过产业门类的扩容壮大实现第二产业的结构转型和优化；努力推动制造业与服务业的协同发展，促进由生产型制造向服务型制造转变，并努力营造其他服务业的发展环境和动力。三是利用辽中南城市群、长吉图经济区、哈大齐经济走廊、辽宁沿海经济带已经形成的城镇化、产业园区和产业集聚优势（董晓菲等，2009），以大连新区、沈阳新区和长春新区为着力点，创新机制，着力培育新兴产业，整合发展，提高东北产业的发展活力和竞争力。四是牢牢把握好创新驱动发展这一"牛鼻子"，实施一系列旨在提升产业活力与竞争力的创新工程，推动建立结构优化、技术先进、清洁安全、附加值高、吸纳就业能力强的区域产业体系。

三、产业转型路径

在目前纷繁复杂的国际环境和日新月异的国内环境下，东北地区如何充分发挥现有产业基础和科技资源优势，创新组织方式，推进产业转型升级和提质增效，培育新的增长点，对实现全面振兴至关重要（金凤君等，2016）。

第一，研究建立机制与要素投入相结合的长效政策体系。注重体制机制和创新驱动相结合，政策设计上充分考虑国有企业改革、产业项目布局、创新工程设置对地方经济、就业的带动作用，以信息化带动工业化，突出城镇化对工业化的引导作用，大力优化提升产业结构，强化现代产业体系建设、经济发展方式转变、区域分工协作、城市化改造、社会环境建设等领域的政策深化设计和引导作用。

第二，建立市场导向的产业技术创新体系，推进科技创新成果有效转化应用。建立以企业为主体，市场为导向，产学研用相结合的技术创新体系，推动东北科技创新成果转化为现实生产力。依托东北现有的国家级、省级产业与技术创新联盟，并在新材料、云计算、半导体装备、生物育种等领域培育发展一批产业与技术创新联盟，以突破制约产业发展关键核心技术、促进延伸产业链、培育新兴产业集群为目标，打通基础研究、应用开发、中试和产业化之间创新链条。中央预算内投资安排专项资金，支持东北创新链整合。

第三，优化产业发展环境，推进大众创业万众创新，激发产业活力和潜力。有针对性深化研究东北老工业基地创新创业问题，探索优化劳动力、资本、产业、技术、管理等要素配置的系统方案，激发新活力，培育发展新动力，推动新技术、新产业、新业态在东北地区快速发展。努力破解政府直接参与创新资源配置偏重、市场需求对技术创新引领作用发挥不足，科研院所和国有企业创新管理体制滞后等问题，营造促进东北创新创业发展的良好环境，形成大众创业、万众创新的生动局面。在东北加快实施"互联网＋"行动计划，利用互联网平台和信息通信技术改造东北传统产业，促进新产品、新行业、新业态和新商业模式不断涌现。

第四，改造提升传统优势产业，推进产业结构向中高端迈进。实施"中国制造2025"，推进新一代信息技术与东北制造业的深度融合，强化工业基础能力建设，提高综合集成水平，推进钢铁、有色、化工、建材等行业绿色改造升级，加快机械、船舶、汽车、食品等行业智能化改造；在优势制造业领域，如轨道交通装备、造船、海工装备、能源装备等，打造一批世界级产业基地；支持液压、仪器仪表、专用车、石油石化装备、高端铝材等特色产业集聚发展，形成产业集群；在沈阳、大连、哈尔滨设立军民融合发展示范园区，布局大型军工项目，形成从主机到配套的完整产业链；推动"互联网＋现代农业"发展，深挖东北农产品绿色生态价值，发展网络化、智能化、精细化的现代种养模式，优化农产品流通环节，打造高端绿色有机食品产业。

第五，大力支持民营企业发展。加快转变发展理念，建立健全体制机制，支持民营企业做大做强，使民营企业成为推动发展、增强活力的重要力量；进一步放宽民间资本进入的行业和领域，促进民营企业公开公平公正参与市场竞争；支持民营企业通过多种形式参与国有企业改制重组；改善金融服务，疏通金融进入中小企业和小微企业的通道，鼓励民间资本依法合规投资入股金融法人机构，支持在东北地区兴办民营银行、消费金融公司等金融机构；壮大一批主业突出、核心竞争力强的民营企业集团和龙头企业，支持建立现代企业制度；推进民营企业公共服务平台建设。

第六，主动融入、积极参与"一带一路"建设。协同推进战略互信、经贸合作、人文交流，加强与周边国家基础设施互联互通，努力将东北地区打造成为我国向北开放的重要窗口和东北亚地区合作的中心枢纽。推动丝绸之路经济带建设与欧亚经济联盟、蒙古国草原之路倡议的对接，推进中蒙俄经济走廊建设，加强东北振兴与俄远东开发战略衔接，深化毗邻地区合作。以推进中韩自贸区建设为契机，选择适宜地区建设中韩国际合作示范区，推进共建中日经济和产业合作平台；推动对欧美等国家（地区）相关合作机制和平台建设，高水平推进中德（沈阳）高端装备制造产业园建设，提升边境城市规模和综合实力，进一步加大对重点口岸基础设施建设支持力度。在中央预算内投资中安排资金支持东北地区面向东北亚开放合作平台基础设施建设，提高边境经济合作区、跨境经济合作区发展水平；积极扩大与周边国家的边境贸易，创新边贸方式，实现边境贸易与东北腹地优势产业发展的互动，促进东北进出口贸易水平不断提高；支持有实力的企业、优势产业、骨干产品走出去，重点推进国际产能和装备制造合作，培育开放型经济新优势。

参 考 文 献

董晓菲，韩增林，王荣成. 2009. 东北地区沿海经济带与腹地海陆产业联动发展. 经济地理，29（1）：31-35，44.

焦敬娟，王姣娥，刘志高. 2016. 东北地区创新资源与产业协同发展研究. 地理科学，36（9）：1338-1348.

金凤君，陈明星，王姣娥. 2012. 东北地区发展的重大问题研究. 北京：商务印书馆.

金凤君，王姣娥，杨宇，等. 2016. 东北地区创新发展的突破路径与对策研究. 地理科学，36（9）：1285-1292.

李诚固，黄晓军，刘艳军. 2009. 东北地区产业结构演变与城市化相互作用过程. 经济地理，29（2）：231-236.

马丽，王姣娥. 2016. 振兴以来东北工业增长的主要驱动部门和竞争力演化分析. 经济发展，（3）：16-29.

宋周莺，车姝韵，王姣娥. 2016. 东北地区的创新能力演化及其经济带动作用分析. 地理科学，36（9）：1388-1396.

杨威. 2016. 大力推动东北地区科技创新成果就地转化. 中国经贸导刊，（27）：55-57.

杨宇，董雯，刘毅，等. 2016. 东北地区资源型产业发展特征及对策建议. 地理科学，36（9）：1359-1370.

周冬冬. 2014. R&D投入、FDI和出口对我国高技术产业技术创新能力的影响研究. 安徽大学硕士学位论文.

第六章　创新驱动发展的机制与平台建设

本章重点考察东北地区创新驱动发展机制及创新平台建设策略。首先，分析东北三省创新资源的分布特征及典型城市的资源聚集特点，运用引力模型揭示东北三省创新产出空间联系现状。在此基础上，基于两阶段创新价值链理论，将创新过程划分为新技术研发和成果转化两个阶段，运用两阶段网络DEA模型测算不同区域在创新价值链两个环节的创新效率，并揭示影响东北三省产业创新效率的关键因素。其次，对东北三省的企业、大学、研究机构和政府部门进行调研，总结和分析东北三省创新平台建设的运行情况，提炼东北三省创新平台建设存在的主要问题，提出完善东北三省创新平台建设的对策建议。再次，对东北沈大国家自主创新示范区创新发展政策进行分析，揭示沈大国家自主创新示范区建设政策缺口，并提出进一步完善方向和建议。最后，从创业投资机构基本情况、创业风险投资机构投资情况、创业投资机构运营情况及风险投资网络等方面，分析东北风险投资发展现状并提出促进东北三省风险投资发展的对策建议。

第一节　创新资源驱动产业发展的机制

一、创新资源的现状特点

为了揭示东北地区创新资源分布及城市创新联系的优势及存在的问题，为东北地区的创新发展政策制定提供理论和现实依据，本书从区域整体创新资源总量、结构及分布，区域城市创新联系等方面对东北地区创新资源进行了梳理分析。

（一）东北地区创新资源总量、结构及分布分析

以创新人力资源、创新财力资源和创新信息资源为指标，分析东北地区创新资源分布。其中，创新人力资源采用 R&D 人员全时当量和研究人员全时当量为表征；创新财力资源采用 R&D 经费内部支出和 R&D 经费外部支出为表征；创新信息资源主要采用专利申请数量和专利授权数量为表征。通过对 2009~2014 年东北三省创新资源的分析可以得出，东北地区的创新资源主要集中在辽宁省，黑龙江省和吉林省的创新资源相对较少。各省的创新资源主要集中在企业，高校次之，可见企业处于创新主体地位。东北地区的原创性发明不多，发明专利授权数量不够多，实际上知识产权基本掌握在外国人手里，如计算机软、硬件的关键技术至少 50% 被外国公司掌握，许多高新技术企业缺乏核心技术。在行业发展方面，只有航空、航天器及设备制造业在全国的地位比较靠前，其他行业发展落后。并且东北地区作为国家重要的装备制造业、能源原材料基地，受全国投资需求的影响，市场订单减少，企业效益下滑，煤炭、原油、钢铁等原材料产品价格下降，这些产业生产陷入困境。东北地区创新发展不均衡，只有以哈大线为主轴的城市创新发展较积极，其他城市创新能力差，创新发展不足。

选取东北地区典型城市群及典型城市为研究对象，分别分析东北地区的创新资源总量分布和结构特征，从而提炼东北地区创新体系的区域特色，突出其差异化的创新资源。典型城市群选取了吉林中南部城市群和黑龙江南部城市群，典型城市选取了东北地区创新能力较为突出的大连、沈阳、长春和哈尔滨四个城市。通过对 2009~2014 年东北地区典型城市创新资源分布的分析得出，大连和沈阳在各自专业领域具有一定的竞争优势，除这两个核心之外，还有鞍山、本溪、辽阳和丹东等次中心的存在，基本形成了科技创新资源分布的网状结构；吉林省和黑龙江省的高端创新资源主要集中在长春和哈尔滨，占本省的 60% 左右。东北的大部分创新资源仍然集中在典型城市中，其他城市创新资源严重不足，创新发展相对落后。沈阳和哈尔滨创新资源所有制分布反映了东北的创新资源所有制分布问题，内资企业创新资源比其他企业多，然而其创新投入仍然低。同时，沈阳和哈尔滨的行业发展不平衡反映了东北地区行业发展不均衡，医药制造业、电气机械及器材制造业、交通运输设备制造业和通用设备制造业发展较好，其他行业发展缓慢。

（二）区域城市创新联系分析

选取东北三省的发明专利数作为创新产出的衡量指标，选取了 2008 年、2014 年两个时间节点，根据引力模型计算并绘制 2008 年、2014 年东北地区各地级市创新产出联系总量和空间联系图。根据城市创新联系的"最大引力线"，结合城

市创新产出联系总量分析得到东北地区创新产出空间联系的中心城市,并以此对其创新产出辐射范围进行深入探索。可以看出,东北地区创新产出联系呈现增长趋势,但不同城市的参与度差异较大。根据节点城市的连接及网络位置可以看出东北地区创新产出联系集中在沈阳、鞍山、锦州、长春和哈尔滨等地区,其他地区联系较弱。辽宁省是东北创新产出联系的密集区域,创新产出空间联系比黑龙江省和吉林省活跃,城市间互动相对积极。东北地区形成主要以哈大线为主轴向两侧辐射的创新联系格局,且该格局呈现不断加强的趋势。黑龙江省的哈尔滨作为东北地区的创新联系的中心城市地位比较稳固,而辽宁省的沈阳和鞍山逐步成为本省的双中心城市,吉林省则始终只有长春市创新联系比较突出。

为提高东北地区城市创新产出联系,提出以下相关政策建议。首先,改善区域创新环境,激发区域创新内在动力,促使各区域自身创新能力得到大幅提升,从而扩大以"哈大线"为主轴向两侧辐射的创新联系格局;其次,加强各省份间的基础设施建设,推进区域间信息、通信的发展及交流,缩短各城市间的时间距离,强化区域间创新产出空间联系强度,从而稳固现有节点城市地位,促进边缘城市创新联系;最后,完善区域创新发展政策,加强区域间社会经济联系,增强东北各地区间的创新空间联系,促进区域创新的协调稳定发展。

二、两阶段创新效率及典型区域比较

根据东北三省产业的发展特点,主要产业有医药制造业、医疗设备及仪器仪表制造业、航空航天器制造业、电子及通信设备制造业、计算机及办公设备制造业,对不同区域在创新价值链两个环节的创新效率进行测度,分析 2010~2014 年东北三省的效率值及变化趋势,并通过影响因素的识别,提取影响东北三省产业创新效率的关键变量,从而为东北三省提升产业创新效率的政策设计提供决策支持。

分析框架主要基于两阶段创新价值链理论,即将创新过程划分为新技术研发和成果转化两个阶段(肖仁桥等,2015;陈凯华和官建成,2011;毕功兵等,2009;Färe and Grosskopf,1996;Kao,2009)(图 6-1)。其中从研发投入到创新产出为技术研发环节,从创新产出到经济效益为科技成果转化环节。第一阶段的新技术研发效率是指科技成果产出(如专利、新产品开发项目)与科技研发投入(如研发人员、研发经费)之间的比,衡量的是企业运用研发投入转化为科技成果的水平。第二阶段成果转化效率是指经济产出(如新产品销售收入、利润)与科技成果产出之间的比值,可反映企业将知识产出转化为经济效益的能力,同时体现出企业市场化和市场增值的水平(冯志军和陈伟,2014;Guan and Chen,2010)。

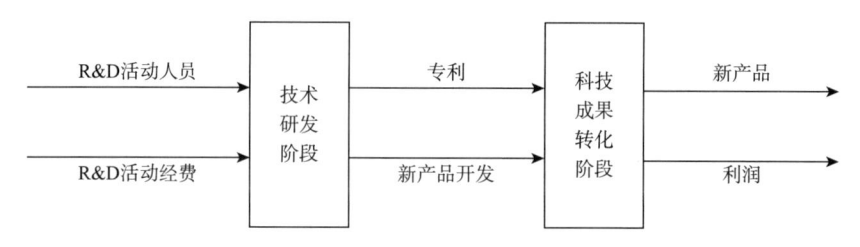

```
R&D活动人员 ──┐
              ├─→ 技术研发阶段 ──专利──→ 科技成果转化阶段 ──→ 新产品
R&D活动经费 ──┘                 新产品开发                    利润
```

图 6-1 两阶段创新价值链模型

根据两阶段网络 DEA 模型的计算结果，分析东北三省在五个高技术子产业的技术研发效率和成果转化效率的特征和变化趋势，对比分析东北三省与其他区域之间创新效率的差距。

（一）医药制造业创新效率

东北三省医药制造业的技术研发效率和成果转化效率的变化趋势如图 6-2 所示。首先，从考察期内单项效率的变动趋势看，东北三省的两项效率虽然均呈现波动上升的态势，但提升的速度较为缓慢。其次，通过对东北三省之间的比较可以看出，吉林省的两项效率均高于其他两省。再次，就具体省份两项效率的高低比较发现，东北三省研发效率均高于自身的转化效率，说明近年来东北三省在医药自主创新方面取得明显成效，也为转化效率提升创造了可能空间。最后，从两阶段效率的前后关系看，三省的关系类型不同。吉林省呈现两阶段相互促进的关系类型，辽宁省和黑龙江省尚未建立起前后项互动的良性机制。

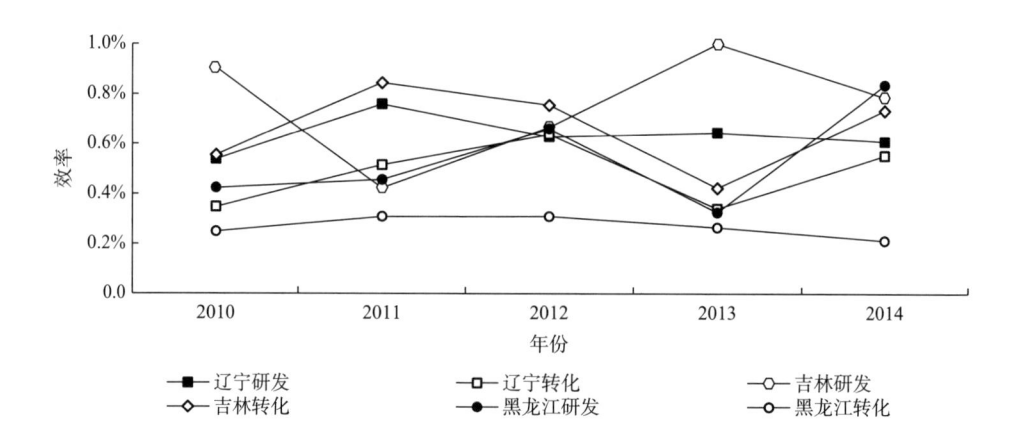

图 6-2 医药制造业技术研发效率和成果转化效率

图 6-3 为医药制造业典型地区技术研发效率和成果转化效率的散点图。从两

项效率的变化趋势看,考察期内所有样本省区的研发效率提升明显,转化效率有一定程度提升。从样本省市两效率组合特征看,样本省市研发与转化效率多为高低或低高组合,两阶段效率匹配度较低。东北三省与其他省市比较,吉林省在所有样本省市中处于领先地位,辽宁省和黑龙江省提升速度较慢,在样本省市中处于落后地位。

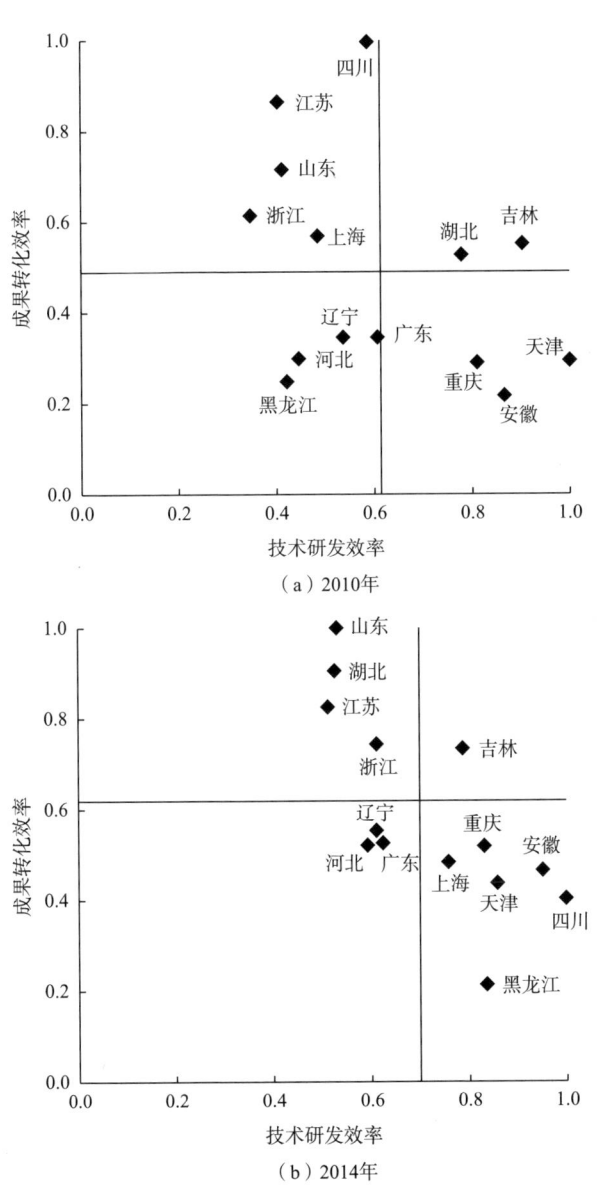

(a) 2010年

(b) 2014年

图 6-3 医药制造业典型地区技术研发效率和成果转化效率

（二）医疗设备及仪器仪表制造业创新效率

东北三省在医疗设备及仪器仪表制造业的技术研发效率和成果转化效率变化趋势如图6-4所示。首先，从单项效率的变动趋势看，2010~2011年东北三省研发效率大幅下降，2012年之后缓慢提升。其次，对具体省份两项效率的高低比较可以看出，转化效率明显高于研发效率。最后，通过对东北三省比较可以看出，吉林省、辽宁省和黑龙江省研发和转化效率分别处于高、中、低三个等级，但三省间的效率差距在逐渐缩小。

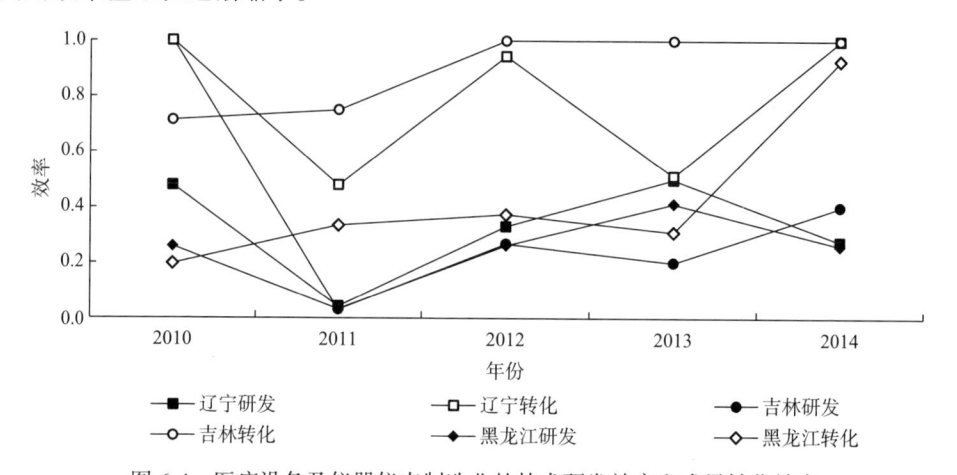

图6-4 医疗设备及仪器仪表制造业的技术研发效率和成果转化效率

图 6-5 为医疗设备及仪器仪表制造业典型地区技术研发效率和成果转化效率的散点图。首先，从两项效率的变化趋势看，所有样本省区的研发效率和转化效率均值无明显变化，但样本省市在散点图中的位置却发生明显变动；其次，从样本省区两效率组合特征看，考察期内明显呈现由低－低向高－低或低－高的提升路径；最后，就东北三省与其他省市的比较看，吉林省一直处于双高位置，研发和转化效率优于其他省市，辽宁省和黑龙江省在考察期末转化效率较高，但是研发效率较低。

（三）航空航天器制造业创新效率

东北三省中的辽宁和黑龙江两省在航空航天器制造业的技术研发效率和成果转化效率变化趋势如图 6-6 所示。首先，从单项效率的变动趋势看，辽宁省研发效率平缓下降，转化效率大幅下降；黑龙江省研发效率波动中上升，转化效率维持较低水平。其次，对具体省份两项效率的高低比较可以看出，辽宁省转化效率远高于其研发效率，而黑龙江省的研发效率高于其转化效率。最后，通过对两省份比较可以发现，辽宁省研发效率远高于黑龙江省，而黑龙江省转化效率略高于

(a) 2010年

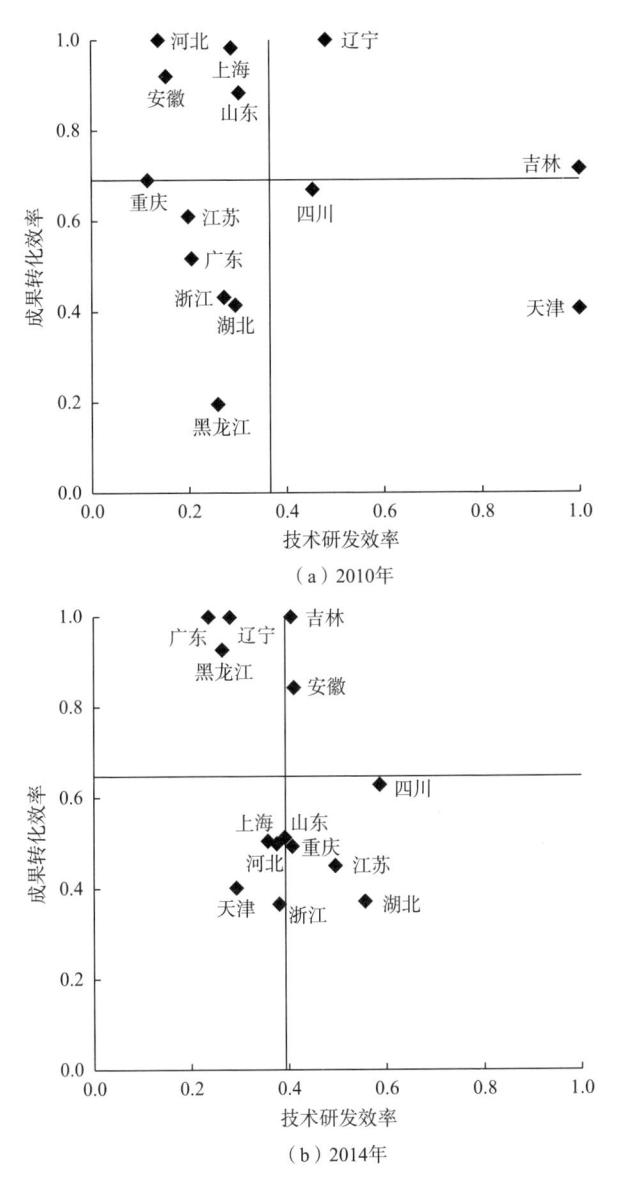

(b) 2014年

图 6-5 医疗设备及仪器仪表制造业典型地区技术研发效率和成果转化效率

辽宁省。值得注意的是，2014 年辽宁省和黑龙江省两阶段效率均出现明显下滑。

图 6-7 为航空航天器制造业典型地区的技术研发效率和成果转化效率的散点图。首先，从两项效率的变化趋势看，样本省区研发效率均值无明显变化，转化效率均值显著下降。其次，从样本省区两效率组合特征看，考察期内明显呈现由高-低和低-高向低-低组合回落的趋势，天津市是唯一的双高区域。最后，就东北三省与其他省市的比较看，辽宁省和黑龙江省两阶段效率均下降，考察期末呈现双低特征。

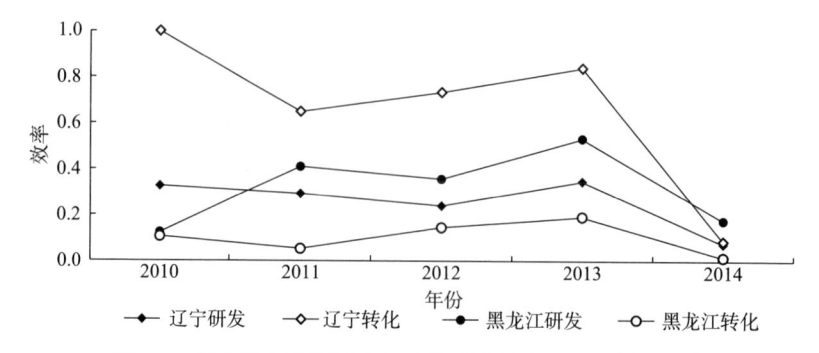

图 6-6 航空航天器制造业技术的研发效率和成果转化效率

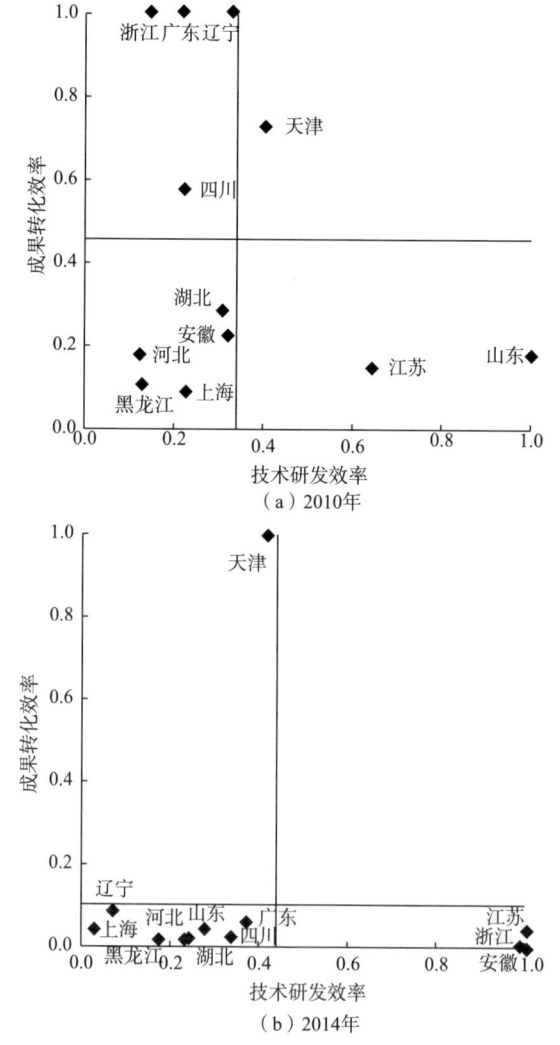

图 6-7 航空航天器制造业典型地区技术研发效率和成果转化效率

（四）电子及通信设备制造业创新效率

东北三省在电子及通信设备制造业的技术研发效率和成果转化效率变化趋势如图 6-8 所示。首先，从考察期内单项效率的变动趋势看，东北三省研发效率处于上升态势，而转化效率处于下降趋势。其次，通过具体省份两项效率的高低比较发现，东北三省在考察期初的研发效率均低于自身的转化效率，随后研发效率赶超转化效率。再次，通过对东北三省的比较可以看出，吉林省和黑龙江省研发效率同步提升，高于辽宁省的研发效率；吉林省、辽宁省和黑龙江省的转化效率同步下滑。最后，从两阶段效率的前后关系看，研发效率和转化效率呈现相反的发展态势，两阶段间的连接不紧密。

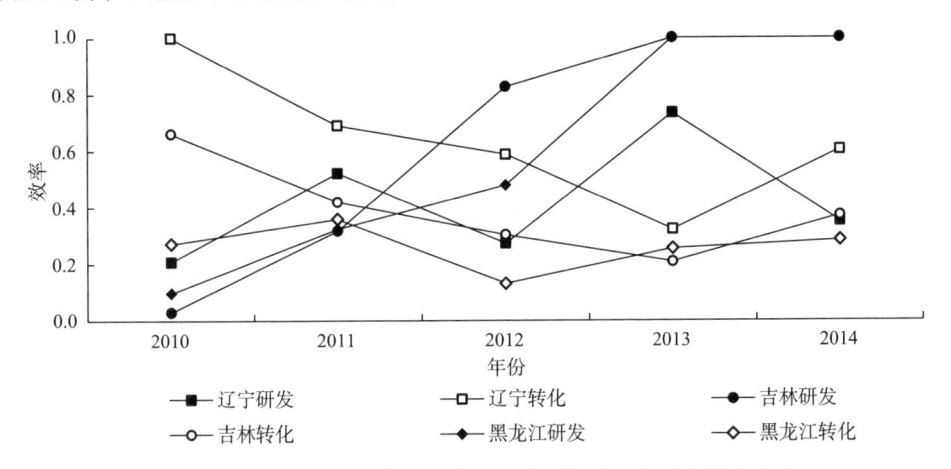

图 6-8 电子及通信设备制造业的技术研发效率和成果转化效率

图 6-9 为电子及通信设备制造业典型地区技术研发效率和成果转化效率的散点图。首先，从两项效率的变化趋势看，样本省市的研发效率有所提升，转化效率变化不大，即在散点图中 2014 年与 2010 年比较，多数省市向右迁移。其次，从样本省市两效率组合特征看，考察期内部分呈现由低－低向高－低、低－高再向高－高提升的提升路径。最后，就东北三省与其他省市的比较看，辽宁省和吉林省转化效率在两个时间点均排位靠前，吉林省和黑龙江省研发效率明显提升。

（五）计算机及办公设备制造业创新效率

东北三省在计算机及办公设备制造业的技术研发效率和成果转化效率的变化趋势如图 6-10 所示。首先，从考察期内单项效率的变动趋势看，东北三省研发效率在 0 与 1 之间剧烈波动，而转化效率处于较低水平。其次，通过具体省份两项效率的高低比较发现，由于研发效率的剧烈波动，东北三省的两阶段效率表现为

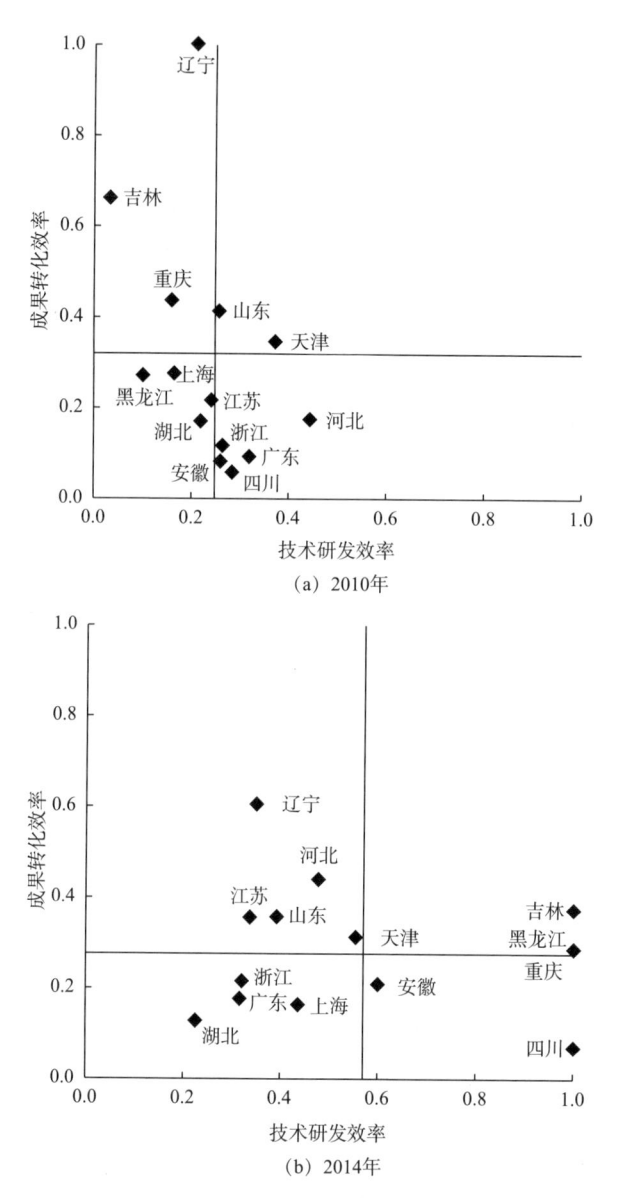

图 6-9 电子及通信设备制造业典型地区技术研发效率和成果转化效率

高-低和低-低交错出现。再次,通过东北三省的比较可以看出,三省在研发效率和转化效率的变化特征极为相近。最后,从两阶段效率的前后关系看,尽管东北三省研发效率呈现较大波动,但并未带动转化效率的明显提升。

图 6-11 为计算机及办公设备制造业典型地区技术研发效率和成果转化效率的散点图。首先,从两项效率的变化趋势看,所有样本省区研发效率和转化效率均

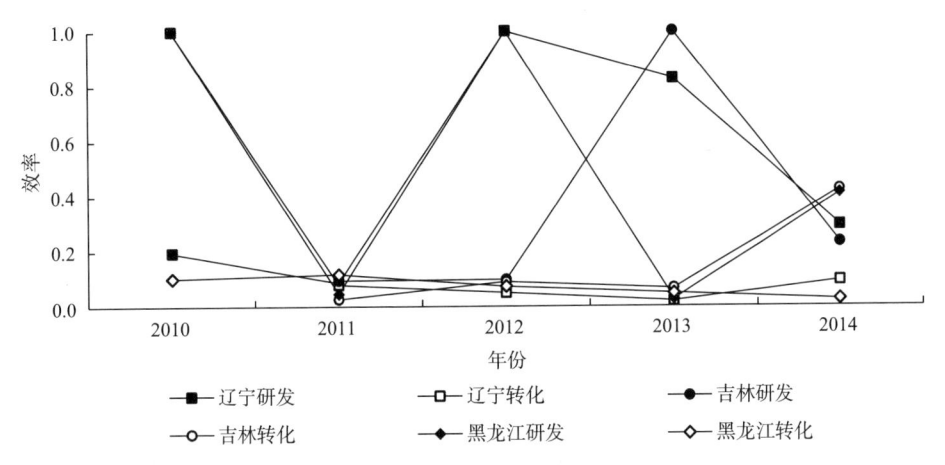

图 6-10 计算机及办公设备制造业的技术研发效率和成果转化效率

有一定程度提升。其次，从样本省区两效率组合特征看，考察期内部分省区呈现由低－低向高－低、低－高的转变路径；两阶段效率的匹配度不高，2011 年四川省是唯一的双高区域，2014 年仅四川省和重庆市呈现双高组合。最后，就东北三省与其他省市的比较看，东北三省不论在研发效率还是转化效率方面与先进省区存在较大差距。

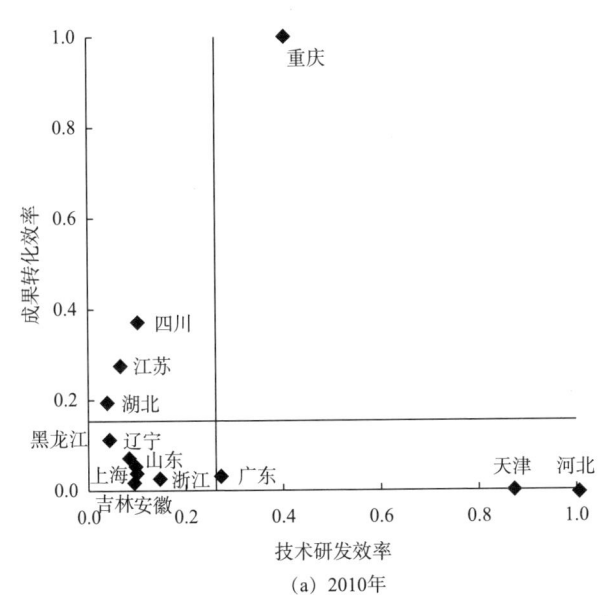

(a) 2010年

图 6-11 计算机及办公设备制造业典型地区技术研发效率和成果转化效率

(b) 2014年

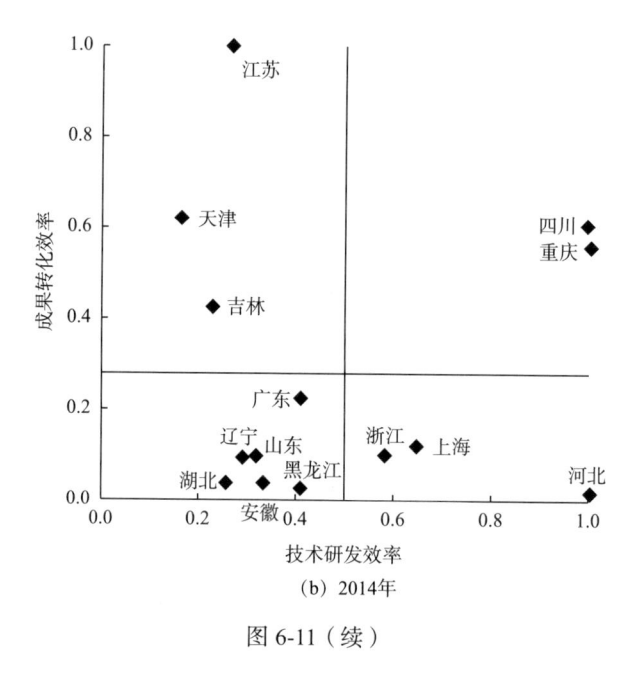

图 6-11（续）

三、两阶段创新效率的影响因素与基本结论

（一）创新效率的影响因素

在研发效率和转化效率分析的的基础上，提炼影响不同产业不同阶段创新效率的关键变量，运用Stata12.0软件进行回归分析，结果如表6-1所示。

表6-1 两阶段创新效率的影响因素回归结果

行业 变量	医药制造业		医疗设备及仪器仪表制造业		航空航天器制造业	
	E1	E2	E1	E2	E1	E2
企业技术水平	−0.76 （−1.42）	−1.17* （−1.90）	−1.47*** （−3.24）	−1.20*** （−2.88）	0.04 （−1.57）	0.026 （0.85）
产业集聚度	−0.09*** （−4.11）	0.05** （2.07）	−0.04* （−2.47）	0.04*** （2.64）	−0.02 （−0.42）	0.04 （0.90）
产业营利能力	−1.23** （−2.23）	0.57 （0.91）	−0.98 （−1.62）	2.23*** （4.05）	−0.58 （−0.61）	0.89 （0.75）
政府支持	1.20* （1.93）	−1.61** （−2.24）	−0.08 （−0.30）	0.19 （0.76）	−0.54*** （−4.01）	−0.06 （−0.36）

行业 变量	电子及通信设备制造业		计算机及办公设备制造业	
	E1	E2	E1	E2
企业技术水平	1.55*** （2.63）	−2.69*** （−5.45）	−0.99* （−1.76）	−1.65*** （−3.53）

续表

变量 \ 行业	电子及通信设备制造业 E1	电子及通信设备制造业 E2	计算机及办公设备制造业 E1	计算机及办公设备制造业 E2
产业集聚度	−0.06*** (−3.91)	−0.04** (−2.38)	−0.09*** (−2.95)	−0.00 (−0.02)
产业营利能力	−0.71 (−1.31)	0.08 (0.14)	负 0.61 (负 0.78)	0.17 (0.27)
政府支持	0.21 (0.61)	−1.23*** (−3.46)	−0.78** (0.34)	−0.03 (−0.12)

***、**、*分别表示在1%、5%、10%的显著水平上显著

注：括号内为 t 值

在医药制造业，技术研发效率的影响因素主要有三个。产业集聚度、产业营利能力与技术研发效率显著负相关，说明区域较高的盈利水平和较强的产业集聚度，对产业研发效率提升具有抑制作用；政府支持与研发效率显著正相关，说明政府支持力度有利于技术研发效率的提升。成果转化效率的影响因素有企业技术水平、产业集聚度和政府支持三个。企业技术水平对科技成果转化效率的影响为负向显著；产业集聚度正向促进科技成果转化效率。与研发阶段不同，政府支持对转化效率的影响为负向显著。

在医疗设备及仪器仪表制造业，研发效率的影响因素是企业技术水平和产业集聚度，两个因素均对研发效率产生负向影响。转化效率的影响因素为企业技术水平、产业集聚度和产业营利能力。企业技术水平对技术研发效率和科技成果转化效率均产生负向影响，产业集聚度和产业营利能力对科技成果转化效率产生显著正向影响，通过提高产业集聚度和产业盈利水平可以有效促进科技成果转化效率的提升，进而形成产业发展的良性循环。

在航空航天器制造业，除技术研发效率与政府支持显著负相关外，研发效率和转化效率与其他影响因素的关系均不显著。技术研发效率与政府支持显著负相关表明，政府支持抑制了技术研发效率的提升，技术研发效率高的区域主要通过企业自身投入或金融机构等其他资金渠道进行研究和开发活动。辽宁省和黑龙江省在航空航天器制造业领域的技术研发效率处于较低水平，提升其技术研发效率的主要途径是减少企业对政府资金的依赖，提升技术研发的自主性和有效性。

在电子及通信设备制造业，企业技术水平与研发效率呈现显著的正向相关性，而产业集聚度对技术研发效率具有抑制作用。企业技术水平、产业集聚度和政府支持度对科技成果转化效率均产生负向的显著影响。同时，较高的产业集聚度以及政府的资金支持也不利于科技创新成果转化效率的提升。东北三省在电子及通信设备制造业的科技成果转化效率呈逐年下降趋势，提高转化效率的主要途径包括加强企业与高校和科研机构的合作，实现高校和科研机构科研成果的产业

化，将高价值研究成果推向市场。

在计算机及办公设备制造业，企业技术水平、产业集聚度和政府支持对技术研发效率均为负向显著影响。在第二阶段，企业技术水平对科技成果转化效率的影响为负向显著。东北三省在计算机及办公设备制造业的技术研发效率波动较大，而科技成果转化效率一直处于较低水平。东北三省一方面应加强与大学研究机构在技术研发和科技成果转化两个阶段的合作，鼓励高校和科研机构建立校办企业，实现技术研发和成果转化的有效衔接；另一方面，借鉴河北省、四川省、重庆市等老工业基地在技术研发阶段以及江苏省在科技成果转化阶段的成功经验，以提升技术研发和转化效率。

（二）基本结论与判断

（1）从五个高技术产业两阶段整体变化趋势看，医药制造业和计算机及办公设备制造业两阶段效率均有所提升，电子及通信设备制造业研发效率提高，医疗设备及仪器仪表制造业两阶段效率无明显变化，而航空航天器制造业转化效率大幅下降，产业整体创新效率的变化与产业市场化程度等因素密切相关。多数样本省市在创新效率提升过程中遵循由低－低向低－高或高－低再向高－高组合的提升路径，两阶段效率间存在相互促进的发展规律。然而，在考察期内，各子产业呈现高－高组合的区域较少，多数省市的创新效率仍存在较大提升空间。

（2）吉林省在医药制造业和医疗设备及仪器仪表制造业优势明显，两阶段创新效率均表现突出且匹配度较高，两阶段相互促进形成良性循环。吉林省在两个产业的发展与其大力发展科技型民营企业，完善市场竞争机制密切相关。然而，吉林省在电子及通信设备制造业研发效率由弱变强，转化效率有所下降；而在计算机及办公设备制造业领域两阶段效率均较低。与吉林省有所不同，辽宁省和黑龙江省在五个子产业均无明显优势，且上升趋势不明显。尽管在某一时点上的单项效率表现突出，但时间较为短暂，并未保持持续的发展态势。

（3）不同高技术产业不同创新环节效率的影响因素不同，因此东北三省应基于自身存在的环节缺失有针对性地提出具体的对策措施。在医药制造业，辽宁省和黑龙江省应主要围绕优化产业布局、促进产业集聚，以及减少政府资助、提高企业自主性等方面提升成果转化效率；在医疗设备及仪器仪表制造业，重点加强企业与高校和科研机构的合作，弥补企业技术实力的不足，通过产学研合作提升东北三省在技术研发环节的效率；在航空航天器制造业，辽宁省和黑龙江省减少对政府资金的依赖，两省份之间加强合作，实现优势互补，从而促进整体效率的提升；在电子及通信设备制造业，加强企业与高校和科研机构在成果转化环节的合作，同时减少政府在科技成果转化阶段的干预；对于处在成熟期的计算机及办公设备制造业，加强产学研合作，同时学习先进省份的成功经验，从而提升技术研发和成果转化效率。

第二节 创新平台建设问题及政策建议

一、创新平台建设存在的问题

本部分选取了东北三省最具代表性的四个城市作为对象,包括辽宁省的大连和沈阳、吉林省的长春和黑龙江省的哈尔滨,调研对象包括政府部门、企业、高校及科研院所。其中,政府部门选择了各省科学技术、国家发改委等部门作为调研对象,企业选择了各省创新能力较为突出的企业,涵盖国有、民营、外资等企业类型,高校及科研院所选择了各省创新资源丰富、创新实力突出的高校和院所,实地考察和参加座谈的单位如表6-2所示。

表6-2 座谈会参与单位名单

省份	单位属性	单位名称
辽宁省	政府部门	辽宁省科学技术厅、国家发改委
	企业	大连重工·起重集团、瓦轴集团、大连机车集团、大连环宇移动科技有限公司、大连奥托股份有限公司、沈鼓集团、特变电工、沈阳机床集团、北方重工集团、沈阳远大企业集团、沈阳远大压缩机有限公司、蓝英集团、东软集团
	高校及科研院所	大连理工大学、大连海事大学、大连工业大学、大工-沈鼓研究院、东北大学、沈阳工业大学、中国科学院沈阳自动化研究所、中国科学院金属研究所
	产业园区	大连高新区、大连双D港、沈阳浑南高新区、鞍山激光产业园、本溪生物医药产业园、法库陶瓷产业园
吉林省	政府部门	吉林省科学技术厅、国家发改委
	企业	中车长春轨道客车股份有限公司、一汽启明、大成集团、金赛药业、恒隆科技、吉大正元、长春新产业光电技术有限公司
	高校及科研院所	吉林大学、长春理工大学、中国科学院长春分院、中国科学院长春应用化学研究所、中国科学院长春光学精密机械与物理研究所
	产业园区	长春国家光电子产业基地、长春国家生物产业基地
黑龙江省	政府部门	黑龙江省科学技术厅、国家发改委
	企业	哈电集团、703所、九洲电气、工大博实、工大软件
	高校及科研院所	哈尔滨工业大学、哈尔滨工程大学、黑龙江省科学院、中国科学院哈尔滨产业技术创新与育成中心
	产业园区	哈尔滨高新区、大庆高新区

东北三省创新平台建设在机制体制、结构功能、运行模式等方面存在一些问题,平台建设情况不适应区域创新战略要求,运行效率和创新服务能力尚不能满

足区域产业创新技术发展的现实需求，主要体现在以下方面。

（一）重硬件建设，轻机制性建设

东北三省创新平台普遍存在重实体性硬件建设，轻机制性软件建设的倾向，外在形式追求"高大上"，服务功能呈现"短、平、散"。首先，东北三省创新平台呈现侧重楼宇建设、设备购置、展会组织等实体性建设，轻视内部创新主体培育、创新激励、制度改革等体制机制建设的趋势。平台内部有利于技术创新的体制机制建设尚未到位，各参与主体的创新行为还未得到规范化、制度化和程序化，未建立适应东北三省创新发展的科研管理机制，人才培育、评价和激励机制，知识产权机制，孵化机制，投融资机制，资源配置机制，等等。体制机制建设的不完善导致平台运行效率低，对社会各类创新要素的整合和配置能力不够。其次，东北三省创新平台呈现组织结构松散化，创新服务功能短期化、形式化的趋势。平台的组织形式松散，行为短期化，各参与主体之间尚未形成有效的创新耦合，缺乏满足产业技术创新的持续性和稳定性。服务功能建设缺乏顶层设计，创新服务能力缺乏长久性和稳定性，无法满足企业创新能力提升的需求。平台各参与主体间缺乏有效的沟通协调和统筹安排，缺乏创新成果产业化的保障机制，难以对区域创新能力提升产生重大影响。最后，东北三省各城市的平台建设各自独立进行，低水平同质化发展，资源浪费严重。平台对创新资源的利用率不高，平台的创新能力和合作水平不高，难以集成并聚焦在产业持续创新链上，且科技成果转化利用深度和强度不够，产业技术创新支撑能力不够。

（二）市场驱动的建设运营机制尚未建立

在东北三省创新平台建设中，民营企业参与度不高，民间主导、企业主导、市场驱动的建设运营机制尚未建立。首先，东北三省创新平台以政府或行业龙头企业主导，民营企业的参与度不高。平台建设中企业技术创新主体地位还未被确立，企业生存与发展的需求未得到应有重视，对如何为企业提供共性技术服务、核心技术研发等考虑较少，还未探索出运行有效的产学研合作模式，缺乏以企业为中心，组合社会各类创新要素的能力。企业创新活动的主导作用无法得到发挥，从而制约了区域自主创新能力的提升。其次，东北三省创新平台的功能建设与企业技术创新的需求不匹配，还未建立以企业需求为中心的创新服务能力布局。企业尤其是民营企业是产业创新实施与推进的主体，其创新能力的发展受到资金匮乏等诸多限制。创新平台应为企业提供孵化、创业服务等创新服务，成果转化、中试、管理咨询等产业化服务以及政策、法律、金融、监督等经营管理服务，逐步建立以企业需求为中心、功能完善、运行高效的技术服务系统，加速创新成果的商业化运用，提升产业核心竞争力。

（三）平台供给与发展需求存在错位

东北三省政府政绩导向的弊端依然存在，平台供给与发展需求存在错位。一是东北三省创新平台趋向于政绩导向，缺少问题导向的工作模式。一方面平台侧重以政府科研项目为主要任务和目标，区域产业技术创新发展需求未得到根本解决；另一方面缺乏以提升产业技术创新能力为目标的考核、评价体系，导致平台整体研发效率低下，产业技术难题攻关能力不够等问题。二是东北三省创新平台的研发创新、技术服务供给与区域发展需求存在错位。平台的科技资源配置能力不到位，技术服务与企业技术需求脱节，一方面是不能及时了解企业对技术的需要，造成许多研究项目不能满足企业需要，很难实现技术成果的商品化、产业化；另一方面平台设计与产业技术需求衔接不够，无法有效聚集和整合产业创新资源，难以对区域产业创新水平的发展起到强有力的支撑作用。

（四）创新平台区域发展不平衡

东北三省创新平台主要分布在沈阳、哈尔滨、长春和大连四个主要城市，对中小城市的平台服务缺失。区域创新资源的分布不平衡导致了平台建设布局的不合理，平台建设无法满足中小城市的创新需求，无法带动区域整体产业技术发展。同时，东北三省创新平台的创新辐射能力不够，没有将分布在中小城市的创新资源进行整合，无法形成遍布整个区域的创新辐射网络，对区域的整体技术支撑作用有限。

二、完善创新平台建设的对策建议

针对以上问题，从体制机制、运营模式、平台导向、辐射能力等方面提出东北三省创新平台建设的对策建议。

（一）完善体制机制建设，提高创新平台运行效率

首先，建立符合市场经济规律的平台管理体制和运行机制，营造有利于创新的制度环境。建立适应东北三省创新发展的平台管理体制和运行机制，逐步完善平台的科研管理机制、人才培育和评价机制、知识产权机制、孵化机制、投融资机制、资源配置机制等，通过体制机制的完善，规范各参与主体的创新行为，整合社会各类科技资源，发挥创新主体的创新内在动力，促进各类科技资源在平台内的顺利流动和优化组合。其次，完善平台的服务体系建设，提升创新服务水平。以企业实际需求为主导，建立和完善研发、孵化、产业化、创新服务及政策、法律、金融、咨询、投资等服务，逐步建立功能完善、运行高效的技术服务

体系（冯冠平和王德保，2005）。

（二）促进创新平台的市场化运营，提升企业主体地位

首先，采用政府与市场相结合的运营模式，建立市场化运行的平台管理制度。逐步将政府的作用从主导运营向辅助作用转化，平台根据市场需求调整和分配科技资源，采用自负盈亏、自主经营的模式，引入社会各类资本，充分发挥各方优势（王俊峰，2007）。建立市场化的投入、决策、风险承担、利益分配、绩效评价、知识产权归属等机制，消除行政壁垒，建立公平竞争的市场秩序，提升平台整体运行效率，促进平台的创新服务能力发展。其次，以企业实际需求为导向设计和建立平台功能，保障企业的服务主体地位，尤其是充分要以民营企业为重要服务对象。针对企业的技术需求，建立共性技术研发和服务平台，组织技术攻关，着力提升企业的创新能力和成果转化能力。通过以企业实际需求为核心，为企业提供从研发、转化、孵化到经营、政策、法律、金融等全方位的服务，逐步建立以企业需求为中心、功能完善、运行高效的技术服务体系，降低企业的研发成本，促进企业创新能力快速发展。最后，提升企业的创新主体地位，促进企业科技创新能力。通过平台运行模式的设计以及机制的建设，保障企业的创新主体性，让企业成为利益分配主体、风险承担主体和成果转化主体，激发企业的创新主动型和积极性。

（三）促进形成以问题导向的运行模式，提升平台的产业技术创新支撑能力

以产业发展中实际的技术问题为出发点，开展平台的研发与创新活动，攻关共性技术问题，真正解决产业技术发展的瓶颈问题、难题等，为企业技术创新排忧解难。及时了解企业的创新需求，促成平台技术供给和企业创新需求的衔接，加速创新成果的商业化运用，推动产业核心竞争力的提升。

（四）发挥创新平台的辐射作用，提升平台的区域创新发展带动能力

根据东北三省产业基础、科技资源组合状况、区域特点等情况，优化创新平台的区域布局，整合中小城市的科技资源，提升对中小城市的创新服务能力，为东北三省企业创新能力的发展提供有效的支撑作用。加强创新平台的技术推广能力，通过举办技术交流及研讨会、行业技术推广会等方式，促进创新技术的快速成熟及推广扩散，以发挥创新平台所具备的强大的带动辐射作用。提升创新平台的创新辐射能力，以大连、沈阳、长春、哈尔滨四个中心城市创新平台为基点，建立分布于东北各个地区的研发网络、创新合作网络、技术转化网络和技术服务网络，提高各地区大学、科研机构和企业的创新合作水平，

促进中心城市对中小城市的科技带动能力，推进区域整体产业技术创新能力的发展。

第三节　沈大国家自主创新示范区建设

一、沈大自主创新示范区创新发展政策分析框架

2016年3月，国务院批准设立辽宁沈大自主创新示范区，以发挥技术创新，产业、经济、社会、体制创新的示范作用。为了揭示沈大国家自主创新示范区创新发展政策的演变趋势，进而为东北国家自主创新示范区的基本政策设计提供理论和现实依据，将文本挖掘、社会网络分析、统计分析等方法引入政策研究领域，建立沈大自主创新示范区创新驱动发展政策演变分析框架，如图6-12所示。依据该框架，从政策力度、政策对象及政策工具等方面对沈大国家自主创新示范区创新发展政策进行梳理分析。

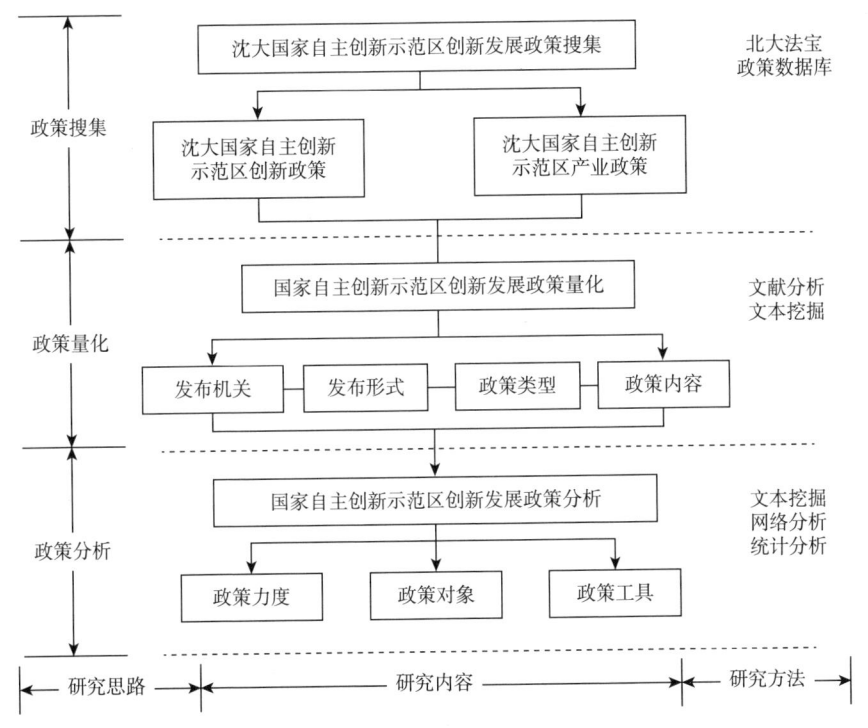

图6-12　沈大国家自主创新示范区创新发展政策总体分析框架

（一）方法与数据

在政策演化分析中，将文本挖掘、统计分析和社会网络等方法有机结合，首先利用文本挖掘技术的政策信息发掘功能，对样本政策标题和内容中的有效信息进行提取、量化，建立政策量化数据库，作为分析的基础；然后以文本挖掘抽取的样本数据为研究基础，通过数据统计和网络可视化图谱分析阐明促进国家自主创新示范区创新发展政策的动态演化过程。

本节主要利用北大法宝政策数据库，分别搜集中央及各省、市级层面发布的促进中关村、苏南国家自主创新示范区创新发展的相关政策以及沈大国家自主创新示范区的建设政策。

（二）分析框架

本节采取以下步骤对政策文本进行量化和分析。

首先，为了分析政策力度，识别出各条政策的发布机关和发布形式，研究样本中的政策由中共中央、全国人民代表大会、国务院、各部委及地方省（市）委、人大、人民政府、各委办厅局发布，以条例、行政法规、规划纲要、指导意见、通知等形式存在；根据政策的发布机构在政策制定和实施过程中的作用，将这些政策划分为 A、B、C 三个等级，其中全国人民代表大会通过的政策为 A 等级，中共中央、国务院发布的政策为 B 等级，各部委发布的政策为 C 等级。地方发布的政策依据中央政策分类标准，按省（市）人大、省（市）委及省（市）人民政府、省（市）委办厅局依次划分为 a、b、c 三个等级（刘凤朝和孙玉涛，2007）。然后，对政策发布机关进行统计，并采用网络分析方法考察政策发布机关之间的协同情况。

其次，通过阅读政策标题和内容，根据政策作用的对象，对政策进行分类。根据政策的内容和发挥作用的领域，将政策对象分为创业、知识产权、产业、人才、科技创新及环境六类，并根据这些政策作用的对象对政策进行归类。然后，通过提取各类政策中每条政策的主题词，运用社会网络分析法描述各类政策的内容，从而对政策对象进行分析。

最后，为了分析政策工具的组合演变，把政策工具分为供给类、环境类和需求类政策（李凡等，2015），供给类包括财政支持、人才支持、基础设施、信息支持等；环境类包括战略规划、税收优惠、金融支持、股权激励、知识产权、法规管制、行政措施等；需求类包括政府采购、贸易管制及服务外包等，通过浏览和阅读逐条政策文本，对每条政策中涉及的政策工具进行统计分析，在此基础上，运用社会网络分析法对政策工具的组合使用情况进行分析。

二、沈大自主创新示范区创新发展政策分析结果

（一）政策力度

现有推动沈大国家自主创新示范区建设的政策文件发布主体主要涉及国家发改委、沈阳市人民政府及大连高新区管理委员会等，政策发布形式涉及办法、意见、方案等形式。图6-13统计了12条现有促进沈大国家创新示范区建设政策的发布形式。发布最多的政策形式是"办法"（5条），其余依次是"意见"（3条）、方案（1条）、措施（1条）、纲要（1条）及通知（1条）。采用"办法"的政策发布形式，颁布了关于企业改制上市费用补贴、中小微企业担保融资支持、科技创新券实施及产业创业引导基金等各项具体活动的资金管理办法，此外还以"办法"的形式发布了《辽宁省高新技术产业开发区管理暂行办法》。"意见"是通过《大连高新区加快科技金融发展的若干意见》、《大连高新区管理委员会关于发展众创空间推进大众创新创业的若干意见（试行）》及《大连高新区管理委员会关于推进"创业大连·高新区示范引领工程"的实施意见》三项政策对示范区建设某一特定方面提供了具体建议。共有五个部门参与政策发布。大连高新区管理委员会（8条）是发布政策最多的部门，其他部门参与发布的政策都较少，且现有政策的发布均是由单个部门独自发布，还未出现多部门联合发布的政策。

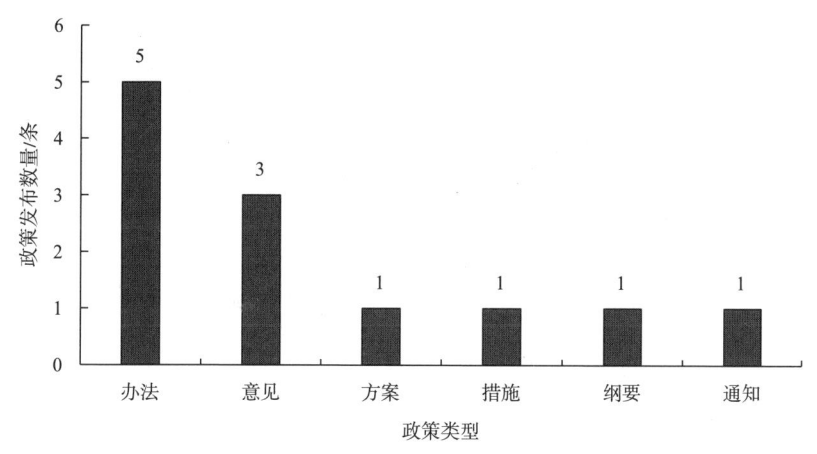

图6-13 中央及辽宁省推进沈大国家自主创新示范区建设的政策发布形式

（二）政策对象

现有出台的推进沈大示范区建设的政策中，只涉及了针对环境及创业的政策，政策对象种类还较少。在创新环境方面，辽宁省出台了一系列促进科技融

资、知识产权收益权及国有企业等体制改革的政策，完善企业融资及新兴产业创新机制、众创空间建设、人才引进与发展及市场监管机制等的政策，以及围绕成果转化、知识产权创造及运用等知识产权体系构建的支持政策。在创业方面，辽宁省围绕创新型孵化器建设、创业服务平台建设、创业人才引进、创业资金体系完善及创业成果转化等发面发布了相关政策，其中创新型孵化器作为发展众创空间的重要平台和载体，现有政策强调补贴对孵化器建设的作用，包括对入住创新型孵化器的导师团队及小微企业的补贴，并充分发挥政府购买社会服务的作用，有针对性地出台场地补贴、成果奖励、投资补贴、服务购买等多项政策。

（三）政策工具

就沈大国家自主创新示范区的建设政策而言，政府在供给型政策和环境型政策方面进行了大量努力（表 6-3）。在环境型政策工具中，战略规划运用最多，其次是行政措施、金融措施，其他政策工具没有涉及。环境型政策的主导表明政府试图通过政策环境、市场金融环境的营造，良好环境建设使企业对创新产生内在需求。供给型政策主要采用财政支持实现，具有较强的政府供给特征。此外，现有政策中还未涉及需求型政策，不能直接对企业创新需求起到拉动作用。

表 6-3 推进沈大国家自主创新示范区建设的政策工具

政策类型	政策工具	创业	环境	总数	合计	比例
供给型	财政支持	1	2	3	4	28%
	人才支持	0	0	0		
	基础设施	1	0	1		
	信息支持	0	0	0		
环境型	战略规划	2	3	5	10	72%
	税收优惠	0	0	0		
	金融支持	0	2	2		
	股权激励	0	0	0		
	知识产权	0	0	0		
	法规管制	0	0	0		
	行政措施	1	2	3		
需求型	政府采购	0	0	0	0	0
	贸易管制	0	0	0		
	服务外包	0	0	0		

就不同政策对象而言，支撑创业政策的政策工具主要有财政支持、基础设施、战略规划及行政措施等。环境层面，采用的政策工具较多，包括战略规划、

税收优惠、金融支持、股权激励、知识产权、法规管制和行政措施,可以说沈大国家自主创新示范区建设政策主要依靠环境政策支撑。

三、沈大国家自主创新示范区建设政策缺口

结合沈大国家自主创新示范区建设发展的现实政策需求,提炼现有建设政策薄弱之处以及未涉及政策的着力点,主要体现在以下方面。

（一）政策力度方面的缺口

从政策力度来看,现有关于支撑沈大国家自主创新示范区建设的政策总量还较少,参与政策发布的部门级别较低且合作度不高,中央层面或是辽宁省省级层面出台的统筹大连高新区、沈阳高新区、大连金普新区等高新区创新发展的政策体系还尚未形成,推动各高新区创新发展的政策还处在由园区各自制定的阶段。所以,从整体来看现有推进沈大示范区建设的政策力度普遍较低。因此,未来沈大示范区在建设中要努力探索系统性、整体性、协同性的创新政策,破解创新体系中的"孤岛现象"。

（二）政策对象方面的缺口

从政策对象来看,与中关村示范区创新政策涉及的技术创新、知识产权、创业、人才、产业及环境六方面相比,沈大示范区建设的现有政策中只涉及了创业和环境两方面,政策的作用范围较窄,多项在环境中提及的宏观规划尚未落实到具体的政策中,政策的可操作性及作用范围有待进一步加强。

第一,在创业政策方面,对于创新型孵化器的建设和发展,沈大示范区建设的现有创业政策仍以政府补贴入住孵化器创业企业作为激励创业的主要措施,并未将中关村及苏南示范区积极发展的科技金融服务作为主要的激励措施。在现有政策体系中,政府对于鼓励创业仍发挥着主导地位,市场的作用则相对弱化。这一方面由于在科技金融方面,东北三省金融类的科技服务中介机构较少,风险投资机构、私募基金等服务机构不发达;另一方面,也说明企业科技成果的市场竞争力也未能有效吸引外地金融机构的青睐。在未来的政策制定中,应通过机制设计破除这两种弊端。

第二,在环境政策中,现有政策虽然继承沿用并拓展了中关村和苏南示范区有关科技融资、知识产权收益权及国有企业体制改革的政策,但对于示范区内不同功能区的划分及定位还尚未明确。由于沈大与苏南在区域分布上都具有跨越多个行政管辖区的特点,沈大示范区在建设过程中必然也会面临如何保障不同行政

区域间创新资源流动与组合的问题，因此，在该方面，沈大示范区的建设可在参考苏南示范区相关政策措施的基础上，结合自身特点制定合理有效的政策，在确保政策支持均衡性的基础上，解决创新要素"碎片化"问题。

国有企业作为东北重要的经济支柱，其体制机制的弊端也在一定程度上制约着创新环境的优化。在沈大示范区建设现有的支撑政策中也提出了要改革国有企业体制的建议，但在进一步的落实中应注意，由于国有企业在创新活动中受到国有资产管理方式的制约，对创新的高风险性以及要求企业容忍失败的氛围方面存在着一定的背离。对于国有企业而言，如果只有巨额投入，没有创新产出，这对于国有资产如何管理是一种挑战，国有企业负责人为了避免可能出现的国有资产流失问题，往往选择回避风险，导致缺乏创新的动力。因此，在保证国有控股的前提下，应该在国有企业内部推行股权激励，扩大员工持股范围，将核心技术人员和专家与企业发展紧密捆绑起来，激发广大技术人员的创新潜能和工作热情，促进企业向创新驱动发展转型。

第三，在人才政策方面，沈大与苏南或中关村相比，其区位优势不明显，无法吸引和留住国内外人才。此外，在工薪待遇方面，位于东北的沈大示范区对人才的吸引力也远低于苏南和北京中关村。对此，可以学习苏南与中关村的先进经验，一是拓宽招聘渠道，借助政府机关的人才信息库，帮助企业筛选相关专业的资深专家、教授、院士及其团队，推荐给企业；在高端人才给予特殊优惠政策方面，建议出台高端人才所得税优惠政策，如高端人才个税补贴政策；对科技骨干扩大股权激励，让科技骨干与企业形成利益共同体；在项目启动资金，在购房、购车、家属安置、子女上学等方面给予高端人才政策支持；对高端人才在职称聘任上给予破格提拔等政策倾斜。完善股权激励机制，进一步形成有利于人才创新创业的分配制度和激励机制。健全完善人才吸引、培养、使用、流动和激励机制，发展人才的公共服务体系。

第四，在技术创新政策方面，由于整个东北地区在一定程度上都存在着产学研合作机制不顺畅，实际中运行效果较差，科技成果产业化低，高校自身研究成果距离市场化有较大差距等诸多问题，而沈大示范区内有大连理工大学、东北大学、大连化物所等多所高校和科研机构，在建设过程中也同样面临着这样的问题。为改善该类问题，可以采取企业立项，部分研究内容委托高校实施等方法，该方法也曾在一些先行区域取得了一些良好效果。

第五，在产业政策方面，2003年以来东北老工业基地的振兴还主要是针对传统优势产业，如装备制造、石化、冶金等产业。在"十三五"期间，东北三省要尽快淘汰落后产能，推动传统产业转型升级，结合自身区域科技资源优势，大力发展战略性新兴产业和高新技术产业，提升东北三省的产业竞争力。沈大示范区应积极抓住机遇，积极推进战略性新兴产业发展。具体而言，应围绕新一代信息技术、智能装备制造等战略性新兴产业，吸取苏南与中关村中关于产业布局的有益经验，做到不同园区内产业及同一园区相关产业间合理的功能划分与内在技术布局，并吸引一批在国内外有较大影响的高端技术人才和创新人才，形成一批掌握产业发展核心技术的领军人才和高水平创新团队，为优势新兴产业发展提供有力的人才支撑和技术保障，提高产业竞争力水平。

第六，在知识产权政策方面，国有企业的知识产权的处置权与收益权政策在东北经济仍占有绝对的主导作用，沈大示范区在未来的建设中应将在东北三省占有较大比例的国有企业的相关权益进行充分考虑。知识产权，如专利或非专利技术，是一种智力资本，更多的时候是固化在科技人员脑海中，只有采取切实激励政策，才能激发科技人员创造性，让他们放心创新或创业，从而提高国有企业的整体创新能力和水平。与此同时，由于在权力下放实际操作中可能涉及技术等无形资产的定价问题、知识产权纠纷等问题，甚至可能会导致国有资产流失。因此，在权力下放时，必须要有相应的政策文件保障，在制定和实施相关政策时，一定要在指导意见基础上出台相应的实施细则，否则，由于知识产权评估较复杂等问题，仍不利于高校院所消除顾虑大力开展科技成果转化。

从知识产权创造来看，东北三省的支柱产业在核心技术、关键设备及基础零部件等方面依赖国外进口，产业发展受制于跨国公司，进口替代没有突破性进展，技术空心化现象严重；从知识产权应用来看，实现生产力的"最后一千米"的科技成果转化问题依旧突出；从知识产权保护来看，东北市场竞争不够充分、造假行为屡禁不止、知识产权保护不力等现象大量存在，这些行为不仅使那些投机取巧的企业不通过创新就能实现自身的利益，更使诚信守法的企业反而因为极力追求创新而难以实现自身利益，这些企业丧失了创新的冲动。对此，沈大示范区在建设过程中应通过加强技术创新力度提高知识产权创造，建设公共服务平台及探索公共服务平台运行机制实现知识应用，通过法律支持大幅加强知识产权保护力度，打通知识产权创造－应用－保护的价值链条。

（三）政策工具方面的缺口

从政策工具来看，政策工具及其组合运用较少，且供给型政策较中关村及苏南示范区而言，占比最高。这表明，现有政策仍以强调供给为特点，如何从以政府供给为主的供给型政策工具转变为激发企业创新动力的需求型政策工具是沈大国家自主创新示范区建设时要权衡和考虑的议题。

四、沈大自主创新示范区创新发展的政策完善方向

针对沈大自主创新示范区创新发展政策现状以及政策缺口分析，提出以下需

要完善的方向和建议。

第一，推行一些先试先行政策，以打破现有体制机制障碍。在沈大自主创新示范区建设中，国家应该参考和借鉴中关村自主创新示范区、上海张江高科技园区等，出台特殊的沈大政策，形成政策"高地"，拉动整个辽宁省乃至东北三省的创新驱动发展。支持建立大连高新区与中关村创新政策的共享机制。国务院支持中关村的先行先试政策，可在大连高新区同步启动，以减少时间成本，快速推动创新发展。

第二，进一步破除体制机制障碍，以释放科技创新潜力。其具体包括：出台高校科研院所科技成果处置权管理改革政策，赋予高校和科研院所更多自主管理权，实行科技成果公开交易备案管理制度；深化国有企业的体制机制改革，在保证国有控股的前提下，应该在国有企业内部推行股权激励制度，扩大员工持股范围，激发广大技术人员的创新潜能和工作热情，促进企业向创新驱动发展转型。

第三，实施人才优惠政策，健全完善人才吸引、培养、使用、流动和激励机制，发展人才的公共服务体系；优化科研成果鉴定或评价方式，解决产学研合作机制不畅问题，完善产学研协同创新体系；建设公共服务平台，探索公共服务平台的运行机制，更好地加速科技成果产业化。例如，支持高校院所成立产业技术研究院，发挥政府的主导作用，建立面向共性技术服务的研发机构，承担基础研究单位不愿做、小微企业不敢做、政府不能做的事情，真正解决好科技成果转化为现实生产力的"最后一千米"问题。

第四，完善科技金融体系，以促进科技与金融融合。加大对企业科技创新的资金支持力度，扩大企业技术开发投入享受减免税范围，建立对自主研发投入的奖励机制，如资金奖励、税收优惠奖励等；出台针对高新技术企业的产品研发和生产所需流动资金贷款贴息政策；简化专利或著作权作为抵押物进行融资的手续并提高额度等；出台首台（套）自主创新示范应用支持政策，完善政府采购和国家垄断企业的采购制度，成立产业基金，建立风险分摊和补偿机制，加快制定鼓励使用自主制造装备的技术和经济政策。

第四节　创业风险投资发展

创业风险投资（venture capital，VC），即创业投资、风险投资。风险投资是把资金（通常以股权的形式）投向具有较高失败风险的中小型创新企业以期待退出时获得高额的资本收益的一种投资。风险投资是推动高新企业发展的催化剂和成长的"助推器"，在促进高新行业成熟壮大的过程中发挥了举足轻重的作用。

东北三省越来越重视创业风险投资在发展地区经济和促进技术创新过程中的重要作用，通过创业风险投资来推动地区经济增长和科技成果转化和产业化。

一、风险投资发展现状

（一）风险资本供给有待增强

东北三省风险投资业风险投资机构数量、风险投资资本总量，在全国处于中等偏后水平，其发展明显落后于北京、上海、广东等经济发达地区。风险投资的规模不够，在进行投资时，就无法形成有效的投资组合，合理的躲避投资风险；在选择项目上，也受到资金的制约，要支撑一个大型科技项目很困难，倾向于选择一些投资少、风险低的项目。如此循环发展，和经济发达地区的差距就会日益加大。

民间资本在东北创业风险投资行业资本来源中居于主导地位。国有资本的投资方式从直接投资逐步向以基金为主的方式参与创业企业投资的方式转变。近几年所有内资资本中，以非上市公司和个人资本增长幅度最大。目前全省创业风险投资行业已经形成以政府基金为引导，全社会参与，民营资本为主体的发展模式，以市场经济为特征的创业风险投资体系雏形正在形成。

资本来源中个人资本和企业资本所占比重较大，民间资本相对活跃，伴随着民营经济的发展，创业风险投资基金在运作上更为灵活。另外东北三省境外资本较少，吸引外资能力差。这除了与东北三省的地理位置、经济发展水平有关，也与风险投资自身发展水平较大关系。

（二）项目退出渠道有待进一步开拓

当风险资本伴随着创业企业走过最具风险的阶段后，有效地退出并进入下一个循环，这是风险资本的生命力所在，否则，风险资本呆滞，不能增值和滚动发展，更无力投资新项目，风险投资便失去了其本来意义。然而对东北三省项目退出以及首次公开募股（initial public offerings，IPO）情况的梳理发现，项目退出方面东北三省在全国仍处于相对落后的位置，IPO 项目数及金额也均低于全国平均水平，这对于东北三省创业风险投资机构撤回投资实现增值是很不利的。

（三）创业风险投资行业发展不平衡，周边城市风险投资的发展有待加强

以清科数据库的数据作为研究样本，基于清科集团数据库中 2004~2015 年投资事件数据，可以构建东北三省风险投资城市网络。借助社会网络分析技术和风险投资事件数量等数据，分析东北三省风险投资城市网络的结构特征和规律

（图 6-14）。

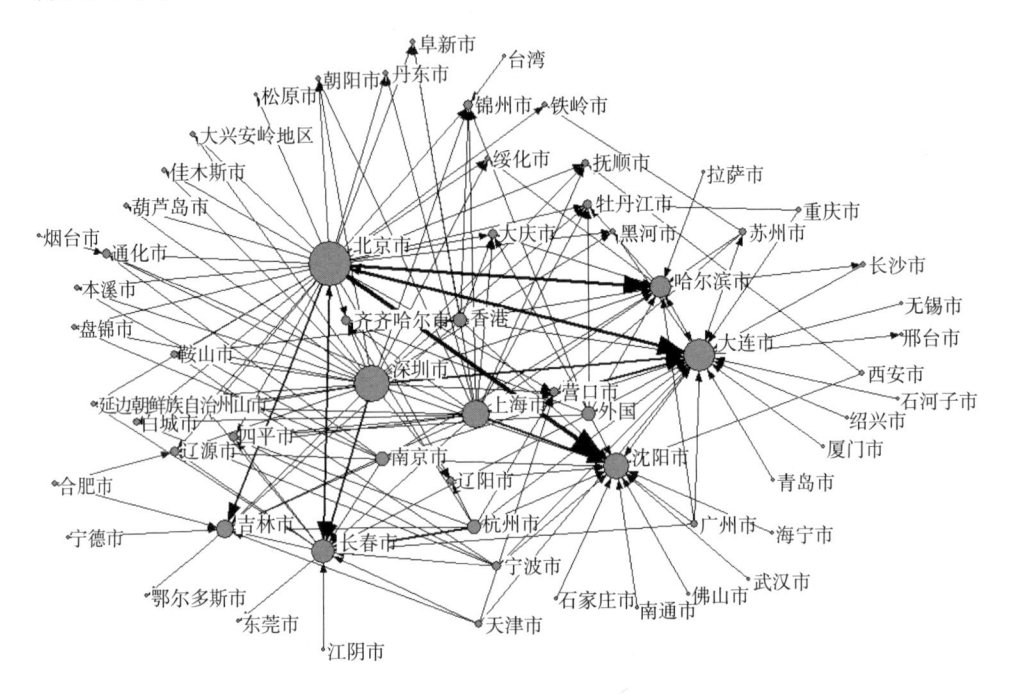

图 6-14　东北三省风险投资事件的城市网络

通过对东北三省风险投资网络进行分析，深入分析东北三省风险投资的空间行为，发现 2004~2015 年，东北三省风险投资事件数整体上看呈上升趋势，风险投资网络节点城市逐年增加，无论是从创业风险投资事件数还是从节点城市的数量来看，都在一定程度上表明了东北三省风险投资活动越来越频繁。运用 UCINET6.0 测算 2004~2015 年东北风险投资网络密度结果看，尽管东北三省风险投资事件大幅增加，但是投资网络的密度整体上呈现下降的趋势，东北风险投资网络节点城市间投资活动越来越少。

从东北三省风险投资网络城市节点中心度来看，东北的辽宁、吉林和黑龙江三省网络中心度低，东北处于全国风险投资网络的边缘地位，较少参与互动交流，对其他节点城市的影响很小。综合投出和投入事件的两方面数据，可以发现东北三省都是风险投资的净投入地。

从供给层面，东北风险投资主要来源于北京、上海及深圳。在需求层面，风险投资主要分布在辽宁的大连市和沈阳市、吉林省的长春市、黑龙江省的哈尔滨市。无论是从供给层面还是需求层面，东北三省风险投资存在明显的空间集聚特征。

通过对东北三省风险投资机构投资地区分析来看，东北三省风险投资机构主要投资地为所在省市,为东北经济以及政治中心的大连、沈阳、哈尔滨及长春。北京是东北以外的主要投资地。东北三省风险投资存在明显的投资本地化特征。但是,这一空间格局反过来也说明了风险投资在东北三省的不均衡状况。

二、促进创业风险投资发展的对策

通过对东北三省创业投融资体系的梳理发现,东北三省的风险投资资本规模、投资数量、带动效应与国内其他地区相比都有着十分巨大的差距。风险投资对东北老工业基地产业结构优化升级、高新技术产业的发展等具有重大作用。东北三省应不遗余力地完善风险投资的市场环境,从以下几个方面促进风险投资推进东北三省发展的进程。

(一)开辟多渠道的风险投资资本来源

东北三省风险投资资本来源单一,开辟多渠道风险投资资本来源,进一步扩大东北风险投资资金规模。建立相应的风险担保机制,设立风险投资基金,提高民间资本进入风险投资领域的积极性,进一步吸引民间资本加入。另外,应吸引外资来东北投资,从现阶段的情况看,东北三省并不是外资所偏好的地区。为改善这种局面,制定优惠政策是关键。在使用土地、纳税、用人方面提供优惠政策,鼓励外资与本土风险投资机构联合开展业务。

(二)加大政府资金引导力度,鼓励民间资本持续进入

东北创业风险投资行业的民间资本比重呈逐年上升,这对创投行业的发展无疑是有利的。与此同时,应该规范、加大政府资金的引导力度,鼓励更多的民间资本进入创投行业。加强创业服务中心和孵化器的建设,转变创业企业的经营发展理念,培育和挖掘一大批有发展潜力的、可供创投机构选择的科技型企业群体,使创投资金得到充分合理的运用,加快创投资金聚集和创业企业的合作、互动,促进东北三省创业投资事业的健康发展。

(三)设立并完善多层次交易市场,开拓多元化项目退出渠道

创业风险投资行业的快速发展必要要有顺畅的退出机制和渠道做保障,创投资金的良性循环是创投行业健康发展的前提,而创投资金的流通通常是以收购兼并和上市退出方式来实现的,建立产权交易机制和完善股权交易市场就显得非常迫切。东北三省目前虽然已经设立产权交易所,但是真正的产权交易机制并没不完善。退出渠道不健全,阻碍了创投资金的循环,使创业风险投资缺乏持续发展

动力。因此，完善多层次交易机制和市场，开拓多元化退出渠道，是促进创业风险投资发展的必要基础条件，政府应该花大力气加以解决这些问题。

（四）加强风险投资业人才培养

高素质的创投人才队伍是创业风险投资的组织保障。近年来，东北三省创业风险投资机构发展迅速，管理资金数量直线上升，要管好用好这些资金，让股东放心，就必须要有高素质的专业管理团队和投资经理人。创业投资家应该是既懂企业管理，又懂技术，并具有金融投资经验的综合性人才。因此，加强人力资源建设，提高专业人才素质是东北创业风险投资行业迫切需要解决的问题。

（五）完善科技交流网络平台，拓宽信息交流渠道

引导、发展和规范科技中介服务组织，充分利用网络技术，建立技术交易市场、产权交易市场，拓宽信息交流的渠道，为社会、企业提供科技中介、技术服务、市场预测、项目评估、投资咨询和法律顾问等。应该积极挖掘科技信息网络交流平台的功能和潜力，拓宽信息交流的渠道，为创投机构和创业企业搭建一个快捷而便利的交流合作平台。同时应加大风险投资宣传，使人们了解风险投资为创新提供自由的孵化平台。无论是大学、政府还是企业中的科研人员，都可以便利地借助于风险投资培育、转化自己的科技成果。为风险投资在东北三省的快速成长创造良好的文化环境和氛围，吸引更多、更好的创业家，风险投资家在东北创业、发展，吸引更多的创业资本加入，促进技术转让、成果转化，实现共同发展的良好局面。

（六）强化政府监管，规范风险投资主体和参与者的行为

风险投资业是随着经济和高科技的不断发展而发展的。在发展过程中，内幕交易、操纵市场、违规操作等不规范的行为可能发生。因此，政府有必要对风险投资进行规范和监管，完善产权交易市场、技术交易市场等市场交易规范，支持风险投资公司协会等民间机构的发展，促进企业界对风险投资的使用和风险投资公司内部的沟通和协作，使风险投资业健康发展，也使风险企业茁壮成长。

参 考 文 献

毕功兵, 梁樑, 杨锋. 2009. 资源约束型两阶段生产系统的 DEA 效率评价模型. 中国管理科学, 17（2）: 71-75.

陈凯华, 官建成. 2011. 共享投入型关联两阶段生产系统的网络 DEA 效率测度与分解. 系统工程理论与实践, 31（7）: 1211-1221.

冯冠平, 王德保. 2005. 创新技术平台对深圳科技经济发展的作用. 中国软科学, （7）: 15-19.

冯志军, 陈伟. 2014. 中国高技术产业研发创新效率研究——基于资源约束型两阶段 DEA 模型的新视角. 系统工程理论与实践, 34（5）: 1202-1212.

李凡, 林汉川, 刘沛罡, 等. 2015. 中俄技术创新政策演进比较研究. 科学学研究, 33（9）: 1348-1356.

刘凤朝, 孙玉涛. 2007. 我国科技政策向创新政策演变的过程、趋势与建议——基于我国 289 项创新政策的实证分析. 中国软科学, （5）: 34-42.

王俊峰. 2007. 构建面向中小企业的公共技术服务平台——德国弗朗霍夫协会的经验及其对我国的启示. 中国科技论坛, （10）: 51-54.

肖仁桥, 王宗军, 钱丽. 2015. 我国不同性质企业技术创新效率及其影响因素研究: 基于两阶段价值链的视角. 管理工程学报, 29（2）: 190-201.

Färe R, Grosskopf S. 1996. Productivity and intermediate products: a frontier approach. Economics Letters, 50（1）: 65-70.

Guan J C, Chen K H. 2010. Measuring the innovation production process: a cross-region empirical study of China's high-tech innovations. Technovation, 30（5）: 348-358.

Kao C. 2009. Efficiency decomposition in network data envelopment analysis: a relational model. European Journal of Operational Research, 192 （3）: 949-962.

第七章　对外开放与区域合作

新一轮的东北振兴中，进一步加大对外开放在国家和地方发展中肩负着重要的使命。我国政府在"愿景与行动"中明确指出，东北地区是我国向北开放的重要窗口。国内外经验表明：对外开放有利于促进体制创新和机制创新，有助于推进产业结构优化升级，促进地方经济转型发展。与以往相比，21世纪的东北对外开放将更加注重提高对外开放的质量和水平，更加注重利用国际国内两个市场和两种资源，更加注重统筹"走出去"与"引进来"。我国丝绸之路经济带建设，尤其是中蒙俄正在共同规划的"中蒙俄经济走廊规划"以及我国新一轮东北振兴战略、俄罗斯的远东开发战略、中日韩自由贸易区谈判和上海自由贸易试验区经验的推广，将为东北地区对外开放提供难得的历史机遇。因此，落实中央全面振兴东北的战略部署，准确研判东北地区对外开放的新形势新背景，科学预测"一带一路"倡议、"自由贸易试验区"战略推出和中日韩自贸区建设对其的影响，立足东北亚区域合作，选准重点领域，提出新思路、新模式、新机制和新措施，以东北地区全面融入"一带一路"倡议为主要抓手，促进东北地区全面振兴，成为当前迫切需要解决的重大问题，具有重要的理论和现实意义。

第一节　东北亚区域合作趋势

一、东北亚合作形势

东北亚作为地理和地缘政治概念，主要是指欧亚大陆东北侧的西太平洋沿岸地区，有广义和狭义之分。广义概念一般包括中国、蒙古、俄罗斯、朝鲜、韩国和日本六国，主要是从地缘政治的主权国家角度考虑；而狭义概念通常仅涵盖蒙古、朝鲜半岛、日本及中国东北部分和俄罗斯远东地区，多用于经济地理方面。

东北亚是中国走向世界的起点，东北亚地区的国际环境事关中国的持续发展和稳定，地区的任何不良事态都可能对中国的安全与发展构成直接影响。中国要和平崛起，就必须构建切合实际又现实可行的地区战略，通过对外战略运作稳定周边国际环境，解决统一和发展等事关民族复兴的重大问题。后冷战时期，美苏两个超级大国的军事政治对抗状态，随着苏联这一重要战略轴心的消失，东西方两大阵营的谢幕历史悄然遁去，朝鲜半岛实现南北和解，大国关系深刻调整，东北亚地区以大国关系为轴线，在全球政治舞台上，地缘政治开始了新一轮的分化组合，世界格局发生深刻变化，地区局势总体趋向缓和，国家间的关系得到改善。

历经坎坷的东北亚区域经济合作虽已展现雏形，但并没有取得实质性成果，图们江地区开发也是进展缓慢，与合作的有利因素相比，不利因素仍占据主导地位，再加上全球金融危机的影响，东北亚区域经济合作的总体形势不容乐观。尽管世界性金融危机对东北亚各国的影响有所不同，但在实体经济受到较大冲击这一点上是相同的，内需不振、生产水平下降、出口减少、投资低迷、就业形势恶化已成为各国的共同现象。在金融危机的冲击下，中日韩俄四国经济都面临着严峻形势，其共同特点是对外贸易大幅度下滑，国内需求不振，失业人口增加和 GDP 预期增长大幅下调。日韩两国是出口导向型国家，外贸大幅度下滑对两国的经济增长和企业生存是一个沉重打击。中国对外贸易依存度在 60%以上，外贸滑坡将使中国经济增长失去一项重要支撑。在国际石油价格大幅度"跳水"的情况下，俄罗斯的外贸呈全面萎缩状态，这不仅会使俄罗斯的外汇美元大幅缩减，还将使俄罗斯的财政和能源企业陷于困境。在这种形势下，唯一正确的选择就是中日韩俄四国共同协商，签署区域自由贸易协议，实现东北亚区域贸易自由化，建立东北亚自由贸易区，以合作应对危机，共同走出困境。

东北亚是目前世界上经济最具活力的地区。在当今世界上亚太是经济增长最快的地区，东北亚则是亚太经济发展最快的地区（金凤君等，2006；金凤君等，2012）。构成东亚经济奇迹，不仅是 20 世纪 60 年代日本经济的迅速发展，70 年代亚洲"四小龙"的起飞和 80 年代东盟三国（泰国、马来西亚、印度尼西亚）的快速增长，更令人瞩目的还是进入 90 年代以来中国经济在西方经济普遍不景气情况下，出现了持续、快速增长的局面。世界银行在 1993 年发表的一份研究报告说明，到 21 世纪作为世界增长极的四个国家和地区中将有两个（日本、中国）在东亚，而更确切地说是在东北亚。

二、东北地区对外开放的战略地位

（一）更好地实现"经略周边"战略目标

党的十八大以来，国家更加重视周边外交和全面发展与周边国家的外交关系。2013年10月，中央召开的中华人民共和国成立以来首次周边外交工作座谈会，确定了21世纪周边外交工作的战略目标、基本方针、总体布局，并且明确了解决周边外交重大问题的工作思路和实施方案。推动共建"一带一路"并以此深化互利共赢格局，是中国周边外交的重要内容和"经略周边"的重要载体。

从政治与安全利益方面看，东北亚地区的任何重大国际问题都直接关系着中国的战略利益和核心利益，没有东北亚地区的和平稳定，中国就谈不上有一个良好的周边环境。不仅如此，与东北亚国家关系的发展状况对中国周边地区形势也存在重大影响。例如，近年来，日美同盟的进一步强化以及日本在东南亚、南亚等地区的外交活动等，都深刻影响着中国周边形势和周边外交的成效。因此，发展与东北亚地区各国的关系和维护东北亚地区和平稳定，是中国周边外交的关键环节之一。从经济方面看，东北亚是全球范围内经济发展潜力最大、增长速度最快的地区之一，是与北美、西欧并列的世界三大核心经济区，日、韩、俄、朝、蒙五个东北亚国家的第一大贸易伙伴国均为中国，深化区域合作符合包括中国在内的东北亚地区各国经济利益。根据中国海关统计，中国与上述东北亚国家的贸易额约占对外贸易总额的16.5%，其中日本、韩国分别为中国的第二、第三大贸易伙伴国。进一步发展与东北亚各国的经贸关系，对保持中国经济持续健康发展具有极为重要的意义。因此，作为"经略周边"重要载体和支撑的"一带一路"倡议应该对东北亚地区有一个充分考虑。

（二）东北亚在"一带一路"倡议中的经济地位

"一带一路"倡议的核心是促进沿线各国的共同繁荣与各领域区域合作深入发展。政策沟通、设施联通、贸易畅通、资金融通均为经济合作的重要领域和内容。对于任何经济合作来说，经济效益都是不可回避的重大问题。只有符合各方经济利益和能够产生合理回报的经济合作，才能引起各方的持续重视和获得持续投入，相关合作项目才能得到持续发展。"愿景与行动"也明确提出，"一带一路"建设要坚持市场运作和遵循市场规律，发挥市场在资源配置中的决定性作用和企业的主体作用。因此，在思考和推进"一带一路"建设过程中，既应该具有战略性大局意识，同时又应该充分考虑投资和项目回报，特别是从经济运行角度分析相关项目合作的可持续性。无论是看好"一带一路"前景的观点，还是对其抱怀疑态度的声音，最终落脚点都是经济问题。

从经济地位来看，将东北亚整体纳入"一带一路"重点区域具有非常重要的意义。"一带一路"贯穿欧亚非大陆，经过中间腹地各国将活跃的东亚经济圈和发达的欧洲经济圈相连接。在"一带一路"建设中，腹地国家、欧洲经济圈、东亚经济圈任何一方都不可或缺。没有欧洲经济圈和东亚经济圈的参与，"一带一路"从建设到发展都将面临极为困难的局面。据有关专家估计，"一带一路"沿线各国仅基础设施投资所需资金就高达6万亿美元。因此，如何有效筹措资金是落实"一带一路"倡议的关键环节之一。在资金筹措方面，如果仅靠中国和腹地国家的资金投入则不能满足建设需求，欧洲和东亚经济发达国家的积极参与和共同分担建设成本非常必要。另外，即使实现了"一带一路"的贯通特别是设施联通，如果没有欧洲经济圈和东亚经济圈的参与，也难以长久维持。以目前已经开通运行的中欧班列为例，一些班列由于缺乏充足的货源保障造成运营成本非常高，不得不靠政府补贴维持运行。在这种情况下，没有得到任何财政或专项资金补贴而完全按照市场化运营的"营满欧"班列，受到了广泛关注。该班列能够有效运营的原因很多，其中积极组织韩国货源是极为重要的一个方面。2014年，"营满欧"班列完成集装箱发送量21 678标准箱，其中韩国过境货源完成8 170标准箱，约占38%。

（三）实现东北地区扩大开放和全面振兴的战略目标

东北地区经济增速大幅度下滑引起了国内外的广泛关注。2014年，辽宁、吉林、黑龙江三省的GDP增长率分别为5.8%、5.6%和6.5%，分列全国各省（市、自治区）GDP增速排名的倒数第三位、第二位和第四位。东北地区经济陷入新一轮衰退的原因是多方面的，其中对外开放度低是非常重要的原因之一。国家决策部门已经非常清楚地意识到这方面的问题，在历次出台的相关政策中，推动东北地区扩大开放一直是不可或缺的重要内容。例如，2014年8月国务院印发的《国务院关于近期支持东北振兴若干重大政策举措的意见》[①]，明确提出东北地区"要实施更加积极主动的开放战略，全面提升开放层次和水平"。东北地区扩大对外开放，首先是要与地缘毗邻的东北亚各国加强经济合作。"愿景与行动"仅将东北地区定位为向北开放的门户，在开发开放重点任务方面也仅强调与俄罗斯的跨境经济合作和中蒙俄经济走廊建设。然而，东北地区振兴不仅需要扩大向北开放，还需要扩大向南开放，甚至是努力加强与世界上所有发达国家的经济技术合作。从这个角度看，"一带一路"倡议应该对东北地区的开发开放给予更多的关注，并且对东北亚各国参与共建"一带一路"有一个新的安排。

三、东北地区扩大对外开放的可行性

"愿景与行动"明确提出，"一带一路"具有高度的开放性，中国推动共建"一带一路"不寻求自己的势力范围，因而其重点合作区域扩展并不存在原则性障碍。"愿景与行动"还明确提出，"'一带一路'相关的国家基于但不限于古代丝绸之路的范围，各国和国际、地区组织均可参与"。因此，将东北亚地区全域纳入

---

① 见国务院网站 http://www.gov.cn/zhengce/content/2014-08/19/content_8996.htm。

"一带一路"重点合作区域是否可行,关键在于东北亚地区各国是否愿意参与共建"一带一路",以及推进东北亚区域合作是否比推进其他地区的区域合作难度更大。

(一)东北亚区域合作的战略契合点日渐增多

近年来,东北亚各国陆续提出了许多与"一带一路"倡议契合度非常高的区域合作战略。韩国前总统朴槿惠正式提出的"欧亚倡议"构想就是其中之一。"欧亚倡议"构想的总体目标是建设团结的大陆、创造性的大陆与和平的大陆三个大陆。其重点内容主要包括三个方面:一是建立"丝绸之路快速通道",即建设贯通朝鲜半岛、中国、蒙古、俄罗斯、中亚,直至欧洲的物流、能源通道网络;二是推动欧亚大陆经济合作,以此带动朝鲜门户开放和推进"朝鲜半岛信任进程";三是积极参与大图们倡议(Greater Tumen initiative,GTI)框架下的韩、中、俄、蒙多边合作。尽管"欧亚倡议"构想的内容相对粗略,而且韩国政府至今没有出台实施该倡议的具体政策措施,但我们仍应该对此给予高度重视。因为"欧亚倡议"构想不仅在思路上与"一带一路"倡议有很多相似之处,其关于维护东北亚地区和平及推动东北亚次区域合作的设想还与中国的基本主张较为一致。正是由于两国相关战略高度契合,2015年10月在中日韩三国领导人会议期间,中韩双方签署了《关于在丝绸之路经济带和21世纪海上丝绸之路建设以及欧亚倡议方面开展合作的谅解备忘录》(简称"谅解备忘录"),共同承诺推进在政策沟通、设施联通、投资贸易畅通、资金融通、人员交流等领域开展合作,努力实现两大倡议的有机对接。此外,蒙古国准备实施的"草原之路"计划,俄罗斯近年来一直努力实施的"向东看"战略,都表现出蒙俄加快推动东北亚区域合作的强烈愿望。日本政府尽管对参与和推动东北亚区域合作不甚积极,但日本海沿岸各地方自治体对于参与环日本海经济圈经济合作的态度非常积极。

(二)东北亚区域合作基础相对较好

在次区域开发合作方面,1992年在联合国开发计划署(The United Nations Development Programe,UNDP)的倡议和组织下就启动了图们江区域开发项目(Tumen River Area Development Program,TRADP)。经过多年的努力,合作机制已由项目合作发展为综合性多边论坛,即"大图们倡议",合作区域范围也从狭小的图们江下游三角地带扩展至大图们区域(Greater Tumen Region,GTR)。虽然大图们倡议框架下区域合作取得的实质进展并不多,但是并不能因此怀疑"大图们倡议"的存在价值和其在推动东北亚次区域开发合作方面所做出的贡献(张国宝等,2008;姜晓秋等,2017)。长期以来,在"大图们倡议"秘书处的组织下,有关各方对该地区交通物流合作、跨境旅游合作、能源合作等展开了大量细致的研究,为各种合作项目的启动和实施做了非常好的准备。

在功能性合作方面，各个领域也取得了许多重要进展。例如，东北亚地区多层次环境保护合作机制已经基本确立。不仅中国已经与俄、韩、日、朝、蒙东北亚各国签署了双边环境保护合作协议，而且日蒙、日韩、俄韩等国之间也分别签署了双边环境保护合作协定。该地区既有中日韩环境部长会议（Tripartite Environment Ministers Meeting，TEMM）、东北亚环境合作会议（Northeast Asian Conference on Environmental Cooperation，NEAC）、东北亚次区域环境合作计划（Northeast Asian Subregional Programme on Environmental Cooperation，NEASPEC）等综合性环境合作机制，也有东亚酸沉降监测网（Acid Deposition Monitoring Network in East Asia，EANET）、东北亚远程大气污染联合研究（Lory-range Transboundary Air Pollution in Northeast Asia，LTP）等专项合作项目和合作机制。其中，中日韩环境部长会议的层次最高，运作也最为成熟。自1999年创立以来，中日韩环境部长会议从未因任何因素影响而停止举办，至今已经连续举办17届，为三国在10个优先领域开展对话、分享环保理念和加强政策协调提供了重要平台。

在制度性合作方面，中韩自由贸易协定已经正式生效。中日韩自由贸易协定谈判已经进行九轮，各方取得的共识越来越多，有利于加快谈判进程的因素正在不断增多。因此，将东北亚整体纳入"一带一路"重点合作区域，并在现有基础上加快推进各领域合作深入发展，东北亚很有可能成为"一带一路"早期收获最显著、最丰硕的地区。

（三）解决东北亚国际矛盾的政治需求

东北亚地区复杂的国际矛盾不能成为将该地区排除在"一带一路"重点合作区域之外的理由，相反更应该以"一带一路"建设为契机探索解决相关问题的途径。东北亚之所以未被整体纳入"一带一路"重点合作区域，最可能的解释是近年来东北亚地区局势日益复杂化，地区矛盾和纷争日趋凸显，能否通过"一带一路"建设带动东北亚区域合作各方并无充分把握。

东北亚区域合作的确一直受政治因素影响而难以取得重大突破。无论是图们江地区开发项目的推进还是"大图们倡议"合作机制的运作，政治安全因素的影响一直非常明显。在图们江地区开发项目的启动阶段，作为项目组织者的联合国开发计划署原本计划从中、朝、俄三国接壤的图们江地区租借土地，建设一个三方共同管理的图们江经济特区。俄罗斯和朝鲜均以政治理由拒绝了该建议。2009年朝鲜又以其核试验遭到国际制裁为由，退出了"大图们倡议"合作机制，不仅破坏了大图们区域的地域完整性，还造成一些重要跨境合作项目难以在"大图们倡议"合作机制框架下磋商和推进。日本政府则出于政治方面的考虑一直没有正式参加"大图们倡议"合作机制。

中日韩自由贸易协定谈判也严重受制于各种政治障碍。早在2002年中日韩三国领导人峰会期间，中国总理朱镕基首次正式提出建立中日韩自由贸易区的建议。虽然日本非常清楚该自由贸易区的积极效应巨大，但是由于美国强烈反对在东亚地区出现将其排除在外的区域合作组织，日本政府在建立中日韩自由贸易区方面一直持较为消极的态度。2012年11月，中日韩自由贸易协定谈判终于正式启动，但谈判进程一直没有摆脱政治因素的制约。受日本政府对钓鱼岛实行所谓"国有化"和否认历史侵略罪行的影响，中日关系急剧恶化。与此同时，日韩关系由于领土争端和历史认识问题也陷入严重困难。在这种情况下，中日韩三国领导人会议也因此一度中断，三方自由贸易协定谈判一直处于缺乏有效推动力的状态。

尽管如此，在政策取向方面仍不能将东北亚地区排除在"一带一路"重点合作区域之外。实际上不仅东北亚地区存在各种各样制约共建"一带一路"的政治因素，中亚、西亚、南亚及东南亚都存在这样的问题，政治矛盾和地区形势甚至比东北亚地区还尖锐复杂。国家间纷争、民族与宗教冲突、恐怖主义威胁、大国政治博弈、政治动荡均是"一带一路"建设需要努力应对的政治风险。另外，"一带一路"建设是一项长期的重大布局，有效实现政策沟通、设施联通、贸易畅通、资金融通、民心相通（简称"五通"）发展目标需要一个长期的过程。因此，不能因为某个地区当前政治矛盾突出就将其排除在重点合作区域之外。"一带一路"建设的一个重要使命，就是通过多领域深入的经济合作增进中国与有关各国的共同利益和互信互敬，最终建立起共同繁荣的利益共同体、命运共同体和责任共同体，而这也应该成为中国推动东北亚区域合作的最终目标。

第二节　东北地区对外开放现状

对外贸易不仅促进了生产要素在更大范围内的流动，推动资源配置效率的提高和生产力的发展，还为经济提供了更加广阔的发展空间。因此，发展对外贸易经济成为一个国家和地区经济发展的重要战略（吴昊和刘丹，2005；沈万根，2013）。东北地区对外贸易的规模在不断地扩大，但是在全国的地位不断下降。东北形成了以能源、原材料和装备制造为主的重工业产业结构，钢铁、机械、汽车、石油化工等是东北的支柱产业。因此，机械、交通设备、纺织和矿产品等成为其对外贸易的主要商品类型（刘志高等，2016）。东北三省对外直接投资在金融危机之后步入快速发展阶段，但伴随着经济下行压力的凸显，对外直接投资也受到影响而出现明显下滑。2003年国家实施振兴东北老工业基地战略以来，东北地区对外开放的规模和水平不断提升，建设了一批重大开放合作平台，这些平台在取得阶段性成果的同时，还存在着一定的困境。

一、对外贸易规模特征

从总体上看，东北三省对外贸易规模持续扩大，但在全国地位正逐步下降。2003年国家实施振兴东北老工业基地计划以来，东北三省进出口总额由380.62亿美元增长至2014年的1 792.38亿美元，年均增速达到15.13%，外贸水平正日益提高。然而，东北三省的外贸总额在全国的比重却呈现逐年下降的趋势，2014年东北三省进出口总额仅占全国的4.2%，外贸依存度（19.02%）仅为全国外贸依存度平均值（38.4%）的一半，出口总额占全国的比重也呈下降趋势（图7-1）。导致这些问题的原因主要有：东北三省对外开放时间相对较晚、经济总量小、国有企业比重过高、产业结构单一、产业支撑乏力、地方创新不足、市场机制缺乏灵活性、体制机制僵化、内部各自为政、恶性竞争激烈、部门协调配合有待加强，周边国家开放环境欠佳、政策稳定性差，且与周边国家互联互通不畅、开放合作平台亟须加强。上述不利因素在全球经济危机的冲击下，对东北外贸的影响更为明显。因此，东北三省的出口在全国的比重整体上呈现出连续下滑的趋势。

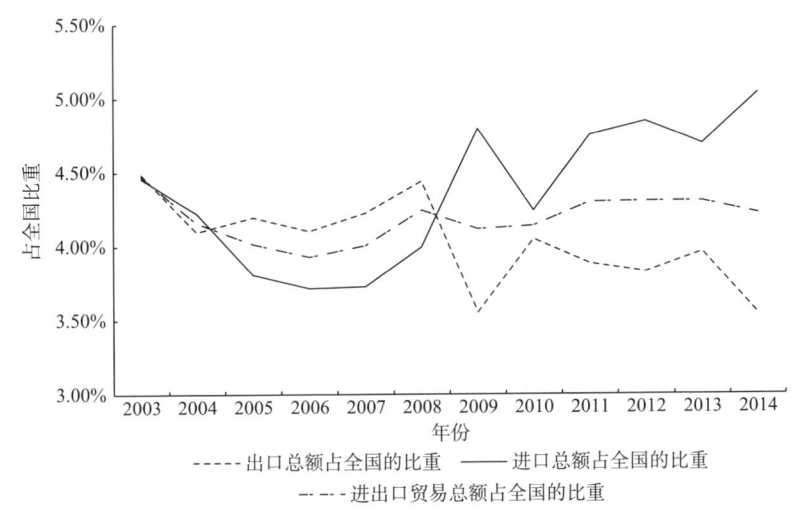

图7-1　东北三省历年贸易额占全国的比重

二、对外贸易商品结构

产业结构和经济所有制结构决定了对外贸易的商品结构，尤其是出口的商品结构。东北三省作为我国的老工业基地，形成了以能源、原材料和装备制造为主的重工业产业结构，钢铁、机械、汽车、石油化工等是东北的支柱产业。因此，机械、交通设备、纺织和矿产品等成为其对外贸易的主要商品类型（表7-1）。

同时，由于传统计划经济的影响，其国有经济比重偏高，经济活力和创新活力相对低下，也造成了东北外贸商品附加值低、高技术产品比重小的特点。2014年东北三省向世界各地出口的商品种类在一定程度上反映了东北的经济结构。其中，机械器具和电气设备出口额所占比重最大，为20.22%，其次是贱金属及其制品，占总出口额的17.83%。由于东北三省曾是我国重要的纺织商品产区之一，尽管东北纺织业在全国地位有所下降，纺织原料及纺织制品依然是东北三省对外出口的主要商品类型之一，占2014年总出口额的13.19%。此外，矿产品和交通运输设备等也占有一定份额，分别为9.54%和7.79%。

表7-1　2014年东北三省出口商品结构

商品类型	东北三省	辽宁	吉林	黑龙江
动物产品	3.57%	4.46%	2.08%	0.27%
植物产品	3.68%	1.75%	10.83%	8.82%
动植物油脂、食用油	0.24%	0.25%	0.62%	0.00
食品饮料	3.00%	2.59%	8.24%	2.16%
矿产品	9.54%	12.43%	0.54%	0.93%
化学工业及其他工业产品	4.59%	4.72%	8.21%	2.11%
塑料橡胶及其制品	2.24%	2.29%	2.35%	2.00%
毛皮及其制品	1.01%	0.48%	0.44%	3.75%
木及木制品	2.13%	1.36%	8.50%	2.41%
纸、纸板及其制品	0.41%	0.36%	0.31%	0.69%
纺织原料及纺织制品	13.19%	9.51%	13.78%	29.69%
鞋帽制品	2.50%	0.89%	1.81%	10.21%
非金属矿物制品	2.27%	2.63%	0.87%	1.37%
珠宝、贵金属及其制品	0.08%	0.03%	0.14%	0.30%
贱金属及其制品	17.83%	21.79%	6.87%	5.33%
机械器具和电气设备	20.22%	22.54%	11.82%	13.93%
交通运输设备	7.79%	7.60%	16.95%	3.98%
光学、医疗等精密仪器及设备	2.26%	1.89%	3.54%	3.32%
武器、弹药及其零件、附件	0.01%	0.00	0.00	0.06%
杂项制品	3.14%	2.06%	2.11%	8.64%
艺术品、收藏品及古物	0.28%	0.37%	0.00	0.02%
特殊交易品及未分类商品	0.00	0.00	0.00	0.01%

中国近年来经济高速增长带来了国内能矿、资源需求的持续攀升，东北三省的进口很大程度上也反映了这一事实，而邻国俄罗斯是自然资源最为丰富的国家之一，决定了在一段时期内矿产品、原材料等成为中国从俄罗斯进口的重要商品。因此，矿产品是2014年东北三省进口额最高的商品种类，占总进口额的比重达42.72%，机械器具和电气设备以及交通运输设备占东北三省总进口额的比重大

致相当,分别为 14.64%和 14.27%(表 7-2)。从东北三省内部的进口商品结构看,具有一定差异。黑龙江省对俄边境口岸众多,我国 22 个中俄边境口岸中的 15 个位于黑龙江,而经由绥芬河铁路口岸进口的矿产品规模巨大,使黑龙江省矿产品的进口额远高于其他商品,占 2014 年黑龙江省总进口额的比重高达 76.92%。辽宁省除了通过丹东港等进口铁矿石和钢材等矿产品外,近年来积极推动港口的转型升级,如大连港尝试开展"混矿业务"等,同样带动了矿产品进口额的增加,占 2014 年辽宁省进口总额的 45.82%。吉林省是我国交通运输设备制造业的重要地区之一,2014 年从德国、日本等发达工业国家进口的汽车零配件占进口总额的 52.40%,这反映了国际产业内贸易的重要特征。

表 7-2 2014 年东北三省进口商品结构

商品类型	东北三省	辽宁	吉林	黑龙江
动物产品	3.04%	4.02%	0.81%	1.75%
植物产品	5.03%	6.41%	4.07%	0.63%
动植物油脂、食用油	0.13%	0.19%	0.01%	0.03%
食品饮料	0.75%	1.04%	0.19%	0.28%
矿产品	42.72%	45.82%	3.92%	76.92%
化学工业及其他工业产品	6.68%	9.51%	0.91%	2.21%
塑料橡胶及其制品	2.36%	2.77%	2.27%	0.82%
毛皮及其制品	0.27%	0.24%	0.05%	0.69%
木及木制品	1.22%	0.48%	0.36%	5.23%
纸、纸板及其制品	0.40%	0.22%	0.12%	1.44%
纺织原料及纺织制品	1.62%	2.07%	0.91%	0.65%
鞋帽制品	0.02%	0.03%	0.00	0.01%
非金属矿物制品	0.23%	0.30%	0.17%	0.03%
珠宝、贵金属及其制品	0.01%	0.02%	0.00	0.01%
贱金属及其制品	3.42%	3.64%	4.60%	1.09%
机械器具和电气设备	14.64%	14.60%	23.07%	4.64%
交通运输设备	14.27%	5.90%	52.40%	2.13%
光学、医疗等精密仪器及设备	2.60%	2.04%	5.53%	1.32%
武器、弹药及其零件、附件	0.00	0.00	0.00	0.00
杂项制品	0.38%	0.38%	0.62%	0.11%
艺术品、收藏品及古物	0.20%	0.31%	0.00	0.00
特殊交易品及未分类商品	0.01%	0.01%	0.00	0.00

三、东北地区对外直接投资

自 2003 年中国开始正式统计对外直接投资以来,东北三省对外直接投资在 2008 年前后转折进入快速增长阶段(沈万根,2013),但 2012 年后出现明显下降趋势(图

7-2）。2003年，东北三省总对外直接投资流量仅为1 754万美元，占全国的2.3%。2008年后东北三省总对外直接投资流量连续翻番，实现跨越式增长。2012年，东北三省对外直接投资流量超过35亿美元，但之后连续两年大幅下降，到2014年东北三省对外直接投资流量在全国比重已降至4.5%。从存量上看，东北三省对外直接投资存量规模持续扩大，尤其金融危机之后，年均增长率高达41.2%。在全国的比重由2004年的4.2%稳步增长至2010年的9.3%，之后下降，2014年已降至6.7%。总体上看，东北三省对外直接投资在金融危机之后步入快速发展阶段，但伴随着经济下行压力的凸显，对外直接投资也受到影响而出现明显下滑（郑蕾和刘志高，2015）。

（a）东北ODI流量及在全国的比重

（b）东北ODI存量及在全国的比重

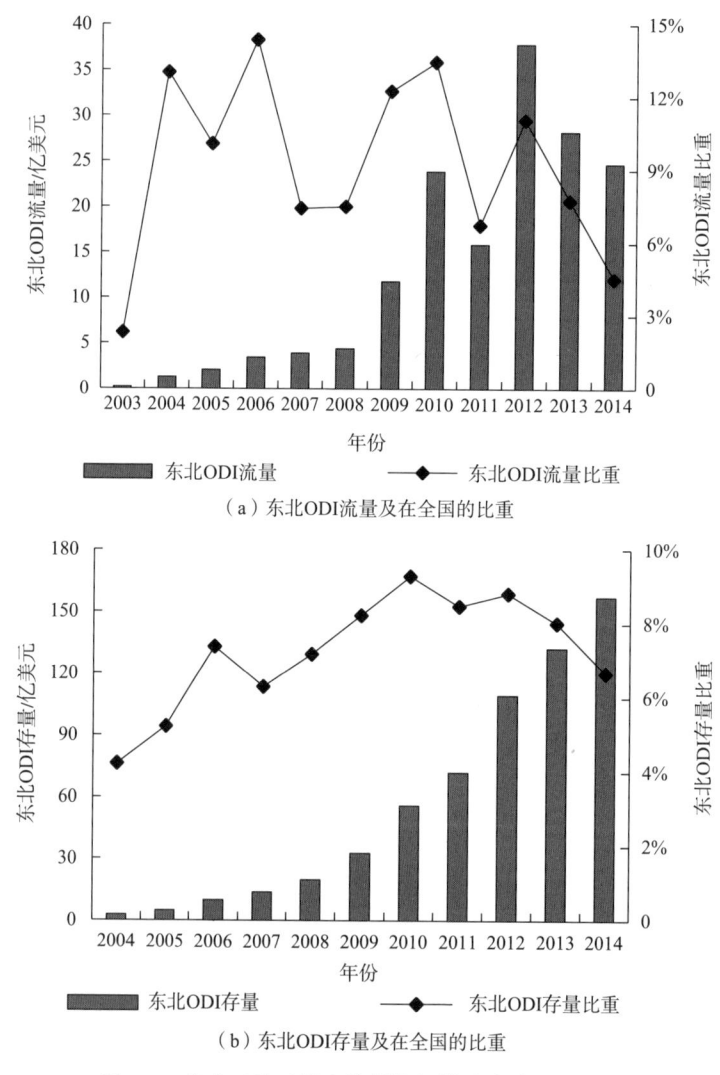

图7-2　东北三省对外直接投资规模及在全国的比重

从投资主体的数量上看，2003年东北三省仅新设立了2个境外投资企业（机构），2005年陡然新增了86个，这主要受益于对外直接投资政策的完善和放宽。一方面中国从2005年开始对外直接投资实施信贷、保险和外汇等政策鼓励，并加强建设协调和指导的服务保障体系；另一方面，从2004年开始改革投资体制，明确了境外投资项目和企业的核准制度，并开始将地方企业非大额对外直接投资的审批核准权力下放至省级行政单位。在此背景下，东北三省对外直接投资也进入加速发展阶段。2005~2011年境外投资企业数量的年均增速高达18.4%，仅2008年受金融危机影响有所下降，但2009年后每年新增对外直接投资企业200多家。截至2014年，东北三省企业共设立了1829个境外投资企业（机构）。

东北三省境外投资企业有40%左右集中在林业、种植业和采矿业。这与东北三省资源丰富，农业和重工业比重在全国范围内相对较高的产业结构有关，说明东北三省对外直接投资发展是基于自身产业的上游延伸。从资产储备角度考虑，未来这类投资应更加注重质量，并进一步降低投资运营风险和成本。从产业结构调整的角度，未来应逐渐降低该类产业对外直接投资数量，减少同业恶性竞争，加强国内企业的联合投资，提升直接投资的成功率和收益率。东北三省有60%以上的境外投资企业在东道国会从事销售、贸易服务、市场服务等相关业务。东北三省对外直接投资还处于发展的初期阶段，对外投资企业在东道国还未建立完善的销售网络，境外直接投资区位选择以市场为导向，并受贸易影响明显。例如，金融危机后俄罗斯减少了原木出口并提高了木材出口关税，促使东北三省加强了对俄罗斯林业的直接投资。

国有经济在东北三省比重较大，对整体对外直接投资具有明显促进作用。近年来，东北三省政府不断为企业"走出去"搭建平台，推动建立了一系列的境外经济合作区和跨境经济合作区，其中黑龙江省已取得较为明显的成果。在政府的大力支持下，黑龙江省吉信工贸集团、东宁华信经济贸易有限责任公司等已成功建设运营两个国家级境外经贸合作区——俄罗斯乌苏里斯克经贸合作区和中俄现代农业产业合作区，带动了一波国内企业对俄罗斯直接投资，并促进了双方的贸易发展。截至2013年底，黑龙江省政府已在俄罗斯境内推动投资建设了斯克尔科沃创新中心、新西伯利亚科技园、伊尔库茨克林木产业园等15个产业园区。而近两年，辽宁省和吉林省也极力推进境外园区的建设。辽宁省在"一带一路"方向上推进俄罗斯巴什科尔托斯坦石化工业园、中俄尼古拉商贸物流保税园区、哈萨克斯坦远大建材产业园、印尼辽宁镍铁工业园、印度特变电综合产业园、纳米比亚黄海汽车组装物流园五个境外园区建设。吉林省积极推进中俄什克托沃农牧业产业园、中朝柳多岛自由经济贸易合作区等境外园区建设。

四、东北地区对外开放平台建设

国家级新区、沿边重点开放地区和经济技术开发区、高新区和综合保税区等各种类型的对外开放平台是深化东北地区对外合作的重要空间载体，是推动东北地区经济社会发展和老工业基地振兴的重要支撑。2003年国家实施振兴东北老工业基地战略以来，东北地区对外开放的规模和水平不断提升，建设了一批重大开放合作平台，这些平台在取得阶段性成果的同时，还存在着一定的困境。在国际竞争合作格局深刻变革，国内经济步入新常态，以及"一带一路"等重大发展倡议提出的背景下，东北地区对外开放平台的建设和发展不仅迎来新的契机，还面临新的要求和挑战。因此，梳理东北地区重点开放合作平台发展现状，总结出现的主要问题，从新的政治经济环境出发，有针对性地引导和规范对外开放合作平台的建设和完善，是推动东北地区新一轮对外开放，实现其全面振兴的重要组成部分。

近年来东北地区积极主动对接国家各项政策和措施，推动对外开放战略的实施，在对外贸易规模持续扩大、商品结构不断优化、利用外资水平明显提升的同时，一批对外开放合作平台先后启动建设，包括国家级新区（大连金普新区、哈尔滨新区和长春新区）、自由贸易试验区（辽宁省）、边境经济合作区（内蒙古满洲里边境经济合作区、辽宁丹东边境经济合作区、吉林珲春边境经济合作区和和龙边境经济合作区、黑龙江黑河边境经济合作区和绥芬河边境经济合作区）、重点开发开放试验区（内蒙古满洲里重点开发开放试验区、黑龙江绥芬河—东宁重点开发开放试验区）、国际科技合作基地（如哈尔滨、长春、呼伦贝尔、丹东、延边）、产业合作园区（如沈阳中德高端装备制造产业园、大连中日韩循环经济示范基地、大连中以高技术产业合作重点区域、珲春国际合作示范区和中新吉林食品区）、海关特殊监管区（大连保税区，大连大窑湾保税港区，大连保税物流园区，大连出口加工区，珲春出口加工区，沈阳出口加工区，绥芬河、沈阳、满洲里和长春兴隆等综合保税区）、边境城市（内蒙古满洲里市；黑龙江黑河市、同江市、虎林市、密山市、穆棱市和绥芬河市；吉林珲春市、图们市、龙井市、和龙市、临江市和集安市；辽宁丹东市）、跨境旅游合作区（内蒙古满洲里、黑龙江绥芬河和黑河、吉林延边、辽宁丹东），以及多个国家级经济技术开发区、国家级高新区和综合保税区等，这些空间载体对于推动东北地区对外开放发挥了重要的作用。

第三节 东北地区对外开放的制约因素

一、东北对外开放的国内制约因素

（一）对外开放尚存在体制障碍

中华人民共和国成立后中国东北地区之所以能够在很短的时间内发展成为重要的工业基地，最主要的是得益于传统的计划经济体制。然而，随着我国经济体制改革的不断深入，东北地区的经济增长日益失去制度性优势，并需要承受比其他地区更多的改革与体制转换成本，制约了东北地区体制改革的进程。目前，东北地区制度成本仍然较高，投资环境与东南沿海地区相比有明显的差距，一些部门服务意识尚未完全到位，对外开放的有关部门配套服务、信息服务还有待进一步完善。同时，东北地区在社会保障制度、公共管理制度等方面还不够健全，不能充分支持东北地区的体制改革和外资利用的发展。

（二）对外开放发展相对滞后

在我国渐进式改革的过程中，对外开放采取从沿海向内地逐渐推进的方式，对外开放时间和空间上的差距导致东北地区对外开放方面的体制性落差。东北地区没有临近港澳的地理优势，对外开放时间、深度、广度等各方面均滞后于东南沿海地区。东北地区对外开放进程相对滞后，引进外资规模较小，经济发展速度较慢，形成了区域发展不平衡的格局。在振兴东北老工业基地政策的支持下，2002年以来，东北地区外商投资、外贸进出口都增长很快，但与东南沿海地区相比还有明显的差距，在外资参与国有企业改造、公用事业和基础设施建设等领域，利用外资没有较大的突破。

（三）国有企业改革的任务依然艰巨

东北地区大中型国有企业较多，很多国有企业不但各种社会包袱与历史负担沉重，而且企业技术落后，内部组织结构、经营管理方式都无法有效地适应市场经济的要求。由于没有大量外部资金投入，国有企业职工转岗分流的出口狭窄，在保持社会稳定的大前提下国有企业改革进程被迫放慢，企业竞争力明显下降，就业压力加大。

（四）产业基础偏重化工业，吸引外资能力不足

改革开放之初，我国主要发展以加工工业为主的出口产业，外资利用我国廉价的劳动力资源，大量投资于劳动密集型加工工业。东北地区以资本密集型重化工业为主，企业规模较大，行业进入门槛较高。这种产业特点与当时国家重点发展的对外开放产业不一致，未能得到政策支持，外资进入的速度迟缓，规模较小、产业领域狭窄。

二、东北对外开放的国际制约因素

"一带一路"建设从活跃的东亚经济区跨越到发达的欧洲经济区，而东北亚地区恰恰位于"一带"与"一路"的交汇点上。由于东北亚地区的地理位置以及较多的利益争端，"一带一路"建设设计的路径并未包括东北亚地区，并没有将东北亚地区纳入其建设计划中，而是以中蒙俄经济走廊为突破口，但这恰恰说明了东北亚地区开展经贸合作的重要性与必然性。"一带一路"建设为东北亚区域开展经贸合作指明了合作方向，提供了可借鉴的模式与内容。在新的历史时期，在"一带一路"建设的大背景下，东北亚地区开展经贸合作面临着很多困境。

（一）美国因素

一直以来，美国国家安全的最高指导原则是防范欧亚大陆出现威胁其霸权地位的经济体。冷战结束后，美国逐渐认识到俄罗斯重现苏联霸权的时代已经一去不复返，而中国是亚太地区最有可能挑战美国世界霸权的新生力量。因此，长期以来美国一直对中国采取"遏制"的政治外交手段，企图遏制中国的发展。美国提出重返亚太的"再平衡"战略，奥巴马政府并力推没有中国参加的"跨太平洋伙伴关系协定"（Trans-Pacific Partnership Agreement，TPP）[1]。美国试图借助 TPP 对东亚一体化产生负面影响，牵制东亚一体化，防止形成强大稳定的贸易集团。另外，美国又提出了"印太区域"的构想，以协调其南亚与亚太战略，试图统一规划西太平洋与北印度洋，美国的这一构想在空间上大部分覆盖了中国"一带一路"建设的区域。因此，随着美国"遏制"中国战略的步步推进，中国的任何经济战略，特别是中国当前推动实施的"一带一路"建设，都会被认为是在挑战美国在亚太区域的既得利益，美国必然会进行阻挠和抵制。

---

[1] 2017 年美国退出了 TPP。

（二）日本因素

由于日本在亚洲的战略空间布局与中国类似，有很强的意愿来限制中国的行动。由于日本在海上通道的先天优势，可以扼守住中国进入太平洋的门户。日本也在不断强化美日同盟，与美国进行海上安全的战略合作，这些都能够在某种程度上对中国的"一带一路"建设构成挑战。值得一提的是，1995年台海危机后，日本对海上安全战略进行了新的部署，开始实施积极的远洋攻击性防御，日本海上自卫队的作战范围已经扩展到整个亚太地区。日本与美国形成同盟，成为美国"亚太再平衡"战略的支持者，它们建立反潜网与西太平洋情报网，对中国出入太平洋的轮船进行监控，甚至是围堵。

另外，日本向印度洋方向不断延伸海上防御领域，甚至扩展到马六甲海峡，不断威胁中国西行与南行航线。当前，中国已经超越日本成为世界第二大经济体，面对中国的崛起，日本也同美国一道，积极鼓吹"中国威胁论"，在领土争端问题上进行挑衅，对历史问题颠倒黑白，一起抵制中国发起创立的亚洲基础设施投资银行（简称亚投行），中日韩东亚共同体与自贸区建设也被无限期搁置。可见，日本并不会支持中国"一带一路"建设，日本是中国在东北亚地区开展经贸合作的巨大障碍。

（三）朝鲜因素

由于历史原因，朝鲜半岛局势一直处于紧张状态，即该地区随时有可能重燃战火，而美国一直想维持这种局面以牵制中国。朝核问题成为美国控制半岛局势的砝码。美国与朝鲜在朝核问题上一直争执不断，也一直威胁着朝鲜半岛的安全。美国在军事以及经济等方面一直对朝鲜实施压制，要求朝鲜放弃核计划。朝鲜对美国则以发展核武器抗衡，在2016年1月再次实施了氢弹试验，引起了国际社会的不满。由于朝核等问题，朝鲜半岛地区也一直冲突不断，无法保证正常的经济、投资环境，半岛地区的战争威胁挥之不去，成为东北亚区域合作的"雷区"，使"一带"与"一路"建设不能在东北亚地区进行衔接，在图们江进入日本海区域出现了缺口，严重制约了东北亚经贸合作的进程。朝核问题是阻碍东北亚区域经贸合作的巨大障碍，东北亚各国需要加强交流与合作，超越朝核问题，将对朝工作的重心集中在对朝经济交流与合作上。

（四）韩国因素

2016年以来，韩国萨德部署直接损害了中韩贸易，"萨德"成为中韩两国经济共同发展路上的"绊脚石"，对两国贸易的冲击开始显现。中国是韩国最大的贸易伙伴、最大的出口市场、最大进口来源国和最大的海外投资对象国。数据显示，2015年，中韩贸易总额达到2 273.8亿美元，占韩国GDP的16.6%，相当于美韩贸易总额的两倍。某种程度上，可以说是中国的消费者在支撑着韩国经济，中韩自由贸易协定的签订，更是为韩国开拓了更广阔的中国市场，为中韩间经贸合作开启了新篇章。2005~2015年，中韩贸易逆差总额达到4 214.9亿美元，这意味着韩国向中国出口的产品比从中国进口的产品多了4 200多亿美元，这些数据表明，韩国经济的发展越来越离不开中国，按照以往增长前景的预计，两国贸易总额在2016年可以达到3 000亿美元以上，但是现在"萨德"成了中韩两国经济共同发展路上的"绊脚石"，中韩间的经贸关系势必在"萨德"的影响下会受到严重阻碍。

第四节 东北地区对外开放的战略构想

东北地区的开放是打开东北地区问题症结的重要途径。东北地区对外开放要遵循依托基础、发挥优势、弥补不足、正确定位、跨越发展的基本原则，利用东北地区社会经济发展积累起来的重化工业体系、产业工人群体及交通运输体系，充分发挥东北地区的区位特点、人才优势和资源基础，把对外经济合作变为弥补投资不足、经济总量不足的重要手段，在国家对外合作政策框架中定位东北地区对外开放和融入"一带一路"的政策框架，推进东北经济的振兴与跨越发展。东北地区对外开放需统筹国际国内两个市场两种资源的关系、"走出去"与"引进来"的关系、沿海与沿边开放的关系、对外开放与对内开放的关系、对外经贸与平台建设的关系。这五种关系中，最关键是需要处理好"引进来"与"走出去"的关系。针对当前东北地区实际情况，东北地区应该以"引进来"促进"走出去"，实行"双向开放"战略。

一、推进中蒙俄经济走廊各方合作机制建立

中蒙俄经济走廊建设是"一带一路"倡议的重要组成部分，应积极建立健全三方毗邻地区地方政府合作机制，对接俄罗斯跨欧亚大通道、蒙古国"草原之路"倡议，促进政策沟通。共同规划发展三方公路、铁路、航空、港口、口岸等基础设施资源，加强在国际运输通道、边境基础设施和跨境运输组织等方面的合作。发展中蒙俄定期国际集装箱运输班列，建设一批交通物流枢纽。加强三方在能源矿产资源、高技术、制造业和农林牧等领域合作。积极加强与亚投行、金砖国家新开发银行、上海合作组织银行联合体、丝路基金等金融机构的沟通衔接。

加强东北振兴战略与俄远东开发战略对接，完善中俄地区合作工作机制，建设中俄科技创新合作平台，加强中俄环保产业合作交流。推动黑瞎子岛保护开发，共建中俄国际合作示范区。支持哈尔滨对俄合作中心城市、牡丹江中俄地区友好合作示范城市建设。加强中蒙在发展规划、重大项目、园区建设、通关便利化、生态保护等方面的协商与衔接（叶尔肯·吾扎提等，2017）。提升二连浩特等对蒙口岸功能，推动共同实施乌兰察布—二连浩特—乌兰巴托铁路升级改造。深化能源资源深加工和农牧业合作，加强科教卫生、边境旅游、体育赛事等交流合作。

二、引导重点产业领域的双向开放合作

引导外资重点领域的产业合作，建设具有国际竞争力的产业集群。依托"一带一路"建设，引进跨国公司龙头企业，带动为其配套的中小企业进入，推动产业链向中下游延伸，扩大产业、企业聚集的辐射效应。依托资源条件和产业基础，合理利用国际资金、技术和管理经验，建成具有国际先进水平的大型石化加工和新型基础材料生产基地群，重点发展造船、装备制造业所需钢材及高新技术、高附加值的精细化工产品。积极引导外资投向成套设备、重型机械装备、交通运输装备等先进装备制造业，着重发展精密机床、节能汽车、汽车零部件、造船等牵动力大、产业链长的外资项目。鼓励设立研发机构，重点发展电子信息产业、生物和现代医药产业、新能源和新材料等产业。同时，引导外资由单一的生产制造业领域向上下游关联产业扩展，打造一批具有竞争力的优势产业链。

加大生产性服务业的对外开放力度。进一步扩大金融服务业对外开放，鼓励外资银行和保险公司、跨国金融集团在东北主要城市设立分支机构，并允许外资银行经营人民币业务。鼓励引进为中小企业服务的金融机构、风险投资、产业基金和项目融资、物流配套资金流服务等。扩大商贸服务业对外开放的领域，发展第三方物流配送企业。鼓励投资国际法律财务咨询、信息科技和大型工程咨询评估，兴办合资的审计、律师、会计师事务所等各类中介机构。鼓励外资参与道路交通、大型水库等大规模基础设施以及城市公共设施项目建设，支持外商以转让经营权等多种形式投资基础设施领域。

推动东北优势企业和名牌产品走出去。实行特许经营制度，尽快打破垄断，促进多元化投资、产业化经营；建立农产品出口支持体系，加强技术服务和政策咨询等工作；切实改善农业投资环境，引进资金、技术和管理，提升农业国际竞争力，重点培育大米等优势农产品的深加工出口；积极创造条件，鼓励农产品加工企业到境外从事农业生产与加工；以电站成套设备、铁路货车、新型农机、石油石化、重型数控机床、轨道交通、自主品牌汽车、核电、船舶海洋工程、航空航天等优势领域为重点，加快推进东北地区装备"走出去"；积极推进海外整车

装配基地和轨道交通装备生产基地建设；引导企业在境外设立研发中心，支持有实力的企业直接切入设计、研发、营销等价值链高端环节。

三、加快对外重点资源领域的合作进程

加强对俄蒙能源合作，采取多种形式参与俄、蒙特别是俄远东与西伯利亚地区石油、天然气国际开发工程，在勘探、采掘和利用俄油气资源上取得突破，形成勘探、采掘和加工系统化。做好中俄石油管道支线的铺设工作，支持黑河市与俄罗斯布拉戈维申斯克市铺设过江石油管道。全面推进与俄、蒙、朝在重要矿产资源方面的合作开发与利用。争取俄罗斯资源的勘探权和开发权，在金、铜、铁、铝、煤等资源开发上实现全面合作。统筹规划对蒙古煤、铁、铅锌等资源的开发合作，避免多头投资，无序竞争，要在政府层面统筹考虑的总体框架下发挥地方和企业的积极性，积极推进对朝铁矿的合作开发。通过外交努力保障对俄、蒙、朝资源合作开发的合法权益，建立与俄森林资源开发利用的长期合作关系，以木材贸易为先导，以森林资源开发为中心，以双边、多边合作为基本方式，重点发展开展林产工业对俄合作，实现境内外林、浆、纸及木制品产业化，满足国内木材市场需求。

东北亚中日韩三国在资源开发领域具有明显的竞合关系。中、日、韩均为资源进口大国，为保障资源特别是油气进口安全，三国高度重视与资源生产和出口国的外交关系，经常围绕资源开发项目展开激烈的外交竞争。2014年6月，韩国总统朴槿惠出访乌兹别克斯坦、哈萨克斯坦和土库曼斯坦三个"'欧亚倡议'构想的核心国家"，重点探讨了与这些国家的能源等资源合作问题。2015年10月，日本首相安倍晋三出访土库曼斯坦、塔吉克斯坦、乌兹别克斯坦、吉尔吉斯斯坦和哈萨克斯坦五国，确保石油、天然气和铀等资源的稳定供应也是其与中亚各国领导人会谈的重点内容之一。中、日、韩三国不仅应该看到在确保资源稳定供应方面相互间的竞争关系，还应该看到加强合作的巨大潜力。如果三国企业能联合进行项目竞标、共同开发和广泛开展运输合作，就能够共同克服类似"亚洲原油溢价"给三国造成的重大损失。

四、着力优化对外开放布局和开放平台建设

随着国家"一带一路"倡议深入实施和我国全方位对外开放新格局建设的加快，东北地区的地位更加凸显。新的历史发展机遇对东北地区开放型经济的发展也提出了新的要求：要求东北地区主动对接国际贸易投资新规则、新要求；要求东北地区实施更加积极的开放战略，加快构建对外开放新体制，以扩大开放为新

的动能，促进创新、推动改革、加快发展；要求东北地区尽快建成一批开放型经济高地，形成区域经济发展的核心增长极，带动东北地区社会经济的发展。具体而言，应以国家级新区为重点，统筹推进国家级功能平台建设，加快发展东北地区门户城市，打造对外开放战略高地；以自贸区建设为契机，加强体制机制创新，创新开放型经济发展模式；加快双向开放合作，加快边境地区对外开放高地建设，增强开放型经济内生动力，推动东北地区新一轮对外开放。

以国家级新区为重点，加快打造门户城市，建设东北地区对外开放战略高地。依托国家级新区，重点支持大连、哈尔滨和长春等城市发展，加大东北地区门户城市开放力度。发挥大连优势，进一步深化改革开放，加强体制机制创新，加快大连东北亚国际航运中心和国际物流中心建设，深入推进面向东北亚区域开放合作机制，尽早建设成为我国面向东北亚区域开放合作的战略高地、引领东北地区全面振兴的重要增长极。哈尔滨新区应加快中俄全面合作，促进积极扩大面向东北亚开放合作，着力探索老工业基地转型发展的新路径，促进黑龙江经济发展和东北地区全面振兴发挥。长春新区应加快体制机制改革，引领图们江区域合作开发。

以自贸区建设为契机，加强体制机制创新，推动全面深化改革扩大开放。自由贸易试验区是指在某一国家或地区境内设立的实行优惠税收和特殊监管政策的特定区域。自由贸易试验区在更大范围推广复制工作与国家级新区建设统筹考虑，综合布局，通过消除经济发展的体制机制弊端，对接高标准国际经贸规则，形成各具特色、各有侧重的自贸区试点格局，扩大东北地区对内对外开放水平，增强地区经济发展内生动力。加快推进辽宁自由贸易试验区建设进程，以市场为导向深化体制机制改革，推动经济结构调整和优化升级，为增强东北老工业基地发展活力和整体竞争力，提升其对外开放程度和打造新引擎水平；建议设立大连自由贸易试验区，以投资和金融体制改革为核心，推动开放型经济转型升级；支持营口建设中韩自由贸易示范区；建议设立黑龙江自由贸易试验区，发挥黑龙江对俄地缘和经贸合作基础优势，提升外向型服务业发展水平，构建面向俄罗斯及东北亚的对外开放合作平台。

加快边境地区对外开放高地建设，增强开放型经济内生动力。鼓励东北地区联合相关国家在国家级新区成立各种类型的产业合作园（中小企业合作园、科技园、创新创业园），深入推进对外开放，大力拓展国际合作，推进国际产能和装备制造合作；进一步加快边境城市基础设施建设，加强重点边境城市建设，增强对周边地区的辐射力和吸引力；加大对边境城市的政策支持力度，在沿边地区打造一批对外开放平台（综合保税区、跨境经济合作区、边境经济合作区、互市贸易区、综合保税区和重点开发开放试验区等），推动边境城市与周边国家和地区合作领域的多元化，加快引导边境贸易向加工、投资、贸易一体化转型；紧抓

"一带一路"和"龙江丝路带"倡议机遇，进一步推动绥芬河-东宁重点开发开放试验区建设；充分发挥丹东对朝优势，建议设立丹东重点开发开放试验区，重点发展纺织服装和电子信息等产业；加强与周边国家在游客往来、宣传推广、旅游资源和产品开发、标准建设、市场监管和安全保障等方面的协商，签订合作协议，共同推动国际旅游目的地的建设。

五、建设国际物流通道，构建对外开放支撑体系

积极推进东北地区对外开放的国际大通道建设，推进中国、蒙古、俄罗斯建立统一的全程运输协调机制，促进国际通关、换装、多式联运有机衔接，形成统一的运输规则，实现国际货物运输便利化；在通道能力、设备设施、口岸衔接、运输组织、产品开发等方面整体联动，形成长效沟通机制、定期会晤制度。

推进对俄、朝、蒙主要口岸通道建设，发展公路通道建设，推动中、蒙、俄三国签订公路运输协定，加强中、蒙、俄三方的沟通协调，推动达成公路运输协定，三国共同制定出入境车辆标准，进一步规范跨境运输；争取中、蒙、俄边境地区货物运输车辆可以互相进入对方境内，中方车辆允许经蒙古国进入俄罗斯；争取在边境地区实现中、蒙、俄三国自驾游车辆进入，简化入境手续办理；以合作开发、参股或购买方式打通经俄纳霍德卡或东方港、扎鲁比诺港，经朝鲜清津港、罗津港的新出海通道，以加速推进大图们江区域经济合作进程，解决黑龙江、吉林两省距大连港运距过远的问题。在对等条件下加快边境区域航空运输网络建设，协调发展地方航空运输合作，增加现有航线航班，完善航班网络结构，探讨航权进一步开放。加快哈尔滨作为东北亚地区国际枢纽机场的建设；力争加开哈尔滨至哈巴、伊尔库茨克、克拉斯诺亚尔斯克等航线，不断拓展东北亚及北美经哈尔滨中转的第五航权客、货航线。

加快建设东北地区的高速铁路网、高速公路网建设，连接东北地区沿边主要开放城市，节约主要经济区域至各个主要对外物流通道口岸的时间和经济成本，以强化东北沿海经济带、辽中城市群、吉中经济圈、哈大齐产业带、中蒙图们江运输通道和沿边开放城市对腹地的辐射作用，带动整个东北区域对外经济合作水平的全面提高。

六、加强国际协调，积极推进大图们江区域开发合作

次区域开发合作既是共建"一带一路"的核心内容，也是东北亚区域合作的关键领域。在积极推动有关各国在交通物流合作、能源合作、投资合作、旅游合作、环境保护合作等方面磋商，取得了较好进展。"大图们倡议"区域合作机制

也存在许多严重的内在缺陷。有关各国中央政府的参与水平明显偏低，参加"协商委员会"的各国政府代表仅为副部长级，很难就重大区域合作问题展开有效的磋商并达成有法律约束力的协议。大图们区域的地理范围划定不仅与合作目标不相匹配，而且没有考虑经济合理性问题；GTR 不具有融资机能，其在推动建立区域融资保障机制方面的努力一直没有取得实际成效。

将东北亚纳入"一带一路"的重点合作区域，可以为东北亚次区域开发合作提供更有力的组织保障。一是提升各国中央政府在各项决策活动中的参与水平，各国政府代表由副部长级提高至副总理级甚至总理级，达成更有法律约束力的行动计划；二是根据区域合作的目标和优先领域要求，扩展大图们区域的地理范围，整体考虑确定优先合作领域和具体合作项目，提高有关各国对大图们区域合作的重视程度；三是推动亚投行、丝路基金等金融机构为大图们区域重点基础项目建设提供融资支持，尽快消除制约区域合作的瓶颈；四是全力推动跨国经济合作区，强化双边和多边的协调与配合，改变单边自主开发为主的开发模式，将其提升到双边或多边协调行动的层次上来，重点推进中俄建立珲春—哈桑跨国（边境）经济合作区、中朝建立珲春—罗先跨国（边境）经济合作区的国际协调和建设，并通过两个跨国（边境）经济合作区的整合，促进图们江地区跨国（边境）经济合作区的形成；五是进一步加强地方政府参与大图们区域合作的机制建设，使有关各国大图们区域范围内的所有省级地方政府都积极参与 GTI "地方发展论坛"，形成各国中央政府与地方政府协调推动大图们区域合作的新格局。

七、推进东北亚国家的战略对接

在东北亚地区推动共建"一带一路"，应该以"愿景与行动"提出的"五通"为最终目标。当然，在东北亚地区全面实现"五通"建设目标不可能一蹴而就，需要一个循序渐进的长期过程，应根据本区域的实际情况明确区域合作的有限领域并加以重点推进；在东北亚地区，应该特别重视"一带一路"倡议与"欧亚倡议"构想有效对接；中韩两国签署"谅解备忘录"，表明双方已就"一带一路"倡议与"欧亚倡议"构想实现有效对接达成共识，落实好"谅解备忘录"是在东北亚地区推进"一带一路"倡议的重要优先领域。"谅解备忘录"所确定的两国深化合作和实现战略对接的重点领域，与"一带一路"建设的重点内容完全一致，即推动实现沿线国家之间的"五通"。然而，由于各个地区以及有关各国的情况千差万别，很难实现"五通"在各个地区全面同步推进，推进"一带一路"建设既要方向明确，也要按照先易后难、先局部后整体的思路加以灵活推进。

从长远来看，中韩双方应该共同推动东北亚地区基础设施互联互通，特别是建设贯通朝鲜半岛并经过中国通向俄罗斯的交通设施、能源设施、通信设施。然而，受各种复杂矛盾和问题的影响，短期内实现朝鲜半岛以及朝鲜半岛与中国的设施联通却是不现实的。为此，中韩两国应该进一步加强政策沟通和协调，全面落实好《中韩双边自由贸易协定》，加强货币金融合作和人文交流，为两国的战略对接和共建"一带一路"创造出更多的"早期收获"。日本政府对全面参与共建"一带一路"态度消极，短期内不能期望其发生根本的态度转变，中国释放努力推动中日关系向前发展的诚意，绝非标志着中国在重大核心利益方面对日低头让步，而是更能体现外交工作中原则性与灵活性的有效结合。实际上即使日本不明确表态参与共建"一带一路"，实质性地开展一些双边或多边合作，从大局来看也是在东北亚地区推进"一带一路"建设的重要组成部分。建立中日韩自由贸易区就是在东北亚地区推进"一带一路"建设的重要内容之一。中日韩三国是东北亚地区的重要经济体，三国经济总量占全球1/5，总人口超过15亿，相互间经贸关系极为密切，加快推动中日韩自由贸易区对于进一步整合东亚经济圈，并以此支撑"一带一路"建设具有极为重要的意义。由于长期受政治缺乏互信、各自弱势产业问题突出、外部势力干扰强烈等问题制约，中日韩自由贸易协定谈判进展相对比较缓慢。

参 考 文 献

姜晓秋，梁启东，郭连强，等. 2017. 中国东北地区发展报告（2016）. 北京：社会科学文献出版社.

金凤君，张平宇，樊杰，等. 2006. 东北地区振兴与可持续发展战略研究. 北京：商务印书馆.

金凤君，陈明星，王姣娥. 2012. 东北地区发展的重大问题研究. 北京：商务印书馆.

刘志高，张薇，刘卫东. 2016. 中国东北三省对外贸易空间格局研究. 地理科学，36（9）：1349-1358.

沈万根. 2013. 东北地区利用外商直接投资存在的问题及其对策. 学术交流，（4）：105-108.

吴昊，刘丹. 2005. 中国东北地区与周边国家的贸易和投资关系. 东北亚论坛，14（6）：46-50.

叶尔肯·吾扎提，张薇，刘志高. 2017. 我国在"一带一路"沿线海外园区建设模式研究. 中国科学院院刊，32（4）：355-362.

张国宝，宋晓梧，刘铁男，等. 2008. 东北地区振兴规划研究（综合规划研究卷）. 北京：中国标准出版社.

郑蕾，刘志高. 2015. 中国对"一带一路"沿线直接投资空间格局. 地理科学进展，34（5）：563-570.

第八章 新型城镇化发展路径与对策

经历了近现代独特的区域开发与工业化进程，东北三省一直是我国城镇化水平较高的地区之一，形成了以大中城市为主导，沿重要交通轴线布局的城镇化发展模式。然而近年来东北三省城镇化增速逐步落后于全国平均水平，出现传统城镇化增长动力逐步减弱，人口外流态势较为明显，城市群整体实力偏弱、资源型城市与老工业区转型任务艰巨与资源环境压力持续加大等问题。为此，本章结合东北三省人口城镇化发展的集聚态势提出未来东北三省新型城镇化发展的四大路径，分别是优先发展区域中心城市，促进城市转型与功能升级，提升中心城市位次；构筑以城镇群为主体形态的新型城镇化格局，提升城镇群的集聚能力和区域影响力；引导城镇合理布局，强调就地城镇化，构建"多点多极"的网络化城镇开发格局；坚持生态安全底线，建设美丽宜居城乡。同时，本章提出了加快东北新型城镇化发展的四大对策建议，即加快培育东北三省世界级的特色城镇群，夯实新型城镇化发展的产业就业基础，提升城市发展新空间的集聚与创新能力和积极探索适合东北三省的多样化城镇化发展模式。

第一节 城镇化发展历程与特征

一、城镇化发展历程

东北三省是中华人民共和国成立后工业的摇篮和重要的农业基地，全国重要的经济增长极。经历了近现代独特的区域开发与工业化进程，东北三省一直是我国城镇化水平较高的地区之一，城镇化水平最高时高出全国平均水平近30个百分点，近年来与全国平均水平的差距呈缩小态势，但仍高出 5 个百分点左右。就东北三省的城镇化演进历程而言，大致经历了以下几个阶段（图8-1）。

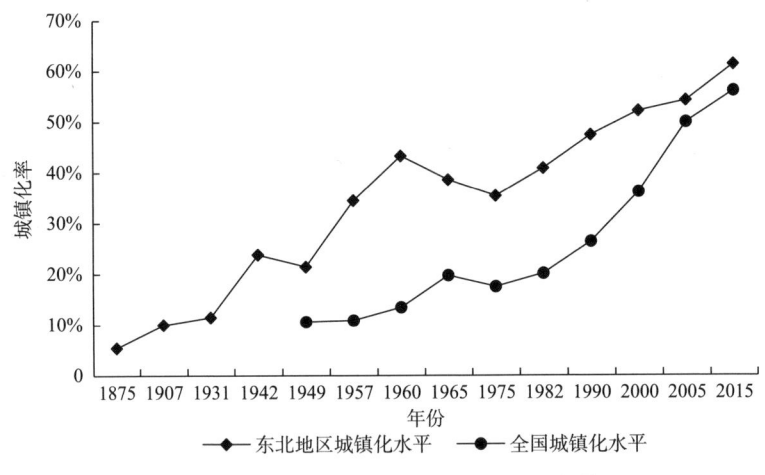

图 8-1 鸦片战争以来东北三省城镇化增长情况

1. 鸦片战争至 1949 年：城镇化起步发展阶段

东北三省真正意义上的城镇化始于鸦片战争以后，外国势力相继进入东北三省，中东铁路的修建、营口港的开埠等带动了东北三省矿产资源的快速开发，逐渐形成了一批资源型城市和以沈阳、鞍山、本溪、大连、齐齐哈尔等重化工业为主的城市，到 1942 年东北三省的城镇人口达到 1 085 万人，城镇化水平达到 23.8%，远高于中华人民共和国成立初期全国的平均水平 10.6%。

2. 1949~1978 年：城镇化曲折发展阶段

中华人民共和国成立以后，东北三省城镇化进程受国家重点项目投资带动发展迅速，"一五时期"国家重点建设的 154 个项目中，东北三省达到 54 个，投资额占到全国总投资额的 37.3%。该阶段通过重点项目的建设东北三省基本奠定了以大中城市为主导的城镇化发展格局。1958 年以来，受"大跃进"运动和长达 10 年的"文化大革命"等因素影响，东北三省城镇化进程经历了长达 20 年的缓慢增长甚至倒退停滞的发展阶段。

3. 1979~1990 年：城镇化快速发展阶段

改革开放以来，东北三省城镇化进程得以恢复并逐步走向正轨，城镇化格局得到进一步的优化和完善，在大中城市实现较快增长的同时也涌现出一大批发展条件相对较好、发展潜力相对较大的小城镇，在一定程度上完善了东北三省的城镇体系结构，总体上来看这段时期的城镇化增速要快于全国平均水平，东北三省城镇化水平更是高于全国平均水平 20 个百分点。

4.1990年至今：城镇化缓慢增长时期

1990年以来受长期的计划经济桎梏影响，东北三省市场经济发展缓慢，城镇化进程逐步落后于同期的长三角、珠三角、京津冀等东部沿海发达地区，1990~2000年全国城镇化水平提高10个百分点，长三角地区和珠三角地区提高近20个百分点，而东北三省仅提高不到5个百分点。按照2010年"六普"统计口径，东北三省城镇化水平（包括蒙东五盟市）为57%，高出全国平均水平近7个百分点，而2000年则高出全国平均水平16个百分点，东北三省城镇化水平与全国城镇化水平差距逐步缩小。2015年东北三省城镇化水平达到61.34%，相比2010年提高4.34个百分点，而同期全国平均水平则提高了6个百分点（王胜今和韩一丁，2017）。

二、城镇化发展特征

（一）大中城市主导并不断强化的城镇体系格局

根据第六次全国人口普查数据，2010年东北三省地级及以上城市34个，人口在200万以上的城市有四个，100万~200万人的城市五个，50万~100万人的大城市21个，20万~50万人的城市四个。与2000年相比，50万~100万人口大城市数量增加了五个，相比来讲中小城市发展明显不足，形成以大中城市为主导的城镇体系格局。从东北三省城镇人口空间分布及增长情况看，呈现以下特点：①哈大走廊沿线的沈阳、大连、长春、哈尔滨等区域中心城市成为城镇人口分布的集聚和热点地区。②城镇人口向沈阳、大连、长春、哈尔滨等区域中心城市集聚态势明显。沈阳、大连、长春、哈尔滨等四大区域中心城市市辖区人口占东北三省总人口比重由2000年的12.66%提高到2010年的15.1%和2015年的17.5%。③城镇人口向辽宁沿海、哈大走廊沿线快速集聚，而东部地区则出现城镇人口大规模减少的特点。

（二）城镇化水平的空间差异较大

从地级行政单元的尺度看，2010年东北三省城镇化水平的空间分布呈现东高西低的特点，从2000~2010年城镇化水平的增长来看，辽宁沿海地区及哈大走廊沿线地区城镇化水平增长较快；从县级行政单元的尺度看，哈大走廊沿线的区域中心城市城镇化水平明显较高，而中心城市周边则出现"灯下黑"现象，城镇化水平相对较低，这也从另一个角度反映了东北三省发展的重心仍集中于中心城市范围内，尚处于快速集聚发展阶段，对周边县市的辐射带动能力有限，城镇群培育尚处于初级阶段。

（三）外来人口向哈大走廊、辽宁沿海和沿边地区集聚态势明显

外来人口分布通常反映了不同城市的发展水平、潜力及综合吸引力。从外来人口空间分布看，东北三省外来人口主要集中于沈阳、大连、长春、哈尔滨等区域中心城市、辽宁沿海地区和东北三省的沿边地区，而区域中心城市的周边出现"灯下黑"现象，外来人口规模普遍偏小。外来人口的增长也呈现相似的分布规律，沈阳市区、长春市区、本溪市区、丹东市区、朝阳市区、辽阳市区等中心城市和依安、汤原、宾县、海林等县成为外来人口增长最快的地区，外来人口向中心城市和特色中小城市集聚的态势明显，辽宁沿海地区、哈大齐地区和沿边部分地区是仅次于前者的外来人口集聚地区。从省际流入人口比重看，东北三省省际流入人口比重较大的城市除了沈阳、大连、长春、哈尔滨等传统的中心城市以外，沿边地区省际流入人口比重较大且增长态势明显，是东北三省区域未来发展的重要地区和热点地区。

第二节 城镇化面临的问题与出路

一、城镇化发展面临的主要问题

（一）传统城镇化增长动力逐步减弱

工业化是推动东北三省城镇化发展与格局形成的主要动力，近年来东北三省工业发展的重点是以传统优势产业的转型升级为重点，新兴产业培育不足，从而导致新兴的城镇化发展动力尚未形成。此外，通过对比 2005~2014 年东北三省工业优势度的变化可以发现，东北三省大部分传统优势产业，如装备制造、矿产资源开采及加工等产业优势正在逐渐下降，而农副产品深加工、食品制造及一些特色资源深度转化类产业和战略性新兴产业虽获得了较快发展，但其产业规模仍旧较小，工业结构依然偏重，对整个产业发展的带动能力偏弱，表现为传统城镇化增长动力正在减弱，而一些新兴的城镇化动力尚未形成的发展困境。

（二）人口外流态势较为明显

根据第六次全国人口普查数据，东北三省每年净流出人口约 200 万，其中黑龙江省和吉林是人口净流出省份，杨东亮（2016）研究发现东北三省流出人口主要为高学历人口、非农城镇人口、年富力强或事业有成人群等。从常住人口空间分布来看，东北三省表现出西密东疏、哈大走廊沿线和辽宁沿海地区分布密集的

特征。从常住人口的增长情况看，哈大走廊和辽宁沿海地区中心城市仍旧是常住人口增长较快的地区，东北三省内部总体上呈现北部地区常住人口增长快而南部常住人口流出严重的特点，黑龙江省西部地区尤其是哈大齐走廊地区常住人口增长较快，而吉林省除了长春市区和辽宁省除了辽中城市群地区与辽宁沿海中心城市以外，大部分处于人口流出地区，且常住人口减少的速度较快。

（三）城市群整体实力较弱，带动能力有限

辽宁沿海城市带、辽中城市群、吉林中部城市群、哈大齐城市群等无论在发展规模与发展水平上都与东部沿海地区重要城市群，如京津冀、山东半岛、长三角地区、珠三角地区、海峡西岸等城市群差距较大，且差距呈现日益扩大趋势，整体实力明显偏弱。从发展阶段看，东北三省城市群尚处于起步阶段，中心城市仍以向心集聚为主，与周边县市联动发展水平弱，呈现典型的"灯下黑"现象。其次，东北三省四大城市群之间目前尚未建立有效的分工与合作发展机制，产业结构雷同现象严重，辽宁、吉林、黑龙江三省都将装备制造、矿产资源开采及加工等产业作为主导产业，缺乏产业链的耦合与价值链的分工。同时，东北三省城市群内部各城市之间缺乏合理分工与协作，如辽宁沿海城市带各城市大都将能源化工、装备制造作为重点产业予以扶持，港口重复建设，相互竞争严重。因此，东北三省应抓住"一带一路"、中国制造2025、创新驱动、东北振兴等深入实施的有利契机，加快构筑四大城市群之间与城市群内部各城市之间协同发展机制，打造东北三省世界级的特色城镇群。

（四）资源型城市与老工业区转型任务艰巨

东北三省资源型城市多达41个，种类多、数量大，超过1/3的城市为资源型城市（张平宇，2013）。国家实施振兴东北老工业基地战略以来，资源型城市的改造工作取得了很大成效，基本上解决了资源型城市企业破产、下岗失业、社会保障、棚户区改造等紧迫问题，但资源型城市尚未全面步入可持续发展轨道，转型任务依然艰巨。首先，多数资源型城市特色优势产业集群尚未建立起来，经济发展仍高度依赖于资源型产业，新兴接续产业和替代产业发展缓慢。其次，健康持续发展的体制机制尚未有效建立起来，经济发展对国家投资与政策依赖性强，经济发展的内生动力不足，限制经济发展的体制机制障碍仍未从根本上得到破除，城市更新改造和矿区环境整治任务仍十分繁重。棚户区改造取得巨大进展，居民居住与生活条件大幅改善，但就业尚未全面有效解决。总体来看，经过多年的振兴，资源型城市与老工业区的生活居住问题获得了较大改善，但可持续发展的长效机制与模式尚未有效建立起来，产业断链、人才流失等问题日益严重，与东部沿海地区及国内发达地区的差距仍呈扩大趋势。

（五）城镇化发展的资源环境压力持续加大

东北三省在城镇化快速发展的同时，资源环境压力持续加大，建设用地快速增长，2003~2010年，东北三省34个地级市城市建设用地面积增长了24.96%，增长速度是前1996~2003年的2倍以上，主要城市的城市建设用地面积扩大了50%以上（张平宇，2013）。根据国土资源部公布的国家级开发区土地集约利用水平评价结果，东北三省的开发区土地集约利用水平明显处于全国中后列，土地集约利用水平差（表8-1）。生态环境压力持续加大，大气污染日益严重，雾霾天数高居不下，空间范围持续扩大，局部地区生态环境恶化等问题。这些都表明，现阶段的城镇化增长方式粗放，城镇化发展面临严峻挑战。

表8-1 东北三省国家级开发区土地集约利用水平评价（在全国的排名情况）

名称	排名	名称	排名
大连保税区	18	大连大窑湾保税港区	203
西新经济技术开发区	29	吉林经济技术开发区	220
沈阳出口加工区	37	丹东市边境经济合作区	221
长春高新技术产业开发区	52	大庆高新技术产业开发区	229
沈阳海峡两岸科技工业园	54	鞍山高新技术产业开发区	233
辽宁大连出口加工区	55	宾西经济技术开发区	258
大连经济技术开发区	58	辽宁沈阳（张士）出口加工区	260
大连长兴岛经济技术开发区	121	吉林珲春出口加工区	273
大连高新技术产业园区	128	哈尔滨高新技术产业开发区	278
营口经济技术开发区	138	珲春市边境经济合作区	290
吉林高新技术产业开发区	140	齐齐哈尔高新技术产业区	294
沈阳经济技术开发区	152	四平红嘴经济技术开发区	301
沈阳高新技术产业开发区	166	海林经济技术开发区	307
哈尔滨经济技术开发区	180	哈尔滨利民经济技术开发区	311
营口高新技术产业开发区	185	绥芬河市边境经济合作区	315
辽阳高新技术产业开发区	192	黑龙江绥芬河综合保税区	321
延吉高新技术产业开发区	195	黑河市边境经济合作区	328
锦州经济技术开发区	199	长春兴隆综合保税区	335
长春经济技术开发区	201		

二、城镇化发展的方向与路径

（一）优先发展区域中心城市，促进城市转型与功能升级，提升中心城市位次

按照五大发展理念的要求，转变城镇化和城市发展理念，以质量提升替代规

模扩张，以城市功能优化和位次提升为导向，提升沈阳、大连、长春、哈尔滨四大中心城市的功能位次与国际竞争力（金凤君等，2012）。首先，以大连金普新区、长春新区和哈尔滨新区三大国家级新区建设为抓手，加快沈阳、大连、长春、哈尔滨四大中心城市的功能升级与空间结构的战略性调整，着力将沈阳建设成为国家中心城市，引领东北三省参与国内经济分工与协作；加快将大连打造为东北亚地区重要的门户城市，推进东北亚国际航运中心和国际物流中心建设，加快环渤海港口体系的整合，引领东北三省参与东北亚的竞争与合作；加快将长春打造为东北三省重要的中心城市，推进长吉一体化进程，发挥对图们江地区的国际开发与合作的支撑与引领作用；抓住"一带一路"与中蒙俄经济走廊建设的契机，着力将哈尔滨打造为东北亚重要的区域中心城市、对俄合作中心城市，提升哈尔滨在中国与北美航线中的物流枢纽功能。其次，引导优质人口、产业和功能资源向沈阳、大连、长春、哈尔滨四大中心城市集聚，加速中心城市城市功能的转型升级。创新城市治理模式，完善城市治理体系，提高城市治理能力，保障区域性中心城市功能的高效发挥。针对东北三省日趋严重的产业断链、人才流失等困境，坚持创新驱动发展，共同搭建哈尔滨-长春-沈阳-大连世界级的"东北创新共同体"，打造国家重要的科技创新中心与科技成果转化基地，培育具有世界影响力装备制造、战略性新兴产业等特色产业集群与全国重要的绿色食品制造、生物医药和精细化工等产业基地。再次，坚持以人为本，加快农业转移人口市民化进程。深化户籍制度改革，全面推行居住证制度，有序推进农业转移人口市民化，提高户籍人口城镇化率。健全促进农业转移人口市民化的财政、土地等机制，创新人口管理制度，优先将素质高、就业和居所稳定的外来人口市民化，积极推进新型城镇化综合试点和中小城市综合改革试点。在条件成熟地区，探索推进农业转移人口就地就近城镇化。最后，要坚持紧凑集约的发展思路，保障城市转型升级的空间需求，进一步规范土地供应秩序，有目标、有计划地实施城市空间拓展战略，提高用地项目审核门槛，优先保障高级功能用地；加强用地挖潜，高效集约利用土地，提升人口和产业集聚度，发挥创新集聚、功能集聚和人口集聚的外溢效应。

（二）构筑以城镇群为主体形态的城镇化格局，提升城镇群的集聚能力与区域影响力

进一步优化东北三省城镇化发展格局，构筑以城镇群为主体形态的城镇化发展格局；以哈大综合交通走廊为支撑，加快推进哈（尔滨）长（春）沈（阳）大（连）为主轴的东北三省城市群建设，打破行政区划限制，强调功能整合与联动发展，着力打造以农副产品加工、食品制造、装备制造和战略性新兴产业为主的世界级特色城镇群；强化辽宁沿海城镇发展主轴的产业功能与门户功能培育，提

高其对东北三省城镇发展的辐射与带动能力,打造为"一带一路"倡议的重要门户节点地区与承接国内外产业转移的重要承载区;实施沿边开放带动战略,提高沿边城镇发展副轴的人口和城镇化集聚能力,培育东部沿边城市发展带,打造为仅次于哈大城镇发展轴和辽宁沿海城镇发展轴的第三大城镇发展轴线;加快打造京沈城镇发展轴,深化与环渤海地区对接合作;抓住"一带一路"建设契机,依托中蒙俄经济走廊建设,加快齐齐哈尔－赤峰、绥芬河－满洲里、珲春－阿尔山、丹东－霍林河、锦州－锡林浩特等城镇发展副轴和蒙古出海通道建设,打造支撑东北三省世界级特色城镇群的原材料保障基地;引导人口和产业向重要城镇群和城镇发展轴线的集聚,构筑现代特色产业体系,加强区域互联互通,将承接国内产业转移、本地传统产业升级、新兴产业培育相结合,加强产业联系,延长产业链条,形成产业网络,构建现代产业体系。

(三)引导城镇合理布局,强调就地城镇化,构建"多点多极"网络化城镇开发格局

抓住东北三省城镇化格局调整的机遇,在哈大城镇发展主轴着力打造东北三省世界级的特色城镇群以外,在辽宁沿海城市带、东部沿边城市发展轴、京沈城镇发展轴和齐齐哈尔－赤峰、绥芬河－满洲里、珲春－阿尔山、丹东－霍林河、锦州－锡林浩特城镇发展轴上选择发展条件好、发展潜力大的城市培育省域副中心城市,强化产业和功能集聚,构建"多点多极"的网络化城镇开发格局;壮大县域经济,积极培育农副产品深加工、劳动密集型产业等特色产业发展,大力推进"一县一业"示范工程建设,探索承接产业转移新模式,优化县域产业园区布局;支持区域中心城市制造业企业向周边县(市)搬迁和升级改造,鼓励行业核心企业向周边县(市)延伸产业链条;开展扩权强县、扩权强镇试点,以提升质量、增加数量为方向,加快培育发展新生中小城市。建立健全县(市)与垦区、林区、矿区、油区、边区长效融合发展机制;积极培育重点镇,每个县选择发展条件好、潜力大的 1~2 个重点镇,与县城一起,集聚产业,提供优质就业;完善教育、医疗、商贸等公共服务设施,提升对本地乡村人口和外出务工回流人口的吸引力,形成地区性的增长极;一般镇、集镇和中心村,要建设农村新型社区,依托地方特色资源,发展特色经济,做好基本公共服务,引导人口、产业和功能的多层次有序集中,形成地方性的集聚点发挥县城综合发展优势,打造产业增长高地和人口集聚中心;有序引导人口迁移和集聚,以特色产业集聚和公共服务供给为抓手,提升县城和小城镇的人口吸纳能力和吸引力,将回流人口"截留"在城镇地区,实现本地城镇化;以户籍和土地制度改革为手段,推进空心村改造、偏远山区生态移民,有序引导乡村人口向城镇地区集中,实现就地城镇化。同时,要强化城镇间的多层次网络化空间联系,以多层级网络化的功能体系为引

导、政府引导、市场主导,将要素配置和功能配置的层次性和连接性落实到城镇空间,引导城镇间功能一体化。以多层级网络化交通体系为支撑,强化城镇间联系,促进功能和空间一体化,形成区域性集聚经济,优化区域城镇空间体系。

(四)坚持生态安全底线,建设美丽宜居城乡

首先,要加强基本生态控制区的保护,构筑区域生态安全屏障;依托山水林田湖,构筑区域生态安全格局。控制灾害高易发区建设,引导人口疏解;限制河流上游的开发强度和污染产业布局,保障饮水安全;严格保护各类生态功能区,严控城镇群以外地区的过度集聚,构建覆盖全市的生态空间格局。其次,要加强与主体功能区规划相衔接,明确平原、丘陵、山区的差异化发展思路,保护开敞生态空间,提升土地利用和城市空间组织效率;重视城市生态环境,建设生态宜居城市;加强都市区生态环境规划,规划和保护好城市间的绿带绿楔,建设城市绿道系统、主题公园、郊野公园和新增保护区等都市生态空间,建设生态城市,集约利用土地,保护耕地和农林绿色空间;提高水、能源利用效率,节能减排,建设低碳城市;加强环境综合治理,加快产业升级和机动车管理,改善人居质量,建设宜居城市。

第三节 加快新型城镇化发展的对策建议

一、加快培育世界级特色城镇群

近年来,东北三省从各自角度依托省会或核心城市分别提出建设辽宁沿海城镇带、辽中城市群、哈大齐走廊、长吉图一体化等战略,并将其作为推进新型城镇化发展的重要载体,取得了一定成效,但与战略预期仍存在较大差距,这种差距主要体现在东北三省重要城镇群,无论从发展规模、发展水平都与京津冀、长三角地区、珠三角地区、山东半岛、海西、成渝等国内主要城市群的差距呈扩大趋势。未来聚焦东北的城镇化战略有可能随着产业断链、人才流失等问题加剧,传统的城镇化发展动力将面临严峻挑战,从而需要打破东北三省的行政区划界限,在东北三省尺度上进行资源与产业的整合以培育装备制造、农副产品加工、食品制造、生物医药、新材料等特色优势产业链和产业集群为重点,形成东北三省世界级的特色城镇群(图 8-2)。为此在城镇化发展策略上需要加强"三个尺度、四个层面"的整合。

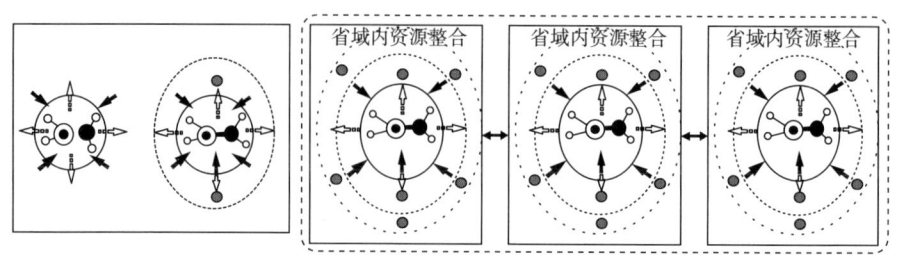

核心城市整合→城镇小群建设→世界级特色城镇群打造

○ 中心城市层面　◌ 城镇群层面　▭ 区域层面　● 国家节点战略地区　● 主城区
● 外围城镇　○ 其他城市　▬ 空间联系　→ 集聚力　⇢ 扩散力

图 8-2　打造东北三省世界级特色城镇群发展模式图

（1）整合新区与老城区发展，提升沈阳、大连、长春、哈尔滨四大中心城市功能位次与空间结构的战略性调整。依托大连金普新区、长春区和哈尔滨新区三个国家级新区，着力发展先进制造业与现代服务业，引导大连、长春、哈尔滨老城区传统功能转移，推动老城区与新区的联动发展，共同打造具有较强竞争力的现代化区域性中心城市（齐元静等，2016）。沈阳要抓住建设国家中心城市的契机，着力谋划城市功能升级与空间结构的战略性调整。

（2）整合中心城市与周边县市发展，构筑沈阳、大连、长春、哈尔滨四大都市区。实施都市区战略，着力培育哈尔滨-哈大齐、长春-长吉、沈阳-辽中、大连-辽宁沿海城市带四大核心城市都市区，提升参与区域竞争的能力与水平。目前，这一尺度的发展框架已经拉开，未来应重点以资源整合和功能注入为重点，构造特色优势产业集群。

（3）推进四大都市区的横向与纵向尺度的整合，着力打造东北三省世界级的特色城镇群。所谓的"横向整合"，指依托沈阳、大连、长春、哈尔滨四大中心城市都市区或城镇群，按照"中心城市+直接腹地""中心城市+资源支撑基地"的模式，推进东北三省各自资源及相邻地区资源的有效整合，引导人口产业向核心城镇群和都市区集中，构筑省域特色优势产业链。所谓的"纵向整合"，是指依托沈阳、大连、长春、哈尔滨等核心城市都市区或城镇群，打破行政区划限制，有效整合装备制造、战略性新兴产业等优势产业基础，推进四大都市区或城镇群的资源整合，构筑"大企、大链"，形成东北三省特色城镇群。

二、夯实新型城镇化发展的产业就业基础

（一）打造多层次、多类型的承接产业转移示范区

首先，完善产业转移合作机制。进一步加强与我国东部沿海地区政府、开发

园区、战略投资者和大型企业的合作，探索托管、股份合作、产业招商等模式；建立完善的税收分成等利益分享机制；合作共建一批专业化特色产业园，实现组团式承接产业转移，打造承接产业转移示范基地。鼓励有条件的地区突破行政区划界限，跨区域合作共建开发园区。其次，探索综合产业承接模式。积极探索"大项目-产业链-产业群-产业基地"的招商模式，主动引进带动性强，关联度高的龙头企业，承接产业链整体转移，形成龙头带配套、大中小企业齐头并进，产业多元发展的格局。积极吸引研发、采购、销售、物流、售后服务等行业一体发展。最后，要完善承接产业转移的保障措施。尽快制定东北三省承接我国东部沿海地区产业转移的定位、发展等重点方向，措施及优惠政策。定期举办产业转移高层峰会，创造产业转移的平台。建立促进产业转移的差异化政策，明确导向目录和准入清单，完善激励机制。积极争取用地指标，保障产业转移项目落地。

（二）加快打造具有较强竞争力的优势产业链与基地

首先，加快装备制造业提档升级，重点发展电力装备、航空航天装备、轨道交通装备、智能制造装备、农机装备、船舶与海工装备、新能源装备、石化成套装备和冶金成套装备九大装备制造业，构建具有国际竞争力的先进装备制造业基地和重大技术装备战略基地。促进信息化与工业化深度融合，积极发展高档数控机床、工业机器人等智能制造产业，建成一批新型工业化示范基地。探索建立军民融合产业发展机制，打造国家军民融合创新改革示范区。其次，以"油头化尾""煤头化尾""粮头食尾"为方向，推进矿产资源深度转化产业、农副产品深加工、绿色食品制造等产业发展，构筑传统优势产业集群。再次，要大力培育壮大战略性新兴产业，重点发展新一代信息技术、新能源汽车、高端装备、新材料、生物医药、节能环保、航空航天等产业发展，打造国内领先、国际知名的战略性新兴产业高地。最后，要坚持便捷化、特色化、品牌化方向，大力发展现代物流、金融、文化和旅游等现代服务产业，构建功能完备、服务高效和供给良好的服务业体系，满足东北三省工业化、城镇化和农村现代化迅速发展的需要。

（三）完善劳动力市场，提高劳动力素质

以产业发展为基础，以就业岗位增加为前提，促进农村人口向城镇转移。首先，完善促进就业、鼓励创业、扶助失业等系列相关政策。实施更加积极的就业政策，统筹城乡劳动者就业，大力发展劳动密集型产业、服务业和小微企业，发展家庭服务业，有效增加就业岗位；重点解决好高校毕业生、农村富余劳动力、城镇就业困难人员就业，做好退役军人就业工作；完善和落实创业扶持政策，推进各类群体自主创业，以创业带就业；积极开发公益性就业岗位，支持非全日制、临时性、季节性等灵活多样的、非正规的弹性就业形式，扩大就业岗位。完善公共就业服务体系，建立统一规范灵活的人力资源市场，健全就业信息传递机制，推进基层公共就业社会保障平台和农民工城市综合服务中心建设，充分利用网络、电视、电台、报纸等发布就业政策和劳动力供需信息，加快人力资源和社会保障信息化建设，提高农民工就业参与率。发展壮大农民工劳务组织，推进农村剩余劳动力有序转移，大力加强人力资源市场监管和劳动执法监察，建立健全劳动关系协调机制，引导劳动力在市内就业，缓解企业用工不足的矛盾。其次，积极发展职业教育，健全政府主导、社会参与、主体多元、形式多样、充满活力的职业教育办学体制。遵循就业优先、合理匹配、适度超前的原则，围绕东北三省重点发展的产业领域，有针对性地设置专业，重点建设一批骨干专业，满足东北三省产业发展的需求。扶持面向劳务市场的农民工职业学校，逐步实现免费教育；通过政府补贴对农村转移劳动力进行技能培训，做到"人人有技能"。提升农村劳动力职业技术能力，提高熟练工、技术骨干社会地位和收入回报，增强参与市场竞争和就业能力，创造向上流动机制。

三、提升城市新空间的集聚与创新能力

开发区、国家级新区作为改革开放以来我国区域开发的重要经验，是东北三省产业发展与创新的重要载体，在支撑东北老工业基地转型中发挥了重要作用（齐元静等，2016）。从目前东北三省开发区的空间分布看，国家级开发区主要分布在哈大经济走廊沿线和辽宁沿海地区，而省级开发区分布相对较为分散，几乎涵盖到每个县市。但从目前东北三省开发区的实施绩效看，开发区大都起步较早但发展水平整体偏弱，不仅落后于东部沿海发达地区的开发区发展水平，与我国中西部地区一些重要开发区也存在一定差距。例如，从土地集约利用水平看，东北三省国家级开发区土地集约利用水平总体处于我国国家级开发区的中后列，明显落后于东部沿海地区其他国家级开发区。从东北三省内部开发区的集约利用水平看，南部的国家级开发区土地集约利用水平好于中北部地区，大连的各大开发区土地集约利用水平明显高于其他地区的集约利用水平。未来应对东北三省开发区发展进行分类引导：①对于紧靠城市、后备发展空间不足，而功能相对齐全的开发区，应加快开发区向综合性城区的转型，逐渐调整开发区产业结构，打造城市重要的功能区；②对于产业基础较好、后备发展空间充裕、距离城区相对较远的开发区，应进一步强调产业功能的培育，根据城市主导产业发展要求，逐步调整开发区产业结构，走特色化发展道路，聚焦特色优势产业，着力打造特色优势产业集群；③按照打造东北三省特色优势产业链的要求，以沈阳、大连、长春、哈尔滨四大中心城市重要开发区为龙头，整合周边地区开发区发展，将其打

造为中心城市开发区的产业协作配套基地,构建跨区域特色优势产业链。加强产业发展新空间的体制机制创新,营造自由、公平的产业发展环境。

建设多层次的工业园区,促进城乡产业集中化布局。按照布局优化、产业集聚、用地集约、特色突出的原则,建设多层次的工业园区体系。规范开发园区的设立、扩区和区位调整,实现有序发展。制定各类产业开发区建设规划,优化布局,集约发展,着力提高现有开发园区产业聚集度。适应发展需要,在符合国家相关政策和节约集约用地要求的前提下,支持开发园区扩区、整合。立足产业发展需要,依托自身优势,明确开发园区产业定位和发展方向,选准主导产业,推动关联产业和要素集聚,完善产业链,发展产业集群,打造园区品牌,着力培育一批特色鲜明的专业化园区。完善项目进入机制与退出机制,以科技含量、环境影响、投资强度、产业效益作为选资标准,提高入区项目档次和质量。加强用地调控,节约集约用地,积极推行建设多层标准厂房,充分利用地上、地下空间,认真落实开发园区单位土地面积投资强度的要求,提高单位土地面积产出。推行公司开发管理模式,创新融资方式,实行市场化资本运作,拓宽融资渠道,高起点规划基础设施建设,完善园区配套设施,为产业转移提供公共服务平台。

四、积极探索多样化的城镇化发展模式

(一)加快资源型城市转型与老工业区改造步伐

加大资源型城市与老工业区转型发展扶持力度,统筹推进"新""老"产业协调发展以及资源型城市与老工业区转型发展与调整改造同步推进,积极构筑转型发展长效机制。首先,要做好"疏"的文章,抓住东北三省人口城镇化空间重组的态势,合理引导发展条件较差、发展潜力较小、资源处于枯竭边缘的城市人口向东北三省重要的发展轴带和重点城镇转移,降低资源型城市的人地矛盾和发展压力。其次,要加强"引"的发展,加大对资源型城市接续产业和替代产业发展的扶持力度,"十三五"时期东北三省各省市产业发展的重点项目可以适当向资源型城市倾斜,着力探索政府引导与市场培育共同驱动的产业发展新模式,打造资源型城市现代特色型产业发展新体系。再次,加强区域经济合作,一方面要加强东北三省资源型城市与沈阳、大连、长春、哈尔滨四大中心城市的产业合作,建立产业功能上的联系;另一方面要加强与东部沿海地区发达城市的经济合作,建立对口协作机制,合作共建园区。最后,要加强资源型城市的生态修复力度,大力发展循环经济,逐步改善资源型城市的生态环境,打造宜居宜业的人居环境。

（二）积极探索农垦区与林区特色城镇化模式

农垦区与林区是东北三省独特的城镇化类型地区，农垦区城镇化发展要在保障粮食生产能力持续提高的基础上，坚持走农业现代化、工业化与城镇化"三化"协调发展道路（张平宇，2013）。林区依托良好的生态优势与林下资源优势，大力发展林下经济产业和旅游业，加快城市经济转型，建设功能齐全、特色鲜明的林区小城镇。

（三）大力扶持新兴特色城镇的发展

通过分析东北三省城镇化发展的特征与态势，可以发现东北三省一些特色旅游城市、口岸城市等依托特色区位与资源的城市的城镇化也实现了快速发展，成为城镇化增长的热点地区。尤其是随着我国步入大众旅游发展阶段，东北三省依托丰富的旅游资源逐渐成为国内外重要的旅游目的地，一些旅游资源丰富的城市因此而实现了快速发展；随着"一带一路"国家倡议的深入实施，东北三省沿边开放进程不断加速，带动形成了一批特色口岸城镇，未来应推进口岸城市的合理分工，积极扩大中心城市规模，促进人口和经济集聚，加快口岸和城市基础设施建设。

参 考 文 献

金凤君，陈明星，王姣娥. 2012. 东北地区发展的重大问题研究. 北京：商务印书馆.
齐元静，金凤君，刘涛，等. 2016. 国家节点战略的实施路径及其经济效应评价. 地理学报，71（12）：2103-2118.
王胜今，韩一丁. 2017. 东北地区城镇化发展水平分析. 人口学刊，39（3）：44-51.
杨东亮. 2016. 东北流出流入人口的城市居留意愿比较研究. 人口学刊，38（5）：34-44.
张平宇. 2013. "振兴东北"以来区域城镇化进展、问题及对策. 中国科学院院刊，28（1）：39-45.

第九章　全球价值链整合与区域产业升级

本章从全球价值链整合趋势出发，对东北地区工业产业在全球价值链的地位进行测算，为全球价值链整合背景下的东北产业升级和振兴提出政策建议。首先，在全球价值链整合趋势方面，全球价值链将进入重要重塑期，全球价值链整合将出现新的发展趋势，具体表现为：发展中国家向全球价值链高端跃升；全球价值链中制造业和服务业融合的趋势愈加明显；全球价值链正向全球创新链不断拓展；全球价值链趋于分散化和碎片化，链条将越来越长；全球价值链整合的国际和国内协调机制将更趋完善。其次，在对东北地区工业产业在全球价值链的地位进行测算方面，发现东北地区采矿业等基础工业贸易增值量较大，但存在严重的产能过剩和低端锁定威胁，而其制造工业在全球价值链中的分工地位较低，对外贸易中表现出较为明显的比较劣势，并且这一劣势还存在恶化倾向。最后，在全球价值链整合背景下东北产业升级的政策建议方面，本章提出了以下几点政策建议：第一，加强科技创新与人才培养，积极促进东北地区产业过程升级；第二，鼓励外资引进，积极促进东北地区产业产品升级；第三，推动产业集群发展，积极促进东北地区产业功能升级；第四，抓住对外开放程度提升机遇，积极促进东北地区跨产业升级。

第一节　全球价值链整合的趋势与特点

一、全球价值链的内涵与特点

（一）全球价值链的概念

全球价值链理论源于价值链理论，价值链的概念最早是由美国哈佛商学院的

Porter 于 1985 在其所著的《竞争优势》中提出，他认为每一个企业的价值创造过程都是由设计、生产、营销、交货等过程及对产品起辅助作用的各种相互分离的活动所构成，这些活动涉及从供应商的原材料获取到最终产品消费时的服务之间的每一个环节，并且这些环节相互联系、相互影响，由此形成企业价值创造的行为链条，即价值链。Gereffi（1999）则提出了全球商品链理论，首次将价值链与全球经济和产业组织联系起来。

全球价值链理论在全球商品链以及价值链理论的基础上发展而来，全球价值链是指产品在全球范围内，从概念设计到使用直至报废的全生命周期中创造价值的一系列活动，包括对产品的设计、生产、营销、分销及对最终用户的服务等。经济全球化的快速发展促使通信技术进一步发展、运输成本不断降低并且贸易障碍不断减少，为要素在全球范围内配置与生产中的跨国分工合作提供了更多便利条件，进而促进了全球价值链逐步形成。

（二）全球价值链的治理结构

全球价值链主要从两种截然不同的视角来研究全球经济，即自上而下法和自下而上法。自上而下法的关键在于全球价值链中的"治理"，主要是指价值链的组织结构、权力分配，以及价值链中各经济主体之间的关系协调。自下而上法的核心在于"升级"，侧重于国家、地区和其他经济利益相关者维持或提升其在全球经济中地位的策略。

根据全球价值链中行为主体之间协调能力的高低，Gereffi 等（2005）将全球价值链治理模式划为市场型、模板型、关系型、领导型和等级制五种类型，其中市场和等级制是价值链中行为体之间协调能力的最低端和最高端。治理模式的选择主要由交易的复杂性、交易的可标准性及供应商的竞争能力三个因素决定，具体如表 9-1 所示。

表 9-1　全球价值链治理的决定因素

治理类型	交易复杂性	识别交易能力	供应能力	合作和能力不对称程度
市场	低	高	高	低 ↓ 高
模块	高	高	高	
关系	高	低	高	
领导	高	高	低	
等级	高	低	低	

资料来源：Gereffi 等（2005）。

（三）全球价值链视角下的产业升级

产业升级可分为工艺流程升级、产品升级、功能升级和跨产业升级。工艺流程升级是指通过重组生产体系或引入先进技术等方式使投入更有效地转化为产出，提升价值链链条中某一环节的生产加工工艺流程的效益。产品升级是指企业通过引入新产品或更复杂的生产线来增加产品的单位价值，以达到超越竞争对手的目的。功能升级需要获取新的功能或者摒弃现有功能来提高经济活动的整体技术含量，通过重新组合价值链中的环节来取得竞争优势。跨产业升级是指企业从一条价值链跨越到另一条技术更高的价值链中，通常情况下新的价值链与之前价值链相关。不同的产业和国家，其价值链升级方式不同，主要取决于价值链的投入-产出结构和不同国家的体制。一般而言，产业升级都依循工艺流程升级-产品升级-产业功能升级-跨产业升级这一升级路径，如表 9-2 所示，东亚众多国家工业化进程都符合这一规律。

表 9-2 升级存在层级

	流程升级	产品升级	功能升级	跨产业升级
轨迹	→			
示例	原始设备装备（original equipment assembling，OEA）↓ 原始设备制造（original equipment manufacturer，OEM）	自主设计制造（own design manufacture，ODM）	自有品牌制造（own brand manufacturing，OBM）	移向新的价值链——从黑白电视显像管到电脑显示器
活动包含程度	内容包含和附件值逐步增加 →			

资料来源：Kaplinsky 和 Morris（2001）

（四）全球价值链下的地方产业集群

全球价值链中的各个环节在形式上是一个连续的过程，但是在全球化进程中会逐渐呈现出片断化的特征，体现在空间上就是各个环节离散地分布于全球各地区。这种离散分布格局一般都具有高度地理集聚的特点，各个价值环节的地理集聚使地方产业集群成为全球价值链在空间上的组成部分，全球价值链呈现出"大区域离散，小地域集聚"的地理分布特征，即地方产业集群的形成。由于各个地方产业集群占据价值环节的附加值不同，全球价值链下的地方产业集群有着严格的等级体系。不同地方产业集群之间存在着激烈的竞争关系，这种关系必然要求地方产业集群沿着全球价值链向上升级，不断向全球价值链的高附加值环节攀升，获取整个价值链条上最有利润的环节。这对于发展中国家更具有现实意义，在全球价值链下实现产业集群的升级是其不断发展的重要战略选择。

（五）全球产业链转移历程

全球产业链转移是指产业通过国际投资等方式从一个国家或地区转移到另一个国家或地区的过程，是产业在空间布局上的移动。从 20 世纪 50 年代以来，全球各国和地区经济发展进程有较大差异，形成一次又一次的跨国跨地区产业转移浪潮。自 20 世纪 50 年代以来，全球先后经历了三次大规模产业转移浪潮，具体如表 9-3 所示。

表 9-3　20 世纪 50 年代以来三次全球产业转移浪潮

栏目	第一次转移	第二次转移	第三次转移
转移时间	20 世纪 50 至 60 年代	20 世纪 70 至 80 年代	20 世纪 90 年代
转移主体	美国向德国、日本转移	德国、日本向东亚和部分拉美地区转移	美、日及亚洲新兴经济体向中国和东南亚国家转移
转移产业	钢铁、纺织等传统产业	劳动密集型加工产业	美、日：劳动、资本密集型产业和部分低附加值产业；亚洲新兴经济体：失去比较优势的劳动密集型和部分资本技术密集型产业
转移原因	美国对其国内产业结构转移	日本经济发展迅速，产业结构不断升级，和美国成为产业转移的主导国家	美、日等国家大力发展新材料、新能源等高新技术产业，将产业结构重心向高技术化、信息化和服务化方向发展
转移结果	业化进程加快，成为世界新的"世界工厂"	亚洲"四小龙"逐步实现进口替代，成为新型工业化国家和地区	带动了中国和东南亚国家经济发展和产业结构升级，加快了工业化进程，中国内地是该次产业转移的最大受益者

纵观 20 世纪 50 年代以来的三次全球产业转移浪潮，全球产业转移在转移主体和转移产业等方面都在发生着不断变化。从资源密集度来看，产业转移由最早的劳动密集型产业，逐步过渡到资本密集型产业，再到技术和知识密集型产业；从附加值来看，产业转移从低附加值产业发展到高附加值产业。进入 21 世纪以来，全球产业转移呈现出多国家、多层次、多领域等新的趋势和特点，并且全球产业转移的影响范围日益扩大，对世界经济一体化进程有着重要作用。同时，世界各国之间产业结构关联性不断增强，各国产业结构并不是独立变化和升级，往往受到其他国家产业结构变化的影响。由此可见，全球产业转移进入一个新阶段，因此，对新一轮全球产业转移的新趋势进行分析至关重要，能够为中国承接产业转移，提高在全球价值链中的地位提供更多理论依据。

二、全球价值链整合的新趋势

（一）发展中国家向全球价值链高端跃升

在全球价值链分工中，由于各国之间存在比较优势的差异，往往各取所长，偏向于在价值链上的某段进行生产。一般而言，发达国家在科学技术、熟练劳动力等方面具有比较优势，主要承担技术密集型和资本密集型的分工任务，能够获得较高增加值，在全球价值链中处于高端位置。而发展中国家主要具有自然资源和廉价劳动力等比较优势，主要参与资源密集型和劳动密集型的分工任务，在全球价值链中整体处于低端环节，图 9-1 的"微笑曲线"说明了不同国家在全球价值链中的地位和所处环节。然而，近年来发展中国家尤其是新兴经济体发展迅速，特别是在 2008 年经济危机后对推动世界经济增长发挥了重要作用。发展中国家在全球价值链中的地位逐渐发生变化，传统的"微笑曲线"可能会发生整体移动和改变。

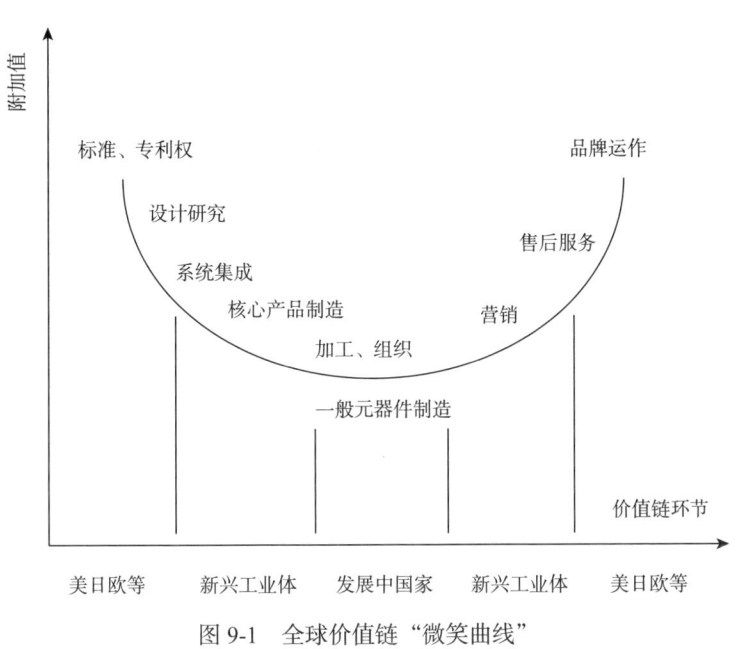

图 9-1 全球价值链"微笑曲线"

首先，发展中国家以自身要素和资源等优势加入全球价值链后，通过技术学习效应积累了产业升级的技术力量，将发挥后发优势以及"技术外溢"效应。在技术转移和溢出效应的累积作用和外资企业的技术示范效应下，发展中国家的技术水平和人力资本获得不断提升，一方面会直接促使外资企业将研发中心和售后品牌维护等高附加值环节转移到发展中国家；另一方面发展中国家本土企业受利润驱使，也会逐步由加工组装的 OEM 方式向自我设计加工的 ODM 方式升级，从而向全球价值链的高端不断攀升。

其次，互联网经济为发展中国家提供了新的发展机遇，推动着发展中国家从由发达国家主导的全球价值链中突围而出。发展中国家可以积极推动云计算、大数据、移动互联和社交网络等第三平台技术与现代制造业的结合，促进生产与市场需求更紧密协同，形成从快速获取消费需求到组织生产价值和销售的反应模式，同时促进生产技术、生产方式、管理方式的转变，提高发展中国家制造业的市场适应能力。

最后，服务离岸外包的发展为发展中国家产业升级提供了强大的拉动效应。发展中国家具有较低人力成本、专业技能等优势，在发展服务离岸外包上比发达国家具有更大的竞争优势，是全球服务外包的主要承接方。服务外包含有较高的人力资本要素和技术知识要素，承接服务外包可以为发展中国家带来就业增加、产业结构升级及技术溢出效应等，为发展中国家向全球价值链高端攀升带来了重大机遇。

（二）全球价值链中制造业和服务业融合的趋势愈加明显

制造业和服务业的融合是指两个产业之间相互不断融合、渗透，从而使二者的边界逐渐模糊化，出现兼具制造业和服务业特征的新型产业过程。随着全球价值链分工体系的不断深化以及国际一体化生产的持续深入，服务业在国际生产分割中的作用逐渐加强，全球服务业与先进制造业之间逐渐形成既分工又合作的新型互动关系，同时还呈现出"服务引领制造"、"制造提供需求"的融合趋势。首先，制造业企业不再局限于自身的产业边界，不断向服务业拓展和延伸，制造业服务化的趋势不断加强。制造业企业开始提供除产品以外的功能服务以及与此相关的其他服务，使制造业的服务功能不断加强，服务已经成为全球价值链中价值增值的重要组成部分。具体而言，产品生产、加工、组装等制造环节创造的附加值在整个价值增值中所占比重逐渐下降，有逐步向价值链低端转移的趋势；而研究开发、品牌设计、营销售后等服务所创造的附加值则越来越高，有不断向价值增值高端攀升的趋势。其次，服务业凭借其技术、销售渠道、品牌优势等进入制造业产品制造环节，或者引入制造业的标准化产品和现代化生产方式，从而出现服务业的制造业化现象，实现更高效的服务。最后，当前产业价值链在国家之间的不断分解使加工、组装等制造环节很难再实现创新和报酬递增，服务业尤其是生产性服务业的中间投入和创新效应逐渐成为制造业提升技术含量和附加值的源泉，制造业的发展也会进一步加大对生产性服务业的需求。

（三）全球价值链正向全球创新链不断拓展

20世纪80年代中期以来，制造业价值链条在全球范围内不断拓展和分布，构建了以产品价值增值环节和阶段国际梯度转移为主要特征的全球分工和生产体系。随着计算机通信技术等的快速发展，当前全球分工演进的一个新趋势就是技术创新越来越具有全球性特征，全球价值链分工演进向全球创新链进一步拓展并深化。

过去的技术创新大多局限于企业、区域或者国家创新网络中，但随着信息、通信、交通等技术的不断创新发展以及各经济体开放程度的逐渐提高，越来越多的企业开始突破区域和国家界限，能够获得更多的全球优质资源和智慧要素，之前只有发达国家掌握的研发设计等价值链上游环节也逐渐开始向其他国家和地区转移。此外，当前不同国家企业间人员频繁流动也会带来技术知识的流动，技术创新逐渐从企业内部的部门间协作扩展到企业外部，甚至是不同国家之间的不同主体间的网络合作，技术创新的全球协作特征越来越明显。同时，技术创新的难度越来越大，单独一个地区或者国家已经很难独立完成一个产品和服务创新项目，技术创新往往是不同地区和国家共同努力的成果。不仅如此，技术创新的这种新趋势促使全球价值链的演进也随之发生变化，全球价值链在原有制造业价值链的基础上正不断向全球创新链拓展，这一深度拓展的实质是企业在全球范围内搜索可利用的知识资源，关注资源使用权，并且具备高度开放性的价值网络创新模式。

（四）全球价值链趋于分散化和碎片化，链条将越来越长

进入20世纪90年代以来，随着通信技术的发展以及设计和生产模块化程度的提高，价值链的各片断使要素在全球范围内配置得以实现，生产过程也随之呈现出片断化的趋势。之前传统生产方式下由一个国家拥有的完整价值链被分散至全球范围，国内生产网络逐步变成全球性的开放生产网络。

一方面，经济全球化和科技革命特别是信息网络革命将推动全球生产服务体系的形成，推动跨国公司价值链不断向全球拓展和延伸，全球价值链的可分解性、中间产品的可贸易性、要素配置的分散化程度越来越高。同时，越来越多的企业和机构等参与者的加入也会拉长全球价值链的链条，设计、产品开发、生产制造、销售和售后服务等各种增值环节日益增多。另一方面，一个最终产品的形成不再是由单一地区和国家生产，全球价值链的各个环节离散地分布在全球众多国家和地区，围绕最终产品的需求服务、创意服务、设计服务、生产服务等环节更加支离破碎。各国和各地区围绕某个行业或者产业的竞争布局将会越来越少，而针对全球价值链某个环节或者某段流程的竞争将日益激烈，这也将催生更加专业化的生产和服务。

（五）全球价值链整合的国际和国内协调机制将更趋完善

在全球价值链分工体系下，生产的国际碎片化造成中间品的多次跨境流动，关境壁垒在起到有效保护作用的同时，也不利于全球价值链的深度演进，即使是最微弱的关境壁垒也能在整个价值链上形成累积效应，最终放大有效保护率。全

球价值链分工的迅速发展,在很大程度上就是得益于以边境开放措施为主要内容的第一代经济全球化规则提供的重要的制度保障。

为适应全球价值链的不断深入演进,各国将通过边境开放等措施降低产品和服务等在全球的流动成本,以促进跨境流动的顺利实现,进而更好地融入全球价值链中。就国际协调机制而言,统一且简化的多边贸易规则是解决当前国际贸易体制分散化趋势不断加强以及关税等日益突出问题的有效出路,将有利于避免这些问题对全球生产链产生的干扰。就国内协调机制而言,各国为融入全球价值链,将不断创新和完善对外开放的政策。进口限制等措施不利于本国发展具有国际竞争力的产业和产品,各国政府将通过制定贸易政策法规或市场准入条件、贸易谈判及边境开放等措施,主动降低产品及服务等的流动成本和障碍,促进跨境流动的顺利实现并推动贸易发展,以此嵌入全球价值链的更多环节,最终实现价值增值并获取利益。此外,全球经济的进一步融合与发展也会对各国的经济政策、社会政策、市场规则及行业环境和标准等的一致性和兼容性提出更高标准和要求,会对包括法制化水平、制度质量、知识产权保护、环保标准、劳工标准等国内经济政策和市场环境提出更加严格的要求。

三、对我国发展的启示

面对全球价值链演进的新趋势,我国东北地区应抓住制造业服务化、创新驱动及重构全球价值链等发展机遇,加快推进制造业转型升级,积极构建地区价值链,从而实现在全球价值链中地位的提升,由被动融入全球价值链向主动融入乃至构建可主导的全球价值链转变。

(一)积极提升生产性服务业水平,推动高端制造业快速发展

在全球价值链框架下,服务业是制造业升级的重要媒介和工具,制造业转型成功与否在很大程度上取决于与之配套的服务业特别是生产性服务业的发展状况。中国制造业目前仍处于全球制造业价值链的中低端,面临着提升质量和转型升级的迫切需要。因此,应不断提升服务业对外开放水平,摆脱服务业尤其是生产性服务业供给不足,以及制造业缺乏创新和自主产权等的困境,推动我国高端制造业快速发展。

首先,对于东北地区而言,首先应放松对生产性服务业的投资限制,促进生产性服务业与制造业的互动融合,充分发挥服务业自身需求在生产性服务业发展中的作用,从产业层面扩大生产性服务业的中间需求,实现生产性服务业快速发展。其次,要改造传统服务业,大力推进生产性服务业的集聚式发展,通过政府的扶植与政策的倾斜等措施提升服务业产业集聚对生产率的贡献度。

最后，政府应鼓励和推进生产性服务部门从制造业企业中逐渐分离并转入市场，通过政策引导、产业整合与集聚发展等多种措施，促进已分离的生产性服务业和制造业形成产业间的互动融合，提升生产性服务业国际竞争力（吉喆和律星光，2016）。

（二）利用国际先进生产要素助力创新驱动发展战略

全球价值链从制造业价值链向创新链拓展变化的新趋势，有利于东北地区更加便捷、充分地利用全球创新要素，从而实现依靠创新驱动发展战略带动经济转型并向全球价值链和创新链上游攀升。

东北地区应在主动融入全球价值链的基础上，逐步全面转向嵌入全球创新链，实现要素驱动和投资驱动向创新驱动的发展轨道转变。一是应凭借国内市场规模优势，积极利用发达国家跨国公司实施的"逆向创新"战略，吸引跨国企业的研发设计机构和营销团队等企业核心部分向国内转移，从而通过产业链之间的前后关联效应产生技术溢出，为自身创新驱动发展战略注入新的动力。二是应加快培育国内高端生产要素，吸引外部优质资源和高端生产要素。东北地区应在进一步加大教育投入力度的基础上，努力提升包括基础设施和制度环境在内的外部环境优势，促使国际高端要素向国内集聚，以此推动国内创新驱动发展战略的顺利实现。

（三）加快构建东北地区产业价值链升级机制

国家价值链是以国内本土市场需求为基础，由国内本土企业掌握产品价值链的核心环节，在本土市场获得品牌和销售终端渠道以及自主研发创新能力的高端竞争力，然后进入区域或全球价值链体系。在融入全球价值链的同时，东北地区应构建并行的以本土市场需求为基础的国家价值链的网络体系和治理结构，实现全球价值链与区域价值链的协调。

构造基于现代产业体系导向的区域价值链，需要整合产业关联和循环体系，不断调整东北地区与其他区域之间产业的关系。具体而言，第一，中等收入阶层是中国制造业国家价值链构建的消费主体，应努力培育中国的中等收入阶层，培养国家价值链中关键环节的领导型企业和本国的世界品牌，鼓励和支持本土企业在国内市场实现升级，推动东北地区制造企业构建完整的国家价值链。第二，政府应完善国内社会信用体系和知识产权保护制度，进一步规范市场秩序，为东北企业进行创新研发、开展公平竞争等创造良好的市场信用环境，切实降低本土企业构建国家价值链的制度成本。第三，应改变传统政绩评价机制、不断规范地方政府的竞争行为。

（四）持续推动东北地区产业集群不断升级

随着经济全球化的发展，任何产业集群都不是一个封闭的系统，集群已融入全球价值链中。在全球价值链背景下，实现产业集群的升级是提高其竞争力、实现不断发展的唯一战略选择。东北地区应凭借当前的劳动力等比较优势，继续巩固在全球价值链制造环节的优势，同时通过质量、成本、服务等竞争要素的培育来提升核心竞争力，吸引国外企业选择"中国制造"，进而推动整个价值曲线向上移动，提升同一制造环节的附加值。此外，产业集群应由劳动密集型的生产环节向技术密集型的关键零部件研发、产品研发设计等环节推移，促进自身不断地创新升级，实现由"中国制造"向"中国创造"的转变，从价值链曲线中间的制造环节向左边高附加值环节移动，改变在全球价值链中的位置。东北产业集群应积极打造自主品牌，提高市场营销和品牌推广能力，从价值链曲线中间的制造环节向右边移动，向高附加值的营销、品牌、服务环节升级。

第二节　东北三省在全球价值链中的地位

一、地区产业价值链地位测度方法与数据说明

（一）全球价值链分解理论基础

对于世界各国出口价值链的分析，Koopman 等（2012）采用了类似追寻"贸易足迹"的思想。假设世界上存在 G 个国家 N 个产业，由于每个国家的产出分为中间投入品和最终产品，因此世界各国的总产出可以写成如下形式。

$$\begin{bmatrix} X_1 \\ X_2 \\ \vdots \\ X_G \end{bmatrix} = \begin{bmatrix} A_{11} & \cdots & A_{1G} \\ \vdots & \ddots & \vdots \\ A_{G1} & \cdots & A_{GG} \end{bmatrix} \begin{bmatrix} X_1 \\ X_2 \\ \vdots \\ X_G \end{bmatrix} + \begin{bmatrix} Y_1 \\ Y_2 \\ \vdots \\ Y_G \end{bmatrix} \quad (9\text{-}1)$$

其中，$X = \begin{bmatrix} X_1 \\ X_2 \\ \vdots \\ X_G \end{bmatrix}$ 为 $GN \times 1$ 的各国总产出矩阵，$A = \begin{bmatrix} A_{11} & \cdots & A_{1G} \\ \vdots & \ddots & \vdots \\ A_{G1} & \cdots & A_{GG} \end{bmatrix}$ 为 $GN \times GN$ 的投入产出系数矩阵，两者相乘的 AX 矩阵（$GN \times GN$）代表各国总产出中的中间

投入品，$A_{sr}X_r$ 表示的是 s 国对 r 国的中间产品出口，而 $\boldsymbol{Y} = \begin{bmatrix} Y_1 \\ Y_2 \\ \vdots \\ Y_G \end{bmatrix}$ 则表示各国总产出中的最终产品。对式（9-1）稍加变形可以得到。

$$\begin{bmatrix} X_1 \\ X_2 \\ \vdots \\ X_G \end{bmatrix} = \begin{bmatrix} I - A_{11} & \cdots & -A_{1G} \\ \vdots & \ddots & \vdots \\ -A_{G1} & \cdots & I - A_{GG} \end{bmatrix}^{-1} \begin{bmatrix} Y_1 \\ Y_2 \\ \vdots \\ Y_G \end{bmatrix} \tag{9-2}$$

令 $\boldsymbol{B} = \begin{bmatrix} I - A_{11} & \cdots & -A_{1G} \\ \vdots & \ddots & \vdots \\ -A_{G1} & \cdots & I - A_{GG} \end{bmatrix}^{-1} = \begin{bmatrix} B_{11} & \cdots & B_{1G} \\ \vdots & \ddots & \vdots \\ B_{G1} & \cdots & B_{GG} \end{bmatrix}^{-1}$，该矩阵为列昂惕夫逆矩阵，表示各国总产出中用于生产最终产品的比例。再令 G 个国家的总增值行向量为 $\boldsymbol{V} = (V_1, V_2, V_3, \cdots, V_G)$，其中各国的增加值率行向量为 $V_s = (v_1, v_2, v_3, \cdots, v_N)$，对各国的增值率行向量对角化得到 $N \times N$ 的对角矩阵 $\hat{V}_s$，从而得到 G 个国家的总体增值矩阵 $\hat{\boldsymbol{V}} = (\hat{V}_1, \hat{V}_2, \hat{V}_3, \cdots, \hat{V}_G)$，该对角矩阵维度是 $GN \times GN$。又令 G 个国家的总对外出口行向量为 $\boldsymbol{E} = (E_1, E_2, E_3, \cdots, E_G)$，各国的对外出口行向量为 $E_s = (e_1, e_2, e_3, \cdots, e_N)$，采取同样的对角化处理，可得到维度为 $GN \times GN$ 的所有国家总体出口矩阵 $\hat{\boldsymbol{E}} = (\hat{E}_1, \hat{E}_2, \hat{E}_3, \cdots, \hat{E}_G)$。将增值矩阵 $(\hat{\boldsymbol{V}})$、列昂惕夫逆矩阵 $(\boldsymbol{B})$ 与出口矩阵 $(\hat{\boldsymbol{E}})$ 相乘，可得到各国各产业对外出口增加值分解矩阵 $\boldsymbol{E}_{dec}$：

$$\boldsymbol{E}_{dec} = \hat{\boldsymbol{V}} \boldsymbol{B} \hat{\boldsymbol{E}} = \begin{bmatrix} V_1 B_{11} E_1 & V_1 B_{12} E_2 & \cdots & V_1 B_{1G} E_G \\ V_2 B_{21} E_1 & V_2 B_{22} E_2 & \cdots & V_2 B_{2G} E_G \\ \vdots & \vdots & \ddots & \vdots \\ V_G B_{G1} E_1 & V_G B_{G2} E_2 & \cdots & V_G B_{GG} E_G \end{bmatrix} \tag{9-3}$$

对于其中的 s 国而言，其对外出口 E_s 中的一部分被本国吸收，一部分被直接出口目的国 r 吸收，其余的则为第三方国家 t 吸收，从而 s 国的对外出口可以表示为

$$E_s = \sum_{r \neq s} E_{sr} = \sum_{r \neq s} (Y_{sr} + A_{sr} X_{rs} + A_{sr} X_{rr} + A_{sr} X_{rt}) \tag{9-4}$$

式（9-4）右边括号中的四个部分依次表示：s 国对 r 国的最终产品出口增值；s 国出口至 r 国并被当地吸收使用的中间产品增值；s 国出口至 r 国经加工后又返回至 s 国国内的中间产品增值；s 国出口至 r 国，再经加工后再出口至第三国

t 国的中间产品增值。将式（9-4）与式（9-3）相联系，可以将 s 国的对外出口进一步表示为

$$E_s = V_s B_{ss} \sum_{r \neq s} Y_{sr} + V_s B_{ss} \sum_{r \neq s} A_{sr} X_{rr} + V_s B_{ss} \sum_{r \neq s} \sum_{t \neq r,s} A_{sr} X_{rt} \\ + V_s B_{ss} \sum_{r \neq s} A_{sr} X_{rs} + FV_s \quad (9\text{-}5)$$

（二）地区产业价值链地位测度方法

上述理论都是以国家为基础进行的分解，如果要在国家内部的地区层面研究价值链问题，则需要进行"两步走"：第一步，依照上述理论对世界各国的各产业参与全球价值链情况进行测度，得到国家层面的各产业GVC分工地位指数；第二步则是在国家层面的产业分工指数中考虑国家内部的地区差异和地区内部的产业差异因素，进而估算出国家内部各地区各产业的全球价值链分工地位。

首先对国家层面的产业进行价值链分解。根据公式（9-5），s 国出口至 r 国经加工后再出口至第三国的中间产品增值为间接增值（IV_s），即 $IV_s = V_s B_{ss} \sum_{r \neq s} \sum_{t \neq r,s} A_{sr} X_{rt}$；$s$ 国对外出口中包含的国外增值部分（FV_s）则可表示为 $FV_s = \sum_{r \neq s} V_r B_{rs} E_s$。因此，根据 Koopman 等（2012）的研究，s 国参与全球价值链分工的地位指数（POS）可以表示为

$$POS_s = \ln\left(1 + \frac{IV_s}{E_s}\right) - \ln\left(1 + \frac{FV_s}{E_s}\right) \quad (9\text{-}6)$$

然后对国家内部地区层面的产业进一步价值链分解，具体就是在式（9-6）中纳入国家内部的地区和产业差异，以此估算出各地区各产业的价值链分工状况。在考虑产业差异时，本节参考了 Lopez-Gonzalez 等（2015）的做法，将一国各产业的对外总增加值视为该国内部各地区相应产业的加总，进而利用各地区各产业产值占所在国相应产业总产出的比重，来衡量该地区该产业对其所在国该产业出口增加值的贡献度。在考虑地区差异时，本节利用刘修岩和吴燕（2013）的研究结论，用各地区出口占所在国总出口的比重来调整地区内各产业的实际增加值贡献度。在综合考虑地区和产业差异后，s 国 j 地区 i 产业的全球价值链分工地位指数可以表示如下：

$$POS_{i,j,s} = \ln\left(1 + \frac{IV_{i,s} Va_{i,j}/Va_{i,s}}{E_{i,s} T_j/T_s}\right) - \ln\left(1 + \frac{FV_{i,s} Va_{i,j}/Va_{i,s}}{E_{i,s} T_j/T_s}\right) \quad (9\text{-}7)$$

其中，$POS_{i,j,s}$ 表示的 s 国 j 地区 i 产业的全球价值链分工地位指数，$Va_{i,j}$ 和 $Va_{i,s}$ 分别表示 j 地区和 s 国整体的 i 产业的产值，T_j 和 T_s 表示 j 地区和 s 国的对外出口总量，$IV_{i,s}$、$FV_{i,s}$ 和 $E_{i,s}$ 则分别表示 s 国 i 产业对外出口的间接增值、国外增值以及

对外出口总增值。

（三）数据来源于说明

运用式（9-7）可以估算中国东北地区工业产业的全球价值链分工地位。在测度东北地区工业产业全球价值链分工地位时，分别使用了来自《中国统计年鉴》的中国及各地区的出口额和中国工业产业总产值数据、来自《中国经济年鉴》的东北三省各工业产业产值数据、来自世界投入产出表（World Input-output Database，WIOD）中的中国投入产出数据。因为《中国统计年鉴》和《中国经济年鉴》基于国民经济行业分类方法（GB/T4754-2002）报告产业数据，而 WIOD 基于第 2 版国际标准行业分类方法（International Standard Industrial Classification，ISIC）进行编制，所以本节使用的产业数据在两种分类方法之间进行转化。具体转化方法如下：首先根据中国国家统计局公布的国民经济行业分类与第 3 版 ISIC 对照表，得到按照第 3 版 ISIC 标准分类的工业产业数据，再根据联合国公布的第 2 版和第 3 版 ISIC 标准分类对照表，得到在第 2 版 ISIC 分类下的产业数据。因此最后的价值链测度结果中，按照第 2 版 ISIC 分类标准报告。此外，考虑到 WIOD 目前只更新至 2011 年，基于数据的可得和匹配，本节主要对 1998~2011 年东北三省工业产业的全球价值链分工地位进行测度和分析。

二、工业产业全球价值链分工地位测度

（一）基础工业全球价值链分工地位

基础工业是生产基本生产资料的工业部门的总称。在分析东北地区的基础工业时，仅选取了产值水平较高的采矿和石油精炼行业进行了测算。根据 Koopman 等（2012）的研究，采矿和石油精炼行业的全球价值链地位指数越高，表明国外使用的本国增值比例越大于本国出口中使用的国外增值比例，即本国在该产业链条上越接近于上游的位置。采矿和石油精炼行业的生产网络具有其自身的特殊性，越接近上游，意味着越多的可能是直接对外出口矿产和石油等大宗商品原材料。从短期来看，对外出口这类商品虽然可以带来净价值流入，但就长期而言，会导致该产业被锁定在简单开采和提炼这一低端环节，对外贸易会被固定在高能耗、高污染的开采后直接出口的粗犷型模式之上，不利于本国在这一行业上国内价值链条的延展以及整体技术水平的提高。

先来看采矿业，1998~2011 年全国采矿业的全球价值链地位指数总体上升，由 1998 年的 0.443 5 上升至 2011 年的 1.139 4。一方面说明中国采矿业整体生产能力有所提升，另一方面也说明中国采矿业日益被锁定在依赖原材料出口的低端生

产环节。就东北三省而言，除辽宁省的地位指数水平变动幅度相对较小，吉林和黑龙江的地位指数在 1998~2011 年间呈现出较大的上升幅度。其中，黑龙江最为突出，2011 年，其采矿业全球价值链地位指数达 2.419，而同期全国平均水平仅为 1.139 4。这既体现出黑龙江在采矿业方面的产能和出口增值量较大，又说明黑龙江在该产业的对外合作中依然停留在原料直接出口阶段（图 9-2）。

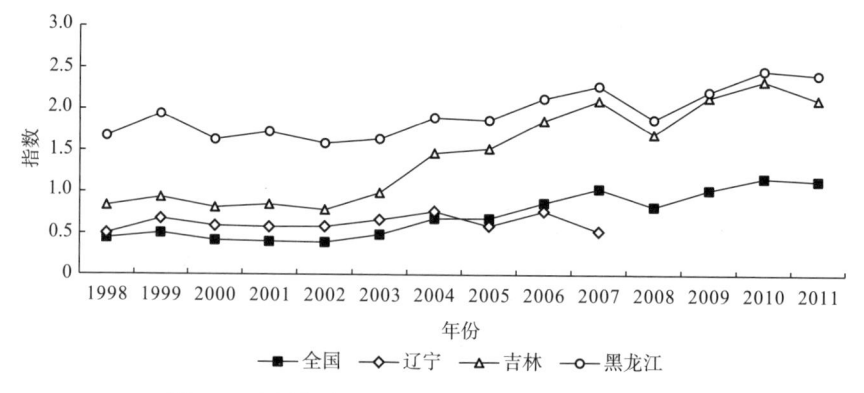

图 9-2 全国与东北地区采矿业全球价值链地位指数

再来看石油精炼行业，全国及东北三省石油精炼行业的全球价值链地位指数均相对较小，在 2000~2005 年这些指数均为负值。由此说明，东北三省石油精炼行业的产能过剩及出口结构固化问题得到相对缓解，对直接原料出口模式的依赖性有所减少，其改革和创新整个产业的生产链条的努力初见成效（图 9-3）。

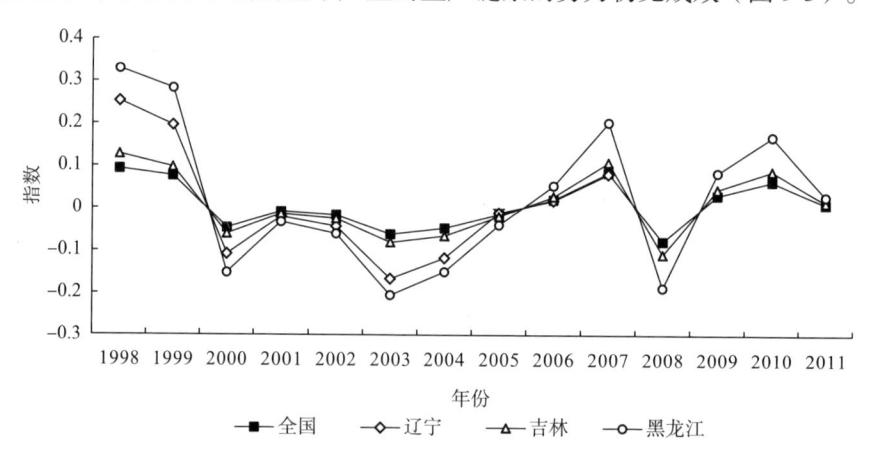

图 9-3 全国与东北地区石油精炼与核燃料产业全球价值链地位指数

综合来看，东北地区在采矿业等基础工业产业上存在较为严重的产能过剩和低端环节锁定倾向。从全球价值链角度来分析，该类产业的产品大都属于基础性投入消耗品，处于产业链条上游的反而是相对低端的原料采掘和出口环节，具有较高技术水平往往是中下游的生产利用环节。东北地区矿产资源丰富，在矿产采掘行业上具备天然优势，从而各地政府基于出口创汇以及利用自身比较优势的角度，会更加倾向于支持采矿业的发展。这些政策尽管能在短期内实现产值的迅速增加，但在长期内会导致地区在该类产业上发展的低端环节锁定，并可能衍生出严重的产能过剩问题。

（二）制造工业全球价值链分工地位

本节选取了制造业中产值水平较高的机械制造业、电气电子及光学设备、交通运输设备制造业，并对以上产业的全球价值链地位指数进行测算和分析。

2000~2011 年东北三省机械制造业全球价值链分工地位指数均为负，表明在机械制品的对外出口中，东北三省的国内增值比例要小于国外增值，即在该行业上，东北三省存在比较劣势，该类产品的出口表现为净价值的流出。值得一提的是，东北三省在该类产业上的比较劣势自 2000 年后呈现逐步扩大的趋势，并于 2009 年达到峰值，随后价值链分工地位指数相较略有上升，但依然整体为负。此外，与吉林和黑龙江相比较而言，辽宁省负指数的绝对值相对较小，说明其机械制造业在全球价值链中的分工地位相对较高（图9-4）。

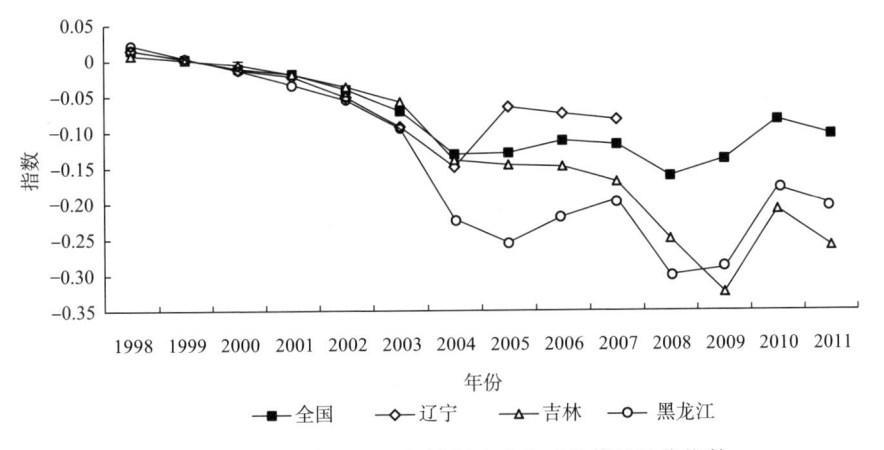

图 9-4 全国与东北地区机械制造业全球价值链地位指数

2000~2011 年东北三省电气、电子及光学设备产业全球价值链地位指数均为负数，由此说明东北三省的该产业国内增值比例相对较小，比较劣势明显。从变动趋势来看，在2004年前，辽宁省该产业在全球价值链中的分工地位最低，而在2005~2007 年其地位有了较大提升。2005 年以来吉林和黑龙江的该产业全球价值链地位指数一直低于全国平均水平（图9-5）。

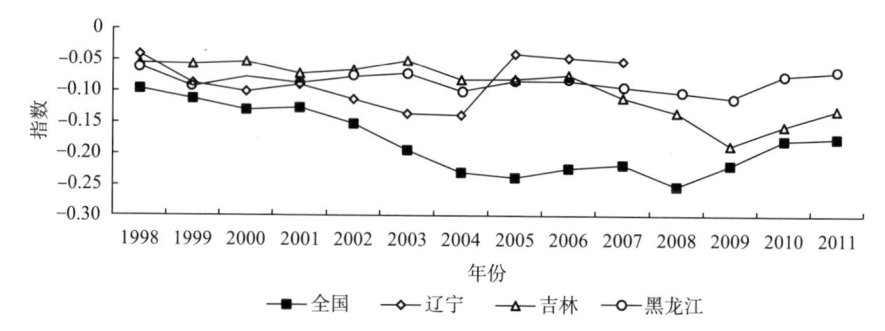

图 9-5　全国与东北地区电气、电子及光学设备产业全球价值链地位指数

东北三省交通运输设备制造业全球价值链地位指数均为负数，说明其参与全球生产网络的分工地位较低。吉林省在该产业上的全球价值链分工地位明显较低，其全球价值链地位指数显著低于辽宁和黑龙江。这是因为从全球价值链角度来看，吉林省的交通运输设备制造业虽然产量和出口量较大，但其掌握的核心技术环节较少，在高产量和出口量的背后，是相对较低的价值捕获能力，从而这一比较劣势在较大规模的出口量中不断累积和放大，导致了其价值链地位指数显著偏低（图 9-6）。

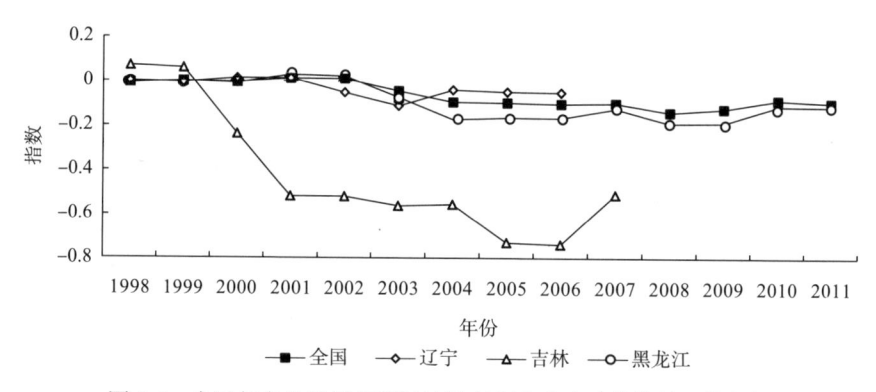

图 9-6　全国与东北地区交通运输设备制造业全球价值链地位指数

综上所述，这三种设备制造类的产业上，东北三省均表现出明显的比较劣势，部分产业的比较劣势还存在不断恶化的趋向，由此可见东北地区在这三种产业发展上更集中于低附加值环节，未能有效掌握产业链的核心技术环节和占据有利增值地位。这三种产业虽然产能较大，产品丰富，但却是"大而不强"，在对外经贸合作中缺乏核心竞争力，在全球价值链中处于相对不利的净价值流出地位。而且，东北地区内各省份之间的产业发展也并不平衡，辽宁省在这三类制造业上的地位指数相对较高，吉林省的地位指数则明显偏低，且两者差距较大，这暴露出东北地区内产业发展的不协调。

三、提升三省全球价值链分工地位的途径

（一）推动传统产业融入全球价值链

将产业发展理念由单纯的"外贸创汇"导向转变为"技术升级"导向，积极参与全球价值链的生产协作网络，并以优势产业为抓手，全面提升工业产业的全球价值链分工地位。当前东北三省主要工业产业中，技术水平和分工地位较低的产业相对居多，个别优势产业的比较优势又在趋于减弱，这就要求东北在各产业发展和外贸中，不能只关注短期产值和贸易量等指标，而应该更深入地聚焦各产业发展的国内价值链环节的技术水平的提升，关注产业链良性发展的可持续性。而东北地区的传统优势工业产业包括采矿业、装备制造业、化工和金属冶炼行业等。在上述这几类行业中，除化工和金属冶炼仍具有一定比较优势外，其余产业均存在不同程度的分工环节低端锁定的问题，具体表现为价值链分工地位较低，国外增值比例相对较大。虽然从产能和贸易量来看，这几类产业近年来均取得了较大程度的发展，但从价值链角度分析，这几类产业实质上是"大而不强"。要改善这一分工现状，关键在于鼓励和加强全行业的创新能力建设，避免长期被锁定在初级组装加工环节上在上述支柱产业中要加大研发力度，走高新技术增值路线，并以点带面，最终促进整体全行业的分工地位的提高。

（二）推动新兴产业与传统优势产业的有效结合

要坚持新型工业化道路，保持当前优势产业的较高分工水平，并将信息技术与传统工业生产有机结合，以电子信息化和循环绿色化作为工业创新发展的基本理念，努力提升该类产业国内分工环节的技术含量。从目前的价值链分解状况来看，三省在化工和金属冶炼行业上具有一定的比较优势，但该比较优势对外依赖较强，且近几年存在下降趋势。因此，要提升优势产业的技术水平，将高新技术产业的部分有益成果运用于生产经营之中，如电算化的生产线管理、工业废料的循环利用技术等，形成以持续创新能力为核心的对外竞争优势，合理引导这些优势产业走绿色集约化和可持续发展道路。同时，也要更好地刺激国内需求，实现国内和国际两个市场的均衡发展，避免产业对外部的过度依赖（李清均，2016）。

（三）推动其他地区经验与东北三省发展现实的有机结合

纵观欧美地区传统工业的转型之路，我们不难发现，东北地区产业发展的关键仍在于产业结构的调整以及新型高新技术产业竞争力的构建，即在发展传统优

势重工业的同时，发展高技术创业和文化创意行业等延展产业，构建综合性的工业产业发展区，并且注重产业链条的上下延伸，发展相关的配套服务业，为老工业地区的产业发展注入新型的高新产业"血液"。与此同时，注重吸引外资和人才流向核心发展新产业，适时淘汰能耗高且技术相对落后的"夕阳"产业，在不断的产业升级中，实现东北工业基地新的腾飞。

第三节　东北三省产业升级途径与对策建议

一、进一步推动东北三省产业升级的战略原则

（一）充分顺应全球价值链发展新趋势，加快产业链重构与升级

以优化产业结构为导向，通过重点解决产业结构趋同问题，加快东北地区价值链的重构与升级。在综合考虑市场主导型与政府主导型等多种导致产业结构趋同原因的基础上，一方面充分发挥市场机制作用，推动商品与生产要素最大限度地实现自由流动，促进开放、统一与规范的区域大市场的建立；另一方面转变政府职能，加强地区政府之间的联系与合作，统一地区间的发展理念与方式，实现地区共同发展。以充分发挥市场机制作用与转变政府职能为主要途径，推动东北地区产业结构趋同问题的解决，为该地区在全球价值链中的重构与升级提供有力保障。

（二）着力改善优势产业竞争力，提升专业化水平

着力推动东北三省装备制造业的优化升级、改善装备制造业的产业竞争力，对于提升东北三省产业的防炸能力和专业化水平有着十分重要的意义。应努力健全制造业的承接转移机制，在增加地区内部产业承接转移完善地区内产业结构的同时，加强从发达地区与国家的高端产业转移承接，并在产业转移承接的过程中，逐渐实现技术的提升，进而促进装备制造业的优化升级，增强装备制造业的综合竞争力，为该地区在全球价值链中地位的提升创造一定的优势。

（三）大力发展生产性服务业，促进制造业与服务业融合发展

目前，东北三省生产性服务业与制造业的产业关联程度较低，制造业仍处于传统发展模式之下，对于生产性服务业的需求较少，并且生产性服务业尚处于初级发展阶段，整体发展水平不高。随着全球创新步伐的加快以及国际一体化生产

的持续深入，全球价值链中服务业与先进制造业之间将形成既分工又合作的新型互动关系，服务业创造的附加值将逐渐增加，并不断向价值增值的高端进行攀升。因此，加快生产性服务业发展，加速制造业与服务业之间的融合发展，便显得额外重要（李善同和吴三忙，2015；李善同，2015）。东北地区应大力鼓励生产性服务业发展，完善制造业市场竞争，构建制造业与服务业之间的互动发展机制，推动两业融合发展在东北地区的尽早实现。

（四）积极推进创新驱动战略，推动制造业价值链向创新链拓展

应积极推进创新驱动战略，大力进行科技创新，通过提高自主创新能力，推动地区要素比较优势向创新竞争优势转化的实现。努力提高地区集成创新能力，通过促进知识系统、技术要素、产业生产要素与环境协调的集成，提升工程创新驱动水平。加速科技成果的产业化进程，深化所有制、分配形式等方面的改革，大力推进地区的产业创新与制度创新驱动（李政，2015）。通过积极推进创新驱动战略，顺应当前世界经济融合与发展中技术创新的新趋势，进而促使东北地区实现在原有制造业价值链基础上向创新链上的拓展与靠拢。

（五）全面整合地区内协调机制，推动地区经济向价值链深度方向演进

完善东北地区行政协调机制，充分发挥地区协调委员会在促进区域经济发展中的作用，强化其整体规划与制度协调的能力。完善东北地区政策整合机制，充分认识与利用地区比较优势，协调地区内部的分工与协作。完善东北地区市场一体化机制，进一步促进商品与劳动力的自由流动，建立区域性金融市场，推动地区优势产业协同发展。完善东北地区利益共享机制，构建地区利益分配与补偿机制，实现地区的协调发展。通过全面整合东北地区内的协调机制，为该地区向全球价值链深度方向的演进提供必要的机制保障。

二、进一步推动东北三省产业升级的机制支撑

（一）加强科技创新与人才培养

第一，完善科技创新机制。科技创新，是促进东北地区产业实现过程升级的有力支撑。必须努力完善创新市场环境，培育企业家创新精神，提高企业创新投入，推动地区技术创新能力的提升，促进地区产业过程升级与全球价值链升级。其一，完善创新市场环境，营造充分有序的市场竞争环境，强化竞争对创新的压力和推动作用。其二，培育企业家创新精神，完善企业家创新创业的鼓励机制。将创新精神、冒险精神和风险精神作为重要的选拔标准。其三，提高创新的资金

投入，在投资结构上，加大对应用研究和试验发展的投资力度，增加对研究开发的投入比例。在资金来源上（林春等，2015），除了自身资金积累外，还要广泛吸收来自政府补贴、资本市场、银行和风险基金等多种渠道的科技研发扶持资金，为企业的自主创新提供更为广阔的实验经费资金渠道。加强创新的人才投入，设立技术创新基金，培养并留住高水平人才，通过制定优惠政策，吸引海外留学人员回国工作，实行创新股权激励计划，提升科技人员创新积极性。

第二，加强人才培养。一方面，要优化配置教育资源。转变单一的人才培养模式，构建复合型、应用型、外向型、创新型等多元化的人才培养模式，着力培养和建设高水平的科技创新团队，发挥群体优势，实现知识共享。加快学校教育及专业结构的调整速度，扩大国际交流与合作，提升东北地区高校的科技创新能力。另一方面，要培育一批有战略眼光、有现代经营思想和管理理念、有卓越的创新组织才能和专业知识技能的企业家。

第三，加强职业培训。以培养技术应用型专门人才为职业教育的根本任务，培养生产、建设、管理与服务等方面的理论知识适度高、技术应用能力强、综合素质高的技能型人才。大力实施职业教育创新工程，加快制造业和现代服务业技能型紧缺人才的培养与培训。此外，需要建立高技能人才培训基地和公共实训基地。整合利用各类教育资源，建立继续教育研修基地。创新高等教育人才培养模式，抓好职业技术教育，结合东北地区的职业教育的特点因人施教，继续完善与推广教育与职业培训。重点培养乡村专业技术人才，提高农村劳动力的整体素质水平。

（二）实施以全球价值链地位提升为主的引资战略

第一，以提高引资质量效益为中心，把促进全球价值链地位提升作为重要的政策目标，提升与跨国公司的战略合作水平，发展与外商直接投资的全方位合作关系，提高国内企业的参与程度，实现内外资企业协同发展，推动价值链的高端跃升。

第二，密切配合东北地区经济结构调整与产业升级的需要，以先进制造业与现代服务业为招商引资的重点，加大高新技术、知识经济、服务经济、新能源、生物医药等新经济领域的引资力度，进而一方面推动东北地区制造业向高端升级，另一方面更大程度地嵌入全球价值链服务端，加快向服务经济转型的步伐。

第三，进一步吸纳全球研发转移，促进开放式创新。东北地区应进一步优化营商环境，加强知识产权保护，吸引更多的跨国公司来该地区兴办研发中心与基地，与此同时，加大中方企业与机构的参与度，加强中外协同，打造聚集全球创新资源和优势要素的平台，形成面向国际市场的开放式创新基地，实现研发功能的不断提升，推动地区产品不断升级。

第四，支持地区有实力的企业与跨国公司建立战略联盟，全方位提升合作关系。支持有实力的龙头企业与跨国公司建立战略联盟，提升战略合作水平，借此提升龙头企业的全球资源整合能力。支持地区内企业在科技、文化、管理、服务等各领域与跨国公司进行合作，以发展全方位的合作关系。

第五，改进对外招商引资方式。以全球价值链重塑为重要机遇，以推动东北地区产业与全球价值链深度融合为基本需要，实现招商引资从点式招商为主导向注重整体产业链、价值链招商引资转变。以东北地区总体发展战略与产业规划为指导，以提升引资质量效益为重点，通过加强区域协调、优化区域布局，引导各区域走上专业化与差异化的发展之路，从而最大限度地提高全球资源整合水平，实现地区全面协调可持续发展（刘仕国等，2015）。

第六，优化营商环境。通过简化审批程序，扩大外商投资准入，在保持外资政策稳定、透明与可预期的同时，推动教育、文化等社会服务业领域的有序开放，适度放开商贸物流、电子商务等服务业领域的外资准入限制，进一步放开一般服务业（邱振卓，2015），建设统一公平与高效的营商环境，深化流通体制改革，消除地区与行业壁垒，进而为加强与外商合资合作、提升质量水平、实现东北地区全球价值链地位提升奠定更好的环境与制度基础。

（三）推动产业集群与产业链建设

第一，东北地区发展产业集群，必须以该地区现有的工业体系为基础，推动产业结构的升级与改革，以促进新型高新技术工业的形成。需高度重视培养龙头产业，通过选择该地区具有比较优势的产业，有针对性地提出产业发展战略规划，加大政府引导与投入力度，全力扶持与培育特色产业中的龙头企业，做大做强它们，让它们成为地区产业集群的核心主体，在充分发挥龙头产业在市场资源重组整合方面带动作用的基础上，最大限度地推动高技术、高效益产业集群的形成。

第二，支持中心城市打造国内领先的新兴产业集群，如推进沈阳、哈尔滨大型航空企业发展，建设国家级航空产业基地，扶持沈阳、大连集成电路设计，制造及装备产业发展，完善集成电路产业链，壮大长春光电子、生物制药等新兴产业规模。此外，积极打造二三线城市新兴产业名片，如支持本溪、通化等地加快化学创新药品、现代中药等新品种研制与产业化建设，发展大庆、铁岭等地的高端碳纤维、玄武岩纤维、聚酰亚胺纤维等高性能纤维产品。

（四）利用对外开放机遇促进产业升级

第一，抓住"一带一路"倡议所带来的产业转型升级的机遇，积极调整与优化产业结构。针对东北地区产业发展中存在的诸如结构不平衡、升级缓慢与产能过剩等问题，各级政府需要多策并举，在促进装备制造业做大做强、战略性新兴产业加速发展及现代服务业发展的同时，注重传统产业的改造与提升，加强基础设施建设，注意发展民营经济。通过深入实施创新驱动发展战略，推动地区产业发展由投资驱动向创新驱动、粗放式增长向集约式增长转变，进而提升产业的内涵，实现产业的转型与升级。

第二，加强地区体制机制创新，提升产业发展的活力与竞争力。一方面，各级政府需要努力减少体制机制障碍，以市场发展形势为主要依据，加快对适应市场发展需要的新型体制机制的创新，进而推动与市场对接并充满内在活力的体制机制构建，促进东北地区产业结构的优化升级。另一方面，深化国有企业改革，通过简政放权，减少政府对市场的不合理干预以及对市场主体的不合理管制，优化经营环境，完善地区企业治理模式与经营机制，保障企业市场主体地位的切实确立，在增强企业活力的同时，提升地区产业发展的活力与竞争力。

第三，打造"互联网+产业"的发展新模式，确保产业转型的彻底性。在知识经济时代，互联网的广泛应用，从思路与理念上给传统实体经济的运行提出了变革的要求。东北地区应努力抓住"互联网+"这一时代脉搏，精心打造"互联网+产业"这一新的发展平台，在关注技术创新的同时，重视平台建设，进而在保障地区产业转型升级彻底性的同时，提升地区全球价值链地位，促进地区经济实现长期、快速与稳定增长。

三、进一步推动东北三省产业升级的对策建议

（一）积极开展双元培训改革试点

第一，加强学校企业合作，推动实现双主体共同育人与双导师共同指导。学校与企业共同承担培育学徒的责任，企业承担筛选与确认培训人员的责任，学校承担培养责任。校企双方根据岗位需要，共同研究制定合作专业的专业教学标准，共同开展教学工作，企业承担专业技能培养工作，学校承担理论学习及基础技术技能教学工作，通过校企的分工负责与协作，共同完成学生的职业道德与职业素养的培养工作。

第二，建立有效的教学与评价系统，推动实现双元教学与双元评价。一方面，合理分配在校学习与在企培训时间比例，保证学校的专业理论与基本技术技能学习同企业的专业技术与技能培训的紧密结合；另一方面，学校与企业分别从理论评价和技能评价、专业能力评价和通用能力评价等方面，开展对双元教育的评价工作，通过提供及时有效的反馈信息，推动双元教学的完善与发展。

第三，鼓励中外合作办学，鼓励职工继续教育。通过中外共同培训师资、引进国外师资或课程等多种合作形式，加强中外共同办学合作，丰富现有的教学办

学模式。建立企业技术技能人才继续教育制度，定期安排企业技术技能人才的继续教育活动，为技术技能人才的长远发展提供有利条件。

（二）改善投资环境

第一，改善投资环境，加强基础设施建设。加大东北地区高速公路建设力度，建立地区统一的交通基础设施规划，以哈大线为轴心，在中小城市线的框架内，以对蒙、对俄与对朝三国口岸为基点，加快推进铁路网络与高速公路的建设与完善，构建东北地区对外开放的国际大通道。加强经济工业园区建设，在充分利用资源型城市基础设施的基础上，建立由东北地区主导产业与优势产业集聚的工业园区，通过实行减费减免、财税补贴等优惠政策，发展物流、金融等现代服务业与配套产业，吸引外商投资企业向工业园区集聚。加强外商投资者居民区建设，在建设大型消费超市、大型医院、中小学校等设施，减少外商直接投资可能遇到的障碍的同时，加强外商集聚区的文化、教育、娱乐等公共服务设施建设，为外商投资者提供有利的方便条件。

第二，发挥现有的优势，扩大外商投资来源地。充分发挥东北地区临近韩、朝、日、蒙、俄等国的区位优势，利用这些国家丰富的水资源与矿产资源以及雄厚的资金与先进的技术等优势，通过与其开展密切的经济技术合作，引进各国外商投资，扩大外商投资的来源地。充分发挥东北地区钢铁、煤炭、石油工业等现有的工业基地优势，在继续稳定韩国、日本等主要投资来源地的同时，大胆引进欧盟等发达国家和地区的外商投资，以改变东北地区外商投资来源地结构，优化各国外商投资空间布局。充分发挥东北地区的国家战略优势，利用辽宁沿海经济带与长吉图开发开放先导区等战略优势，扩大外商投资的规模与来源地，提高东北地区利用外商投资的综合竞争力。充分利用网络平台，积极推进利用外商投资渠道的多样化，在充分发挥政府网站对外宣传作用的基础上，扩大东北地区利用外商投资的来源地，实现投资来源国和地区的多样化，不断扩大投资规模。

第三，引导外资产业投向，优化外商投资结构。就第一产业而言，东北地区要加强水利设施的建设与维护，稳定农产品价格，继续保持相关优惠政策对农业的倾斜，在保障现有外商投资的同时，引导外商资金向种植业、畜禽业、农产品深加工业等综合开发项目与高新技术领域投资，推进地区农业产业链的现代化建设。就第二产业而言，一方面，积极为外商投资优势产业与高新技术产业创造有利条件，鼓励外商向高新技术与应用技术含量较高的项目投资，以发展壮大东北地区钢铁、石化、汽车等支柱产业，推动新能源与新材料等新产业发展，促进地区产业结构的调整与产业的升级。另一方面，适度发展，如加工制造业等的劳动密集型产业，吸引外商投资与相关配套产业的发展。就第三产业而言，加快金融、保险、物流等领域引进外商投资的进程，完善设计、制造等向为外商投资企业提供的相关服务，进而实现东北地区三大产业的均衡发展，打破因第二产业单独发展所带来的瓶颈。

（三）优化政府的职能与作用

第一，加强政府创新机制建设与知识产权保护，完善东北地区产业集群的创新机制。创新是产业集群发展的动力之源，完善产业集群的创新机制，对于东北地区产业集群的发展，有着巨大的推动作用（涂颖清，2015）。一方面，政府需要综合运用价格、利率与税收等经济手段，如提供创新投资补助、设立创新风险基金等，大力支持企业创新，在完善传统产业集群创新平台、共建关键技术平台与公共服务平台建设的同时，给予企业自主创新以相应的支持与奖励，以激励企业提高技术、扩大规模、加大在产业集群创新方面的投入，进而最终推动产业集群的升级发展。另一方面，政府还应进一步加强关于知识产权保护的法制建设与执法力度，坚决打击各种假冒伪劣商品与侵犯知识产权行为，为企业创新提供强有力的保障，同时采取相应措施抑制技术溢出效应所产生的"搭便车"行为，并保持集群企业之间知识与技术的异质性，为产业集群保持足够的创新活力。

第二，充分发挥政府间的区域协调作用，建立与完善东北地区产业集群跨域支撑体系。东北地区的省级政府之间虽然已经建立了政策协调与联系制度，但是仍然缺乏长期有效的行业规划与协作发展机制，加上受过去行政体制的分割与地方保护主义的影响，地区之间市场分割、资源垄断等问题较严重，区域间的要素流动与资源优化配置受到了一定的阻碍（徐充和刘志强，2016）。因此，在东北地区产业集群的升级发展过程中，政府应充分发挥区域协调作用，减少产业的省级行政区划限制，在更广泛的范围内建立并完善产业集群跨域支撑体系，通过打造东北地区人才、研发基地、技术信息平台及咨询服务、金融服务中心，为相关产业集群的发展提供雄厚的人才、科研、信息与金融服务等基础，推动产业转型与升级的加速实现。

第三，推动行业协会等相关服务机构发展，不断完善行业标准与法规。目前，部分产业集群内企业间的相互模仿、重复建设与恶性竞争等现象时有发生，这在一定程度上严重影响了产业集群内企业创新与合作的积极性。针对这种情况，政府必须大力支持行业协会等相关服务机构的发展。首先，通过培育和发展行业协会、会计、审计、法律、工商代理、税务代理等中介服务组织，为中介机构作用的发挥营造有利的外部环境，进而为中介服务在东北地区产业集群升级中发挥更加全面的作用奠定基础。其次，加强与行业协会之间的合作，完善产品设计、生产及使用的标准与法律体系，在制定严格的产品设计、质量、劳工与环境保护等标准，完善强有力的监督处罚制度的基础上，引导产业集群内企业加强行业自律意识，以树立和维护东北地区品牌在国内外市场上的良好形象，为东北地区产业集群的升级发展提供有力的保障与支持。

参 考 文 献

吉喆，律星光. 2016. 加大结构性改革力度 推动新一轮东北振兴——访国家发展改革委东北等老工业基地振兴司司长周建平. 财经界，（3）：10-15.

李清均. 2016. 东北振兴不是伪命题：现象关注、理论解释和政策建议. 哈尔滨工业大学学报（社会科学版），18（2）：127-132.

李善同. 2015-12-03. 增强参与全球价值链能力. http://www.drc.gov.cn/xslw/20151203/182-473-2889507.htm.

李善同，吴三忙. 2015-08-03. 我国制造业参与全球价值链分工获取增加值能力分析与相关政策建议. http://www.drc.gov.cn/dcyjbg/20150803/1-224-2888161.htm.

李政. 2015. 当前东北地区经济增长问题成因与创新转型对策. 经济纵横，（7）：14-17.

林春，秦伟新，刘承洋，等. 2015. 新常态下金融支持东北振兴模式初探. 财会月刊，（24）：67-71.

刘仕国，吴海英，马涛，等. 2015. 利用全球价值链促进产业升级. 国际经济评论，（1）：64-84.

刘修岩，吴燕. 2013. 出口专业化、出口多样化与地区经济增长——来自中国省级面板数据的实证研究. 管理世界，（8）：30-40.

邱振卓. 2015. 东北地区产业升级的困境与出路. 开放导报，（1）：57-60.

涂颖清. 2015. 全球价值链视野下我国制造业升级研究. 南昌：江西人民出版社.

徐充，刘志强. 2016. 东北地区制造业转型升级的障碍与突破. 求是学刊，43（1）：66-71.

Gereffi G. 1999. International trade and industrial upgrading in the apparel commodity chains. Journal of International Economics，48（1）：37-70.

Gereffi G，Humphrey J，Sturgeon T. 2005. The governance of global value chains. Review of International Political Economy，12：78-104.

Kaplinsky R，Morris M. 2001. A Handbook for China Research. Ottawa：IDRC.

Koopman R，Wang Z，Wei S J. 2012. Tracing value-added and double counting in gross exports. Social Science Electronic Publishing，104（2）：459-494.

Lopez-Gonzalez J，Kowalski P，Achard P. 2015. Trade, global value chains and wage-income inequality. OECD Trade Policy Papers.

Porter M. 1985. Competitive Advantage：Creating and Sustaining Superior Performance. New York：Free Press.

第十章　单一结构城市转型途径与对策

单一结构城市为何存在？如何实现单一结构城市的可持续发展？这是经济新常态背景下东北三省亟待解决的重大现实问题之一。本章从东北三省现实情况出发，基于单一结构城市的基本特征构建指标体系，采用基于方差最大化的组合赋权法对其加以识别，界定出单一结构城市、单一结构性城市和非单一结构城市。通过主导产业可持续发展能力和替代产业可持续发展能力两个维度对单一结构城市进行分类，分析不同类别单一结构城市的发展特征，论证其发展战略与建设途径。基于此，政府应以科学发展观为统领，积极推进改革开放创新，将宏观区域政策设计的共性指导与"一市一策"的个性化探索有机结合、一般性政策指引与精细化政策工具有机结合、政府的政策支持与市场化项目运作相结合，积极打造"经济创造力、社会支撑力、环境承载力"三位一体的城市发展新模式，实现单一结构城市可持续发展。

第一节　单一结构城市识别方法

一、单一结构城市指标体系的构建

（一）单一结构城市内涵

关于单一结构城市，目前尚无明确界定。考虑到我国各地区的实际情况，单一结构城市实际上是指依据自身资源禀赋或国家工业布局需要，以本地区的自然资源开采开发或传统产业为主而兴起与发展的城市类型。单一结构城市作为一种功能型城市生态系统，其形成并非偶然因素造成，是内因和外因共同作用的结果。其基本特征包括四个方面：①在主导性产业上，主导性产业资源原始储量或产品产量丰裕，占比高；②从单一行业就业上看，就业人群主要集中在与主导产业相关的企业，但再就业成本较高；③从生态环境上看，单一结构城市的环境承载力脆弱，环境治理监管不力；④从财政收入依存度上看，单一主导性产业提供的财政收入占该城市财政收入的比重较高，产业兴衰将直接影响该城市财政收入的多寡。

（二）单一结构城市衡量指标

基于上述基本特征的定量化分析需要，并考虑到数据的可得性，本节采用东北三省 36 个地级市 2006~2014 年 9 年的规模以上工业数据[①]，试图从经济创造力、财政依存度、社会支撑力三个维度，共选取 9 个指标来构建单一结构城市指标体系。单一结构城市指标体系如表 10-1 所示。

表 10-1　单一结构城市评价指标体系

目标	维度（A_i）	指标（C_i）
单一结构城市指标体系	经济创造力	第一主导产业产值占工业总产值比重（%）
		第一主导产业产值与第二产业产值占比之差（%）
		第一主导产业产值的增速（%）
		第一主导产业产值占 GDP 比重（%）
	财政依存度	第一主导产业税收占工业总税收的比重（%）
		第一主导产业税收与第二产业税收占比之差（%）
	社会支撑力	第一主导产业从业人员占工业总从业人员的比重（%）
		第一主导产业从业人员与第二产业从业人员占比之差（%）
		第一主导产业从业人员的增速（%）

（三）权重确定

目前，关于指标体系权重的确认方法主要有三类：①主观赋权法，该方法主要依靠决策者根据自有经验判断权重，如德尔菲法、层次分析法、序关系分析法、模糊分析法等（陈佳贵等，2006；陈晓红和杨志慧，2015；张发明，2013；崔军和杨琪，2013；喻海燕，2015）；②客观赋权法，该方法主要基于客体的各项属性信息，通过运用数量方法来计算指标权重，如因子分析法、数据包络分析法、主成分分析法、熵值法、灰色关联分析法等（闫书丽等，2004；陈明星等，2009；汪群峰等，2013；于亮等，2014；李斌等，2014；吕开宇等，2016；陈银娥和孙琼，2016）；③组合赋权法，该方法是主观赋权法与客观赋权法的有机结

---

① 数据来源于东北三省 36 个地级市统计年鉴。

合，如基于总偏差最小的组合赋权法（徐泽水和达庆利，2002）、基于方差最大化的组合赋权法（孙莹和鲍新中，2011）、基于专家判断信息与灰色关联的组合赋权法（金佳佳等，2012）。当然，不同方法的利弊不一。主观赋权法主要是利用决策者的知识和经验将抽象指标加以量化，但其权重会因决策者个体差异、意愿不一而各异；客观赋权法主要是依据指标数值差异确定权重，这将有利于指标间的评分排序，但指标的权重并非能完全真实反映指标的重要性；组合赋权法不仅可以利用决策者的经验知识对指标属性进行逻辑排序，也能利用严谨的数理方法克服主观赋权的随意性。基于上述的利弊分析，针对上述单一结构城市的九种定性指标，本节拟采用基于方差最大化的组合赋权法对单一结构城市指标进行指标权重确定，具体步骤如下所述。

1. 基于模糊层次分析法确定主观权重

基于决策者判断的模糊特性，本节在评价单一结构城市的指标重要性时，将采用三角模糊数来替代确定的比较数值。借鉴崔军和杨琪（2013）关于三角模糊判断矩阵的标度，单一结构城市的三角模糊数 M1、M3、M5、M7、M9 被用于代表数值 1、3、5、7、9，而 M2、M4、M6、M8 对应中间数值，如表 10-2 所示。

表 10-2　判断标准的设定

评价指标 C_i 比 C_j 的相对权重	定义	说明
M1=1	同等重要	C_i 指标与 C_j 指标同样重要
M3=3	稍微重要	C_i 指标比 C_j 指标稍微重要
M5=5	明显重要	C_i 指标比 C_j 指标明显重要
M7=7	强烈重要	C_i 指标比 C_j 指标强烈重要
M9=9	极端重要	C_i 指标比 C_j 指标极端重要
M2=2		
M4=4	中间值	C_i 指标与 C_j 指标的重要性处于对应的中间状态
M6=6		
M8=8		
上列标度倒数	反比较	C_i 指标与 C_j 指标交换次序比较的重要性

基于上述判断标准，特邀请研究单一结构城市、资源型城市、老工业基地城市等相关领域的专家学者对上述九种指标的重要性进行评分，得出 $M_{i,j}^t = \left(l_{i,j}^t, m_{i,j}^t, u_{i,j}^t \right)$，$t$ 表示专家序号，$t \in (1,2,3,\cdots,T)$，i 与 j 表示指标序号。反之，则可比较得到 $M_{j,i}^t = \left(\dfrac{1}{u_{i,j}^t}, \dfrac{1}{m_{i,j}^t}, \dfrac{1}{l_{i,j}^t} \right)$。为此，我们试图构建三角模糊判断矩

阵，如表 10-3 所示。

表 10-3　三角模糊判断矩阵

	C_1	C_2	C_3	...	C_8	C_9
C_1	$(1,1,1)$	$M_{1,2}^t$ $t\in(1,2,3,\cdots,T)$	$M_{1,3}^t$ $t\in(1,2,3,\cdots,T)$	...	$M_{1,8}^t$ $t\in(1,2,3,\cdots,T)$	$M_{1,9}^t$ $t\in(1,2,3,\cdots,T)$
C_2	$M_{2,1}^t$ $t\in(1,2,3,\cdots,T)$	$(1,1,1)$	$M_{2,3}^t$ $t\in(1,2,3,\cdots,T)$	...	$M_{2,8}^t$ $t\in(1,2,3,\cdots,T)$	$M_{2,9}^t$ $t\in(1,2,3,\cdots,T)$
C_3	$M_{3,1}^t$ $t\in(1,2,3,\cdots,T)$	$M_{3,2}^t$ $t\in(1,2,3,\cdots,T)$	$(1,1,1)$	...	$M_{3,8}^t$ $t\in(1,2,3,\cdots,T)$	$M_{3,9}^t$ $t\in(1,2,3,\cdots,T)$
⋮	⋮	⋮	⋮		⋮	⋮
C_8	$M_{8,1}^t$ $t\in(1,2,3,\cdots,T)$	$M_{8,2}^t$ $t\in(1,2,3,\cdots,T)$	$M_{8,3}^t$ $t\in(1,2,3,\cdots,T)$	...	$(1,1,1)$	$M_{8,9}^t$ $t\in(1,2,3,\cdots,T)$
C_9	$M_{9,1}^t$ $t\in(1,2,3,\cdots,T)$	$M_{9,2}^t$ $t\in(1,2,3,\cdots,T)$	$M_{9,3}^t$ $t\in(1,2,3,\cdots,T)$	...	$M_{9,8}^t$ $t\in(1,2,3,\cdots,T)$	$(1,1,1)$

综合专家模糊评分，得出综合三角模糊判断矩阵 $\tilde{M}_{l,j}$：

$$\tilde{M}_{l,j} = \left(\frac{\sum_{t=1}^{T} l_{i,j}^t}{T}, \frac{\sum_{t=1}^{T} m_{i,j}^t}{T}, \frac{\sum_{t=1}^{T} u_{i,j}^t}{T} \right)$$

其中，T 表示专家数，$i,j \in (1,2,3,\cdots,9)$。

计算单一结构城市各指标的综合模糊值。

$$D_{ci} = \sum_{i=1}^{9} \tilde{M}_{i,j} \div \sum_{i=1}^{9} \sum_{j=1}^{9} \tilde{M}_{l,j} = \left(\frac{\sum_{i=1}^{9} \tilde{M}_{l,j}^l}{\sum_{i=1}^{9} \sum_{j=1}^{9} \tilde{M}_{i,j}^u}, \frac{\sum_{i=1}^{9} \tilde{M}_{l,j}^m}{\sum_{i=1}^{9} \sum_{j=1}^{9} \tilde{M}_{i,j}^m}, \frac{\sum_{i=1}^{9} \tilde{M}_{l,j}^u}{\sum_{i=1}^{9} \sum_{j=1}^{9} \tilde{M}_{i,j}^l} \right)$$

其中，$\tilde{M}_{l,J}^l$、$\tilde{M}_{l,J}^m$、$\tilde{M}_{l,J}^u$ 分别对应 $\tilde{M}_{l,J}$ 的 l、m、u 值，得到各指标综合模糊值。

然后，将单一结构城市各指标去模糊化权重，得出主观赋权权重

$$V(D_{ci} \geqslant D_{cj}) = \begin{cases} 1, & m_i > m_j \\ \dfrac{l_j - u_i}{(m_i - u_i) - (m_j - l_j)}, & m_i \leqslant m_j, u_i \geqslant l_j \\ 0, & l_j > u_i \end{cases}$$

对三角模糊矩阵 D_{ci} 去模糊化（常大勇和张丽丽，1995；诸克军等，1997；隋明刚和魏巍，2000），得到单一结构城市各指标之间的相对重要程度，归一化

后即可得到主观赋权权重。

2. 基于熵值法确定客观权重

关于客观权重的方法选取上，主成分分析法、因子分析法、熵值法和灰色关联分析法等较为常见。主成分分析法可利用降维技术使少数几个变量代替原始多个变量，但主成分因子负荷有正有负时，此时综合评价意义将变得不明确；因子分析法根据原始数据进行重新组合，旋转使因子变量具有解释性，但其在计算得分时采用了最小二乘法可能有时会失效；熵值法在处理大样本面板数据时具有一定的优势（陈银娥和孙琼，2016），但容易忽视指标本身的重要程度而导致结果差异较大；灰色关联分析法在权重确定上能在一定程度反映事物的本质特征，但其约束条件较为苛刻，可能会出现无法求解的情况（闫书丽等，2004；汪群峰等，2013；于亮等，2014）；在此基础上改进的基于灰色关联聚类的差异分析法虽放松了约束条件实现求解，但若条件过于宽松则容易出现无效约束的情况（于亮等，2014）。基于本节的实际情况，参考陈银娥和孙琼（2016）的做法，选取熵值法来计算年平均权重值。

3. 方差最大化下主观权重与客观权重的系数确定

基于三角模糊层次分析法（fuzzy analytical hierarchy process，FAHP）确定的主观权重向量 $W_{ci}=(W_{c1},W_{c2},\cdots,W_{c9})$ 和熵值法确定的客观权重向量 $V_{ci}=(V_{c1},V_{c2},\cdots,V_{c9})$，通过构造线性组合 $Q_{ci}=\alpha W_{ci}+\beta V_{ci}$，试图在 $\alpha^2+\beta^2=1$ 的单位化约束条件下最终得出组合赋权向量 Q_{ci}。在此过程中，需计算出 α 与 β，这就需构建单目标优化模型，表示如下：

$$\text{Max}: Z = \sum_{j=1}^{9}\sum_{i=1}^{36}\left(x_{i,j,n}-\overline{x_{i,j,n}}\right)^2 Q_{ci}$$

$$\text{s.t.} \ \alpha^2+\beta^2=1$$

$$\alpha,\beta>0$$

其中，$x_{i,j,n}$ 表示 i 市 j 指标 n 年份的对应数据，$\overline{x_{i,j,n}}$ 表示其均值。通过 Lingo 软件计算得出各年份 α 与 β 取值。根据历年 α 与 β 值，代入线性组合方程，并对其结果进行归一化处理，最终得出组合赋权权重向量 Q_{ci}。基于最大方差的组合赋权法下各指标权重情况，便可得到 2006~2014 年东北三省单一结构城市综合指数。

二、单一结构城市识别

在确定单一结构城市的界定标准上，以全国典型地级市为样本，对其按照上述方法计算出评价指标的综合得分。其综合得分大致服从 $X \sim N(\mu_1,\sigma_1^2)$ 的正态分布，σ_1^2 为样本方差，$\tilde{\mu}_1$ 为样本均值。当 $\Phi\left(\dfrac{x-\tilde{\mu}_1}{\sigma_1}\right) > 0.7$ 时（张文忠等，2014），表示该城市对单一产业的依存度较高，即划分为单一结构城市。根据方程 $\Phi\left(\dfrac{\chi-\tilde{\mu}_1}{\sigma_1}\right) > 0.7$，可计算出 $\chi \approx 20\%$，这便是单一结构城市的临界值。

（一）基于临界值下单一结构城市的初步认定

从 2006~2014 年动态数据来看，辽宁省的鞍山市、朝阳市、本溪市、抚顺市、辽阳市、盘锦市，吉林省的长春市、吉林市、通化市，黑龙江省的鹤岗市、鸡西市、七台河市、大庆市等 13 个城市的综合评价指数每年均大于 20%，视为单一结构城市；辽宁省的沈阳市、大连市、丹东市、铁岭市，吉林省的白城市、延边市，黑龙江的哈尔滨、牡丹江、齐齐哈尔等 9 个城市的综合评价指数每年均小于 20%，视为非单一结构城市。辽宁省的阜新市、葫芦岛市、锦州市、营口市，吉林省的松原市、四平市、白山市、辽源市，黑龙江省的黑河市、佳木斯市、双鸭山、绥化市、伊春市、大兴安岭等 14 个城市的综合评价指数在临界值上下波动，视为单一结构性城市。

（二）剔除偶然因素下单一结构性城市的再认定

基于本节选取的时间跨度较长，部分城市在此期间已经进行了主导产业调整，进而可能引致综合评价指数出现差异性变化。同时，由于地级市自身产业政策的差异性或国内外经济形势的影响，也可能带来综合评价指数的上下波动。为此，我们需深入挖掘其深层次原因，以便进一步甄别单一结构性城市中的单一结构城市和非单一结构城市。

从单一结构性城市 2006~2014 年的变化趋势来看，部分城市出现一些特征性规律：第一，该时序下中间个别年份的综合评价指数超过临界值，如四平市、辽源市、黑河市三个城市。究其原因，主要在于政策刺激下人数或产值激增所致，如四平市 2009 年农副食品加工业从业人员突增 83.65%，辽源市 2009 年农副食品加工业产值增速高达 156.25%，黑河市 2011 年期间非金属矿物制品业产值与从业人员增速分别高达 116.70% 和 101.62%。为此，基于实际情况，本节将此类单一结构性城市重新认定为非单一结构城市。第二，该时序下最后年份的综合评价指数低于临界值，如阜新市、伊春市、双鸭山市、大兴安岭地区等。2006~2013 年阜新市和大兴安岭地区的综合评价指数均超过临界值，但 2014 年却略低于临界值，这一定程度上可能与东北三省经济下行相关；伊春市仅 2006 年综合评价指数略低于临界值，其他年份均高于临界值，这可能在于伊春市作为资源型城市，在前期转型过程中产业调整出现差异性变化；除 2009 年和 2013 年外，双鸭山市的综合评价指数均超过临界值，这可能与其主导产业煤炭开采和洗选业的发展相关，政策支持力度下降产值也随之快速降低。为此，在剔除外界因素下，该城市被认为单一结构城市。第三，从时序上看，该城市从较稳定的临界值之上转为较稳定的临界值之下，主要包括松原市、白山市，视其为非单一结构城市。第四，从时序上看，前几年呈现波动变化，但近几年稳定在临界值之上，如佳木斯市，视其为单一结构城市。

综上所述，根据 2006~2014 年东北三省各地级市的综合评价指数及其实际情况，将东北三省的城市划分为三类，其中单一结构城市共有 18 个，占比 50%；单一结构性城市 4 个，占比 11%；非单一结构性的城市 14 个，占比 39%，具体城市名单详见表 10-4。

表 10-4　东北三省城市分类表

城市类别	数量	地级市名
单一结构城市	18	阜新市、鞍山市、本溪市、朝阳市、抚顺市、辽阳市、盘锦市、长春市、吉林市、通化市、鹤岗市、佳木斯市、伊春市、鸡西市、双鸭山市、七台河市、大庆市、大兴安岭地区
单一结构性城市	4	葫芦岛市、锦州市、营口市、绥化市
非单一结构性的城市	14	大连市、丹东市、沈阳市、铁岭市、四平市、白城市、辽源市、松原市、白山市、延边市、黑河市、牡丹江市、齐齐哈尔市、哈尔滨市

第二节　单一结构城市类型与发展特征

一、单一结构城市分类

东北三省单一结构城市数量较多，经济社会发展水平差异较大，产业发展周期位处不同阶段，面临的矛盾与问题也各不相同。为此，应正确把握单一结构城市的整体情况，对目标城市进行类别划分。基于此，我们试图结合单一结构城市的实际情况，在借鉴传统分类方法的基础上，建立一套综合的城市分类方法，以期明晰不同单一结构城市的实际发展状态，进而找到单一结构城市发展的规律及相互关系，最终实现分类指导、精准施策。

（一）按主导产业类型的分类方法

按照影响城市经济社会发展的主导产业类型进行分类是单一结构城市划分的基本方法。基于主导产业类型的差异性，东北三省 18 个单一结构城市主要包括以资源产业为主导的资源型城市和以传统产业为主导的产业型城市，详见表10-5。

表10-5 2006~2014东北三省单一结构城市分布情况表

城市类型	城市	主导型产业
资源型城市（13座）	鞍山市	黑色金属冶炼和压延加工业
	朝阳市	黑色金属矿采选业、冶炼及压延加工业
	本溪市	黑色金属冶炼和压延加工业
	抚顺市	石油加工、炼焦和核燃料加工业
	阜新市	煤炭开采和洗选业
	盘锦市	石油和天然气开采业、石油加工、炼焦和核燃料加工业
	双鸭山市	煤炭开采和洗选业
	鹤岗市	煤炭开采和洗选业
	鸡西市	煤炭开采和洗选业
	七台河市	煤炭开采和洗选业
	伊春市	黑色金属冶炼和压延加工业
	大庆市	石油和天然气开采业
	大兴安岭	煤炭开采和洗选业
传统产业型城市（5座）	辽阳市	化学原料及化学制品制造业
	长春市	交通运输设备制造业
	吉林市	化学原料及化学制品制造业
	通化市	黑色金属冶炼及压延加工业/医药制造业
	佳木斯市	农副产品加工业

注：通化市在2006~2008年的主导产业为黑色金属冶炼及压延加工业，其他年份均为医药制造业

（二）按单一结构城市综合类别的分类方法

按主导产业类型的分类方法主要是从城市主导产业性质加以划分，并未结合单一结构城市自身的实际问题及其解决该问题的难易程度，具有一定的局限性。为此，根据单一结构城市的整体发展导向，以加强分类指导为出发点，结合单一结构城市的实际特点，以规划政策措施为重点，建立以主导产业可持续发展能力及替代产业可持续发展能力为核心的单一结构城市综合分类框架。

1. 主导产业可持续发展能力指标体系

参照单一结构城市指标体系的构建方法与原则，从经济创造力、财政依存度、社会支撑力三个维度来构建主导产业可持续发展能力指标体系。囿于数据的可得性及可比性，经过层层筛选指标，最终选取九类指标来衡量，具体参见表10-6。

表 10-6 主导产业可持续发展能力指标评价体系

目标	维度（B_i）	指标（C_i）
主导产业可持续发展能力	经济创造力	单一主导产业产值占规模以上工业总产值比重（%）
		单一主导产业人均产值（%）
		单一主导产业产值增速（%）
		单一主导产业产值占 GDP 比重（%）
	财政依存度	单一主导产业税收占规模以上工业总税收比重（%）
		单一主导产业利润增长贡献率（%）
		单一主导产业利润增速（%）
	社会支撑力	单一主导产业从业人员占规模以上工业从业人员总数比重（%）
		单一主导产业从业人员增速（%）

在方法上，继续采用最大方差下的组合赋权法来加以测算综合指数。在主观权重上采用三角模糊层次分析法，客观权重上采用熵值法，最后采用方差最大化下主客观结合的原理得到各指标的综合权重，最终得出主导产业可持续发展能力指数。

2. 替代产业可持续发展能力指标体系

鉴于东北三省地级市的行业数据的可获取性，将规模以上工业中仅次于主导产业的潜在优势产业视为替代产业加以研究。在构建替代产业可持续发展能力指标体系时，继续从经济创造力、财政依存度、社会支撑力三个维度去考察，指标经过层层筛选，最终选取九种指标来构建，具体详见表 10-7。

表 10-7 替代产业可持续发展能力指标评价体系

目标	维度（B_i）	指标（C_i）
替代产业可持续发展能力	经济创造力	替代产业产值与主导第一产业产值占比差（%）
		替代产业人均产值（%）
		替代产业产值增速（%）
		替代产业产值占 GDP 比重（%）
	财政依存度	替代产业税收与主导第一产业税收占比差（%）
		替代产业利润增长贡献率（%）
		替代产业利润增速（%）
	社会支撑力	替代产业从业人员与主导第一产业从业人员占比差（%）
		替代产业从业人员增速（%）

在方法上，本节继续采用最大方差下的组合赋权法来加以测算综合指数。在主观权重上采用三角模糊层次分析法，客观权重上采用熵值法，最后采用方差最

大化下主客观结合的原理得到各指标的综合权重，最终得出替代产业可持续发展能力指数。

3. 单一结构城市发展周期划分

将主导产业可持续发展能力的三类等级评价和替代产业可持续发展能力三类等级评价结合为九种组合，按照如下分类标准（图 10-1）对单一结构城市的发展周期进行分类。

	低	中	高
替代产业可持续发展能力 高 (0.7)	再造型	成长型	成长型
替代产业可持续发展能力 中 (-0.7)	再造型	成熟型	成长型
替代产业可持续发展能力 低	衰退型	成熟型	成熟型

主导产业可持续发展能力（低 -0.7 中 0.7 高）

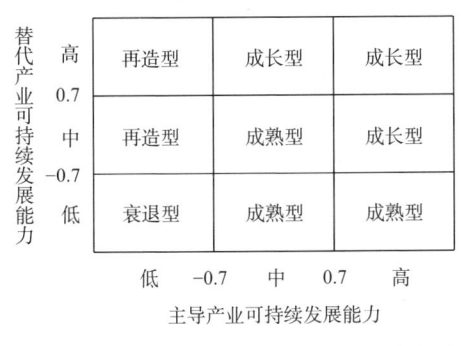

图 10-1 四个周期类别的单一结构城市划分

基于定量划分的基础，结合单一结构城市发展的实际情况，将对特定城市特别年份的周期类别进行适当修正，试图得出 2006~2014 年单一结构城市发展阶段的演化过程，具体如表 10-8 所示。

表 10-8 2006~2014 年东北三省单一结构城市发展阶段动态演进情况

单一结构城市	2006年	2007年	2008年	2009年	2010年	2011年	2012年	2013年	2014年
鞍山	成熟期（2006~2008年）			再造期（2009~2012年）				成长期（2013~2014年）	
朝阳	成长期（2006年）	成熟期（2007~2014年）							
本溪	成熟期（2006~2009年）				再造期（2010年）	成长期（2011~2014年）			
抚顺	成熟期（2006~2014年）								
阜新	衰退期（2006~2007年）		再造期（2008~2014年）						
辽阳	成熟期（2006~2012年）							再造期（2013~2014年）	
盘锦	成长期（2006年）	成熟期（2007~2014年）							
长春	成熟期（2006~2014年）								
吉林	成长期（2006~2007年）		成熟期（2008~2014年）						
通化	再造期（2006~2014年）								

续表

单一结构城市	2006年	2007年	2008年	2009年	2010年	2011年	2012年	2013年	2014年
双鸭山	成长期（2006年）	成熟期（2007~2008年）		再造期（2009~2014年）					
鹤岗	成熟期（2006~2012年）							衰退期（2013~2014年）	
鸡西	成熟期（2006~2014年）								
佳木斯	再造期（2006~2011年）						成长期（2012年）	成熟期（2013~2014年）	
七台河	成长期（2006~2010年）					成熟期（2011~2013年）			衰退期（2014年）
伊春	成熟期（2006~2013年）								衰退期（2014年）
大庆	成长期（2006~2011年）						成熟期（2012~2014年）		
大兴安岭地区	成长期（2006~2012年）							成熟期（2013年）	衰退期（2014年）

二、单一结构城市的发展特征

伴随着煤炭、石油等资源的开采开发及加工和国家工业布局的需要，东北三省单一结构城市因此而兴起和发展。这种特殊城市发展模式并不同于因政治因素、交通条件、商业发展等作用形成的城市，其对地方经济建设和社会发展做出了重要贡献。当然，不可否认的是，从城市诞生开始，单一结构城市就存在产业结构单一、城企高度融合、公共品供给不足等问题。特别是近年来，在粗放型经济增长模式下，资源缺乏有效保护，利用率较低，产业链内部衔接不足，产品竞争力不强，进而使城市综合竞争力低下。为此，了解并把握单一结构城市的发展特征与问题对于单一结构城市摆脱发展困境、实现可持续发展具有重要的现实意义。

（一）产业结构严重失衡、尚未形成全产业链

伴随着区域开发，依托自身丰富的自然资源及国家工业布局的需要，东北三省城市随之发展，多数城市的经济发展严重依赖于某一单一性产业，第二产业产值占比较高。再加上计划经济体制的影响，使东北三省第三产业发展较为缓慢，单一结构城市的第二产业和第三产业的比重失衡。从第二产业内部结构来看，单一结构城市的主导性产业发展"一枝独秀"，而其他产业相对较弱，同一城市尚未形成完整产业链。考虑到地区差异性，将以省为单位，从主导产业产值占比情况来看主导产业产业结构的变化情况。

从图10-2可知，辽宁省单一结构城市数量相对较多，并且主导产业产值占比

的趋势特征较为明显。2006~2014年，本溪市、鞍山市、抚顺市、阜新市、辽阳市产值占比呈现出下降趋势，朝阳市、盘锦市产值占比呈现上升趋势。从各城市主导产业类型上看，除辽阳外，辽宁省的其他单一结构城市均为资源型城市。辽阳市以化学原料和化学制品制造业为主导产业，其主导产业产值占比下降幅度较大，从最高值36.21%下降至2014年的5.71%。资源型城市的趋势差异性主要在于随着资源的不断耗竭，与资源相关产业的产值开始出现了下滑趋势，甚至出现了负增长，进而降低了资源主导产业的产值占比。朝阳市、盘锦市虽同为资源型城市，但其产业链上出现了互补的势头，朝阳市黑色金属冶炼及压延加工业虽在下降，但黑色金属矿采选业的产值却在不断提升；盘锦市在石油和天然气开采业呈现出下降的趋势，但石油加工、炼焦和核燃料加工业产值占比却不断攀升，综合作用下带动整个产业链的发展。

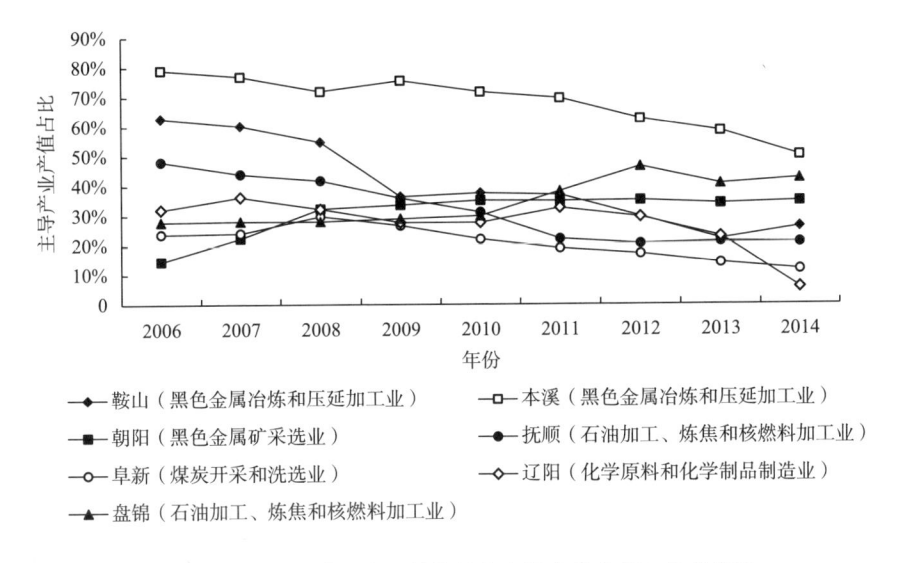

图10-2　辽宁省单一产业结构城市主导产业产值占比趋势图

从图10-3可知，吉林省单一结构城市主导产业产值占比的趋势变化差异性较大。具体来说，在2006~2014年，长春市主导产业的产值占比呈现下降趋势，但整体较为平稳，基本保持在60%以上；吉林市主导产业的产值占比呈现下降趋势且下降幅度相对较大，2014年跌至30%以下；通化市主导产业产值占比的趋势变化前三年较为平稳，从2008年开始出现较大幅度的上升趋势，2014年医药制造业的产值占比几近50%。究其原因，交通运输设备制造业一直是长春市的优势产业，产业链相对完善，加上目前该产业正处于成熟期，产值占比变化相对较为平稳。吉林市的主导产业主要依托自身传统产业优势进行生产，但大规模进行生产的集团相对较少。整体规模受限和产业形势的影响，其产值成长速度明显不如其他产业，甚至出现下降趋势，这使其产值占比明显降低。黑色金属冶炼及压延加工业原本是通化市的支柱性产业，近年来，随着资源开采开发，黑色金属储量明显下滑，而第二产业医药制造业在政策支持下，顺势成为通化市的主导性产业，进而带动了地区经济发展。

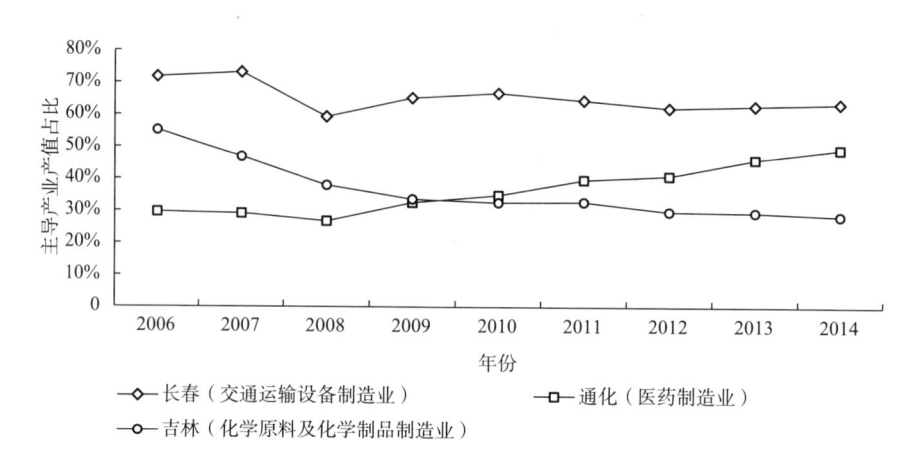

图 10-3　吉林省单一产业结构城市主导产业产值占比趋势图

从图 10-4 可知，黑龙江省单一结构城市数量相对较多，其主导产业的产值占比呈现出非规则性变化。具体来说，在 2006~2014 年，双鸭山市、鹤岗市、大庆市、七台河市主导产业的产值占比呈现下降趋势；佳木斯市作为传统产业型城市，其主导产业的产值占比稳步提升，2014 年主导产业产值占比接近 40%；大兴安岭地区、鸡西市、伊春市主导产业的产值占比出现波动变化，呈现先升后降的态势。资源型城市这种主导产业的产值占比趋势差异主要源于各地级市资源的储量、政策的差异性等原因所致，而以农副食品加工业为主导产业的佳木斯市，依托自身优势，大力发展劳动密集型产业，其产值占比不断提升，进而有利于地区经济增长。

当然，考虑到主导产业发展的实际情况，结合替代产业的发展现状，试图通过第一主导产业与第二产业产值占比之差来挖掘出各城市产业转型的难易程度，详见图 10-5、图 10-6 和图 10-7。

图 10-5、图 10-6、图 10-7 反映的是 2006~2014 年东北三省单一结构城市主要产业产值占比差的变化趋势。从时间趋势来看，各单一结构城市的主要产业产值占比之差变化不一。从 2014 年这一截面来看，本溪市、盘锦市、长春市、通化市、鸡西市和佳木斯市等地级市的主要产业产值占比之差均超过了 30%，主导产业的转换难度较大；鞍山市、阜新市、鹤岗市、大兴安岭地区等地级市的主要产业产值占比之差较小，主导产业的转换难度较低；通化市、阜新市、双鸭山市

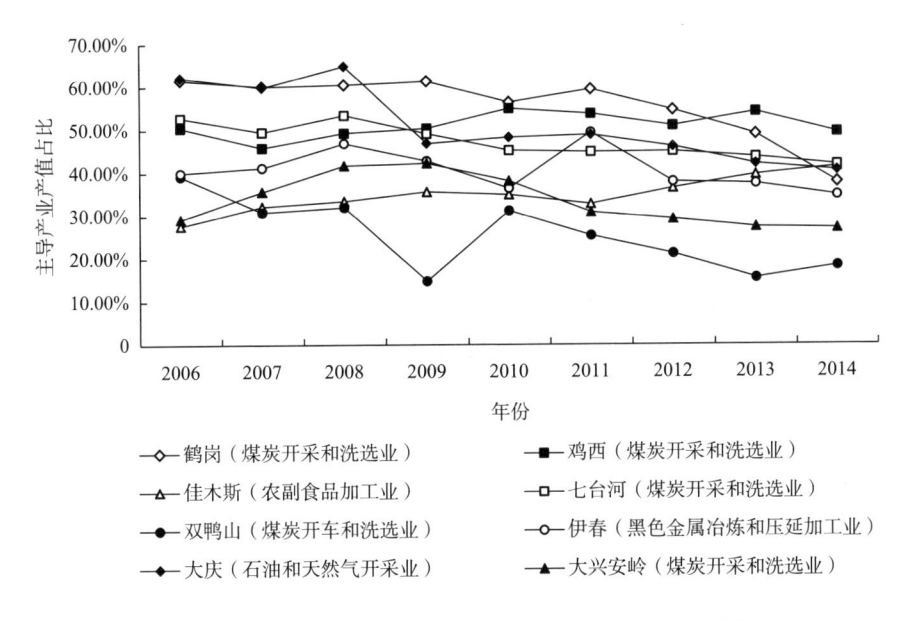

图 10-4 黑龙江省单一产业结构城市主导产业产值占比趋势图

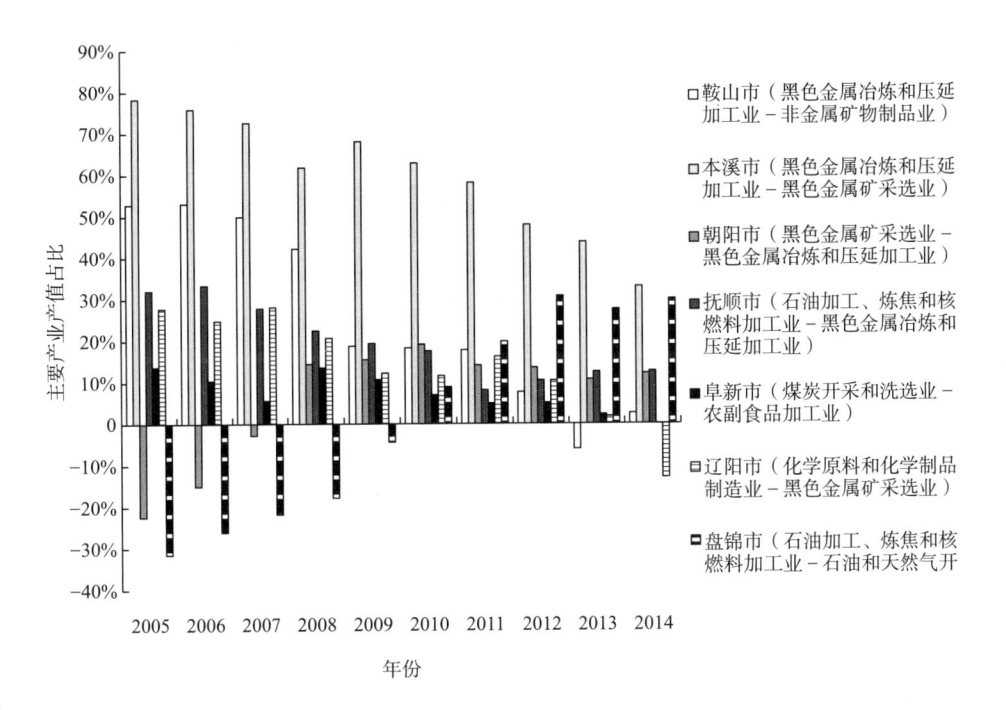

图 10-5 辽宁省单一产业结构城市主要产业的产值占比差趋势图

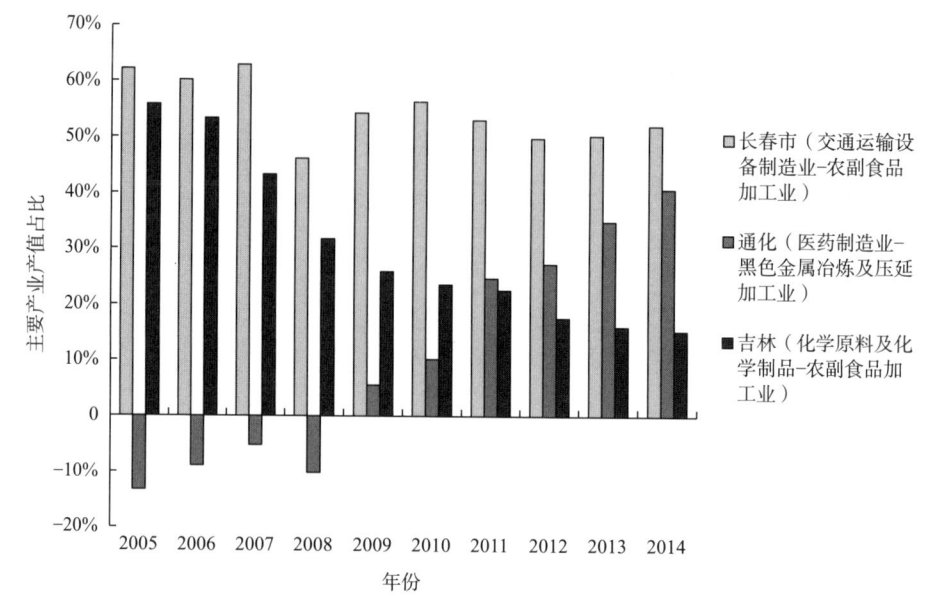

图 10-6 吉林省单一产业结构城市主要产业的产值占比差趋势图

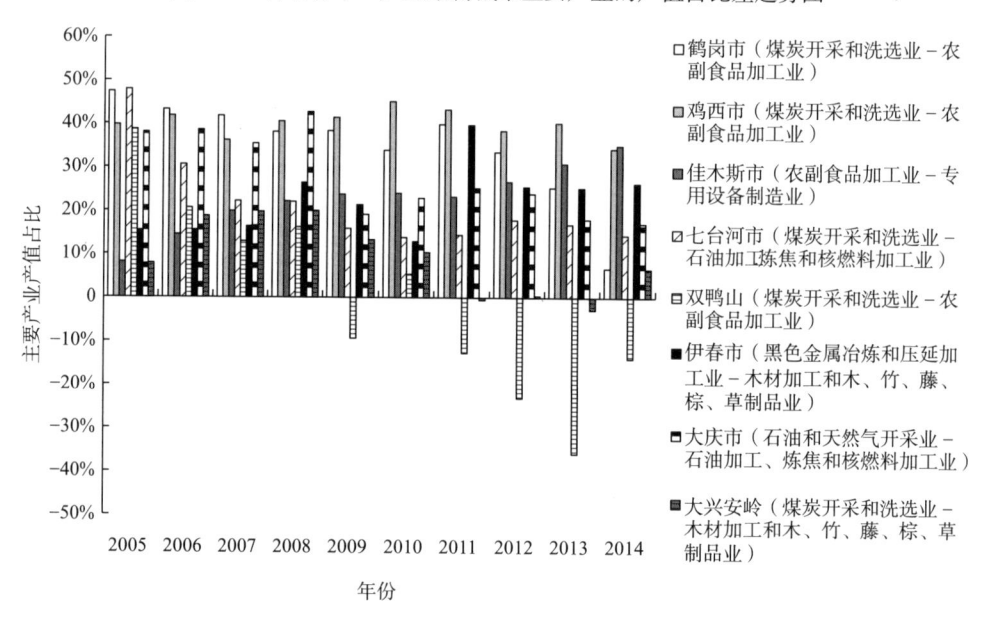

图 10-7 黑龙江省单一产业结构城市主要产业的产值占比差趋势图

等地级市也开始逐步实现了主导产业的转换，逐步摆脱了对"原"字头产品的依赖。

（二）就业结构相对单一、社会结构相对固化

东北三省单一结构城市的产业结构特性，使从事自然资源开采开发及加工等产业的职业成为"显性职业"，大批劳动力主要从事与主导性产业相关的工作，对产业有高度的依附性。而这种城企高度融合的模式使与之相关产业的企业大多是国有企业，具有较强的地方垄断性，整个城市的教育、就业等均为之展开，进而使社会结构相对固化。

从表10-9可以看出，2006~2014年除鞍山、通化市、双鸭山市的从业人员占比出现较大幅度波动外，其他单一结构城市从业人员占比的趋势变化均比较平稳。究其原因，主要在于黑色金属、煤炭开采和洗选业属于不可再生资源，随着鞍山市、双鸭山市资源储量的不断耗竭，其主导产业黑色金属冶炼和压延加工业、煤炭开采和洗选业产值已开始出现下降趋势，产值占比大幅度下滑，这将直接导致从业人员及其占比的大幅下降。通化市之前以黑色金属冶炼及压延加工业为主导产业，近年来加大了医药制造业的投入和扶植力度，产业发展势头良好，逐渐成为当地的主导产业，实现了当地失业人员的再就业。从2006~2014年均值来看，鹤岗市、七台河市主导产业从业人员占比均值不低于80%，位居前两位；盘锦市主导产业从业人员占比均值仅9.54%，位居倒数第一。

表10-9　2006~2014年单一产业结构城市主导产业从业人员变化统计情况

省份	城市（产业）	标准差	平均值
辽宁省	鞍山（黑色金属冶炼和压延加工业）	16.13	49.23%
	本溪（黑色金属冶炼和压延加工业）	8.95	47.64%
	朝阳（黑色金属矿采选业）	4.63	20.94%
	抚顺（石油加工、炼焦和核燃料加工业）	2.06	10.37%
	阜新（煤炭开采和洗选业）	5.45	50.74%
	辽阳（化学原料和化学制品制造业）	5.09	23.56%
	盘锦（石油加工、炼焦和核燃料加工业）	4.11	9.54%
吉林省	长春（交通运输设备制造业）	5.60	47.63%
	通化（医药制造业）	12.79	36.89%
	吉林（化学原料及化学制品制造业）	3.05	21.29%
黑龙江	鹤岗（煤炭开采和洗选业）	6.30	82.83%
	鸡西（煤炭开采和洗选业）	1.13	76.49%
	佳木斯（农副食品加工业）	2.12	16.86%
	七台河（煤炭开采和洗选业）	2.67	80.43%
	双鸭山（煤炭开采和洗选业）	17.28	69.22%
	伊春（黑色金属冶炼和压延加工业）	4.32	17.46%
	大庆（石油和天然气开采业）	4.87	45.29%
	大兴安岭（煤炭开采和洗选业）	4.92	20.95%

（三）财政依存度较高，抗风险能力较弱

东北三省单一结构城市较多，其财政收入主要来源于主导性产业的税收收入，这将直接导致地方政府税收收入相对单一，对该产业的依赖性较高。同时，该产业的兴衰将直接影响地方政府的财政收入的多寡，这将使地方政府抵抗风险的能力相对较弱。图10-8、图10-9、图10-10反映的是东北三省单一结构城市主导产业的税收占比情况表。

图10-8 辽宁省单一产业结构城市主导产业的税收占比趋势图

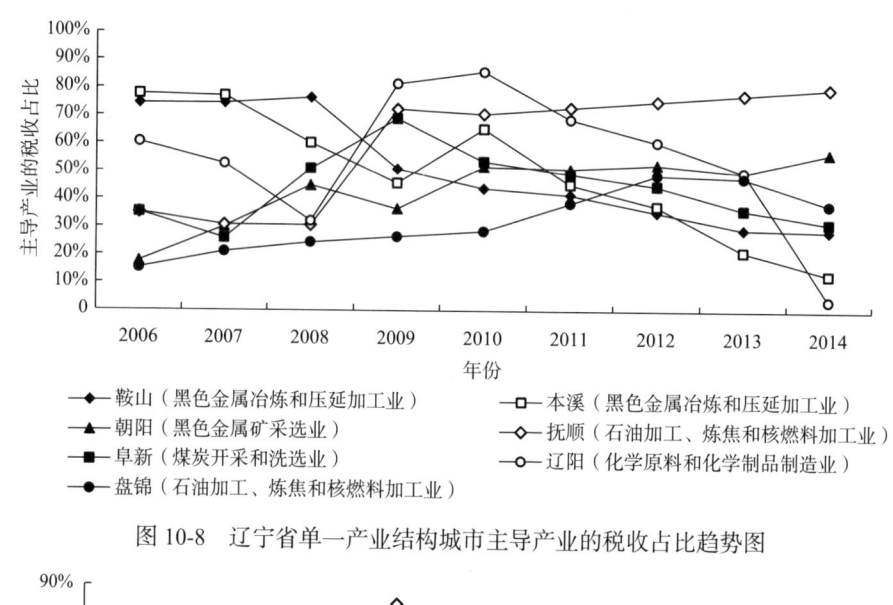

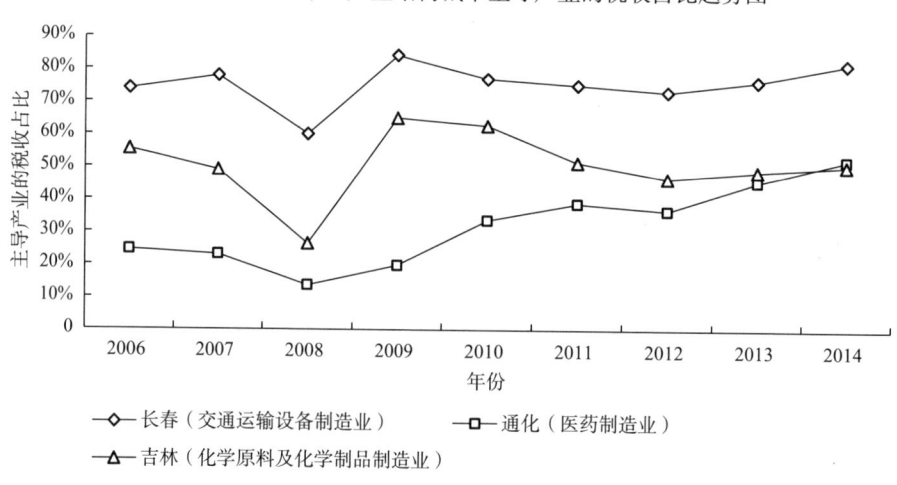

图10-9 吉林省单一产业结构城市主导产业的税收占比趋势图

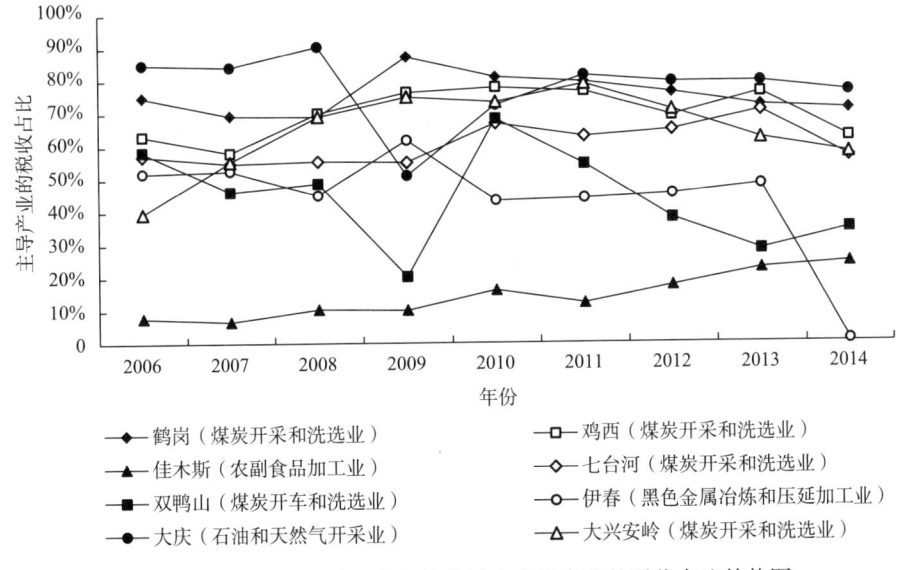

图 10-10　黑龙江省单一产业结构城市主导产业的税收占比趋势图

从图 10-8、图 10-9、图 10-10 中不难看出，从时序上看，无论身处何省，单一结构城市主导产业的税收占比历经波动，波动幅度差异较为明显。具体来说，除盘锦市、朝阳市等外，辽宁省其他单一结构城市主导产业的税收占比整体上呈现下降趋势；吉林省单一结构城市主导产业的税收占比历经波折，但除个别年份外，整体上看波动幅度不大；除双鸭山市和伊春市外，黑龙江省其他单一结构城市主导产业的税收占比的整体趋势较为平稳。从主导产业的均值来看，大庆市、鹤岗市、长春市的税收占比均超过 75%，位居前三；而佳木斯市的税收占比均低于 25%，位居最后。当然，也不难发现，基于不同产业产品税率的差异性，这将直接影响到主导产业的税收占比情况。税收占比较低的单一结构城市主要以农副食品加工业等为主导产业。这些产业属于劳动密集型产业，产品生产成本较高，进而使其利润率相对较低，最终将影响到该产业的税收收入及税收占比。

（四）生态环境破坏较为严重，治理成本相对较高

东北三省自然资源相对丰富，但自 20 世纪开始，粗放型经济增长方式下大规模的资源开采开发使东北三省自然资源过度消耗，生态环境不断恶化。在此过程中，企业更愿意将资金投入资源的开采开发上，忽视生态修复工作，而政府并未制定相应的政策法规加以引导和约束，惩罚成本过低，这就进一步加大了生态环境的破坏，提高了环境治理成本。

三、不同类别单一结构城市的发展特征

（一）成长型单一结构城市的发展特征

按照综合类型划分方法，在2006~2014年，东北三省有11个单一结构城市经历了成长期这一发展阶段。截至2014年，东北三省大多成长型单一结构城市都逐渐过渡到成熟型单一结构城市，仅有本溪市和鞍山市仍处于成长期阶段，且均为资源型城市。成长型单一结构城市的主导产业开发正处于上升阶段，资源产业保障潜力大，经济社会发展后劲足，是我国资源开采开发的重要保障基地。

1. 加大产业开发力度推动地区经济快速增长

处于产业开发初期的单一结构城市，主导产业产值在整个城市经济社会中的比重相对偏低。随着地区基础设施建设的不断完善、与主导产业相关企业的生产能力不断提高，其对地区经济发展的拉动作用将不断凸显，地区经济增长势头强劲。本溪市以黑色金属冶炼和压延加工业为主导产业，同时也大力发展了黑色金属采选业，这将使产值、税收、从业人员大幅提高，进而推动地区经济的快速增长。在此期间，本溪市地区生产总值从400.34亿元上升到1 171.25亿元，年均增长率达14.3%。

2. 劳动力的快速集聚有利于加快推进城镇化的步伐

随着主导产业开发活动的不断加快，大量资金和劳动力开始涌入，加速向成长性单一结构城市集聚。为满足人口的快速扩张的需求，地方政府加快了基础设施建设步伐，积极推动房地产产业发展，加快该地区城镇化的建设水平。鞍山市作为资源型城市的典型代表，其产业主体是黑色金属冶炼、压延加工业和非金属矿物制品业。这些产业虽以"原"字号、"粗"字号产品为主，但其作为劳动密集型产业在一定程度上吸纳了大批劳动力从事相关产业活动。近年来，作为主导产业的黑色金属冶炼和压延加工业的产值虽有萎缩，但非金属矿物制品业发展迅猛，致使大批劳动力涌入该两类产业，加快了地区城镇化进程，详见图10-11。

3. 利益分配引发的矛盾冲突开始出现

单一结构城市在成长过程中，由于城市与企业高度融合的特性，利益分配机制弊端不断暴露。特别是资源型单一结构城市在资源主导产业问题上，国有企业在资源开发中发挥了主力军的作用，推动了资源产业的规模化、现代化进程。当然，不可避免的是，在此过程中，由于利益分配不均等问题，地方与中央、政府与民众等之间的冲突不断加剧。同时，企业内部之间的分配不均，将使利益冲突不断提升。

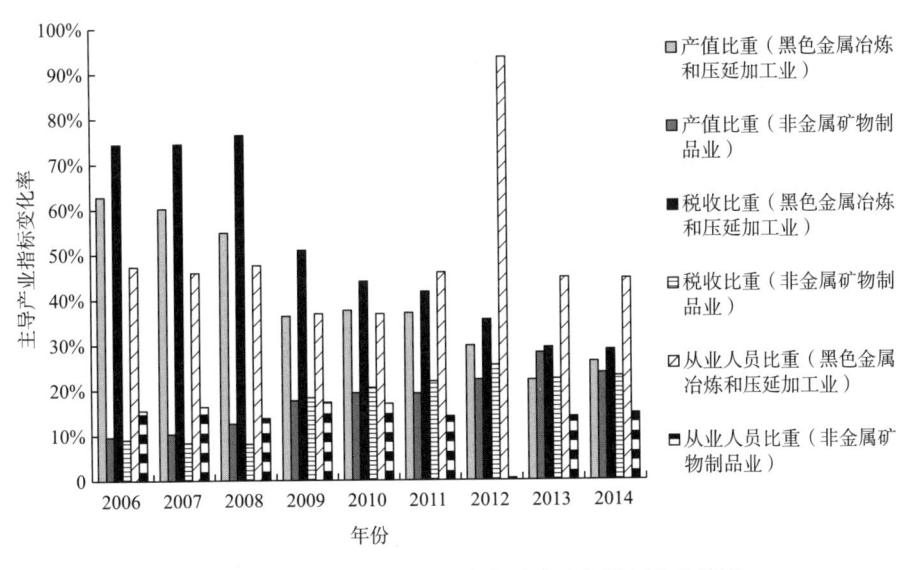

图 10-11　2006~2014 年鞍山市主导产业各指标变化情况

（二）成熟型单一结构城市的发展特征

按照综合类型划分方法，在 2006~2014 年，东北三省有 16 个单一结构城市正在经历或已经历成熟期这一阶段。截至 2014 年，东北三省的朝阳市、盘锦市、抚顺市、佳木斯市、长春市、吉林市、大庆市、鸡西市等正处于成熟期。成熟型单一结构城市的产业开发处于相对稳定阶段，资源保障能力强，主导产业的配套产业相对完善，地区经济社会发展水平较高，是现阶段主导产业安全保障的核心区。

1. 主导产业支撑城市经济平稳发展

成熟型单一结构城市经过一段时期的开发与建设，主导产业逐渐兴盛和壮大，与资源型产业或传统产业相关的企业规模不断扩大，并能独立生产与之相关的产品及其附属品，配套产业也渐趋形成，企业综合竞争力不断提升。同时，地区经济发展开始越来越注重技术进步与多元化发展，单一结构城市对技术创新的需求日益提升，主导产业的产品科技含量也开始稳步增强，技术进步、科技创新逐渐成为推动单一结构城市经济持续发展的重要动力。大庆市、鸡西市、朝阳市、盘锦市等资源型城市主导产业的产值占比、从业占比、税收占比等近年来相对较为平稳，支撑着整个规模以上工业经济的平稳发展。长春市、佳木斯市等传统产业型城市无论是在产值占比、税收占比，还是从业人员占比方面都呈现出了稳步提升的发展态势，有利于实现当地经济的平稳增长。

2. 资源型产业发展与生态环境保护的矛盾开始激化

伴随着长期资源的开发开采及初加工，成熟型单一结构城市特别是成熟型资源型城市充分利用自身特有的资源优势，城市主导产业规模不断扩大，推动地区经济快速发展。但同时，不可避免地对生态环境造成了破坏。更为重要的是，环境污染问题并未引起政府和社会的高度关注，企业为降低生产成本也不对其污染排放进行有效控管，因此生态环境状况呈现持续恶化趋势。以大庆市为例，石油和天然气开采业是其主导产业，对大庆市生态环境安全带来了巨大的压力，生态环境修复成本居高不下。大庆油田从1959年经过几十年的勘探和开发，产生了许多环境地质问题与地质灾害，如土地沙化、盐碱化、地表水体污染等问题，这将无形之中加大了治理的难度。

3. 城市空间"二元化"日益明显

在经济长期保持较为平稳而快速发展的背景下，知识积累和科技创新能力不断增强，人口和产业开始加快集聚，最初形成的工矿区分散式布局的弊端在城市现代发展中凸显，城市扩容、建设新城新区已成为谋求城市发展的主要战略选择。在此背景下，成熟型单一结构城市主导产业开发和"条块分割"所形成的主导型产业相关空间与其他城市空间相分离，城市空间"二元化"较为明显。其中，比较典型的城市，如大庆市，主城区西部为与石油相关的以大庆油田公司、大庆石油管理局为主建设，东部以市政府为主建设，两者之间是油田开发初期的中心。

（三）衰退型单一结构城市的发展特征

按照综合类型划分方法，在2006~2014年，东北三省有五个单一结构城市经历了衰退这一阶段。截至2014年，东北三省的伊春市、鹤岗市、七台河市、大兴安岭地区等正处于衰退期，且这些城市均为资源型城市。衰退型单一结构城市的产业开发处于衰退阶段，经济发展较为滞后，社会保障等民生性问题开始凸显，生态环境的压力增大，是单一结构城市中需要重点转型的地区。

1. 主导产业衰退导致城市经济发展动力不足

经过多年的资源开发开采，衰退型单一结构城市的主导产业已过鼎盛时期，其储量及其开采量均在不断下降，部分资源已渐趋枯竭。基于资源而形成的相关产业的产值开始下滑，城市经济开始出现衰退迹象，发展前景堪忧。以伊春市为例，在2013年之前，其主导产业黑色金属冶炼和压延加工业占比稳定增长；但自2013年后，黑色金属冶炼和压延加工业的税收占比却断崖式下跌，跌破1%的水平。根据2015年统计数据显示，黑色金属冶炼和压延加工业产值占比已从2013

年的 37.42%下跌到了 2015 年的 27.8%的水平，并且 2014 年、2015 年黑色金属冶炼和压延加工业产值绝对增速分别为-41%和-40%，规模以上工业总产值增速也呈现负增长（分别为-37%，-25%）。作为第二产业的木材加工业在 2009 年以后产值、税收、从业人员占比也呈现下降趋势。2013 年以后伊春市已经从成熟期迅速滑落入衰退期（图 10-12）。

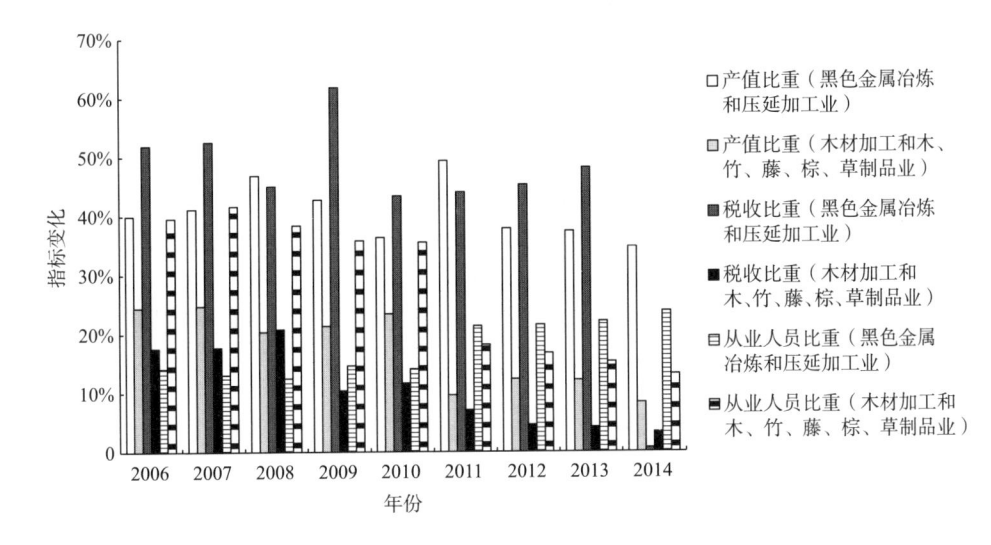

图 10-12 2006~2014 年伊春市主导产业的主要指标变化情况

2. 主导产业与潜在优势产业发展无法实现有效衔接

随着主导产业的逐步衰退，衰退型单一结构城市抗风险能力日益减弱，地区经济下行压力增大。但同时，潜在优势产业未能实现有效衔接，其发展较为乏力，无法快速成长为主导产业，支撑地区经济发展。鹤岗市从 2010 年开始，主导产业的产值、税收、从业人员占比开始出现下滑，尤其是产值占比下降明显，从 2009 年的 61.27%下降到了 2014 年的 37.74%。反观潜在优势产业农副食品加工业，其产业发展表现疲乏，无法顺利实现城市主导产业转换。同样，大兴安岭地区主导产业的发展趋势也呈现出分化的特征。2009 年以前，煤炭开采和洗选业、木材加工业分别作为主导产业和潜在优势产业都实现了快速增长，表现出成长期与成熟期的发展特征。但是，在 2010 年以后，政府陆续出台淘汰落后产能的相关文件，其中《国务院关于进一步加强淘汰落后产能工作的通知》和《淘汰落后产能工作考核实施方案》将淘汰煤炭行业落后产能提上了政府工作日程。大兴安岭地区煤炭开采和洗选业产值迅速出现下滑，木材加工业也并未出现上扬趋势，主导产业与潜在优势产业并未实现有效衔接，大兴安岭地区步入衰退期。

3. 生态环境破坏严重、治理成本较高

长期以来，在粗放型经济发展模式和"重开发，轻保护"发展理念的支配下，资源被过度消耗，高强度的生产活动对城市生态环境的影响逐步积累，这就使衰退型单一结构城市成为生态破坏和环境污染的重灾区。土地大面积塌陷、废弃矿坑、危病险库等地质灾害隐患集中，滑坡、泥石流、水质污染、大气污染等问题层出不穷，这不仅严重影响了居民的日常生活，还使治理污染的成本居高不下。

（四）再造型单一结构城市的发展特征

按照综合类型划分方法，在2006~2014年，东北三省有七个单一结构城市经历了再造期这一阶段。截至2014年，东北三省的阜新市、辽阳市、双鸭山市、通化市[①]等正处于再造期。再造型单一结构城市逐步摆脱了对资源的过度依赖，主导产业的相关产品科技含量稳步提升，经济社会开始步入良性发展轨道，是单一结构城市转变经济发展方式的先行区。

1. 主导产业的核心竞争力持续增强

进入再造期的单一结构城市，其自主创新能力不断增强，高素质人才对外不断壮大，与主导产业相关的产品的核心竞争力显著增强，自主特色产业渐趋明朗。以吉林省通化市为例，长期以来依托黑色金属冶炼及压延业形成了以钢铁为支柱的工业产业，如代表性企业通钢集团。但随着资源的渐趋枯竭和粗钢产能过剩等问题，传统钢铁企业面临巨大的生存危机，钢铁产值及其占比逐年下滑。近年来，钢铁产业通过技术改造和兼并重组，开始朝着技术含量更高的产品方向发展。同时，医药制造业在通化市也得以大力发展，加大了生物制药的研发力度，推动了生物医药等新兴产业的快速发展，逐渐成为通化市的主导产业，其核心竞争力得以快速提升（图10-13）。

2. 产业转换下劳动力再就业问题凸显

处于再造期的单一结构城市，其主导产业已面临或将面临转换问题。原有的主导产业将渐趋衰退，而新兴产业将得以快速发展。这就需要解决如何实现原有主导产业工作的劳动力实现再就业的问题。例如，双鸭山市和阜新市，两城市的发展特征相似，主导产业都为煤炭开采和洗选业，而替代产业均为农副食品加工业。在煤炭开采业发展势头逐年下滑的形势下，农副食品加工业却逆势增长。虽

---

① 通化市在2006~2014年一直处于再造期阶段。

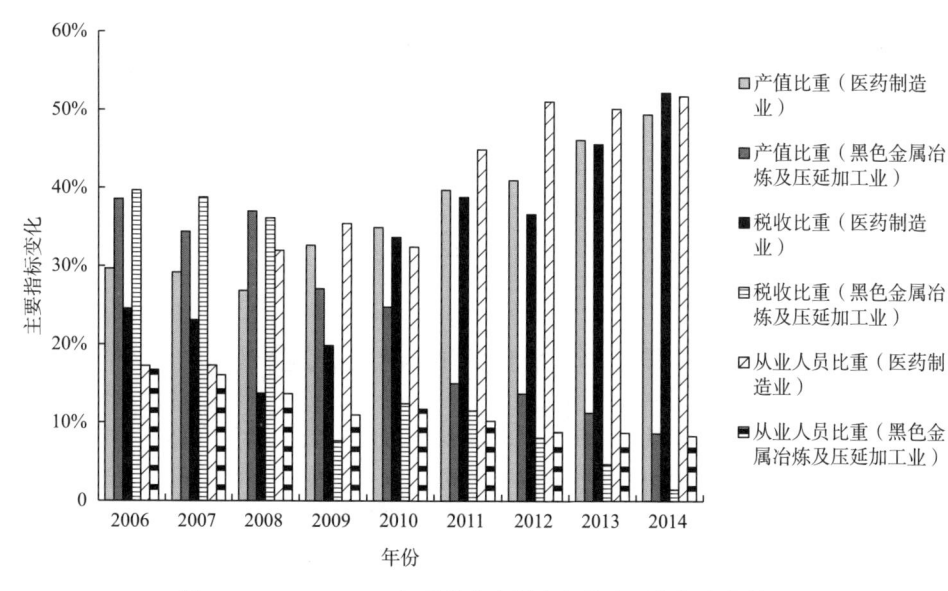

图 10-13　2006~2014 年通化市主导产业的主要指标变化情况

然煤炭开采和洗选业产值占比已逐渐被农副食品加工业超越，但是煤炭开采和洗选业所吸附的劳动力却依旧维持在较高水平，当煤炭开采和洗选业随着开采量的日益增大而逐渐枯竭时，大量的转移劳动力安置问题将成为再造期单一结构城市不得不面对的现实问题。

3. 产业间协同发展的经济格局初步形成

再造型单一结构城市在经历艰难的转型阵痛后，产业结构明显得以优化，产业间的比例渐趋合理，新兴技术与新兴产业得以高度融合，高新技术产业成为大多数城市的先导性产业，服务业产业也得以快速发展，实现了第二产业和第三产业的良性联动。以阜新市为例，近年来，加快推进了以接续替代产业为核心的现代工业体系建设，大力实施以农业示范带建设为核心的现代农业体系，努力构建以服务业集聚区为核心的现代服务业体系。煤炭产业在全市规模以上工业中的比例从 2014 年的 11.7% 降至 8.8%，而高端装备制造和农产品加工则升至 59%。在高端铸铝壳体产业方面，加大了科技研发力度，开始从价值链低端向高端迈进，并成为国内高端铸铝壳体行业的翘楚。

4. 民营经济快速发展，激发市场活动

随着经济转型的不断推进，鼓励和引导民间投资健康发展的政策措施进一步完善，非公有制经济在城市经济发展中的地位日益重要。民营企业的快速成长，将进一步激发市场的活动，使城市发展重新焕发活力。以吉林省通化市为例，

2015年通化市民营经济占GDP的比重达到58%，从业人员占全部从业人员的比例达到58.4%，分别高于全省平均水平6.6个百分点和8.4个百分点。同时，也培育了修正、东宝、万通等31家国家级高新技术企业，研发出了基因重组人胰岛素、人血白蛋白等一系列创新产品，累计实施了267项国家和省科技创新项目，其中一些项目填补了国内空白。医药高新区创业基地投入运营，通化市已被认定为全国创业辅导重点城市，连续四年被评为全省中小企业暨民营经济发展先进市。

第三节　单一结构城市发展战略与途径

单一结构城市在发展过程中应以科学发展观为统领，以大局观、开放意识为两翼。以科学发展观统领，就是把单一结构城市转型发展与资源可持续利用、经济社会可持续发展有机结合起来；把单一结构城市转型发展与生态化建设和城市规划有机结合起来。从大局着眼，就是把单一结构城市转型发展纳入转变经济发展方式和走新型工业化道路的大背景考虑；纳入经济全球化和产业结构调整的背景下考虑；纳入市场深化、构建社会化分工体系和区域经济资源整合的背景下考虑；纳入可持续发展思路和塑造新的增长极的背景下考虑。以开放意识思考东北地区单一结构城市转型发展，就要破除行政区划观念，把省内资源整合转变为东北区域资源整合，向国内国外两个大市场开放。由于东北三省单一结构城市发展阶段不一，城市主导产业各异，在政策制定上不可采用"一刀切"。应充分考虑各地区实际情况，制定出差异化发展战略与建设途径，实现分类指导，精准施策。

一、成长型单一结构城市发展战略与建设途径

成长型单一结构城市应致力于壮大主导产业的发展规模，实现产业精细化发展。着眼长远，科学规划，实现产业发展与城市规划相融共赢。通过跨区域分工协作打破市场分割，实现产业链的协同式、跨越式发展。

（一）科学规划主导产业发展路径

在传统计划经济体制下，东北三省凭借国家政策支持和自身丰裕的自然资源实现了产业的快速发展，但较少考虑到发展的质量及生产外部性等问题。这种粗放型的经济发展模式往往都是以资源的过度开发和环境污染为代价，虽短期内实现了地区经济的快速增长。但若从长期来看，随着资源的不断枯竭，市场竞争的白热化，基于粗放型的传统发展路径下的产品竞争力明显不强，逐渐被市场所淘

汰。由此可见，效率优先、强调科学布局的可持续发展路径将是成长型单一结构城市的不二选择。

处于成长型的单一结构城市，其往往具有较大的发展潜力。在主导产业发展过程中，应在产业链上做好科学规划与布局，推进资源集约利用，提高资源开采与加工的效率，走精细化、节约化的发展道路。同时，也要做好产业发展与城市规划相融共生，对城镇化建设进行科学规划，充分协调好新城新区的空间布局，明确功能定位，保证资源开发和社会经济的协调发展。

（二）尽早做好新兴产业战略布局

成长型的单一结构城市主导产业虽尚处于发展阶段，但为了避免单一结构城市发展成熟后出现主导产业定位不清、潜在产业发展乏力、空间布局不合理等问题，应在成长型单一结构城市尽早做好新兴产业的战略规划。各地区可根据自身实际情况，按照自身城市功能定位和规划理念，科学制定新兴产业的发展战略，明晰城市功能定位，在大区域背景下提前布局全产业链，用专业化、协作化来规划大产业生态圈，以期未来实现新兴主导产业快速发展。

（三）及早制定和落实生态环境保护规划

单一结构城市应该改变过去先污染后治理的传统思维模式，提前做好规划。在资源开发开采的初期，就应高度重视环境保护工作，努力实现资源开发与环境保护的协调发展。在资源开发和传统产业发展的起步阶段，就应严格按照环境规划，从源头上将环境破坏和污染控制在环境可承载能力限定的范围之内。科学确定资源开发的强度和范围，建立科学的环境污染监测和预警机制，及早发现产业发展中出现的环境污染问题，保障单一结构城市生态环境的可持续发展。

二、成熟型单一结构城市发展战略与建设途径

成熟型的单一结构城市重点在于主导产业的优化升级，通过信息化和工业化的深度融合来带动传统产业迅速走向高端化、智能化和服务化，实现产业链的延伸，打造一批资源深加工、传统产业信息化的龙头企业和产业集群，用科技创新的内驱动力发展新的经济增长极，尽快形成若干支柱型接续替代产业。

（一）利用新技术推动主导产业结构优化升级

处于成熟期的单一结构城市，现今大多面临规模以上工业经济发展缓慢，主导产业技术老化，创新动力不足，市场竞争力偏弱的发展困境，这就需要借助于

新抓手助推产业结构升级再造,扭转粗放型的产品生产方式。当前,互联网信息技术快速发展,可以借助互联网的信息平台打破市场地域的限制,帮助工业企业开拓国内市场乃至国际市场。以吉林省打造"智慧吉林"为例,截至 2015 年末,共有 3 500 家中小企业入驻阿里巴巴 1 688 平台,6 400 家企业加入百度营销体系。长春市作为成熟型单一结构城市,汽车产业发展相对完善,但仍以传统汽车的销售为主。借此,长春市应充分利用自身优势,采用新技术大力发展"新能源智能汽车",以期实现"弯道超车"。

(二)打造"三园一体"的创新生态系统

产业结构的优化升级核心在于自主创新,通过打造产业园、创业园、大学科技园"三园一体"的创新生态基地,将企业家、资本家、科学家有机地结合起来,形成以市场需求为导向,以社会资本为支撑,以科研实力为保障的创新生态体系。东北三省有着优质的科研教育资源,需要充分利用好这些科研院所巨大的知识储备和人才储备,将产业园、创业园引进学校,或是将大学科技园纳入产业园和创业园的规划中来。先进的创新技术、优质的社会资本和开拓进取的企业家,就能有助于工业企业在新领域占领制高点,最终实现产业的优化升级。

(三)加快国有企业改革

单一结构城市的兴起和发展主要是依托资源的开发开采及粗加工而发展起来的,城企高度融合。城市的政府一般依附于这些大型的国有企业,为企业的生产生活服务。这种特殊的发展模式虽然在一定程度上有助于资源的开发开采与产业发展,但是从长期来看却不利于国有企业的技术创新和新产品开发。为此,政府应适时加快国有企业的改革力度,理顺地方政府与国有企业之间的关系,明确各自的职能分工,提高国有企业的运行效率,增强城市发展的活力。

三、衰退型单一结构城市发展战略与建设途径

衰退型的单一结构城市应进一步优化主导产业的生产工艺,提高产品竞争力,大力扶植潜在优势产业的发展,有序淘汰落后产能和取缔"僵尸企业",解决产业转换下人员的再就业问题。

(一)大力"深挖"和"外扩"主导产业

处于衰退期的单一结构城市,主导产业的优势地位开始渐趋丧失,对城市经济发展的贡献程度日益下降。面对这一现实情况,应充分做好"深挖"和"外

扩"工作，寻找新的成长点，进一步提高资源利用效率，优化工艺流程，提高主导产业相关产品的可持续供应能力。在"深挖"上，针对资源型单一结构城市应重点加强有资源潜力地区的资源勘查工作，如新油田、油页层等的勘探，铁矿煤矿等深度勘探等；针对传统产业型单一结构城市应提高产品的生产效率，降低企业生产成本，进而实现在既有的资源下产品产量的最大化。在"外扩"上，在"一带一路"倡议建设下积极参与跨地区、跨国别的产品开发，实行"走出去"战略，寻求国际资源开发合作、资源引进工作。

（二）大力发展接替产业

面对进入衰退期的单一结构城市现状，应根据各地区的实际情况和自身优势，选择适合自己的接替产业发展路径。要充分利用互联网技术，实现对传统行业的改造，培育和支持"互联网+"企业的快速发展；要充分利用既有工业基础和新智能制造的时代背景，重点发展技术含量高、带动性强的装备制造产业和配套产业；要积极转变经营方式，提高企业技术水平，推进新材料、新能源、生物医药等产业集群的发展。

（三）有序淘汰落后产能，取缔"僵尸企业"

东北三省进入衰退期的单一结构城市以资源型城市为主，如以煤炭开采和洗选业为主导产业的七台河市、鹤岗市、大兴安岭地区。煤炭行业属于产能严重过剩的行业，根据中国煤炭协会2015年统计资料显示，90家大型煤炭企业产量占全国总产量的69.4%，但利润只有51.3亿元，比2014年同期减少500亿元，下降了90.7%。而年产120万吨以上的大型煤矿1 050处，相比于2010年煤矿数还增加了400处，产量年均增长了2.57亿吨。面对产能过剩的严峻形势，一方面要将去产能与淘汰落后产能相结合，坚决取缔未经核准的违规煤炭开采项目；另一方面要充分利用中央设立的"去产能"专项资金建立煤矿长效退出机制，对转移劳动力进行安置，对重点企业进行技术帮扶，同时逐步淘汰"僵尸企业"，为政府财政瘦身，从而余出资金去发展接续产业，实现产业结构的优化升级。

（四）废弃园区的再利用

面对衰退期的单一结构城市大批企业破产关停、园区倒闭的现状，应做好旧物再利用，而非废旧立新。对于仍处于寿命期内的建筑物，可以改变其功能用途，如再现工业园历史，打造文化产业。对于不在寿命期内的建筑物，可以有条件地进行拆除，打造遗址公园等。

（五）加强环境整治力度

东北三省衰退型单一结构城市主要以资源的开发开采及粗加工为主，再加上粗放型的发展方式，给城市环境造成了严重污染。为此，应在国家环境保护政策的规定下严格执行相关产业政策，查处并关停违规开采的矿区，逐步关停小火电等重污染企业。鼓励用清洁能源逐步取代煤炭等，加大城市环境治理力度，对城区污染企业进行"关停并转迁"。同时，针对企业排污进行专项收费，将生态环境恢复治理企业内部化，进而敦促企业自觉提高生产工艺水平，逐步降低污染排放。

四、再造型单一结构城市发展战略与建设途径

东北三省进入再造期的单一结构城市拥有较强的农业基础，良好的工业发展体系，政府应进一步优化经济结构，提高经济发展的质量和效益，深化对外开放，培育战略性新兴产业，加快现代服务业的发展。加大民生投入，完善城市功能，形成一批有特色的区域中心城市，打造三产联动的新业态。

（一）积极构建产业内联动的新业态

再造型单一结构城市已经基本摆脱了过去由结构化的主导产业的束缚，利用先进技术不断发展高新技术产业，推动产业的升级和跨越。东北三省作为我国的粮食生产基地，具有发展食品工业得天独厚的优势条件，可以适时发展以农业为基础支撑，以服务于农业现代化为目标，构建可持续发展的产业新业态。双鸭山市、阜新市最初是以煤炭开采和洗选业为主导产业的城市，迫于煤炭资源日益枯竭的内在压力与煤炭产能过剩的外在严峻形势，双鸭山市与阜新市成功实施转型战略，农副食品加工业一跃成为其新的主导产业。未来将朝着与农业协同深化的方向去发展，在用农业带动工业发展的同时，又使工业生产反过来服务于现代农业的发展需要，一方面积极培育壮大有东北地理标识的食品品牌，支持东北农产品深加工企业走向全国；另一方面通过信息化、工业化、规模化来提升农副产品的质量，用绿色化经营理念来确保食品安全，赢得市场青睐，走出一条农业反哺工业，工业服务于现代农业的发展新路径。以通化市为例，通化市除了考虑大力发展医药制造业，还将养老服务嵌入医药制造业的发展中来，通过医药制造业发展中增加养老服务环节来适时发展养老医疗，这样不仅延伸了医药制造业的产业链条，还拉动了养老服务业的发展，适应了制造业与生产性服务业相融合的发展趋势。所以这种通过由工业带动服务业，再由服务业促进现代工业的发展模式适应于"中国制造 2025"的发展要求，也有利于将东北

三省打造为制造强省。

（二）大力发展新兴产业

再造型单一结构城市基本上已经摆脱了对资源的开发开采及粗加工的依赖，接续替代产业已经初具规模，但高新技术产业、绿色产业等新兴产业的规模仍较小，实力较弱。因此，再造型单一结构城市应顺应"互联网+"和"中国制造2025"的政策趋势，依托自身较好的工业基础，大力发展智能制造业和高新技术产业。同时，也可以结合东北三省的实际情况，将生态农业、旅游业、健康养老业、环保产业等新兴产业作为重点发展的潜在产业，不断壮大新兴产业的发展规模，使其成为未来该地区重要的经济新增长点。

（三）大力推进服务业发展

服务业作为城市经济发展的重要支撑点，其发达程度也是衡量城市现代化水平的重要标志。现代服务业的发展对于单一结构城市的经济转型具有重要的支撑作用。因此，再造型单一结构城市应以市场化、产业化、社会化为导向，建立与之相适应的服务业运行机制和管理机制，加快服务业发展。东北三省的旅游资源较为丰富，可以依托自身资源发展旅游产业，增强城市抗风险的能力。

（四）做好城市规划，完善城市功能

再造型的单一结构城市已经从"一枝独秀"的主导产业发展模式开始转向了多种产业联动的发展模式，这将有利于增强抗风险的能力。在做好产业发展的同时，应该立足于城市的功能分区与功能整合，做好城市空间布局，不断完善城市基础设施建设，增强再造型单一结构城市的功能空间整合和发展活力。

第四节　单一结构城市可持续发展策略

面对单一结构城市的衰退和可持续发展，西方发达国家纷纷开展区域经济振兴、产业结构调整与转型升级，依托信息技术，利用高新技术改造传统行业并打造新兴产业，重新使其焕发生机。在单一结构城市的转型升级过程中，不同国家基于自身国情采取特色各异的措施，如侧重人力资源开发与资金倾斜投入推进产业转型的"德国鲁尔模式"、强调以高新技术与传统行业相结合的"法国洛林模式"、依托财政支出针对性投入和优化实现转型的"日本九州模式"、主张以大项目带动产业调整的"英国威尔士模式"等。从国外的成功经验来看，单一结构城市的成功转型,仅仅依靠市场的力量并不现实,需要与政府政策指导有机结合。东北三省单一结构城市众多,曾为我国经济发展做出巨大的贡献,其衰退无不与体制机制紧密相关,如何成功实现其成功转型已迫在眉睫。面对东北三省当前经济发展、社会基础、生态环境等方面突出问题的实际情况,如何调整东北三省经济结构,实现单一结构城市的可持续发展呢?

针对东北三省单一结构城市存在的一般性与特殊性的现实情况,应从东北三省的现实情况出发,以科学发展观为统领,积极推进改革开放创新,将宏观区域政策设计的共性指导与"一市一策"的个性化探索有机结合、一般性政策指引与精细化政策工具有机结合、政府的政策支持与市场化项目运作相结合,积极打造"经济创造力、社会支撑力、环境承载力"三位一体的城市发展新模式,实现单一结构城市可持续发展。

一、深化体制机制改革促进单一结构城市可持续发展

东北三省长期深受传统计划经济体制影响,以往靠项目、靠投资,体制机制相对固化,城企高度融合的发展模式,使单一结构城市的成功转型不可能一蹴而就。要想实现由"等靠要"向"闯改创"转变,需要不断深化改革增强发展动力,改变过去"强政府、弱市场"的局面,将"有效市场"与"有为政府"有机结合。政府也应坚决破除体制机制障碍,对标国内先进地区,对市场不人为强加干预,大力推进简政放权,放管结合,努力实现政企功能区分。同时,也积极加强跨区域分工与合作,让资源在市场上得到充分自由流动,形成市场与体制机制的无缝式对接,实现市场在资源配置中的决定性作用。

东北三省国有经济比重较高,国有企业活力不足;民营经济实力相对较弱,民营企业发展不充分。针对国有企业存在的问题,政府应根据不同国有企业功能类别推进改革,以产业转型升级为引领,依靠市场化机制来参与运作,将重组与机制创新有机结合,以期增强国有企业的市场竞争力;针对东北三省民营企业实力薄弱的现实情况,政府应大力发展民营经济,成立民营企业示范区,着力保障民营企业平等获取生产要素,营造公平竞争的市场环境。同时,政府可在民营企业示范区内根据各地自身优势和特色加以试点,重点推进。辽宁省可重点发展智能制造及机器人、新能源装备、电子商务等产业,吉林省可重点发展汽车零配件、新能源汽车、农产品深精加工、生物医药、健康养老等产业,黑龙江省可重点发展农产品深精加工、生态旅游、生物医药等产业,内蒙古可重点发展绿色食品、新能源、生态旅游等产业,以期形成具有东北三省区域特色的民营经济发展新模式。

二、再造微观基础力促单一结构城市可持续发展

在经济新常态与创新驱动的时代背景下,创新能力的提升已成为转变经济发展方式、支撑地区产业结构优化与升级、促进国民经济增长的新引擎。虽然东北三省工业化体系较为完备、基础设施较为健全、科教资源较为丰富,但其创新水平相对低下。面对"东北新现象",政策制度不完善、产业结构单一、微观主体创新动力不足等现实问题,这种体制机制、产业结构和微观主体相互支撑的"铁三角"严重抑制和束缚了市场活力,不利于东北三省创新能力的提升。面对东北三省微观主体创新动力不足的实际情况,政府应多管齐下,构建东北三省互利开放、竞合共生、动态演化的创新生态系统。具体来说:首先,政府应力促自主创新与经济发展高度融合,加大对自主创新的支持力度,激发全社会的创新激情,推动产品创新、科技创新、企业创新、管理创新等。其次,高度重视"人才东南飞"现象,针对性做好人才战略,大力培养、引进人才,采取有效措施为人才成长创造良好条件,着力形成人才流入的洼地效应。再次,加强社会保障服务体系建设,降低居民就业转换成本,满足有效就业需求。针对东北三省社会保障的历史遗留问题,充分开展实地调研,制定出针对性强的差异化政策,进一步完善现有的社会保障服务体系。最后,政府应转变经济增长方式,提高自然资源的利用效率,大力发展循环经济和绿色经济。针对现已造成的环境污染和破坏,应加大环境治理力度,如在老工业基地城市加强棚户区改造和在塌陷区建设湿地公园等,打造宜居生态城市。

同时,市场经济的健康有序运行,不仅需要激发微观主体的创新动力,还需要加大市场经济运行的微观基础建设的投入。这就需要政府加快建设适应市场经济发展的管理体制,适应竞争和抑制垄断的市场环境,适应商品生产和经营的交易环境,适应资源自由流动和优化配置经济环境,适应创新和创业的社会环境,适应可持续增长的发展环境,等等。

三、动态调整产业结构推动单一结构城市可持续发展

单一结构城市往往基于传统体制机制下进行生产和分工,并没有嵌入经济全球化之中,产业高度依赖资源,抗风险能力较弱。面对互联网技术与新硬件智能制造技术快速发展的新形势,应积极进行产品结构调整,着力改变过去以"原"字号、"初"字号产品为主的单一产品结构,提高产品质量,增加有效供给。当然,单一结构城市发展阶段不一,其资源丰裕度和发展阶段也各异,切不采取"一刀切"的政策。针对行业发展势头较好的主导产业,应利用高新技术发展接续产业,一方面基于原有产业基础,围绕该产业孵化新兴产业,形成特色产业集

群；另一方面进行产品深精加工，提高产业的附加值，努力打造全产业链。针对行业发展势头渐趋衰落的主导产业，可基于本地良好的工业基础体系，运用高新技术，积极打造新硬件智能制造产业园区，发展替代产业，提高城市的综合竞争力。

东北三省自然资源储量相对丰富，单一结构城市较多，但其产品仍以"原"字号、"初"字号为主，这就需要大力推进供给侧结构性改革，推动产业链迈向中高端，通过调整优化经济结构提高发展质量。针对资源枯竭型城市中渐趋衰退的主导产业，应积极寻找新兴产业予以替代；针对资源型城市中发展势头良好的主导产业，应进一步加大农副产品等主导性产业的投入力度，并充分运用互联网平台优势，采用高新技术对农副产品等进行深精加工，提高产品的附加值，以期增强企业的核心竞争力。针对产业型城市中发展势头不好的主导型产业，应重点做好去除落后产能，做好产业转型升级。针对产业型城市中发展势头较好的主导型产业，应在予以政策大力发展的同时，运用高新技术进行未来产品的升级换代，保持和提高产品的市场竞争力。

当然，不可否认的是，东北三省拥有良好的工业基础和较强的工业实力，智能机器人、燃气轮机、高端海洋工程装备、光电子、生物医药等产业具有良好的发展势头和比较优势，应大力发展新兴产业。政府应积极推动设立新兴产业创业投资基金，支持战略性新兴产业发展。具体来看，一方面，政府应加强跨区域间合作，打造跨区域新兴产业联盟；在省际合作中，如加强沈阳、哈尔滨航空企业与国际大型航空企业开展总装、发动机、零部件等重大合作项目。推动在沈阳、大连、哈尔滨等地设立军民融合发展示范园区，发展军民两用高技术产业。在国际合作中，融入"一带一路"建设之中，设立国家级承接产业转移示范区，承接国内外产业转移。另一方面，加强区域内合作，打造特色产业集群，如长春市科研实力较强，并且交通运输装备制造业是其主导性产业，可以借此大力发展光电子、新能源、新材料等新兴产业，实现产业间的互联互通。通化市医药制造业实力较强，可以借此大力发展生物医药产业、大健康产业等，形成相对完善的产业集群，增强城市竞争力。

参 考 文 献

常大勇，张丽丽. 1995. 经济管理中的模糊数学方法. 北京：北京经济学院出版社.
陈佳贵，黄群慧，钟宏武. 2006. 中国地区工业化进程的综合评价和特征分析. 经济研究，
　　（6）：4-15.
陈明星，陆大道，张华. 2009. 中国城市化水平的综合测度及其动力因子分析. 地理学报，

64（4）：387-398.

陈晓红，杨志慧. 2015. 基于改进模糊综合评价法的信用评估体系研究——以我国中小上市公司为样本的实证研究. 中国管理科学，23（1）：146-153.

陈银娥，孙琼. 2016. 中国基础设施发展水平测算及影响因素——基于省级面板数据的实证研究. 经济地理，（8）：23-30.

崔军，杨琪. 2013. 应急财政支出绩效评价指标体系构建研究——基于模糊层次分析法的考察. 财贸经济，（3）：21-31.

金佳佳，米传民，徐伟宣，等. 2012. 考虑专家判断信息的灰色关联极大熵权重模型. 中国管理科学，20（2）：135-143.

李斌，段娅妮，彭星. 2014. 贸易便利化的测评及其对我国服务贸易出口的影响——基于跨国面板数据的实证研究. 国际商务（对外经济贸易大学学报），（1）：5-13.

吕开宇，李春肖，张崇尚. 2016. 基于主成分分析法和熵值法的地区农业保险发展水平分析——来自2008~2013年中国省级层面的数据. 农业技术经济，（3）：4-15.

隋明刚，魏巍. 2000. Fuzzy AHP 中权重确定方法的探讨与改进. 山西大学学报（自然科学版），23（3）：218-220.

孙莹，鲍新中. 2011. 一种基于方差最大化的组合赋权评价方法及其应用. 中国管理科学，19（6）：141-148.

汪群峰，金佳佳，米传民，等. 2013. 基于灰关联深度系数的评价指标客观权重极大熵配置模型. 控制与决策，28（2）：235-240.

徐泽水，达庆利. 2002. 多属性决策的组合赋权方法研究. 中国管理科学，10（2）：84-87.

闫书丽，刘思峰，方志耕，等. 2014. 区间灰数群决策中决策者和属性权重确定方法. 系统工程理论与实践，34（9）：2372-2378.

于亮，方志耕，吴利丰，等. 2014. 基于灰色类别差异特性的评价指标客观权重极大熵配置模型. 系统工程理论与实践，34（8）：2065-2070.

喻海燕. 2015. 我国主权财富基金对外投资风险评估——基于三角模糊层次分析法（TFAHP）的研究. 厦门大学学报（哲学社会科学版），（1）：110-118.

张发明. 2013. 区间标度群组序关系评价法及其运用. 系统工程理论与实践，33（3）：720-725.

张文忠，余建辉，王岱，等. 2014. 中国资源型城市可持续发展研究. 北京：科学出版社.

诸克军，张新兰，肖荔瑾. 1997. Fuzzy AHP 方法及应用. 系统工程理论与实践，（12）：64-69.

第十一章　国有企业改革与创新途径

从国有企业的技术扩散，到民营企业的创新发展，以及主导产业的演化与蜕变，构成了国有企业、民营企业及区域产业升级与结构性调整的主线。东北地区国有企业改革发展的现状与问题，不是单一的现代企业制度完善，不是简单的宏观的产业结构调整与布局等问题，而是以国有企业为核心的、具有异质性资源禀赋优势的区域经济生态系统的优化和调整的问题。其需要依托混合所有制模式和内生式发展模式，双向推进东北地区的国有企业改革，实现产权配置优化，提高资本流动性，降低企业财务风险，提高企业收益率。同时，以转变优化政府职能为导向，营造良好的政商发展环境；以创新改革开放模式为导向，构建多方位全视角的合作机制；以结构调整为主线，推进传统产业与战略性新兴产业融合发展；以商业生态系统支撑国有企业改革，畅通利益相关者的创新创业关联；以资本运作为纽带，推进国有资本与民营资本协同发展；以创新生态体系为核心，推进国有企业与科研院所成果转化深度融合等综合措施，加强国有企业改革的效率效果。

第一节　国有企业发展现状与问题

一、国有企业发展现状

国有企业作为国家政治战略、政策目标、区域目标及国家层面投资收益回报的实施载体，既承担着社会一般性、公共性服务的稳定供给功能，又是自主经营、自主承担市场风险的企业主体。改革开放以来，东北老工业基地的优势工业基础支撑了对全国范围内的工业技术输出，承载着"技术扩散中心"的功能。然而，东北地区国有经济比重占主导，甚至很多城市是依靠单一国有企业支撑的单一产业的经济发展模式，使东北地区国有经济发展的体制、机制、关键障碍更为严重。自2003年国家实施东北地区等老工业基地振兴战略以来，总体上取得了明显成效，为全面振兴东北老工业基地奠定了良好基础。2003年以来，围绕城镇社会保障体系改革、棚户区改造、资源枯竭型城市转型等方面，国家针对东北地区出台了若干重大规划和配套政策，实施了基础设施、生态保护、基本公共服务、产业转型升级、城市环境和功能改善等领域相关重大项目，投入了大量的资金和技术，有力促进了东北地区经济社会发展，东北地区发展的面貌和水平发生了明显的改进。但同时也应该清醒地认识到，东北地区重化工业占工业比重、国有企业占规模以上企业比重、固定资产投资占GDP比重"三个比重"仍然偏高，产业结构层次不高、市场竞争力不强的形势严峻，对外开放水平低、创新创业能力弱的现象普遍存在，行政管理效率低下、体制机制不顺、思想观念落后的问题突出，东北地区内在的发展动力尚未形成，较为严重地制约了东北地区今后的全面振兴。以下几个方面能够更为贴切地反映东北国有企业的发展现状。

（一）国有企业数量和规模

从国有企业数量来看[1]，辽、吉、黑三省企业数量较少，尤其吉林省仅有366家。从国有企业资产总计来看，吉林、黑龙江尚未达到平均值，而辽宁则排在第7位（表11-1）。这表明，辽宁国有企业规模较大。从每单位的利润额来看，吉林和黑龙江的平均利润额排名分别为第2和第4位，且两省的总资产贡献率分列第1和第2位，工业成本费用利润率分列第8和第3位。而辽宁平均利润额排名仅为第28位，总资产贡献率和工业成本费用利润率分别排在25位和29位。这表明，辽宁国有企业呈现出数量少、规模大，但营利能力弱的特点，而吉林、黑龙江两省虽国有企业数量少，但营利能力强。

表11-1　2014年各省市国有控股工业企业主要指标

地区	企业单位数/个	资产总计/亿元	主营业务收入/亿元	平均利润额	总资产贡献	工业成本费用利润率
北京	765	24 400.90[2]	11 180.75	1.23	6.92%	8.72%
天津	553	11 530.97	9 006.01	1.23	11.28%	7.64%
河北	794	16 507.43	10 989.90	0.27	6.77%	1.92%
山西	757	19 419.96[3]	10 329.39	0.15	5.07%	1.08%
内蒙古	661	14 449.95	5 939.01	0.33	6.27%	3.72%
辽宁	624[17]	17 791.95[7]	12 780.29[5]	0.28[28]	7.78%[25]	1.41%[29]
吉林	366[21]	8 797.90[21]	9 064.79[15]	1.92[2]	18.15%[1]	8.21%[8]

---

[1] 国有企业的相关数据主要是指国有及国有控股企业的相关数据。

续表

地区	企业单位数/个	资产总计/亿元	主营业务收入/亿元	平均利润额	总资产贡献	工业成本费用利润率
黑龙江	457[25]	9 489.41[19]	6 555.44[19]	1.38[4]	17.76%[2]	11.35%[3]
上海	707	16 244.07	14 081.10	1.99[1]	17.51%[3]	11.02%
江苏	960[3]	17 763.81	15 148.71[3]	0.88	12.73%	5.72%
浙江	723	9 970.37	9 297.00	0.75	14.87%	6.16%
安徽	687	12 933.86	9 696.28	0.46	8.83%	3.43%
福建	473	7 161.48	4 742.03	0.47	11.00%	5.03%
江西	483	5 199.78	6 237.35	0.52	12.53%	4.23%
山东	1 212[1]	25 644.78[1]	22 254.89[1]	1.00	12.29%	5.68%
河南	805	13 622.48	11 011.54	0.35	9.28%	2.57%
湖北	742	14 805.00	11 852.84	0.95	13.42%	6.31%
湖南	754	8 861.98	6 902.82	0.38	15.52%	4.54%
广东	1 017[2]	19 325.22	17 804.39[2]	1.06	15.61%	6.46%
广西	552	6 192.23	5 645.01	0.38	14.67%	3.91%
海南	76	805.49	361.08	0.92	14.24%	23.79%[1]
重庆	497	7 197.53	5 019.60	0.68	11.55%	7.01%
四川	929	19 021.19	9 989.33	0.52	8.13%	5.13%
贵州	509	7 354.07	3 831.49	0.62	12.47%	9.51%
云南	589	11 746.27	5 788.90	0.53	14.50%	5.88%
西藏	25	450.09	48.57	−0.19	−0.26%	−8.02%
陕西	742	18 875.10	11 157.41	1.55[3]	13.96%	12.02%[2]
甘肃	414	8 536.46	7 364.56	0.42	9.77%	2.45%
青海	126	3 655.16	1 156.98	0.67	7.44%	7.51%
宁夏	128	3 357.41	1 587.82	0.44	7.85%	3.84%
新疆	681	10 196.52	5 866.99	0.72	13.49%	9.74%

注：上角标数字表示各地区的降序排列位次

资料来源：《中国统计年鉴2015》

从区域内企业数量和规模来看，黑龙江和吉林国有企业所占比例略高于辽宁（表11-2）。其中，国有企业资产总计占比中，辽、吉、黑三省排名分别为第21位、12位和9位；国企业单位数占比中，辽、吉、黑三省排名分别为第25位、16

位和12位。这表明，辽宁国有经济规模所占比重较小，而吉林和黑龙江两省也仅处于中游水平。浙江、江苏、广东、福建、山东等东部沿海各省，国有经济规模所占比重较小，而北京、上海、重庆、天津等直辖市国有经济规模比重相对较高，其中北京比重最高。

表11-2 2014年各省市规模以上工业企业中的国有企业占比情况

地区	国企单位数占比	国企资产总计占比	国企主营收入占比	国企利润占比	主营业务收入与地方生产总值比
北京	0.28%	0.74%	0.56%	0.58%	0.52%
天津	0.12%	0.54%	0.36%	0.37%	0.57%
河北	0.07%	0.47%	0.29%	0.11%	0.37%
山西	0.23%	0.71%	0.64%	0.43%	0.81%[2]
内蒙古	0.25%	0.68%	0.47%	0.29%	0.33%
辽宁	0.05%[25]	0.50%[21]	0.30%[21]	0.09%[31]	0.45%[14]
吉林	0.11%[16]	0.66%[12]	0.51%[12]	0.62%[10]	0.66%[3]
黑龙江	0.17%[12]	0.74%[9]	0.60%[9]	0.72%[7]	0.44%[15]
上海	0.08%	0.44%	0.35%	0.44%	0.60%
江苏	0.02%	0.21%	0.13%	0.11%	0.23%
浙江	0.02%	0.20%	0.18%	0.19%	0.23%
安徽	0.05%	0.54%	0.32%	0.21%	0.47%
福建	0.04%	0.30%	0.15%	0.12%	0.20%
江西	0.08%	0.43%	0.27%	0.16%	0.40%
山东	0.04%	0.39%	0.21%	0.18%	0.37%
河南	0.07%	0.41%	0.27%	0.10%	0.32%
湖北	0.07%	0.57%	0.37%	0.37%	0.43%
湖南	0.07%	0.51%	0.26%	0.22%	0.26%
广东	0.03%	0.27%	0.19%	0.20%	0.26%
广西	0.14%	0.52%	0.37%	0.24%	0.36%
海南	0.39%[3]	0.50%	0.31%	0.82%	0.10%
重庆	0.11%	0.51%	0.29%	0.29%	0.35%
四川	0.10%	0.63%	0.35%	0.27%	0.35%
贵州	0.21%	0.77%	0.61%	0.66%	0.41%
云南	0.23%	0.80%	0.69%	0.72%	0.45%
西藏	0.47%[1]	0.92%[1]	0.72%	6.05%[1]	0.05%
陕西	0.28%	0.85%[3]	0.74%[3]	0.76%	0.63%
甘肃	0.35%	0.88%[2]	0.89%[1]	0.86%[2]	1.08%[1]
青海	0.30%	0.79%	0.64%	0.84%[3]	0.50%
宁夏	0.14%	0.58%	0.55%	0.53%	0.58%
新疆	0.40%[2]	0.79%	0.78%[2]	0.77%	0.63%

注：上角标数字表示各地区的降序排列位次

资料来源：《中国统计年鉴2015》

从规模以上工业企业主营业务收入中的国有企业占比来看,东南沿海地区较低,中西部地区较高,尤其甘肃、新疆超过 60%;北京国有企业占比较高,超过 50%;东北地区由黑龙江至辽宁占比逐渐降低,黑龙江达到 48.90%,吉林 38.88%,辽宁 26.19%(图 11-1)。

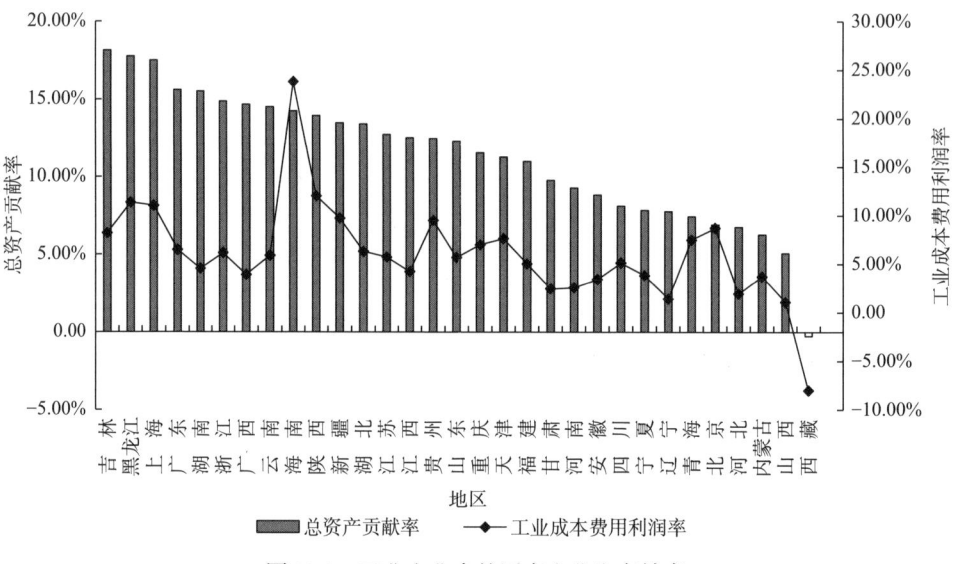

图 11-1 工业企业中的国有企业生产效率

资料来源:《中国统计年鉴 2015》

(二)国有企业主营业务收入和利润

通过整理工业企业中的国有企业利润比重数据可以发现,辽、吉、黑三省排名分别为 31 位、10 位和 7 位,主营业务收入占地方生产总值比中,辽、吉、黑三省排名分别为 14 位、3 位和 15 位。这表明,辽宁国有企业尽管主营业务收入占比在各省中处于中游位置,生产能力较强,但利润率占比低;黑龙江尽管国有企业主营业务收入占比略低于辽宁,但国有企业利润率占比高,仅低于西部各省和海南,排在第 7 位;吉林省国有企业主营业务收入占比高,仅低于甘肃和山西,排在第 3 位,其国有企业利润率占比处于中游位置。

由此可见,辽宁国有企业数量较少,规模较大,国有经济在辽宁所占比重较低,生产能力强,但营利能力弱。吉林国有企业在东北三省中数量最少,国有资产绝对值较低,但吉林国有企业营利能力强,其非国有经济生产能力较弱,国有企业在区域影响力较强。黑龙江国有企业虽然绝对数量较低,但在区域经济中国有资产规模大、利润率占比高、生产能力较低,这表明黑龙江非国有经济的产品附加值低。

2009年开始，辽宁工业企业中的国有企业主营业务收入占比和利润占比呈现下降趋势，这表明辽宁经济低迷主要源于国有企业业绩下滑。相比于吉林和黑龙江两省，辽宁国有经济比重虽然较低，但在区域经济的增长中发挥决定性作用。吉林、黑龙江两省总资产贡献率最高，且工业成本费用利润率高，这表明两省国有企业生产效率较高。辽宁工业成本费用利润率低，且总资产贡献率处于中下游水平，表明辽宁国有企业生产效率低，如图11-1所示。

二、国有企业改革面临的主要问题

（一）国有企业思想观念和体制机制有待进一步转变

受计划经济体制惯性影响，国有企业改革"等靠要"思想观念深，缺乏"闯改创"的勇气和韧劲，政府在压减国有企业过剩产能，调整经济结构的主动性、积极性不高，行政改革方式转换得不彻底、不到位。地方政府对国有企业让利政策有限，国有企业经营管理体制固化，国有企业内部运行机制没有变化，行政化管理模式，呈现较强的"政策导向型"，管理机制受政策影响较大，在这种外生性的管理机制下形成的激励机制缺乏自我完善功能，并且随着环境的不断变化，管理激励效力将不断递减。部分国有企业仍未进行根本性的股份制改革，股权结构不合理，经营者的市场化配置尚未实现，人事分配激励制度改革不到位，管理层级复杂，人员冗余现象存在，组织结构尚待优化，在发展过程中过于强调经济体量，过度依赖制度优势，软实力发展不足，未形成良性的约束机制，在制度变迁中的路径依赖效应导致制度变形等问题。同时，由于东北国有企业自身的特定属性，决定其不能完全遵循市场逻辑，而必须在国家国防安全、经济安全、维护社会稳定、提供就业岗位等方面发挥作用，所以国有企业应对市场需求变化的能力弱，缺乏对市场的预判能力，市场化程度低。

（二）国有企业的核心竞争力有待进一步强化

尽管东北地区的装备制造业在技术水平上处于全国领先，但多数产品的市场狭小、规模有限，特别是将先进技术和设计融合实现商业化并投入大规模生产的能力不足，对市场反应慢，多数产品处于产业链上游或中低端，产品附加值低，竞争力不足，新产品开发力度和市场认可度与全国其他地区相比有一定差距。例如，到目前为止，东北三省未有一个煤制气项目，未能生产世界顶级的精钢产品，大庆石油仍以开采为主，"互联网+农产品"仍处于起步阶段等，新兴产业发展总体规模仍然偏小，发展水平相对滞后，轨道交通、核电装备、生物工程、计算机、互联网、新能源等产业发展缓慢，高新技术产业占比较低。同时，一些国有企业实行跨业务多元化发展的战略,选择与其主营业务关系不是很密切,但有发展前景的业务领域展开布局,虽能分散企业发展风险,但不利于其发展核心技术,从而影响其在行业内部的整体竞争力。随着近年来房地产业的快速发展,东北地区国有企业很多涉足了该行业领域,以获取高额利润。

(三)国有企业与民营企业的协同互动发展水平还有待进一步提高

东北地区"顶天立地"的大型国有企业多,"铺天盖地"的民营中小企业少,国有企业占据半壁江山,且央企的比重大,对地方经济发展未能深度融合形成有力支撑,央企与地方国有企业之间缺乏有效沟通和深入融合,如吉林汽车零部件的本地配套率问题,央企的分工和技术优势未形成溢出效应,未能带动产业链延长和市场细分,甚至没有惠及地方经济和其他类型企业发展。辽宁省工业中国有及国有控股资产总额占全部工业企业资产总额的44%,但产值只占22%,盈利只占10%,国有企业掌控规模庞大的资源,但产出效率较低。东北地区总装制造的大企业优势明显,而处于专精制造领域的民营企业、中小企业不发达,没有形成大企业带动、中小企业配套的产业组织结构,总装企业所需要的许多原材料、零部件都需要到东北以外地区采购。受国有企业的长期垄断影响及挤压作用,东北地区民营经济发展空间不充分,基础设施部门的民营资本投资较少,小微企业比重明显较低,民营企业大多处在产业链的中低端,管理水平普遍较低,拥有自主知识产权、掌握核心技术、具备国际竞争力的民营企业偏少。2016年和2017年全国民营企业500强中,东北地区均仅有9家。

辽宁省本土民营企业多是从20世纪90年代中期发展而来的,国有企业改制推动的国有企业技术红利释放,形成了大量私营企业,促进了辽宁民营企业的快速发展。但随着人才的省外流动,辽宁本地承接的技术红利质量较低,形成的工业企业多是国有企业的配套企业,处于价值链低端,从事简单的初加工。辽宁民营经济对于大型国有企业依赖程度较高。从2009年开始,全球经济低迷对装备制造业和运输业造成冲击,辽宁国有企业所处的行业均集中于此,辽宁经济对大型国有企业的依赖程度较高,辽宁国有企业对区域经济影响力呈减弱趋势。如何有效地构建大型国有企业与民营企业间的创新合作网络,提升大型国有企业竞争力,从而带动辽宁民营经济发展,推动战略性新兴产业的发展和产业结构的升级,将是辽宁国有企业改革的关键。吉林省国有企业数量较少、营利能力强、生产效率高,区域影响力大。其中,长春的12家国有企业中6家是与汽车相关的企业,而汽车产业更多依赖于德国的大众集团。吉林市产业集中于化工行业。吉林省经济发展呈现出大型国有企业支撑的单一产业发展模式。特定产业的大型国有企业支撑本地经济发展,尽管短期生产效率和营利能力较强,但从长期来看,如何依托本地的要素资源优势,发挥国有企业的示范带动作用,带动民营企业的发展和第三产业的发展，才是吉林国有企业改革和社会经济转型发展的关键。与吉林省相似，黑龙江省国有企业数量少，营利能力强、生产效率高。吉林省和黑龙江省的问题不是国有企业的问题，非国有经济和第三产业发展过于薄弱，是限制国有企业竞争力提升的掣肘。因此，国有企业如何发挥示范带动作用，引导民营经济和第三产业的快速发展，形成高效的生产、创新体系，是东北国有企业改革和竞争力提升的关键。

（四）国有企业持续创新能力支撑体系还有待进一步完善

东北地区的创新投入特别是在 R&D 经费投入强度方面低于全国平均水平，多数装备制造业的产品技术通过合资、技术引进等方式获得，自主知识产权的产品和技术不多，特别是资源类国有企业依然停留在生产初级产品阶段，未将产业链纵深延长，对企业技术升级和技术改造支持力度不大，缺乏支持企业技术创新的金融体系，企业技术创新能力明显滞后。东北地区有一大批高水平的重点高校和研究机构，科研专利产出占全社会的 50%以上，受科研管理体制等影响，相关成果难以在本地企业产业化。受东北地区工资水平和国有企业内部绩效考核影响，东北地区国有企业行政人员比例普遍偏高，并且企业生产人员呈现逐年增加趋势，一方面由于国有企业生产设备信息化智能化水平偏低，另一方面国有企业行政体制复杂，管理层级偏多。同时，国有企业高级人才和技工人才流失情况严重，企业家和员工积极性较低。例如，医药行业技术人员比重逐年减低，生产、销售人员比例逐年增加，华晨集团大连公司人员流失将近 20%，国有企业研发流程需要层层审批，研发费用不足等问题，这与经济大环境和人才外流现象有很强的关联性，东北地区国有企业尚未形成创新驱动发展的能力。

（五）国有企业历史遗留问题有待进一步解决

东北地区相较于发达沿海地区来说，民营经济不发达，政府在行政效率、财力等方面存在不足，在老职工安置、离退休职工医疗保险等社会保障体系方面往往力不从心。因此，仍有一部分国有大中型工业企业存在办社会、负债率高、亏欠职工工资、"三金"欠账、债务大、富余人员多、就业压力大等问题，国有企业存在诸多"壳企业"职工安置、厂办大集体、离退休人员社会化管理等较其他地区更为严重的历史遗留问题，致使改组改制难度大，自我积累与发展能力严重不足。同时，随着国有企业"三供一业"分离政策，地方财政承接能力存在不足问题显著。

综上所述，东北地区国有企业改革发展的现状与问题，不是单一的现代企业制度完善，不是简单宏观的产业结构调整和布局能够解决的，而是以国有企业为核心的，具有异质性资源要素禀赋的区域经济生态系统的优化和调整的问题。东北地区的国有经济占比高的独特性，使东北地区国有企业改革的特殊性更加凸显，如何发挥国有企业的主导和带动性作用，推动国有企业与区域经济系统互动发展将是东北地区经济转型发展的关键。国有经济是东北经济支柱。这几年国有企业较为普遍地遇到这样那样的困难和问题，有体制改革不到位的原因，也有经济下行的周期性原因。不同企业各种因素影响轻重不一，不能简单归咎于国企改革滞后。2013年振兴东北老工业基地战略实施以来，东北国有企业改革取得重大成就，大批国有企业国资优化重组，以央企为代表的大型骨干国有企业规模和效率明显提升，大量中小国有企业整合处置，非公经济、混合所有制经济大大发展。只要号准经济增速低迷和国有企业困难的脉搏，新一轮东北振兴和东北国有企业改革一定能取得成功。

第二节　国有企业改革方向与途径

一、混合所有制模式及其实现路径

（一）依托混合所有制模式实现产权配置优化

通过不同比例的国有股权变化，国有企业借助于混合所有制经济，结合不同国民经济部门和行业特点，以及经济周期、产业生命周期等属性，选择不同类型的模式（图11-2），实现国有经济的战略布局和重组。国有产权运营的实质是国有资产的价值增值。国有企业产权运营的目标不同于非国有企业利润最大化的目标，其包括社会福利最大化，在某些特定行业，社会福利最大化是最主要目标。

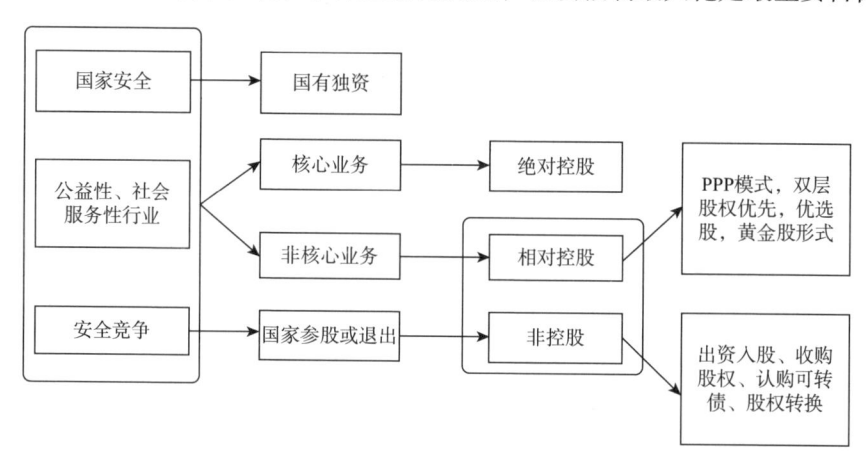

图11-2　基于行业属性的国有资本进入模式

科斯定理表明，最优的产权配置效果需要适当的制度安排。在交易成本和信息不对称情况下，国有产权与私有产权同等重要（Shleifer，1998）。在产权运营的过程中，交易成本和治理结构是影响投资回报率的重要因素（Kleindorfer and Knieps，1982）。在分工经济尚未充分展开，市场成熟度还不高时，生产风险成为效率损失的主要来源，有限的金融抑制（金融约束）和国有企业的产权结构，是一种次优的产权和金融结构，也可以实现经济增长；反之，随着交易效率演进、市场成熟度的不断提高和外部性逐渐减弱，交易风险替代生产风险成为效率损失的主要来源，金融抑制和国有企业可能就会产生本身的效率损失和进一步的"增长拖累"，国有产权向金融深化和多产权结构的转变才有可能实现合意的经济增长（刘瑞明和石磊，2010）。

混合所有制是公有资本与其他非公有资本的融合，其形式既包括股份有限公司又包括有限责任公司（季晓南，2014）。国有经济和其他所有制经济通过参股、控股或并购等多种形式发展为混合所有制经济，能够实现股权多元化或股权社会化，国有资本与非国有资本形成的国有控股或参股的上市公司是混合所有制的主要实现形式（童露和杨红英，2015）。伴随着国有企业混合所有制实施，国有资本存在的形式也呈现出多样化模式（图11-3）。

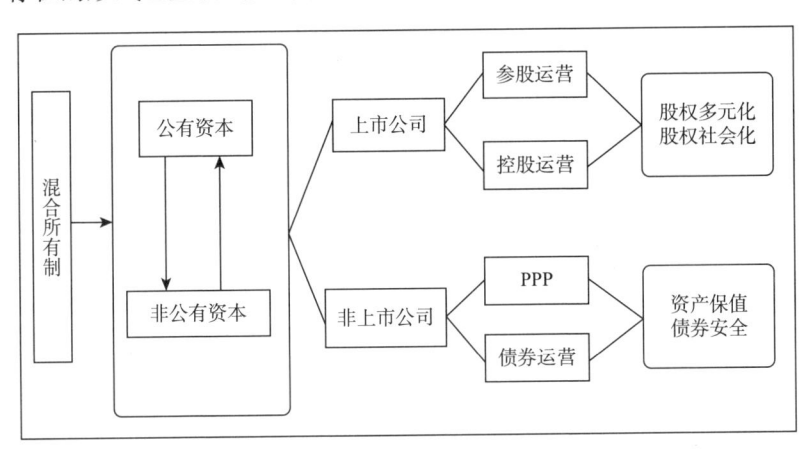

图 11-3 混合所有制实现路径

（二）引入社会资本提高资本流动性

股权运营方式是国有资本运营的主要方式。股权运营具体又分为控股运营、参股运营。控股运营是国有资本股权运营最基本方式，国有股份占有公司股权的比例通常超过 1/2，其目的在于保持主导产业和支柱产业的国有制特性，控制国民经济的命脉，或在于保护民族工业和民族品牌等。股权运营中的参股运营中国有资本仅仅表现为参股权，不过多地干涉公司的具体运营。从静态上来看，这种模式关注公司盈利的分配、股利政策及国有资产保值和增值；从动态上来看，国有资本可以通过这种模式根据市场盈利率的高低，在不同公司之间做出股权进入或退出的平衡。

在股权运营模式中，国有企业由政府和非国有股东拥有，股权集中度在一定程度上会影响国有股份运营的效果。非国有股东倾向于把重点放在公司的市场定位和业绩，国有股东追求政治目标的利润最大化。国有股东控制的公司确实表现出较低的市场定位，而非国有股东控制的公司市场定位比较高（Song et al., 2015），政府股权可以促进生产率的提高，股权集中和董事会股权并不是有效的公司绩效机制。一项关于马来西亚的实证研究发现，金字塔顶层的股票集中和交叉股权是企业长期经营的不良信号，会影响企业绩效（Janang et al., 2015）。企业社会绩效与股权集中度、所有权结构和公司治理结构之间的关系比较复杂，大股东更偏爱投资而不是社会绩效，董事会的独立性能够提高企业的社会绩效（Ducassy and Montandrau, 2015）。从公司的负债结构上看，国有股的适当注入，会减少企业的债务融资，改善企业资本结构（Chang et al., 2014），资本结构的变化也会对国有股份的参股比例产生影响。

根据对 2014 年 A 股上市的 502 家国有及国有参股上市公司数据的分析结果可以发现（表 11-3），资本流动性对国有股比例具有显著的负向影响，东北地区与全国其他地区有显著差别。国有股比例与流通股比例是负相关关系，东北地区的系数与全国平均水平大体相当，均为 0.53，其他地区的系数则为 0.91。这表明，东北地区上市公司的国有资本进入程度与全国水平大体相当，受市场化力量的影响弱于其他地区。东北地区的股东权益与国有股东权益比例是负相关关系，而全国其他地区两者之间却是正相关关系。国有股比例到底何种程度最优，可能因地区、因产业属性而异。

表 11-3 异方差修正后的多元线性回归结果

地区	变量	系数	标准差	T-统计	概率
全国	C	0.305 924	0.007 402	41.330 36	0.000 0
	TSR	−0.536 730	0.005 232	−102.586 1	0.000 0
	ROE	−0.092 321	0.005 985	−15.426 56	0.000 0
	MRG	−0.002 855	3.66×10^{-5}	−77.924 45	0.000 0
	LOG（LA）	0.012 968	0.000 387	33.511 91	0.000 0
东北	C	0.304 209	0.007 351	41.385 14	0.000 0
	TSR	−0.537 272	0.005 166	−104.007 4	0.000 0
	ROE	−0.091 700	0.006 077	−15.089 82	0.000 0
	MRG	−0.002 855	3.74×10^{-5}	−76.269 90	0.000 0
	LOG（LA）	0.013 065	0.000 388	33.714 61	0.000 0

续表

地区	变量	系数	标准差	T-统计	概率
其他地区	C	1.142 493	0.103 074	11.084 19	0.000 0
	TSR	−0.912 003	0.221 184	−4.123 270	0.000 2
	ROE	−0.313 451	0.353 994	−0.885 470	0.382 5
	MRG	−0.017 046	0.003 420	−4.984 063	0.000 0
	LOG（LA）	−0.012 757	0.010 983	−1.161 553	0.254 0

（三）适当降低长期负债，降低企业财务风险

债权运营是将国有资本视为一种间接融资手段的国有资本运营方式。从所有者关系上来说，国有资本不再是投资者主体，而是债权人，债权运营的首要目标是国有资产的保值。在国有资本以债权方式运营时，不仅要考虑债权收益率的高低，更为重要的是还要确保债权的安全性。债权运营模式下政府股权同样对公司债务成本存在影响，当国家扭曲投资时，政府所有权会加大上市公司的债务成本，但在金融危机期间，国家投资却是公司的一个保障机制，会降低债务成本和风险（Borisova et al.，2015）。政府是企业的债权人和投资人，政府可以通过所有权对企业实施直接的影响，也可通过地区的发展规划对企业实施间接影响。高比例政府所有权的企业倾向于高负债、长期负债和持有较少的现金，这种影响在政府股权集中的企业更为明显（Shao et al.，2015）。

在政府剩余所有权私有化对国有企业影响方面，中小企业更倾向于持有政府股权，大企业更倾向于由政府官员出任董事会 CEO，但是中小企业政府剩余所有权对托宾Q值有积极影响（Liao and Young，2012）。公共产品或服务并非都是由政府或国有企业提供，可以通过产权界定和制度环境设计来鼓励私人部门参与，也可以通过融资租赁的方式实现公私合作，即由私人部分负责生产，由政府和国有企业负责租赁和提供服务，形成公私伙伴关系等。公益性国有企业虽然社会效益大于经济效益，但并不意味着其一定要产生亏损。对于某一行业的公益性国有企业，其产品链上有一些可以划分为竞争性，可以采取多元化经营的方式。非国有资本的介入，也有助于形成良好的企业创新生态，提高国有企业创新能力（Boeing et al.，2016）。

一般来说，企业的负债结构指标表现趋于相同，长期负债对数与国有股比例均呈现出正相关关系，但是东北地区两个变量间的正相关关系并不显著。从资本结构数据上看，东北地区的负债总额均值远低于全国水平，但其长期负债均值却高于全国水平。东北地区企业所属产业大都具有资本密集、投资期长的特点，对长期债务有一定的依赖，金融机构对国有企业的偏爱更加助长了这种趋势。然而，长期负债的增加可能加大企业的财务风险，也许这也正是私人资金不愿进入

的原因。

(四) 多样化融资方式提高企业收益率

从企业绩效看,全国国有企业、东北国有企业都表现出净资产收益率与国有股比例的负相关关系,但从系数上看,东北地区和全国其他地区之间存在显著的非同步性(王伟光和侯军利,2016)。全国和东北的系数极其相近,都为0.09,而其他地区系数却是0.313(表11-3)。尽管较高的资产收益率是每个投资者都关注的目标,但是实证结果却表明,国有资本并未进入那些资产收益率高的领域,而是较多地进入了一些基础行业和战略性部门。相对于其他地区而言,东北地区行业特点影响了社会资本的进入,也反映出东北国有企业融资方式并没有呈现出多样化,且证券化程度相对较低。从企业的成长能力看,三个模型中主营业务收入增长率与国有股比例均为显著负相关关系,且东北地区负相关系数更大,即在国有企业中主营业务增长率较高的企业,国有股比例相对较低,这需要通过适当的战略性投资和结构性变革,平衡高增长行业与低增长行业的国有资本配置,更好地提高国有资本的整体资源配置效率。

二、内生式发展模式及其实现途径

(一) 以内生式发展模式助推国有企业改革

国有企业的发展虽然成就了东北的过去,但是抑制了东北经济的快速转型,振兴东北需要找到国有企业问题所在,找到适合的发展模式,才能做到改革的精准定位。东北地区传统行业占绝对优势,国有企业强民营企业弱,内生动力急需提高。医药制造业、金属制品业、普通机械制造业、专用设备制造业、电气机械及器材制造业等10个行业处于价值链"低端锁定"地位(张慧明和蔡银寅,2015),但行业本身并不是萎缩的。东北老工业基地产业集群的规模过小,产业链条较短,长期没有解决经济结构性问题,未形成区域产业集群的竞争优势(徐充和刘鑫,2004)。根据内生增长理论,知识总量增加和知识结构变化所引起的内生技术进步是技术创新的源泉。从微观经济主体发展层面看,加强内部创新力、促进资源良好利用和培养核心竞争优势,有助于形成企业长远发展动力。

国有企业内生动力的孕育、形成与强化,有赖于创新能力的提高。随着经济的不断发展,企业绝对技术水平的增长速度必将越来越小,如何改善资源配置效率,提高内生增长能力就显得尤为重要(杨汝岱,2015)。国家应该注重于创新和创新投资,毕竟公共资金能刺激企业科技领域和技术开发内的投资(Herrera et al.,2013),对技术创新的投资可以提高经济绩效(Savrula and

Incekarab ，2015）。加强国有企业的竞争，需要完善国有企业的退出机制，更多的低效国有企业退出市场，将会加快总量生产率的增长（张少华和张天华，2015）。企业应结合自身资源禀赋情况和市场条件，通过适度的技术投资，选择不同的技术创新行为模式，实现突破式发展，否则就会面临着低端"锁定"或被迫"退出"市场的危险。

东北国有企业发展需要提升在产业链中的地位，通过改革创新降低制造业企业成本，提高企业行业竞争力（黄群慧，2016），通过技术创新提升内生增长动力。现有文献多从行业整体、全体企业面板数据进行分析论证，但是，东北国有企业规模及问题各不相同，行业整体的政策很难精确解决企业问题。因此以企业在行业内的能力强弱，企业的技术投资能力水平高低来测度，何种企业该保留，何种企业该退出，保留的企业该选择什么样的创新模式才能存活或者快速发展是一个需要探讨的问题。

（二）内生式发展的基本模式

根据国有企业的不同技术水平和发展情况，大致可划分出三类，分别是产业链低端的不具备技术优势的规模生产企业、具有局部核心作用且具有一定技术基础并具有研发能力的企业和具有较强技术发展能力具备特色或特殊产品的地域核心企业。从技术创新角度上，分别给出三种创新发展模式。

1. 适应式创新模式

适应式创新模式指后发企业创新能力较弱，处于产业链低端位置，位于传统行业或基本稳定行业中，以嵌入产业链保证企业存活为目的的技术创新活动。企业创新能力在行业中排名相对靠后，投资持续增长能力差。企业显性知识投资差异化程度水平较低，利润率下降，行业整体创新愿望不旺盛。企业为了摆脱收益降低或者技术落后现状，通过技术引进、购买、联合开发、自主研发等手段达到技术更新、升级目的。处于产业整体创新能力下游的成长期行业中的企业需要提高竞争力，快速融入高级产业链中；技术相对密集型企业中，落后的企业急需提高产品质量，使企业存活下来。

2. 逆向式创新模式

逆向式创新模式指后发企业创新能力较强，处于产业链中游，进入半成熟行业或新兴行业中，融入产业链核心并控制部分产业链是其主要目的的技术创新活动。企业具有较为完整的技术基础水平，以先进企业为目标，由于其技术后发性优势，具有持续的技术投资能力，以实现技术赶超。技术型企业的显性知识投资差异化程度原则上应接近或高于行业均值。企业通过二次创新、自主研发等手段达到与领先企业技术相当，促进企业销售增长，争取更高市场份额。

3. 领先式创新模式

领先式创新模式指企业创新能力强，位于产业链高端，技术投资可持续性好，通过联合创新、建立研究中心手段，自主研发提高生产技术，同时通过对新产品创新，达到引领产业链目的。其创新行为多为原发式创新，企业处于产业链顶端，创新价值链呈现网状，创新活动呈爆发式发展。领先式创新模式的企业技术投资能力的显性知识投资差异化程度高于行业均值，领先式创新活动更适用新兴产业前期，或趋于稳定行业中已领先企业。

（三）国有企业改革的内生式发展模式实现路径

国有企业的技术优势行业是机械、冶金、制药等技术密集型行业，具有产品生产工艺复杂、企业投资规模大、技术水平要求较高等特点，这些行业又往往关乎国计民生和国家安全。在"国家2025"计划中，未来要发展制造业强国，发展知识密集型高技术产业。已有数据分析显示，国有企业比民营企业更具优势。国有企业的技术优势明显高于民营企业，两者具有趋同趋势，但仍差距巨大。虽然今年来对发展民营企业关停国有企业的声音一直都有，这从技术投资角度上看，国有企业的作用可能被低估，而民营企业的作用被放大了。民营企业在数量上的优势更适宜扩大就业，为核心企业提供配套性生产及服务。短时间内，在大型创新项目和核心技术突破方面，国有企业仍具有技术优势。

东北国有企业更注重在创新上的投资，但从效益来看，转移系数不高，知识转化效率有待提高。东北地区战略转型主要包括产品转型和产业转型两个方面（黄群慧，2015）。企业需要选择适合的创新发展路径，综合利用地方创新资源，政府也需要制定更为精准的制度，增加对创新生态建设的扶植，营造更适宜发展的创新生态系统（富克斯和夏皮拉，2014；王伟光等，2012）。发挥国有企业稳定性优势，立足长远，进行长效投资，转变经济发展方式，发展高技术产业（王伟光等，2013）。

东北国有企业中一部分企业的资产负载率已经超过80%，但是并不能直接将其淘汰，从产中的基础地位、行业技术投资水平看，这些企业仍然是创新的主体，其对外缘企业的带动和技术扩散作用仍无法替代，因此对于东北经济和东北国有企业改革问题不适用接近"一刀切"的改革方式，对于原料性基础性企业，是可以通过管理手段进行调节，从而扭亏为赢。对于具有行业内技术优势的国有企业应该进一步提高其技术转化效率，同时增加本地化应用，技术优势结合成本优势；对于具有先进性的国有企业，必须解脱行政枷锁，充分发挥企业家作用，发挥企业能动性，在将企业进行细致分析分类基础上，具体针对企业制定改革政策提升企业内生发展动力（图 11-4）。

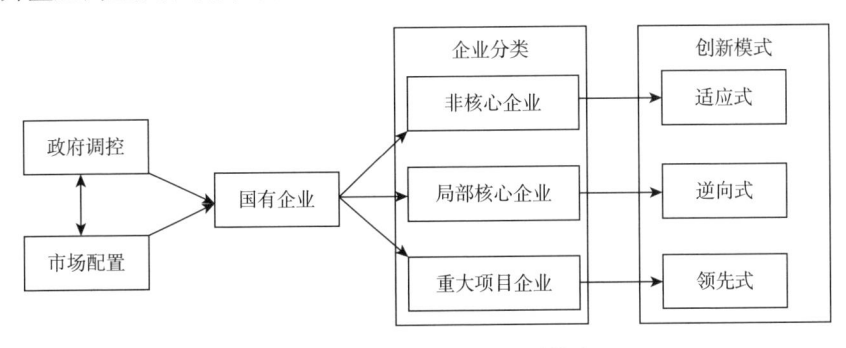

图 11-4 国有企业内生发展模式

处于适应式创新模式的企业，从企业生产效率改革做起，推进所有制改革，推进企业扁平化管理，转移多余劳动力，采用技术升级改造降低成本，从而让企业在激烈的竞争中存活下来。处于逆向式创新模式的企业，打造创新平台，从产学研一体化和科技成果转化方向提升企业产品竞争力，并通过管理层优化的企业治理角度提升管理效率和市场应对速率，企业能快速整合地方资源，提升发展内生动力。处于领先式创新模式的企业，从国际产业链中寻求自身地位的提升，依靠独立研究院所，并联合相关理论研究机构，实现一批具有国际领先的技术突破，摆脱跟随地位，实现技术并行或领跑，同时从技术融合和跨界技术开发着手，建立一个全面的、可控的产业网络体系。但无论什么样发展模式，政府或收或放的政策与企业状况进行匹配都是必要的。从管理到管理股份进行角色转化，给企业自主性，同时制定更为适合的绩效考核体系也尤为重要。

第三节 深化国有企业改革与创新发展对策

一、以转变优化政府职能为导向，营造良好的政商发展环境

积极做好顶层设计、制度供给，提供良好的公共服务、创造有利于结构优化的各种条件，把改革实实在在地落实下去，加强地方领导班子和干部队伍建设，摒弃"等靠要""官本位"的思想，降低政府对企业的干预，推动"价格市场化""竞争自由化""管理法制化"，政府官员要与企业家建立一种"亲""清"的政商关系，营造有利于大批企业家成长和发展的环境。同时，赋予地方更多国有企业改革自主权，鼓励基层首创精神，支持相关企业大胆探索。

受传统的计划体制、地域文化等影响，东北地区还缺乏一种有利于创新创业

大发展的商业环境。构建一个包括技术创新、生产制造、商业应用、服务提供等多层次集合性的大商业生态系统，是东北地区形成自生发展、内在发展、持续发展的重要环节，也是重要的制度保障。为此，需要做到：一是简政放权，消除强势政府印象。按照负面清单管理模式，转变管理模式，加强服务理念，重点规范市场规则，评估降低系统性风险，协调企业与各部门、机构的沟通，同时将企业交还给市场，不做企业的"家长"，做市场的"指路人"，不做市场的"领路人"。二是培育创新创业生态。抓紧建设国家自主创新示范区，完善区域创新体系，逐步形成勇于创新、乐于创新、尊重创业、激发创业的新环境。

二、以创新改革开放模式为导向，构建多方位全视角的合作机制

创新对外开放模式，推动东北地区与京津冀地区创新合作、产业转移承接等重点领域取得突破，加强在科技研发和成果转化、能源保障、统一市场建设等领域务实合作，建立若干产业合作与创新转化平台。支持辽宁西部地区加快发展，打造对接京津冀协同发展战略的先行区。加强与环渤海地区的经济联系，积极推进东北地区与山东半岛经济区互动合作。以产业合作园区为平台，在人才、管理、产业等方面合作，推进辽宁、吉林、黑龙江三省与江苏、浙江、广东三省，沈阳、大连、长春、哈尔滨四市与北京、上海、天津、深圳四市建立对口合作机制，引进成熟的、可推广的经验模式，探索在辽宁建立"国家国有企业综合改革试验区"以及"大连上海特别合作区"等各类合作平台，推动其创新发展。

三、以结构调整为主线，推进传统产业与战略性新兴产业融合发展

重化工业化是东北地区产业结构的重要特点，以原材料、初级产品加工为代表的传统产品占主导地位，战略性新兴产业规模小，装备制造业尚处于工业2.0、工业3.0和工业4.0同步发展的阶段。加速结构转型与升级，是东北地区推进传统产业与战略性新兴产业融合发展的主线。发挥国有企业在供给侧改革中引领作用，推进传统产业结构提质增效，大力推进煤炭行业跨行业、跨地区兼并重组，实施煤电联营，推进精细化管理降本增效；支持钢铁产业发展异质化高附加值，引导石化、炼油、建材等原材料行业，向基地化、大型化、一体化方向发展，实现由规模扩张向提质增效转变，打造石油化工基地以及原材料基地。支持装备制造业利用设计、制造优势，集体抱团"走出去"，鼓励沈阳机床、沈鼓集团、一汽、大连船舶重工等具有一定国际竞争优势的先进装备制造业与产业链相关企业组成合作联盟，形成一批突破地域限制、以资产为纽带的跨省企业集团，加快带动东北装备制造产业转型发展。立足新产业、新业态、新技术、新模式，

大力发展智能机器人、IC装备、航天航空、海洋船舶、飞机制造等领域技术领先的国有企业，加大支持力度，使其以几何级数增长，并利用其孵化效应，结合"双创"平台，创新发展一批小企业。着力培育服务型制造业，不断提升对传统工业转型升级的服务支撑能力，加大工业设计及研发服务，鼓励科研机构从工业企业中分离出来，形成规模化、社会化产业，培育发展一批具备较强竞争力的专业化研发服务机构。加强制造业物流服务，探索建立大型企业成套合作机制，形成产业联盟。

利用"中国制造2025"契机，深化军民两化融合，发挥两化融合示范园区和试点、示范企业的引领作用，如沈飞集团、陆平机器等深化军事信息技术集成应用，增强信息技术对民用企业渗透性、带动性和倍增效应，提升企业装备和产品数字化、智能化水平。支持智能工厂等工业与信息化深度融合项目在东北地区的试点、示范。加快推进新材料、生物医药等战略性新兴产业的研发、转化和产业化基地。以中德（沈阳）高端装备制造产业园、中以（哈尔滨）产业合作园等建设，在汽车工业等多个产业，推动"中国制造2025"与德国工业4.0战略实现对接融合。利用长春的轨道客车技术适合北方高寒地区的优势，加快与俄、蒙推动实施一批重大合作项目，以推进中韩自贸区建设为契机，选择适宜地区建设中韩国际合作示范区，推进共建中日经济和产业合作平台。

四、以商业生态系统支撑国有企业改革，畅通利益相关者的创新创业关联

推进国有企业去行政化管理体制，落实和维护董事会依法行使重大决策、选人用人、薪酬分配等权利，加快形成权责对等、运转协调、有效制衡的公司法人治理结构。建立市场化选人用人机制，推进市场化选聘经理层、职业经理人和薪酬分配差异化改革，推行企业经理层成员任期制和契约化管理，完善激励与约束相容的经营者收入分配制度。推进员工持股，建立各类员工职业发展计划和薪酬制度，充分调动和发挥各类员工的积极性和创造性，发挥人才资源配置在国有企业中重要作用。

基于东北地区国有企业，中央企业占比偏高，且集中在传统制造部门，鼓励企业积极参与"一带一路"和优势产能国际合作，如装备制造、石化、新能源、船舶及相关工程建设等，扩大产品的出口，加快组织东北优质富余产能走出去。加强中央企业境外资源的开采利用和境内资源的保护，以投资合作的方式将初级产业链上游向境外转移，中间品在境内实现深加工，推动产业向下游延伸。支持总部设在东北的中央企业先行试点，加强与地方融合，共同建立产业园。支持中

国兵器工业集团投资近千亿元，推进辽宁"精细化工产业园"建设等八个项目。支持抚顺市政府与抚顺石化在共建产业园区、共享公共资源、共同科技创新等方面展开合作。注重商业模式创新，增强产品与服务质量和品种，提升品牌价值。

鼓励中央企业在东北地区改组组建一批国有资本投资公司和运营公司，推进国资监管体制向管资本为主转变，投资和开发国民经济的重要行业、关键领域、战略性新兴产业和优势支柱性产业，推动产业集聚和转型升级，优化国有资本布局结构。同时，通过股权运作、价值管理、有序进退等方式，投资、持有和运营国有股权，促进国有资本合理流动，实现国有资本保值增值。推进国有资产证券化，加快推进国有企业集团整体上市或核心业务资产上市，发行地方政府债、企业债、公司债，盘活存量国有资产，提高资产的流动性、透明性，从而使资产易变现、易交易、易监管、易考核，提高国资监管水平，便于现代企业制度的建立与功能的发挥。设立东北振兴发展银行，初步建立有助于东北现代产业体系建设与发展的金融支持体系。

五、以资本运作为纽带，推进国有资本与民营资本协同发展

设立国有企业改革配套试验区，加速推进国有企业分类改革，按照地区、行业不同原则，优化国有企业资本，做好国有企业改革的"加减乘除"。对于高度同质类的国有企业，要做加法，进行资产兼并重组，对涉及国家战略、地区使命等产业，以控制力和影响力的强化为导向，整合隶属关系，加快资本重组，依托优势大型骨干企业，将国有资本向先进装备制造、高精加工原材料、战略性新兴产业与现代服务业等领域集中。借鉴中国化工集团与中国石化合并的案例，成立大的企业集团，形成规模资本优势。

对于业务广、副业多的国有企业，要做减法，剥离副业及推进厂办大集体改革，精简机构，组织人员分流，促进国有企业积极瘦身，发展混合所有制，在相对竞争性领域的国有企业，引入集体资产、非国有控股的股份公司资产，以及其他各种形式所有制经济的资产，以竞争力强化为导向，引导国有资本和非国有资本合理进退，分层推进国有企业混合所有制改革。2016年，辽宁省向省内外战略投资者首批出售7户省属国有企业的部分股权，利用交叉持股、整体上市、并购重组、发行可转债、特许经营、PPP等形式，分层推进国有企业混合所有制改革。对于具备较强领先优势的高端制造业，做乘法，加大支持力度，使其以几何级数增长，支持沈阳机床、大连机床、齐二机床等东三省国有机电设备先进制造企业率先联合，成立中国先进装备制造集团公司。对于一些无市场、无生存能力的国有僵尸企业，做减法，坚决实行破产。同时，设立国有企业改革专项基金，妥善解决国有企业历史遗留问题。采用财政资金、国有企业等共同出资等方式，

统一、逐步、全面解决分离企业办社会职能、"壳企业"职工安置、厂办大集体、离退休人员社会化管理等历史遗留问题，做好新一轮国有企业改革的配套工作，形成合理的用人机制。

以放宽基础设施领域为突破口，突破阻碍民营经济快速发展的体制机制障碍，鼓励民营企业扩大投资，改进民间投资效率，尽可能吸引民间资本投资基础设施领域，尤其在电力、电信、交通、石油、天然气、市政公用等领域，鼓励和支持民营经济参与国有企业改革，支持民营经济做大做强，使国有企业与民营企业之间形成良性互动、互通有无的关系，为整个经济系统注入新活力。同时，国有民营应一视同仁，实行"两平一同"，即平等使用生产要素（包括土地、资金、劳动力等），公平参与市场竞争，同等受到法律保护。

充分发挥国有企业技术孵化器作用，行业技术领先军及技术外溢源泉，在高档数控机床、智能机器人、船舶和海洋工程装备等先进装备制造业打造一大批排头兵、有核心技术的国有大中型企业，在电子信息、智能制造设备、机电一体化、航空装备、汽车节能环保设备等高新技术产业，通过招商引资，推进"大众创业、万众创新"，培育一批体制机制灵活、愿意创新的初创企业和快速成长型企业，形成行业内领先的"隐形冠军"企业，更多地进入二三板市场，与装备制造总企业形成良好的分工协作关系。以产业链条为基准，通过国有企业主导中小民营企业深度参与的产业供应链金融模式，建立国有企业与中小民企对接平台，盘活国有企业资产与资金，解决中小民营企业的发展资金，形成产业资本有效对接，建立国有企业与中小民营企业高效市场匹配的创新模式，提高产业运行整体效率。

六、以创新生态体系为核心，推进国有企业与科研院所成果转化深度融合

东北地区国有企业发展本质是资源、资本、知识、技术和人力资本等要素有机组合在一起，实现持续发展、健康发展的一种模式，而不是过分地依赖投资和所谓的优惠政策或政策洼地。国有企业要发挥企业创新精神，调动企业研发人员和工程师等专业人员的积极性，建立完善技术创新人才培养体系和激励机制，造就一批产业技术创新领军人才和高水平团队，进一步完善创新型科技人才在教育、医疗、税收、知识产权等方面的系统化特惠政策。鼓励建立以企业为主导、政产学研用相结合的产业技术创新联盟，开展国有龙头企业创新转型试点，积极培育创新工厂、创客空间等国有创新型孵化器，优化大众创业万众创新环境，建设创业生态圈。建立一批公共技术支持平台，集中力量重点攻克制约产业发展的共性技术问题，重点建立智能机器人、大型成套设备等重大技术创新与研发基地。

完善区域创新体系，将创新资源集聚优势转变为集群竞争优势，构筑本地化

的创新产业化体系，推动隶属于不同部门和地区的科研机构、高校等知识生产部门，将不同类型企业等知识应用于扩散部门，面向市场和产业共性需求，采用委托合作、技术联盟、组建技术共同体、新型研发公司等方式，实现创新资源的集聚与集中。鼓励可转化成果、有条件可转化成果借助于产业集群公共服务平台和其他类型市场中介组织，实现技术转移和产业化。促进科教机构与区域发展，主导建立东北区域的科技大市场，哈尔滨、沈阳、长春、大连四城市共促科技成果流动与转化，依托中国科学院自动化研究所、金属研究所、哈尔滨工业大学、吉林大学、大连理工大学、东北大学等高校创新资源，利用沈大国家自主创新示范区契机，推进科技成果转化、技术成果转移及科研人员创新创业，为国有企业创新驱动加入新动力。构建科技成果产业化发育新机制，重点把成果发现、甄别与筛选及产业化配套体系三个环节协同起来，形成具有区域特点的创新生态体系。进一步培育和发挥工匠精神，强化产品和服务质量，大力发展"互联网+"的商业模式，促进产业链升级和创新链升级，为新型产业体系发展提供技术基础。

参 考 文 献

富克斯 G，夏皮拉 P. 2014. 区域创新与变革：路径依赖抑或地方突破. 王伟光，古国秀译. 北京：经济管理出版社.

黄群慧. 2015. 东北地区制造业战略转型与管理创新. 经济纵横，（7）：1-6.

黄群慧. 2016. 论中国工业的供给侧结构性改革. 中国工业经济，（9）：5-23.

季晓南. 2014-03-27. 正确理解混合所有制经济. 经济日报，第 14 版.

刘瑞明，石磊. 2010. 国有企业的双重效率损失与经济增长. 经济研究，（1）：127-137.

童露，杨红英. 2015. 国有企业混合所有制改革中的联合重组与公司治理——基于中国建材集团的案例分析. 技术经济与管理研究，（10）：39-44.

王伟光，侯军利. 2016. 混合所有制下的资本结构、绩效与国有股比例——基于东北地区上市公司数据的实证分析. 辽宁大学学报（哲学社会科学版），44（4）：18-24.

王伟光，冯荣凯，尹博. 2012. 基于动态演化的产学研合作创新机制研究——兼论辽宁省产学研合作应对策略. 辽宁大学学报（哲学社会科学版），40（1）：70-77.

王伟光，等. 2013. 经济发展方式转变与先进装备制造产业技术创新. 北京：经济管理出版社.

徐充，刘鑫. 2004. 发展东北老工业基地产业集群的理论思考. 社会科学辑刊，（6）：78-81.

杨汝岱. 2015. 中国制造业企业全要素生产率研究. 经济研究，（2）：61-74.

张慧明，蔡银寅. 2015. 中国制造业如何走出"低端锁定"——基于面板数据的实证研究. 国际经贸探索，31（1）：52-65.

张少华，张天华. 2015. 中国工业企业动态演化效率研究：所有制视角. 数量经济技术经济研究，（3）：22-39，146.

Boeing P, Müeller E, Sandner P. 2016. China's R&D explosion—analyzing productivity effects across ownership types and over time. Research Policy, 45: 159-176.

Borisova G, Fotak V, Holland K, et al. 2015. Government ownership and the cost of debt: evidence from government investments in publicly traded firms. Journal of Financial Economics, （118）: 168-191.

Chang C, Chen X, Liao G M. 2014. What are the reliably important determinants of capital structure in China? Pacific-Basin Finance Journal, （30）: 87-113.

Ducassy I, Montandrau S. 2015. Corporate social performance, ownership structure, and corporate governance in France. Research in International Business and Finance, （34）: 383-396.

Herrera L, Sánchez-González G, Ibarra E R B, et al. 2013. Firm size and innovation policy. International Small Business Journal, 31（2）: 137-155.

Janang J T, Suhaimi R, Salamudin N. 2015. Can ownership concentration and structure be linked to productive efficiency: evidence from government linked companies in Malaysia. Procedia Economics and Finance, （31）: 101-109.

Kleindorfer P, Knieps G. 1982. Vertical integration and transaction-specific sunk costs. European Economic Review, 19（1）: 71-87.

Liao J, Young M. 2012. The impact of residual government ownership in privatized firms: new evidence from China. Emerging Markets Review, 13（3）: 338-351.

Savrula M, Incekarab A. 2015. The effect of R&D intensity on innovation performance: a country level evaluation. Procedia-Social and Behavioral Sciences, （210）: 388-396.

Shao Y Y, Hernández R, Liu P. 2015. Government intervention and corporate policies: evidence from China. Journal of Business Research, 68（6）: 1205-1215.

Shleifer A. 1998. State versus private ownership. Journal of Economic Perspetives, 12（4）: 133-150.

Song J, Wang R, Cavusgil S T. 2015. State ownership and market orientation in China's public firms: an agency theory perspective. International Business Review, 24（4）: 690-699.

第十二章 人力资本与人才战略

区域经济发展的关键在于人才，而近年来人力资本流失问题已成为限制东北经济快速发展的瓶颈。目前，该地区人力资本流失问题主要表现为人口增长缓慢，生育水平、教育水平普遍偏低，职业技能鉴定人数呈下降趋势，人口流失规模增加。人口流失呈现自北向南、向经济较为发达地区集中的分布格局，人口流入与流出差异明显，人口净流出地区呈现扩张趋势，通过倒"U"形理论分析发现。第一，人力资本流失抑制了东北三省的经济增长；第二，人力资本流失对不同地区经济增长的作用存在差距；第三，人力资本流失是市场化作用的结果。通过资源禀赋的人力资本配置效率分析，结果表明，在市场机制驱动下，人力资本现状直接反映经济发展特征，而现存的产业结构逐渐形成人力资本流失，经济增长缓慢，进而又带动资源禀赋流失，人力资本流失，形成了恶性经济循环，而对于现行的人才政策、制度而言，存在缺乏优惠性、灵活性、针对性和可操作性等问题。综上，本章建议，第一，加强对东北三省的人才发展政策支持和倾斜力度；第二，加大人才培养、引进和激励的投入力度；第三，规范东北三省产业环境；第四，创新人才培养环境。

第一节 人力资本特征与存在问题

一、人力资本现状与问题

（一）人口增长缓慢

根据改革开放以来的四次人口普查，1982年、1990年、2000年、2010年东北三省的常住人口分别为0.91亿人、0.99亿人、1.05亿人、1.10亿人，长期保持着正增长。但是，人口增长速度持续降低，1982~1990年、1991~2000年、

2001~2010 年东北地区的常住人口年均增长率依次为 1.03%、0.56%、0.43%。2010~2015 年，东北三省人口增长出现显著衰退（表 12-1），辽宁、吉林、黑龙江的常住人口年均增长率分别为 0.03%、0.04%、-0.11%，居全国倒数后三位。2015 年，东北三省出现人口增长的"拐点"，人口从正增长转变为负增长，常住人口由 2014 年的 10 976 万人减少至 2015 年的 10 947 万人，累计减少 28.68 万人。其中，辽宁、黑龙江分别减少 8.60 万人、21.00 万人，吉林仍然保持 0.92 万人的正增长。另外，东北三省人口占全国人口的比重在降低，2010 年，东北三省人口占全国人口比重的 8.22%，2015 年东北三省占全国人口比重的 7.99%。人口惯性，人口增长缓慢会成为未来一段时期东北三省的常态，其后果将必然导致东北三省人力资本劳动力存量的减少。

表 12-1　2010~2015 年东北三省人口规模增长变动情况

地区	指标	2010 年	2011 年	2012 年	2013 年	2014 年	2015 年	年均
黑龙江	增长量/万人	7.40	0.60	0	1.00	-2.00	-21.00	-4.34
	增长率	0.19%	0.02%	0	0.03%	-0.05%	-0.55%	-0.11%
吉林	增长量/万人	7.00	2.00	1.00	1.00	1.00	0.92	1.34
	增长率	0.26%	0.07%	0.04%	0.04%	0.04%	0.03%	0.05%
辽宁	增长量/万人	-4.30	8.00	6.00	1.00	1.00	-8.60	1.50
	增长率	-0.10%	0.18%	0.14%	0.02%	0.02%	-0.20%	0.03%

资料来源：根据 2011~2016 年《中国统计年鉴》计算

（二）长时期处于超低生育水平

东北三省超低生育水平已持续 20 年，根据 2015 年 1%人口抽样统计资料，黑龙江、吉林、辽宁的生育率分别为 6.00‰、5.87‰、6.17‰，远低于全国同期 12.07‰的生育率水平，生育率甚至低于日本和韩国。考虑自然增长率，2015 年，全国仅有辽宁、黑龙江两个地区呈现自然负增长，生育率低于死亡率，自然增长率分别为-0.42‰、-0.60‰，吉林具有 0.34‰的人口自然正增长率，但也低于全国 4.96‰的自然增长水平，东北三省是中国人口自然增长率最低的地区，无法补偿人口流失造成的人口衰减，常住总人口开始出现负增长（王晓峰和张正云，2016）。

（三）就业人员受教育水平普遍偏低

数据显示（表 12-2），东北三省就业人员受教育程度水平普遍偏低，主要集中在小学、初中、高中水平，2015 年，黑龙江省占 82.00%，辽宁占 80.10%，吉林占 84.30%；大学本科、研究生教育程度比重较小，黑龙江占 8.60%，辽宁占 10.20%，吉林占 8.20%，辽宁和吉林明显低于全国 8.30%的平均水平，更远低于发达省市水平，2015 年北京就业人员大学本科以上比率为 32.80%，上海为 26.80%。

表 12-2　东北三省就业人员受教育程度统计表

年份	地区	未上过学	小学	初中	高中	大学专科	大学本科	研究生
2010	黑龙江	0.9%	20.7%	53.4%	14.8%	6.3%	3.6%	0.27%
	辽宁	0.7%	17.5%	53.9%	14.3%	7.6%	5.5%	0.47%
	吉林	0.9%	22.6%	50.4%	15.5%	6.0%	4.3%	0.34%
2011	黑龙江	1.4%	21.6%	55.1%	12.4%	5.6%	3.8%	0.09%
	辽宁	0.6%	15.6%	57.1%	13.2%	7.7%	5.5%	0.34%
	吉林	1.4%	17.6%	53.7%	14.9%	6.8%	5.2%	0.45%
2012	黑龙江	0.7%	17.2%	58.2%	14.7%	6.0%	3.1%	0.18%
	辽宁	0.3%	14.2%	57.9%	14.8%	7.3%	5.1%	0.38%
	吉林	0.9%	18.5%	52.3%	15.0%	7.2%	5.7%	0.35%
2013	黑龙江	1.6%	21.5%	53.2%	12.7%	6.6%	4.1%	0.23%
	辽宁	1.2%	13.5%	56.0%	14.7%	9.3%	6.0%	0.32%
	吉林	0.3%	18.5%	51.2%	15.2%	7.2%	6.2%	0.48%
2014	黑龙江	0.8%	19.7%	54.5%	13.4%	7.0%	4.4%	0.23%
	辽宁	0.4%	12.5%	55.5%	14.9%	9.2%	7.0%	0.5%
	吉林	0.7%	17.7%	52.7%	14.0%	7.6%	6.9%	0.35%
2015	黑龙江	0.9%	14.0%	49.8%	17.3%	9.4%	8.1%	0.5%
	辽宁	0.5%	12.7%	50.3%	16.6%	9.8%	9.3%	0.9%
	吉林	1.2%	20.9%	43.1%	19.1%	7.6%	7.8%	0.4%

资料来源：根据 2011~2016 年《中国劳动统计年鉴》数据计算

（四）职业技能鉴定人数呈下降趋势

从历史来看，东北三省作为我国重要的农业生产、重型装备和设备制造业基地，在科教和技术人才方面具有较为明显的优势，东北三省人才总量和专业技术人员总数都位居全国前列。但从 2010~2015 年职业技能鉴定考核人数数据可以看到（表 12-3），在我国职业技能鉴定人数整体增速放缓的情况下，东北三省职业技能鉴定考核人数下降趋势更加明显，2015 年占全国比重不足 4%。

表 12-3　2010~2014 年职业技能鉴定考核人数表（单位：人）

年份	2010	2011	2012	2013	2014	2015
全国	16 575 457	17 459 327	18 305 470	18 385 729	18 539 992	18 941 156
辽宁	402 737	377 355	279 104	276 948	228 698	300 724

续表

年份	2010	2011	2012	2013	2014	2015
吉林	216 565	243 010	165 089	145 671	142 106	140 271
黑龙江	254 558	281 393	347 359	358 060	326 761	214 883
东北三省合计	873 860	901 758	791 552	780 679	697 565	655 878
东北三省占全国比重	5.2%	5.2%	4.3%	4.2%	3.8%	3.5%

资料来源：根据 2011~2016 年《中国劳动统计年鉴》计算

东北三省在人力资本存量和人才培养有一定优势，但是对人才驻留和吸引相对较弱。辽宁省有普通高校 70 余所，每年能培养 12 万大学本科毕业生、4 万软件人才和 18 万专业技术人才，人才储量 261 万，总量位居全国第四，专业技术人员 190.6 万人，列全国第六位，享受政府津贴专业人员 7 366 人，列全国第四位。吉林省人才总量 136 万，占全国人才总量的 2.14%；每万人中拥有大学生数量位列全国第六，每万人中拥有医生数量位列全国第八。黑龙江集中了众多大型国有企业、科研院所，拥有哈尔滨工业大学、哈尔滨工程大学等知名学府，每年培养大量高层次专业技术人才和应用学科人才。根据中国本科生就业报告，2015 年，东北三省毕业的本科生占全国的 11.4%，而就业地选择在东北三省的本科生仅占全国的 5.2%，东北三省本科生的就业人数与毕业人数之比仅为 0.46，在全国各个区域中最低，不但本地高等教育人才流失严重，而且对其他地区高等教育人才的吸引力较弱。

（五）人口流失规模增加

根据历次人口普查或 1%抽样数据的"按现住地和五年前常住地分的人口"省际人口迁移矩阵，经过抽样比换算、矩阵计算，得到基于五年间迁移口径的东北三省迁移人口流量数据。2000~2005 年、2006~2010 年、2011~2015 年，东北三省内部省际迁移人口分别为 51.69 万人、75.20 万人、52.68 万人，剔除这些内部间迁移人口，从其他地区来到东北三省的迁入人口分别为 56.97 万人、108.01 万人、104.12 万人，呈现"先涨后落"的数量变化特征，而从东北三省去其他地方的迁出人口分别为 145.17 万人、225.05 万人、241.05 万人，呈现"持续上升"的数量变化特征。也就是说，东北三省不但对其他地区的吸引人口数量没有提升，而且自身迁出人口数量还在加剧。2000~2005 年、2006~2010 年、2011~2015 年，东北三省净迁移人口分别为-88.20 万人、-117.04 万人、-136.93 万人。可见，2000 年以来，东北三省持续呈现人口流失的状态，而且人口流失问题愈来愈突出，2000~2015 年，东北三省平均每年净迁出人口 22.81 万人。其中，2010~2015 年人口流失最严重，平均每年净迁出人口 27.38 万人。东北三省的流动人口中，青年劳动力是流动人口中人数最多的一个群体，平均年龄更为年轻，文化程度也更高，这一年龄段劳动力处于体能和智能的最高阶段，富有活力和创造力。

二、人力资本流失状况

（一）人口流失方向呈现自北向南流动态势

人口流失方向呈现自北向南流动态势被称为"孔雀东南飞"。虽然东北三省整体上是净流出态势，但在东北三省内部，辽宁是人口净流入，吉林和黑龙江是净流出。黑龙江、吉林两省均有向辽宁流动的态势，而这种自北向南的态势也体现在东北三省和全国各省份人口流动中。就人力资本流失本身而言，根据2014年流动人口动态监测数据显示（表12-4），黑龙江省有20.5%的流失人力资本仍留在东北三省内，吉林次之，有19%；辽宁省作为唯一的净流入省份，从辽宁省流出的人力资本有96.7%是流到了东北之外。

表12-4　2014东北三省人口流失情况

户籍地	现住地				
	辽宁	吉林	黑龙江	东北三省之外	合计
辽宁		1.8%	1.5%	96.7%	100%
吉林	15.2%		3.8%	81.0%	100%
黑龙江	17.2%	3.3%		79.5%	100%
东北三省之外	0.4%	0.1%	0.1%	99.4%	100%
合计	0.9%	0.2%	0.1%	98.9%	100%

资料来源：2014年流动人口动态监测数据

（二）人口流向目的地为经济较为发达地区

东北三省的人口流失最终目的地是经济较为发达的地区，其中京津沪及广东就占据了东北流失人口的近七成（表12-5）。事实上，大部分流失的人口都是可以称为人力资本的适龄劳动力。由经典的推拉理论可知，"拉力"在此过程中发挥了至关重要的作用。同农村劳动力向城镇转移一样，人力资本由东北三省流动到发达地区，经济因素是主要拉动。城镇化进程的推进使很多经济发达地区可以提供更多的就业岗位，与地区经济相关的工资水平也吸引人力资本的流入。同时，经济发达地区的政治文明程度较高，社会保障体系较为完善，公民权利也能够得到应有的保障，这些都为人力资本的流入提供了条件和保证。在这些东北三省人力资本比较倾向的几个省份和地区中，北京市最受东北三省人力资本的青睐，三分之一的东北三省的人口流失终端选择了这里。作为中国的政治中心使很多人向往在这里生活，而对于东北三省而言，北京是距离东北最近的经济发达地区，而且同为北方城市，语言、风俗、饮食都比较相近，故北京对于东北三省人力资本的拉力最为明显。

表 12-5　2014 东北三省人口流出与流入情况

主要流出地	比重	主要流入地	比重
北京	33.3%	山东	23.9%
广东	13.3%	内蒙古	18.6%
上海	11.3%	河南	13.7%
天津	10.3%	安徽	10.2%
其他	31.8%	其他地区	33.6%
合计	100%	合计	100%

资料来源：2014 年流动人口动态监测数据

（三）人口流入与人口流出差异明显

东北三省人口流失终端是经济较为发达地区，也有全国其他地区的 52.82 万人将东北三省作为了他们的流入终端。流入东北三省的人口主要分布在山东、内蒙古等周边省份以及河南、安徽等人口大省（表 12-5）。抽样调查显示，其中，23.9%的人口来自山东，18.6%的人口来自内蒙古，13.7%的人口来自河南。

与流入相比，流出人口年龄水平较低，更为年轻。东北三省流出的人口平均年龄为 30.3 岁，而流入东北三省的人口平均年龄为 30.6 岁。在流出人口中，20~39 岁的青壮人力资本占 54.5%，而这一比例在流入人口中仅占 44.7%，近 10 个百分点的差距也说明了更多的青壮人力资本从东北三省流失了出去，与可见的人口流失相比，人力资本流失更为严重，这一现象与生育率较低的现实也加速了东北三省人口结构的老龄化。

与流入相比，流出人口教育水平更高。根据 2014 年流动人口动态监测数据显示，东北三省流出人口平均受教育年限为 11 年，而东北三省流入人口的平均受教育年限为 9.1 年。特别是教育水平较高的层面这种差距更加明显，流出人口大专及以上受教育程度的占 29.7%，而流入人口中大专及以上受教育程度者仅为 7.4%。教育水平的差异也使人力资本流失更为严重，高素质、高技能的人力资本纷纷离开东北三省，进一步制约了东北经济的振兴与发展。

（四）内部人口流出区占据多数而且呈现扩张

一方面，2000~2010 年，东北三省内部人口净流出县市数量从 119 个增加至 124 个，面积比重从 66.43%扩张至 72.72%。国际上一般认为净流动人口占本地人口比重达到 10%视为人口流动的活跃状态，按此标准，东北三省 2000 年仅有 22

个县，面积比重 11.36%，主要分布在黑龙江境内；而到 2010 年数量增长至 39个，面积比重扩张至 20.54%，分布范围扩展至吉林、辽宁，省会等大城市周边较为密集，其中不乏伊春市、舒兰市、九台市、五大连池市、铁力市、北票市、嘉荫县等资源枯竭型城市。从净流动人口数量来看，2000 年净流出人口超过 10 万人有 3 个，包括拜泉县、巴彦县、双城市；2010 年增加至 6 个，包括昌图县、榆树市、农安县、巴彦县、五常市、建昌县，人口流失问题最为突出。总的来看，东北人口流失区以中小城市和县为主，与全国剩余劳动力输出的形势一致。

另一方面，2000~2010 年，人口净流入县市的数量从 68 个下降至 60 个，面积比重从 33.57%收缩至 27.28%，人口具有向少数地区集聚的空间极化特征。净流入人口超过 10 万人的只有沈阳市、长春市、哈尔滨市、大连市四座大城市。虽然 2000 年以来东北人口整体呈现流失，但是主要的大中城市、边境贸易城市等保持着较强的人口集聚能力，这些地区并未出现人口流失。这些地区经济条件好、就业机会多，与全国人口向经济发达城市输入的形势一致（姜玉等，2016）。

第二节 经济发展与人力资本需要

一、人力资本流失与区域经济发展的关系

（一）理论分析与假设提出

人力资本与经济发展是经济学重要研究方向，Lucas Jr（1988）采用人力资本解释经济增长，强调人力资本外部性对经济增长的重要性，建立了 Uzawa-Lucas 模型，对经济增长研究起到重要的推动作用，Romer（1986）考虑知识溢出效应，用技术内生化解释经济长期增长。Cai 和 Lu（2013）、Lu（2009）认为推动户籍制度实质性改革，促进劳动力有序流动，可以延长我国人口红利、延缓资本报酬递减的作用，对于我国经济长期增长具有重要的作用。Du 和 Yang（2014）、Han 和 Zhang（2015）、Lu 和 Jiang（2008）从劳动力市场角度研究劳动力流动、成本、收入分配对经济增长的影响。曾湘泉和张成刚（2015）认为经济新常态、国家治理体系、能力现代化及技术变革是推动我国人力资源进入新常态的驱动因素。人力资源数量与质量的矛盾、制度环境的变化、区域劳动力市场的构建、收入分配改革、人才竞争及人才激励、技术变革对人力资源的冲击是我国人力资源新常态的主要特点。于婷婷等（2016）从人口结构视角，揭示了人口的年龄结构、城乡结构、文化结构、性别结构、产业结构及失业结构对经济增长的作用机

理，结果表明东北地区各地级市之间的经济增长存在明显的正的空间相关性。杜伟等（2014）认为就全国整体而言，人力资本对经济增长的直接作用效果不明显，人力资本主要是通过技术创新、技术模仿间接作用于经济增长。可以看出，人力资本对于区域经济长期稳定增长起到重要的作用（西奥多，1990），而东北地区人力资本流失严重，因此对人力资本流失如何影响区域经济发展进行研究十分必要。

缪尔达尔-赫希曼关于地区间经济发展理论认为，落后地区与先进地区之间存在两种作用，一种是扩散效应（涓滴效应），指生产要素从先进地区向落后地区流动，发达地区的发展成果能够促进落后地区的发展；另一种是回浪效应（极化效应），指生产要素从落后地区向先进地区流动，发达地区的发展以抑制落后地区的发展为代价。Williamson（1965）进一步认为，经济发展初期阶段，回浪效应将起主导作用，地区差距趋于扩大；经济发展到成熟阶段，扩散作用将发挥主导作用，使地区差距转向缩小，整体变化轨迹呈现一条倒"U"曲线。

基于人力资本要素，结合缪尔达尔-赫希曼理论，认为人力资本由流出地流失至流入地的行为，将产生扩散和回浪两种效应。扩散效应体现在人力资本流失客观上提升了流出地人力资本预期，刺激流失地人力资本增长，增加了流出地的劳动生产率，缓解了流出地的就业压力；同时流出的人力资本若将外出收入带回流出地，也将促进流出地的经济发展。回浪效应体现在人力资本不断流失导致了流出地的人力资本不断降低，进而形成恶性循环，流出地经济由于人力资本的缺失越来越落后，而流入地由于人力资本不断扩充，经济越来越发达。结合上述分析，构建东北地区人力资本流失对经济增长的影响效应示意图（图 12-1）。图中区域 A 为落后省份（东北三省）；区域 B 为先进省份（南方沿海省份）。通常情况下，人力资本是由区域 A 向区域 B 迁移与流动，导致了区域 A 的人力资本流失，进而对区域 A 的经济增长产生了负面影响（回浪效应）。同时，由于高层次人力资本流动至先进区产生了物质和精神的示范作用，拉动更多低层次人力资本流动，客观上增加了区域 A 的人力资本的利用效率（扩散效应），从这一视角而言，人力资本流失并不单单产生负面影响。

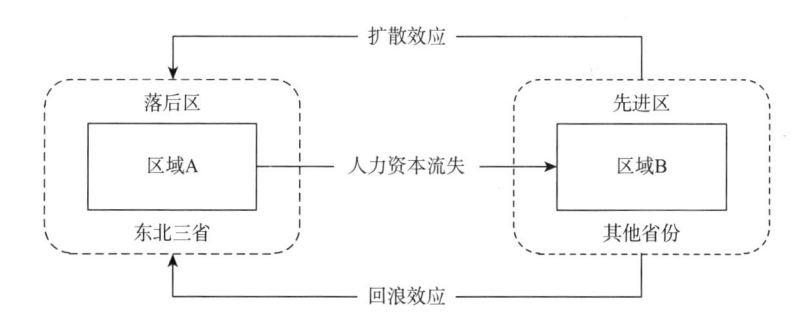

图 12-1 人力资本流失对经济增长的影响效应

同时，结合 Williamson（1965）的倒"U"形理论，认为在人力资本流失与流失地经济增长之间也存在一条"U"形曲线（图 12-2）。在人力资本流失初期，回浪效应显著，人力资本流失在短时期内将对流失地的经济增长产生负面影响，但这种负面影响不是一直存在的，随着人力资本流失的持续，当到达拐点（h_0）时，这种负面影响将会终止，扩散效应将会显现。综上所述，人力资本流失对流出地经济增长的总体关系呈"U"形曲线。

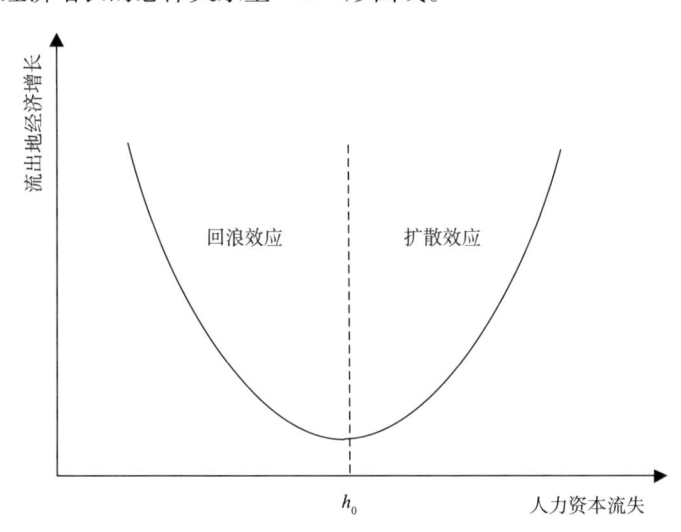

图 12-2 人力资本流失对经济增长的"U"形变化轨迹

（二）实证分析

1. 计量模型构建

本节在新古典经济增长模型基础上，同样运用 C-D 生产函数构建计量模型，将人力资本流失内生化，构建如下的实证计量模型：

$$Y_t = AK_t^\alpha H_t^\beta h_t^{1-\alpha-\beta} \qquad (12\text{-}1)$$

其中，A 为全要素生产率；K_t 为物质资本存量；H_t 为人力资本存量；h_t 为人力资本流失量；α 和 β 分别表示物质资本与人力资本的产出弹性。

2. 数据获取与处理

Y_t 选 1992~2012 年东北三省的 GDP，并以 2000 年价格为基准的缩减指数对 GDP 进行缩减，得到以 2000 年不变价格的 GDP，数据来自于历年《中国统计年鉴》。

K_t 采用永续盘存法按不变价格测算东北三省的资本存量，根据 $K_t = I_t + (1-\delta)K_{t-1}$ 计算历年资本存量指标，其中，I_t 代表 t 年的实际投资，δ 为折旧率。《中国国内生产总值核算历史资料：1952-1995》和《中国国内生产总值核算历史资料：1996-2002》，提供了 1978~2002 年东北三省的固定资本形成总额，2003~2012 年数据来自于 2004 年以来的《中国统计年鉴》。根据《中国国内生产总值核算历史资料》公布的数据，只有 1978~2002 年的固定资本形成总额指数。通过拟合固定资本形成总额平减指数与 GDP 平减指数（2000 年=100）的关系，运用在 1978~2002 年的关系来估算 2003~2012 年的固定资本形成总额平减指数，推算出 1978~2012 年东北三省以 2000 年不变价格的固定资本形成总额。关于基期资本存量的确定，采用国际常用方法，即 $K_0 = I_0 / (g+\delta)$，其中，g 为实际投资的年均增长率，δ 为折旧率，本节将其定为 5%。

H_t 和 h_t 均为人力资本指标，本节以人口迁移表示人口流失，H_t 是除去东北三省流出的人力资本后（h_t）的存量。其中，当期各省人力资本流失量=当期各省人口迁移率×上一期各省人力资本总量[①]。其中，东北各省人力资本总量来源于《中国人力资本指数报告 2015》，人口迁移率来源于 1992~2012 年《中华人民共和国全国分县市人口统计资料》。

根据《中华人民共和国全国分县市人口统计资料》，1992 年以来才有人口迁移率统计量，故本节的研究数据为 1992~2012 年。将东北三省，即辽宁、吉林和黑龙江纳入模型中，构建面板分析模型，结合前述计量模型，为了消除异方差的影响对纳入模式的变量均取对数处理，分别记为 lnY、lnK、lnH、lnh。对于人力资本流失量（h_t）的处理方面，若为净迁入，则可直接取对数；若为净迁出，则将数值取绝对值后对数，在对数前取负号。同时，考虑到前述假设的两种效应，考察人力资本流失与经济增长存在非线性的影响，故将人口流失指标 lnh 的平方项 $(\ln h)^2$ 纳入模型中。

3. 计量分析

为重点分析人力资本流失与经济增长之间关系，结合上述计量模型建立面板回归模型：

$$\ln Y_{it} = \beta_0 + \beta_1 \ln K_{it} + \beta_2 \ln H_{it} + \beta_3 \ln h_{it} + \beta_4 \left(\ln h_{it}\right)^2 + \mu_i + \varepsilon \quad (12\text{-}2)$$

其中，$i=1,2,3$ 分别表示辽宁、吉林和黑龙江；$t=1,2,3,\cdots,21$ 分别代表 1992~2012 年；β 为斜率项，设定东北三省相应自变量的斜率项一致；μ_i 为截距项，反映东北三省之间的差异。根据截距项的不同，上述模型可以具体分为混合回归模型、固定效应模型和随机效应模型。若不存在个体效应时，即为混合回归模型；若存在个体效应时，则分为固定效应模型（μ_i 与自变量相关）和随机效应

[①] 人力资源总量来源于《中国人力资本指数报告》，包含女性 0~55 岁人口、男性 0~60 岁人口。

模型（μ_i 与自变量不相关）。

运用 EViews8 计量软件对模型采用面板数据进行三种模型的分析。其中，模型一和模型二为固定效应模型；模型三为随机效应模型，模型四为混合回归模型（表 12-6）。

表 12-6　人力资本流失对经济增长影响效应的计量分析结果

自变量	模型一 固定效应	模型二 固定效应	模型三 随机效应	模型四 混合回归
$\ln h$	0.001 8 （1.504 7）	−0.044 4*** （−5.591 4）	−0.020 7*** （−2.998 6）	0.005 3*** （4.322 8）
$(\ln h)^2$	7.66E-05 （0.172 5）	0.011 4*** （3.321 5）	0.018 9*** （5.952 4）	0.000 6 （0.358 5）
$\ln K$	0.619 0*** （19.689 2）			0.599 7*** （13.840 2）
$\ln H$	0.361 5*** （6.560 0）			0.464 6*** （6.426 0）
C	−0.718 7*** （−2.708 2）	7.445 5*** （24.758 6）	6.749 8*** （24.430 6）	−1.536 7*** （−4.955 5）
调整 R^2	0.994 0	0.569 5	0.298 5	0.988 5
F 统计量	1 710.526	21.506 3	14.192 3	1 333.986

***、**、*分别表示在1%、5%、10%的显著水平上显著

注：括号内为 t 值

关于模型适宜性选择，根据 F 检验可以决定在固定效应模型与混合回归模型之间的选择结果，Hausman 检验可以决定固定效应模型与随机效应模型之间的选择结果。因此，本节采用模型一与模型二的计量结果进行分析。模型一的计量结果显示，人力资本存量与物质资本存量对经济增长的正向影响在 1%显著水平上显著，而人力资本流失并未对东北三省的经济增长产生显著影响。这种不显著的原因很可能是人力资本流失较整体人力资本存量比重很小，导致在加入人力资本存量和物质资本存量后影响变得不显著。单独将关键因素人力资本流失纳入模型二的结果显示，人力资本流失与东北三省的经济增长显著负相关，即东北地区的人力资本流失抑制了地区经济增长。$\ln h$ 和 $(\ln h)^2$ 均在 1%的显著水平上显著，$\ln h$ 的系数为负且 $(\ln h)^2$ 的系数为正，说明东北三省的人力资本流失与经济增长之间关系呈 "U" 形曲线，即东北三省随着人力资本流失，先是抑制了区域经济增长，直到拐点之后才能促进区域经济增长。

若放宽前述假设，分别估计辽宁、吉林和黑龙江三省的人力资本流失对经济增长的影响效应（表 12-7），发现除辽宁省外，吉林和黑龙江两省人力资本流失与经济增长之间关系呈 "U" 形曲线。同时，东北三省的人力资本流失在短期内均对经济增长产生负面影响，这种负面影响在辽宁省一直存在，而吉林与黑龙江

省则在到达一定的拐点后转变为正向影响。

表 12-7 人力资本流失与东北各省经济增长的计量分析结果

省份	$\ln h$	$(\ln h)^2$
辽宁	-0.054 9** (-2.226 9)	0.007 9 (1.190 0)
吉林	-0.055 4*** (-4.376 3)	0.013 7** (2.133 7)
黑龙江	-0.031 4*** (-2.709 9)	0.012 1** (2.278 2)
调整 R^2	0.560 5	
F 统计量	10.884 8	

***、**、*分别表示在 1%、5%、10%的显著水平上显著
注：括号内为 t 值

（三）计量分析结果

根据上述分析，无论是东北三省整体还是各个省份，人力资本流失均对区域经济增长产生负面影响，这一结果与前文的理论分析一致，说明人力资本从区域内流出虽然缓解了当地财政负担，但高素质和高学历人才的流失导致区域内人力资本存量下降，产生了回浪效应，人力资本流失区域的经济增长受阻。近几年，东北三省的经济增速持续处于全国底部也验证了这一结论。然而，随着人力资本流失，这种负面的效应并非一直持续，当其到达一个拐点或门槛时，人力资本流失的扩散效应将逐渐显现，除辽宁省外[①]，吉林省和黑龙江省及东北地区整体的人力资本流失将开始对区域经济产生正向影响。这种"U"形曲线的存在是随着人力资本从东北三省不断流出导致整体人力资本的不断下降，而当其达到拐点时，现有的人力资本存量无法满足区域经济发展要求，将刺激本区域人力资本的整体提升并盘活了东北地区的人力资本。伴随着第三产业交通运输业的发展，人力资本的地域差别成本将逐渐降低，这将促进人力资本的流动，进而使东北地区的经济得以增长。

值得注意的是，前文对人力资本流失界定：当期各省人力资本流失量=当期各省人口迁移率×上一期各省人力资本总量，可分解为：当期各省人力资本流失量=当期各省人口迁移率×上一期各省人口总数×上一期人均人力资本存量=当前人口迁移量×上一期人均人力资本存量。而事实上，东北地区的人力资本流失更多体现在人才流失，以人均人力资本存量衡量流失人力资本可能导致变量的低

---

① 由于辽宁省在人口迁移率方面仍体现为净迁入，但随着时间的推进，人口净迁入率在逐年下降，因此在分省进行面板数据分析时，更多地体现为辽宁省人力资本流入与经济增长的关系，由于人力资本流入逐年降低，自然也对经济增长产生负面影响，由于人力资本流失尚未达到吉林与黑龙江省的净流失程度，故而"U"形关系并不显著。

估。因此，本节将人均人力资本存量以劳均人力资本存量替代[①]，进行稳健性检验。通过比较研究发现，在替换人力资本流失量指标后，模型的研究结果并没有发生实质性的改变，研究结论与前文也基本一致（表 12-8），不存在显著性差异。

表 12-8 稳健性检验

省份	$\ln h$	$(\ln h)^2$	调整 R^2	F 统计量
辽宁	-0.034 6** (-2.256 6)	0.001 9 (0.488 6)		
吉林	-0.032 0*** (-4.414 9)	0.007 7** (2.115 4)	0.604 8	10.330 6
黑龙江	-0.018 9*** (-2.747 5)	0.006 7** (2.146 0)		
东北三省	-0.026 4*** (-5.615 5)	0.005 8*** (2.848 8)	0.579 3	19.962 9

***、**、*分别表示在 1%、5%、10%的显著水平上显著

注：括号内为 t 值

综上所述，人力资本流失与东北三省的经济增长显著负相关，人力资本流失平方项与东北三省的经济增长显著正相关，说明东北三省的人力资本流失与经济增长之间关系呈"U"形曲线，即东北三省随着人力资本流失，先是抑制了区域经济增长，直到拐点之后将促进区域经济增长。此外，分省份关键变量模型结论显示，吉林省和黑龙江省的人力资本流失与这两省的经济增长存在"U"形曲线关系，而辽宁省的人力资本流失与经济增长一直处于负相关关系。

（四）人力资本流失对区域经济发展的影响

上述分析主要形成以下四点结论：第一，人力资本流失抑制了东北三省的经济增长。研究结果显示，人力资本流失与东北三省的经济增长显著负相关，人力资本流失平方项与东北三省的经济增长显著正相关，说明东北三省的人力资本流失与经济增长之间关系呈"U"形曲线，即在拐点之前，东北三省随着人力资本流失，会抑制区域经济增长。第二，不同省份人力资本流失对地区经济增长的作用有所差距。吉林省和黑龙江省经济增长与人力资本禀赋呈"U"形关系，战略重点应该在提高人力资本总量的同时，加强内部人力资本结构和配置的优化；而辽宁省的人力资本则主要表现为不足，应该以提高人力资本总量为主。分省份关键变量模型结论显示，吉林和黑龙江省的人力资本流失与这两省的经济增长存在"U"形曲线关系，而辽宁省的人力资本流失与经济增长一直处于负相关关系。

[①] 劳均人力资本存量同样来源于《中国人力资本指数报告》。劳动力人力资本定义：16 岁及以上，不包括学生的非退休人口。

第三，从长期来看，人力资本流失对东北三省经济增长模式转型具有重要促进作用。人力资本流失与经济增长的"U形"关系将有利于东北三省经济转化，是资源优化配置的必然阶段，这与当下学者认为东北"人口流失"未必是危机的观点一致（储殷，2015）。第四，人力资本流失是市场作用的结果，但是现阶段人力资本流失对于东北三省经济增长的负向影响不容忽视（侯力和于潇，2015），东北地区经济增速逐年下滑也迫切需要东北地区采取相应政策避免负向影响，加速突破拐点，推动负向影响快速向正向影响的"U"形转化。

二、人力资本流失与产业人力资本配置效率

（一）人力资本配置效率测度方法

目前，关于人力资本评价方法的研究主要包括：ANP的人力资本绩效评价方法（李健，2008），模糊数学人力资本管理绩效评价（刘希宋和张德明，2003），马尔柯夫分析的人力资本管理定量评价模型（陈萍和田双亮，2004），灰色系统综合评价（刘跃和宫凤，2006），TOPSIS人力资本评价方法（张壮等，2009），多维度人力资本评价方法（李德煌和夏恩君，2013）。综合上述方法，对人力资本评价指标体系的研究，虽然不同学者建立了不同的评价体系，促进了人力资本评价的发展。但整体上，上述方法中的指标体系缺乏系统性，有些指标体系复杂，无法把握评价重点；有些指标太少，不能覆盖人力资本评价的整体情况。在评价方法方面，目前已有的方法都是以定量的精确数据为基础的，但由于人力资本评价的复杂性，大部分评价指标决策者有时无法给出精确的决策数据。所以，本节主要采用主要基于C-D函数进行人力资本评价，能够反映一个地区的资源禀赋、人力资本配置和经济增长的关系，识别人力资本配置效率。

（二）人力资本配置效率测度模型

C-D对于19世纪末至20世纪初的美国经济适用劳动和资本投入组合的形式刻画了该时间段经济增长中的要素贡献，能够表现区域经济增长、区域资源禀赋和人力资本配置的关联关系，反映人力资本配置对区域资源禀赋使用和经济增长的贡献。其基本模型如下：

$$Y = AL^{\alpha}K^{\beta} \tag{12-3}$$

其中，Y表示国民总产出；L表示劳动投入；K表示资本投入；α、β表示劳动和资本的投入-产出弹性；A表示效率系数，即假设技术状况稳定。

从影响经济增长的投入要素看有资金和劳动力，从生产中的技术进步看有体现和未体现的技术进步，我们如果把生产过程看作是劳动者利用生产工具创造价

值的过程，我们会发现，劳动力资源和资金资源的经济产出效率，与一个地区的产业人力资本布局密不可分，因此，我们可以认为资金和劳动力的使用效率受人力资本产业结构的影响。

$$\alpha = \alpha_1 x_1 + \alpha_2 x_2 + \alpha_3 x_3 + \alpha_4 x_4 + \alpha_5 x_5 + \sigma_1 \tag{12-4}$$

$$\beta = \beta_1 x_1 + \beta_2 x_2 + \beta_3 x_3 + \beta_4 x_4 + \beta_5 x_5 + \sigma_2 \tag{12-5}$$

其中，$x_j = 1,2,3,4,5$ 反映了第 j 类产业人力资本配置结构，α_i 分别反映 5 个产业人力资本配置结构对资本资源使用效率的影响，β_i 分别反映 5 个产业人力资本配置结构对劳动力资源使用效率的影响。

$$Y_i = A_i L_i^{\alpha_1 x_1 + \alpha_2 x_2 + \alpha_3 x_3 + \alpha_4 x_4 + \alpha_5 x_5 + \sigma_1} K_i^{\beta_1 x_1 + \beta_2 x_2 + \beta_3 x_3 + \beta_4 x_4 + \beta_5 x_5 + \sigma_2} \tag{12-6}$$

取对数，可以得到主模型：

$$\begin{aligned}\ln Y_i = \ln A_i &+ (\alpha_1 x_1 + \alpha_2 x_2 + \alpha_3 x_3 + \alpha_4 x_4 + \alpha_5 x_5 + \sigma_1)\ln L_i \\ &+ (\beta_1 x_1 + \beta_2 x_2 + \beta_3 x_3 + \beta_4 x_4 + \beta_5 x_5 + \sigma_2)\ln K_i\end{aligned} \tag{12-7}$$

主模型体现了区域经济增长 Y_i，资源禀赋 L_i、K_i，与人力资本产业结构之间的关联关系，反映了人力资本产业结构对资源禀赋的利用效率，以及经济增长的影响，能够用来判断各地区资源禀赋使用效率，人力资本配置合理性，探索各产业人力资本配置需求。

（三）相关数据来源与测算

研究使用的数据来源于《新中国五十五年统计资料汇编 1949-2004》、《中国国内生产总值核算历史资料 1952-2004》、2002~2007 年《中国劳动统计年鉴》、2002~2007 年《中国科技统计年鉴》、相关年份《中国统计年鉴》及各省（直辖市、自治区）统计年鉴。变量指标做如下说明。

（1）地区生产总值 GDP：以 2000 年不变价格来衡量。计算方法为，以 2000 年当年价格的各地 GDP 乘以 2008~2014 年各省（直辖市、自治区）各年以上年为基期不变价格衡量的发展速度得到，数据来源于《中国统计年鉴》。

（2）人力资本总量：以 2008~2014 年各省人口资源总量来衡量，体现各地区人力资本禀赋。

（3）资本存量：以 2008~2014 年各省资本资源总量来衡量，体现各地区资本资源禀赋。

（4）人力资本结构：以 2008~2014 年各省各产业就业人口总数占全省人口的比例来衡量，反映各省各类产业有效人力资本比例。

根据研究需要和产业特点，将产业合并为五大产业。第一大产业为农林牧渔业；第二大产业为基础工业（采矿业，制造业，电力、燃气及水的生产和供应业，建筑业）；第三大产业为生活性服务业（批发和零售业、住宿和餐饮业、租赁和商务服务业、居民服务和其他服务业）；第四大产业为基础性服务业（包括金融业、交通运输、仓储及邮电通信业、信息传输、计算机服务和软件业、房地产业）；第五大产业为公共性服务业（科学研究，技术服务和地质勘查业，教育业，卫生、社会保障和社会福利业，文化、体育和娱乐业，公共管理和社会组织，水利、环境和公共设施管理业）。

（四）人力资本配置效率

1. 人力资本配置总效益测算

从人力资本配置总效益来看（表 12-9），全国范围各省市人力资本配置效益最高的都为生活性服务业，第三产业的持续增长也顺应人力资本市场配置的要求，提高第三大产业（批发和零售业、住宿和餐饮业、租赁和商务服务业、居民服务和其他服务业）人力资本配置比例也是充分发挥人力资本的有效途径。人力资本配置效益最高的分别是重庆市、山东省、江苏省、河南省，人力资本配置效率与经济增长速度基本弥合，反映了人资源配置与经济增长具有直接相关关系。

表12-9 我国各地区人力资本配置总效益测算

地区生产总值	第一大产业	第二大产业	第三大产业	第四大产业	第五大产业	排名
重庆	169 807.8	-3 218.51	30 943.65	35 118.95	-10 991.77	1
山东	211.47	52.59	126 928.2	-195.97	-65.36	2
江苏	1 621.21	-76.89	122 644.3	-739.52	-127.35	3
河南	11 526.31	565.10	86 943.15	-3 419.41	-827.26	4
广东	5 657.15	-49.11	76 784.94	504.76	-342.62	5
辽宁	168.50	-11.04	81 213.90	324.89	326.34	6
河北	-87.64	-124.19	77 373.03	722.51	355.99	7
四川	3 947.40	-318.70	67 949.99	6 180.04	1.64	8
安徽	2 928.80	46.99	59 541.22	-815.02	-174.43	9
湖北	297.81	50.81	59 801.76	-63.64	52.89	10
湖南	1 195.44	54.48	56 571.11	-124.34	268.72	11
浙江	-11 383.31	-93.02	67 265.62	938.05	-257.29	12
陕西	1 523.66	83.76	43 987.15	-302.81	250.13	13
内蒙古	4 147.05	332.41	41 239.33	-304.24	-427.55	14
福建	-467.32	0.93	45 382.81	-112.57	-71.06	15
广西	390.25	7.27	36 814.09	603.39	107.07	16
黑龙江	5 096.28	-2 284.34	35 506.96	1 564.53	-4 860.85	17
山西	2 465.44	71.10	32 158.77	-612.45	256.44	18
吉林	527.42	40.67	33 459.08	-503.84	288.29	19

续表

地区生产总值	第一大产业	第二大产业	第三大产业	第四大产业	第五大产业	排名
云南	-171.98	-82.93	29 314.94	1 008.22	-57.97	20
新疆	362.52	-339.05	21 069.12	542.82	46.50	21
甘肃	6 274.86	684.86	17 947.14	-2 825.44	-689.53	22
贵州	216.37	16.17	20 724.92	8.77	105.39	23
天津	-5 206.96	-1.22	25 399.41	24.06	24.33	24
上海	-213.51	7.91	17 608.55	-29.23	-79.23	25
宁夏	433.91	-114.25	6 044.60	100.64	-85.22	26
海南	-80.74	-16.50	6 480.95	-106.39	-529.13	27
青海	274.36	92.08	5 333.06	-559.78	95.56	28
西藏	252.62	-158.23	1 715.77	417.94	37.19	29
江西	-16 402.23	5 784.43	40 180.16	-36 492.74	4 266.66	30
北京	-91 671.34	-6 762.21	20 615.69	984.73	6 717.51	31

东北三省中，人力资本配置排名分别为第6、第17和第19。在人力资本配置方面。东北三省存在一些共性特征，如第三大产业的人力资本配置效率较高，但其内部也存在一些差异。就三个省份而言，辽宁省人力资本配置效益最高，表现在第三大产业人力资本配置效益较高，大力提高辽宁省第三大产业、第四大产业和第五大产业人力资本配置比例，将有效发挥人力资本配置对辽宁省经济发展的刺激作用，与此同时，解决人力资本在第二大产业配置已经呈现一定程度的低效益状态，调整人力资本在第二大产业上的配置结构，在现有人力资本配置的结构上发挥最大限度的经济效益。黑龙江省人力资本配置效益在全国范围内居中偏下。人力资本配置效益最高的也是第三大产业，其次第一大产业和第四大人力资本配置效益也较高。值得注意的是，黑龙江省的第二大产业和第五大产业配置效率低下，第二大产业的GDP急速下滑和人力资本的流失也客观上反映了这一现实，亟须在进行产业结构调整的同时，合理配置人力资本。此外，公共类服务业人力资本配置效益也十分低下，一种解释可以是这些地区人力资本配置已经饱和，应该向其他产业过渡；另一种解释可以是科技型人才的外流导致这一产业发展不足。与辽宁和黑龙江省相比，吉林省人力资本配置效益在全国范围内居中偏下，吉林省人力资本配置比例表现的冲突较小。生活性服务业的人力资本配置效益较高，但短缺情况要小于其他两个省；基础性服务业人力资本配置出现一定程度的饱和，但并不十分严重；其他产业人力资本配置效益均表现出基本合理状态。

2. 基于人口资源禀赋的东北三省产业人力资本配置效率

将我国划分为八大经济区域，可以看到各区域人力资本配置对人口资源使用效率的影响。利用变异系数可以得到人力资本在产业配置偏离程度（表 12-10），即总体效率情况。人力资本配置效率最为合理的是南部沿海地区（福建、海南、广东），人力资本配置效率最不合理的是西南地区（云南、贵州、四川、重庆、广西），主要表现在农林牧渔业和生活服务业人力资本配置的过度不足和高需求。

表 12-10 基于人口资源禀赋的东北三省产业人力资本配置效率

地区	第一大产业	第二大产业	第三大产业	第四大产业	第五大产业	变异系数
东北三省	528.90	−205.04	123.76	1 757.32	−385.83	64.04
北部沿海	−7 194.19	−505.99	108.71	−342.84	518.42	−223.37
东部沿海	−880.33	−13.82	17.19	146.40	−40.86	−35.24
南部沿海	408.90	−5.73	19.06	117.16	−92.77	13.44
黄海中游	1 283.66	69.42	−295.74	−154.64	−47.01	75.72
长江中游	−813.74	397.62	−2 511.27	−1 674.54	295.42	−58.60
西南地区	9 809.76	−200.87	2 379.46	−830.57	−612.15	306.31
大西北地区	450.19	5.66	−130.15	−140.93	−33.07	62.23
辽宁省	45.31	−2.97	87.35	−119.42	87.74	12.13
吉林省	149.93	11.56	−143.23	29.26	81.95	14.63
黑龙江省	1 391.47	−623.71	427.17	5 362.12	−1 327.19	210.72

虽然东北三省人力资本流失状况在全国显现明显，东北的人口外流正在陷入一种恶性循环，经济不景气，对人口的吸引力不足，于是更多人口外流，尤其是劳动年龄人口的净流出反过来又继续拖累经济的发展。单就人力资本配置效率而言，东北三省人力资本配置符合人口资源禀赋现状，总体人力资本配置存在着较大偏差，人力资本配置需求较高，大多数产业体现出人力资本的高弹性状态，而基础工业和公共性服务的人力资本配置比例偏高，导致东北三省人口资源禀赋的使用效率不高。分产业来看，第一大产业的人力资本配置需求较高，仅次于西南地区和黄河中游地区；从第二大产业来看，人力资本配置表现出过度配置的状态；从第三大产业来看，人力资本配置需求仅次于西南地区，但较为合理；从第四大产业来看，东北三省基础性服务业人力资本配置需求与其他地区相比最高；第五大产业公共服务业已经表现出人力资本配置过度而导致的人口资源使用效率低的问题。

从东北三省内部各省来看，总体人力资本配置需求最高的是黑龙江省，表现出对基础服务业（金融业、交通业）、农林牧渔业等人力资本配置的高弹性状态；其次为吉林省，表现出对农林牧渔业和公共服务业人力资本配置的高弹性需求；辽宁省则人力资本配置需求相对较低，但也存在着公共性服务业和农林牧渔业人力资本配置不足的现象。

3. 基于资本资源禀赋的人力资本配置效率

基于资本资源禀赋的区域人力资本总体配置效率（表12-11），用各产业人力资本配置效率的变异系数来表示，反映基于现有资本禀赋的人力资本产业配置的偏离程度，越接近于零，表示区域产业人力资本配置结构越合理。对于东北三省现有的资本禀赋来说，总体人力资本配置情况较为合理，和最优配置偏差较小，但也存在着基础性服务业人力资本配置过度、生活性服务业人力资本配置过度、公共性服务业人力资本配置不足，导致资本禀赋使用效率低的问题。从东北地区内部来看，总体人力资本配置最不合理的是辽宁省，表现出对基础性服务业（金融、交通业等）人力资本配置过度、生活性服务业和公共性服务不足等现状。

表12-11　基于资本资源禀赋的人力资本总体配置效率

地区	第一大产业	第二大产业	第三大产业	第四大产业	第五大产业	变异系数
东北三省	−45.43	25.59	−113.66	−161.18	82.50	−7.43
北部沿海	924.75	8.84	21.27	−95.46	102.11	28.72
东部沿海	456.68	−2.83	−95.16	269.84	−57.62	16.01
南部沿海	895.97	−14.34	168.22	−261.77	227.87	29.34
黄海中游	363.96	13.00	−36.06	−12.22	27.49	12.29
长江中游	−3546.44	584.51	−3732.70	−3761.31	562.57	−87.90
西南地区	−136.90	−5.23	136.39	−67.97	12.99	−27.28
大西北地区	94.63	17.37	−140.42	−98.90	10.03	−12.31
辽宁省	33.88	−5.88	119.05	−119.66	79.89	12.59
吉林省	−81.31	37.83	−354.28	−162.67	73.88	−9.71
黑龙江省	−88.86	44.82	−105.74	−201.19	93.72	−8.88

（五）产业人力资本配置存在的突出问题

（1）东北三省存在着人力资本配置效率低和人力资本配置需求高并存的现象。

总体来说，存在着基础性服务业人力资本配置过度、生活性服务业人力资本配置过度、公共性服务业人力资本配置不足，导致资本禀赋使用效率低。从东北三省内部来看，总体人力资本配置最不合理的是辽宁省，表现出对基础性服务业（金融、交通业等）人力资本配置过度、生活性服务业和公共性服务不足等现状。

（2）与全国其他经济区相比，东北三省人力资本配置需求有较大缺口。

东北三省农林牧渔业的人力资本配置需求较高，仅次于西南地区和黄河中游地区；从基础工业来看，人力资本配置表现出过度配置的状态；从生活性服务业来看，人力资本配置需求仅次于西南地区；从基础性服务业来看，东北三省基础性服务业人力资本配置需求与其他地区相比最高；公共性服务业已经表现出人力资本配置过度而导致的人口资源使用效率低的问题。

（3）东北三省内部人力资本配置需求存在区域差距。

从东北三省内部各省来看，总体人力资本配置需求最高的是黑龙江省，表现出对基础服务业（金融业、交通业）、农林牧渔业等人力资本配置的高弹性状态；其次为吉林省，表现出对农林牧渔业和公共服务业人力资本配置的高弹性需求；辽宁省人力资本配置需求则相对较低，但也存在着公共性服务业和农林牧渔业人力资本配置不足的现象。

上述结论的形成基于资源禀赋的人力资本配置效率分析，尤其对于区域资本禀赋来说，现存的这种合理是以市场机制为导向的，建立在现有的区域资源禀赋的基础上的。在这种市场机制作用下，导致东北三省人力资本表现出符合当地经济发展现状的特征，而现存的产业结构逐渐形成人力资本流失，经济增长缓慢，进而又带动资源禀赋流失，人力资本流失，形成了恶性经济循环。

第三节　人才发展战略与途径

对于区域资本禀赋来说，东北地区现有的人力资本配置相对来说比较合理，但是这种合理是以市场机制为导向的，建立在现有的区域资源禀赋的基础上的。在这种市场机制作用下，东北地区人力资本表现出符合当地经济发展现状的特征，进而使人力资本流失，经济增长缓慢，反过来又带动资源禀赋流失，人力资本流失，形成了恶性经济循环。因此，从区域平衡发展的视角，这种趋势会导致东北地区人力资本流失，发达地区人力资本规模持续增加，区域经济差异加大。若要改善这种人力资本配置现状，简单依赖于市场是行不通的，必须依靠政府实施有效的人才发展战略与政策，提高区域资本禀赋，挖掘创新经济增长点，进而吸引更多的人力资本，实现经济增长良性循环趋势。

一、人才发展环境分析

（一）经济因素

东北三省经济发展缓慢，近几年呈下滑趋势，对当地人才的流失有很大的影响。东北工业地区多为重工业，注重机械化，并且多为高污染产业，经济发达地区的现代工业逐步趋向于绿色化、高产化、高科技化，更容易吸引高端技术人才，为大量的新型人才提供了广阔的发展空间。东北老工业基地未能及时跟上时代的进步，停留在机械化的生产阶段，这就已经从技术和就业环境上落后于其他地区，导致人才流失。东北三省经济发展前景不乐观。近年来，国家领导多次指出要全面振兴东北老工业基地，东北三省的经济下滑已经成为一个热点问题，亟须被解决。

（二）环境因素

环境因素主要包括市场环境、人文环境和自然环境。东北三省的市场环境相对落后、僵化，自然环境使其缺乏建立先进产业的基础，文化环境中形成的"老大哥思想"将整个社会引向了保守、因循守旧。另外，东北三省经济发展开放程度低，不仅表现为对外开放程度低，对内开放程度也低，各行业之间、各地区之间交流少，社会缺乏对待新事物的包容性。同时，东北三省的社会价值观使中高级层级人才的社会活动不能得到认可，人力资本的价值取向与社会整体的价值取向存在差异，这也加剧了东北三省中高级层级人力资本的流失。当然，东北三省的气候也是影响人力资本落后不可忽视的一个因素。

（三）产业因素

东北三省一、二、三产业虽然完善，但产业发展地区差异明显，而且差异化的发展模式也使人力资本流失。第一产业方面，东北三省农业、林业较为普遍，作为基础性产业农林产业的发展对于人才的需求较大，然而相关人才的培养与训练则是长久以来的弱项；第二产业方面，东北三省客观上对于工业的依赖导致其经济发展主要依靠国有大中型工业产业拉动，而东北三省工业发展体系在不同地区产业分布严重不均衡，这种局限导致了东北三省技术型人才的外流；第三产业方面，人才培养起步晚且不均衡，人才素质质量参差不齐，内部流失极其严重，由此也带来了东北三省第三产业发展的严重不平衡。

（四）制度因素

东北三省经济体制改革相对滞后，社会机制的僵化、教育投资的缺失、奖惩制度的不健全、社会保障制度的不完备、经济发展水平的落后及经济增长方式不能为人力资本提供物质和精神的保障，不能获得社会认同感，不能提供创业所需的宽松的社会环境、政策的支持及金融政策等，这些因素最终使东北三省的人力资本不能发挥作用，造成了人力资本流失。东北三省多是国有企业，平均主义和"大锅饭"现象严重，缺乏人才激励机制，人才难流动。人才的引进、使用、培养、流动、激励等机制不够健全，人才的工资、福利待遇、医疗保险等制度不能得到保障和完善。而且，东北三省在对技术人才的培养和科研经费等方面的投入严重不足，这也从一定程度上限制了人才的发展。

二、人才发展政策分析

（一）人才发展政策概况

为解决东北地区人口结构不合理、人才严重流失问题，国家从宏观层面出台了一系列政策，东北各省也在执行国家宏观政策的基础上推出一系列微观政策，主要政策见表12-12。

表12-12 国家及东北三省相关的人才政策汇总

层级		政策名称
国家层面		国务院关于近期支持东北振兴若干重大政策举措的意见
		中共中央 国务院关于全面振兴东北地区等老工业基地的若干意见
		关于促进东北老工业基地创新创业发展打造竞争新优势的实施意见
省级层面	黑龙江省	黑龙江省中长期人才发展规划纲要 2010—2020 年
		中共黑龙江省委 黑龙江省人民政府关于进一步加强人才队伍建设的若干政策
		黑龙江省人民政府关于进一步发挥高层次人才作用促进科技成果转化落地的意见
		中共黑龙江省委 黑龙江省人民政府关于建立集聚人才体制机制激励人才创新创业若干政策的意见
	吉林省	吉林省中长期人才发展规划纲要（2009-2020）
		吉林省引进人才服务与管理暂行办法
		吉林省委 省政府关于进一步激发人才活力服务创新驱动发展战略的若干意见
	辽宁省	2010—2020 年辽宁省人才发展规划
		关于加强职工高技能人才队伍建设的意见
		辽宁省关于进一步做好高技能人才引进、培养和激励工作的若干政策规定
		辽宁省百千万人才工程实施意见

（二）人才发展政策效果

上述政策立足东北三省产业基础、历史沿革、区位特征、经济条件、人文环境，对构建合理人口结构、防止人才资源流失、涵养人才资源、发挥人才作用具有重要意义，但也存在着一定的问题。

1. 宏观政策效果分析

目前，宏观政策难以达到东北三省优化人口结构、防止人才流失、涵养人才资源的目的：第一，在生育政策方面，国家计划生育政策放宽至"二孩"政策，但仍无法提高人口自然增长率，无法应对地区人口负增长；第二，在教育政策方面，教育资源分布不合理的问题未得到解决，教育资源的分配不合理导致人才结构的不合理，地区贫富差距加大，对社会成员的心理产生恶劣的影响，导致人才为追求更好教育资源外流到其他发达地区；第三，在社会保障及公共服务政策方面，吸引人才的内容不够丰富、力度不到位。

2. 微观政策效果分析

东北三省在微观政策上也未完全达到效果：第一，人才培养与流动存在障碍。高端引领有待突出，应加大高层次科技创新创业人才及团队培养支持力度。培养主体需要转变，高等学校、科研院所和企业人才资源有待统筹。根据发展需要重视实用人才培养，需大力引进国内外高端人才，着力引进重点产业项目急需紧缺人才。人才向企业和基层流动渠道有待畅通，基层人才待遇有待提高。第二，体制机制僵化的问题尚未解决。科研资源尚未盘活，各科研单位自主权较小。专业技术职称制度有待改革，人才评价机制还不完善。科技成果转化收益分配改革有待深化，成果就地转化、及时转化难度较大。第三，创业就业活力有待释放。创新创业基地投入力度还不够大，一些基地、园区有名无实。岗位设置有待创新，专职与兼职岗位转换还不灵活，高等院校毕业生就业创业工作有待深化。第四，分配奖励制度还不灵活。应积极探索资金分配方式以外的其他奖励人才方式，分红奖励力度有待加大，人才奖励普惠范围还需扩大。第五，人才环境制度有待完善。对人才的领导与负责的机制有待巩固。人才发展资金与"绿色通道"有待完善，人才服务与管理有待提升（王艳平等，2014；赵曙明，2011）。

（三）人才发展政策和制度存在的问题

解决东北三省人才匮乏问题，主要通过在培养人才的基础上留住人才，以及吸引归国、域外人才两大途径。基于教育政策日趋完善，立体化、多元化教育体系基本形成，培养人才的目标基本实现，但留住人才、吸引人才的政策和制度存在的问题仍然突出。

1. 政策和制度缺乏优惠性

充足的资金投入是人才发展的先决条件，东北三省的经济状态导致人才资金投入强度较低，在各项经费的投入上均低于全国平均水平，难以吸引人才。"经济状态低迷—资金投入少—人才匮乏"导致制约人才发展以及经济振兴陷入恶性循环。

2. 政策和制度缺乏灵活性

尚未确立体现智力劳动创造价值的分配激励机制。东北三省政策中对人才的奖励激励主要体现为资金支持，缺少以"股权"为核心的利益分配处置模式，这样导致政策实施效果受经济、资金因素影响过大，也未能深度契合现代经济发展方式与人才创业发展模式。

3. 政策和制度缺乏针对性

未能深刻解读国家层面政策，盲目模仿其他地区，忽视"老工业基地""口岸城市""气候""旅游"等优势，东北三省的人才政策缺乏"个性和特征"，受优惠强度掣肘而无法在全国性人才竞争中获胜。

4. 人才标准缺乏可操作性

地区发展状况与人才之间的匹配性需要政策加以调节，东北三省人才政策的一个突出问题是对普通人才重视不够，好高骛远导致政策难以收到实际效果。

三、人才发展途径

基于东北三省所面临的环境特点及目前人才发展政策与素质特点，东北三省未来的人才发展重点途径有激活本地人才、留住人才和吸引外来人才三个方面。

（一）激活本地人才

1. 充分释放东北三省人口活力

采取精准施策战略充分释放东北三省人口活力，促进扩散效应的形成。例如，减少国有企业和政府的就业人数，辅之以社会保障资金，释放国有企业和政府相关部门的劳动力；放宽东北三省户籍制度，促进人口在城乡之间自由流动等。

2. 实现东北三省人力资源的内部优势互补

一方面，健全本地人力资源数据库，健全网络，建立详尽数据库，将人才数据库的覆盖面扩大到本科学历人才；另一方面，搭建平台，加强本土人力资源交流，推出人力资源、产业、企业间的合作项目，形成人力资源的优势互补，助推东北三省产业转型升级。

3. 实施全方位人力资源技能培训

一方面，加大实用型技能人才培养力度，特别是要依托职业教育培养农民工等低层次人才的技能水平，面向市场、面向企业，培养更多的"蓝领"人才；另一方面，以引进培养高层次领军人才作为推进转型发展的重要抓手，打造"英才集聚工程"，加大拔尖人才的培养和吸引，形成人才聚集效应。

（二）留住人才

1. 加强毕业生的留住机制

第一，以集聚特色产业人才为重点，紧紧围绕东北三省重点项目、重点企业的人才需求，依托地方高校着力开展校企对接活动，为本地人才搭建培养平台；第二，加快高校毕业生就业见习基地的建立，根据企业发展、学校教育和学生就业三方需求，为企业和高校牵线搭桥，实现本地人才定向培养；第三，开展东北三省高校毕业生多种就业途径，客观评价东北三省产业与企业发展，为毕业生留在东北三省创业搭建平台提供机会。

2. 增加人才的就业机会与岗位

一方面，积极发展与壮大民营经济，突破民营企业与国有企业体制上的寄生关系，打破机制与制度的束缚，提升东北三省的商业文明素质，充分发挥市场机制作用，培育和壮大东北三省民营企业；另一方面，加快东北三省产业融合发展，突破"工业一柱擎天，产业结构单一"模式，严格控制新增产能，坚决淘汰落后产能，有序退出过剩产能，发挥东北三省一产优势和三产发展势头，加快一、二、三产业融合发展，通过"无中生有"和"有中生新"，创造更多就业机会。

3. 完善科研人才评价体系

一方面，在系统梳理现行科研评价政策的基础上，坚持问题导向，遵循分类与开放的原则，对基础性和运用性科研实施分类评价；另一方面，进一步下放评价权限，因地制宜制定各自的实施细则。当然，还需要通过解决利益分配问题，提高科研人员积极性，如在一定程度上放宽科技人才双跨兼职的规则界定，鼓励科研人员到企业中做技术指导，或与企业进行科研合作。

（三）吸引外来人才

1. 制定人才的吸引政策

一方面，制定实施更积极、更开放、更有效的人才引进政策，吸引外省人才落户东北三省投资与创业。破除东北三省体制与机制的顽疾，破除条框限制，在实施更积极、更开放和更有效的人才政策基础上，以良好的服务吸引人才，以合理的待遇激励人才，形成尊重人才的社会氛围。另一方面，通过强化政策，促进本土人才回归。实施高层次人才"优惠证"政策，帮助解决配偶就业、子女入学等实际困难，继续实施人才住房保障政策，通过购房补助、租房补贴、人才公寓、公租房、限价房等途径，帮助解决人才的住房问题。

2. 改善人才的创业与就业环境

对于东北三省而言，留住和吸引人才的最好方式就是在大众创业和万众创新的目标下，创造一个良好的就业和创业环境。一方面，不断完善创业与就业的硬环境，加快交通、供水、供电等公共基础设施建设，改善东北三省的气候、地理与生活环境。另一方面，不断加强软环境建设。例如，增强诚信体系建设；完善法律体系；实现政府的简政放权，提升行政管理水平；不断推进全面深化改革，为就业和创业提供更多的税收优惠与政策优惠；增强年轻创业者有认同感。

第四节 对策建议

一、加强人才发展政策支持和倾斜力度

经济增长不足和发展前景落后是制约东北地区人力资本提升与发展的重要因素，而经济增长是需要长时间的积累才能够实现的。因此，需要通过政策环境建设来弥补经济环境不足，通过提高东北地区经济发展动力，展示经济发展的前景，加强国家政策的大力支持和财政方面的倾斜力度，为东北地区经济发展的进一步提供政策支持，激励和吸引大量人才为东北经济增长添砖加瓦。

二、加大人才培养、引进和激励的投入力度

财政应加大每年投入固定资金用于人才工作补助、安家补贴、平台支持、薪酬津贴、培训培育、奖励资金等各项投入，并可随着经济社会发展而逐步增加。

第一，有重点、有规模地引进人才。以高水平优秀人才引进为主，尤其关注高技术的农科人才、服务业高层次人才的引进力度，合理引导人力资源向人力资源紧缺的产业流动，提高人力资源配置效率，具体内容包括：提供引进人才创业启动资金、政府创业投资资金、科技创新贷款贴息、科技创新贷款担保、科技创

新研发资金，以及特别优秀项目重点支持；支持引进人才购买、租住人才住房，提高引进人才子女在义务教育阶段入学择校便利性，制定引进人才及其随迁配偶、未满18周岁子女可自由选择落户政策。

第二，加大对创新创业的支持力度。东北地区经济发展最大的问题是创新不足，因此应围绕创新创业人才高地建设，保障高层次人才引进、优秀创业人才引进、激励青年（大学生）创业等方面的经费，促进人才队伍建设整体推进，具体方式包括：提供创业场所，以及一定期限内免交租金。一定期限内缴纳个人所得税地方留成部分，由当地财政全额奖励返还。

第三，多元财政支持模式。以政府资金为引导，采用政银企结合方式，综合运用无偿资助、创业投资引导、融资风险补偿、贷款贴息等财政资金支持模式，提供政策性担保、银行信贷、创业投资、股权投资、科技保险、风险补偿等多种模式。完善科技金融服务平台，为科技人才及科技型企业提供政策服务、金融创新、中介服务等一站式多方位服务。

三、规范区域产业环境

第一，合理配置第二产业人力资源。加强东北地区的工业发展体系，完善产业集群化发展，合理引导不同地区产业分布。促进高校人才的集群化汇流，在上下游产业链的生产环境下高校人才逐渐演变为"合则共赢"的局面，侧面上又予人才集聚以推力，提高人才的配套工业建设。

第二，加强农业现代化发展进程。加强农业方面的高端人才的教育体系的完善，提高农业方面现代高素质人才教育的倾斜力度，包括职业教育和大学、硕博士人才培养，促进农业专业发展。加速现代农业体系建设，推动东北地区农业机械化水平提高，加强农业科技成果转化和农业科技发展支持，提供农业机械购买补贴和高科技农业技术引进优惠制度，发展智慧农业，通过提高福利和奖励措施，配置和大力引进高水平农科人才。

第三，加强第三产业人才培养力度。加强现代服务业人才市场建设，大力引进紧缺人才。构建有形市场、媒体市场、网上市场、猎头服务、远程面试等综合性人才服务平台，实现布局合理、结构科学、功能完备、基础性人才市场与专业性人才市场协调发展的人才市场建设目标。加快现代服务业专业人才市场建设，形成多层次、多功能的现代服务业人才社会化服务体系。以提升服务业企业自主创新能力为重点，构建以企业为主体、市场为导向、产学研结合的创新型紧缺人才引进模式，大力引进现代服务业紧缺人才。

四、创新人才培养环境

东北地区人才培养机制、分配机制和激励制度等也在很大程度上影响了人才的流动。第一,推进学校布局结构、学科专业结构、人才层次类型结构与经济社会发展相协调。要通过发展教育,提高贫困地区劳动力素质,改善人力资本状况,从根本上实现脱贫致富。第二,健全人才制度。健全东北地区人才的引进、使用、培养、流动、激励等机制,保障和完善人才的工资、福利待遇,医疗保险等制度。第三,推进引才工作网络体系建设。东北地区人才引进方面宣传力度还尚显不足,应该建立多级人才工作网络、政府各部门联合引才工作网络、社会化引才网络、市场化人才服务网络、海外引才工作网络、信息化引才平台六个层面构建立体网络,多渠道、全方位引进和发现人才。第四,推进区域性人才市场建设。加强东北地区人力资源配置和优化进程,重点打造人才交流合作区域性中心,大力发展虚拟人才市场,加快区域性人才市场信息化建设,支持有实力的人才服务企业做强做大。

参 考 文 献

陈萍,田双亮. 2004. 基于马尔柯夫分析的人力资源管理定量评价模型. 西北民族大学学报(自然科学版),25(2):14-16.

储殷. 2015. 东北"人口流失"未必是危机. 新城乡,(8):12.

杜伟,杨志江,夏国平. 2014. 人力资本推动经济增长的作用机制研究. 中国软科学,(8):173-183.

侯力,于潇. 2015. 东北地区突出性人口问题及其经济社会影响. 东北亚论坛,(5):118-126,128.

姜玉,刘鸿雁,庄亚儿. 2016. 东北地区流动人口特征研究. 人口学刊,(6):37-45.

李德煌,夏恩君. 2013. 人力资本对中国经济增长的影响——基于扩展Solow模型的研究. 中国人口·资源与环境,23(8):100-106.

李健. 2008. 基于ANP的人力资源绩效评价. 天津理工大学学报,24(2):63-66.

刘希宋,张德明. 2003. 模糊数学在人力资源管理绩效评价中的应用研究. 商业研究,(5):1-5.

刘跃,宫凤. 2006. 灰色系统综合评价在人力资源估价中的应用. 统计教育,(12):23-25.

王晓峰,张正云. 2016. 东北地区人力资本问题及其对经济发展的长期影响研究. 经济纵横,(1):60-64.

王艳平,刘效广,张亚莉. 2014. 人力资源实践、人力资源系统强度与创新氛围关系研究. 科研管理,35(1):107-114.

西奥多 W S. 1990. 论人力资本投资. 吴珠华, 等译. 北京: 北京经济学院出版社.

于婷婷, 宋玉祥, 浩飞龙, 等. 2016. 东北地区人口结构对经济增长的影响. 经济地理, (10): 26-32.

曾湘泉, 张成刚. 2015. 经济新常态下的人力资源新常态——2014 年人力资源领域大事回顾与展望. 中国人力资源开发, (3): 6-13.

张壮, 刘培德, 关忠良. 2009. 一种基于语言变量和 TOPSIS 的人力资本评价新方法. 数量经济技术经济研究, (11): 141-151.

赵曙明. 2011. 人力资源管理理论研究新进展评析与未来展望. 外国经济与管理, 33 (1): 1-10.

Cai F, Lu Y. 2013. Population change and resulting slowdown in potential GDP growth in China. China & World Economy, 21 (2): 1-14.

Du Y, Yang C. 2014. Demographic transition and labour market changes: implications for economic development in China. Journal of Economic Surveys, 28 (4): 617-635.

Han G F, Zhang W L. 2015. How have labour market developments affected labour costs in China? World Economy, 38 (9): 1387-1408.

Lu D. 2009. The economic consequence of labor mobility in China's regional development. Asian Economic Papers, 8 (2): 85-114.

Lu M, Jiang S. 2008. Labor market reform, income inequality and economic growth in China. China & World Economy, 16 (6): 63-80.

Lucas Jr R E. 1988. On the mechanics of economic development. Journal of Monetary Economics, 22 (1): 3-42.

Romer P M. 1986. Increasing returns and long-run growth. Journal of Political Economy, 94 (5): 1002-1037.

Williamson J G. 1965. Regional inequality and the process of national development: a description of the patterns. Economic Development and Cultural Change, 13 (4): 1-84.

第十三章　政府职能改革方向与途径

上一轮的东北振兴计划使东北地区经济、社会在相关领域实现稳步提升，但行政管理上深层次的体制性、机制性问题依然没有得到彻底解决。东北地区面临的体制性、机制性矛盾，主要根源在于行政管理体制以及政府职能越来越不适应市场化的需求。对于新一轮东北振兴计划，推进行政管理体制改革是重中之重。借鉴美国、欧盟、日韩在精简优化政府机构，提高公共服务质量、负面清单管理模式等方面的成功经验，本章提出了东北地区政府职能改革的主要方向及其实现路径。综合政策模拟分析，进一步提出了东北地区政府职能改革的路线图。

第一节　政府职能运行现状评价

一、政府职能运行的体制、机制性矛盾

本节基于东北地区政府职能改革的舆情分析数据，采用专家会商的方式将政府职能运行的体制性、机制性矛盾分析如下。

（一）政府职能运行的体制性矛盾

1. 全能政府角色未完全改变

尽管一直以来，东北地区政府十分强调有效放权，充分发挥市场主体的作用，但时至今日相关政府部门仍习惯于包揽一切。有些地方，政府还给企业下指标、定规模，用行政命令搞技改，用传统的方法搞评比，搞激励。在东北各省市，其政府职能"越位"情况随处可见，政府管了许多不该管、管不了，也管不好的事，把本该由市场和社会调节的工作变成了自己的职责来履行。

2. 行政管理体制落后、效率低下

东北地区是我国实行计划经济最彻底的地区，其行政体制很大程度上遗留着计划经济年代的痕迹，即审批项目过多，办事程序烦琐的局面没有根本改观。各个部门职责划分不明确不具体，行政权力分解过细，事无巨细，谁都管谁都决定不了，形成公文旅行、多头多脑的现象。例如，东北某地市的民生项目曾盖了133个公章居然未完成审批。在东北地区调研过程中，83.2%的受访者均表示当前行政审批手续过于烦琐。

3. 政府监督体制滞后、透明度不高

在行政民主化浪潮的推动下，东北各地市政府也采取了行政公开、增强政府运行透明度的举措。例如，沈阳浑南2010年起利用先进而完整的绩效考评制度，科学设置政府监管"信号系统"，打造东北行政体制改革的"示范区"。然而，上述举措更多停留在示范和试验层面，尚未在东北地区制度化运行。此外，在实际操作上，政府监督体制公开与否还取决于政府官员的主观意志强弱，即带有浓厚的人治色彩，这进一步使政府监督工作很难到位。

4. 依法行政、民主法治未真正落实

受计划经济体制观念的影响，东北各地市政府官员错误地认为"依法行政"就是用法来管束公民，认识上的偏差，导致了政府行政上的任意性和随意性。在民主法治方面，东北某地市2014年8月至2015年7月全市各类上访共598批次，12 095人次，分别占同期上访总量的25.92%和67.0%，比上年同期分别增长24.7%和51.42%，这说明东北地区民主法治仍有较大改革空间。

（二）政府职能运行的机制性矛盾

1. 政府对经济、社会干预过多

其突出表现为：①对市场控制过多。其主要体现在以行政命令取代市场决定资源配置。有的过多以行政命令干预市场价格、干预供求关系；有的不按政策对少数企业进行补贴、担保或提供其他行政资源；有的违规划拨土地、矿产等资源；有的要求企业承担法律、行政规章规定之外的义务。②对社会事务限制过多。其主要体现在行政机关以强制标准、规定等限制可以由社会自行决定的事务。有的事业单位行使主管部门行政职能，干涉社会事务；有的对社会组织培育发展不力，重登记、轻监管；有的评奖类、表扬类等证件颁发过多，检测项目过多、检测过频。③对下级政府干涉过多。其主要体现在政府层级之间事权不清，上级政府及其部门对下级政府及其部门具体行政事务指手画脚，甚至瞎指挥。有

的对项目、资金安排附带前置条件，放事不放权；有的直接插手下级政府及其部门职权范围内事务；省直管县（市）与省、市两级政府及其部门之间的关系没有完全理顺。

2. 政府行政壁垒过高、手续过繁

其主要体现在：第一，市场准入门槛过高。主要是市场进入难，审批事项多。有的对市场完全竞争性领域设置特定准入条件，只对特定市场主体开放；有的简单以投资额度、生产规模核定企业经营资质，忽视技术、质量、环保等方面的要求。第二，政出多门。主要是部门职责不清，同一件事多个部门管理，各有各的标准。有的多个部门审批和监管同一事项，职能交叉重叠；有的牵头部门和配合部门职责不明确，牵头不负责，配合不协作；有的执法标准不一，多头执法。第三，审批流程苛刻复杂。主要是办事前置条件苛刻，行政审批事项环节过多、程序烦琐。有的在法定条件外设置前置审批条件、增设审批环节；有的将取消的审批事项交给特定事业单位，以第三方评估评审等名义搞隐性审批；有的审批层级过多，设定不合理；有的不一次性告知办事要件，不能办理的不详细说明理由，基层和群众来回折腾；有的只把窗口人员当作"收发员"，后台办理时间长。

3. 行政管理机构臃肿、效率过低

第一，利益错综复杂，管理缺位。主要是法定事项该管的没有管好。有的政府投资项目监管不到位，质量不过关；有的民生项目缺乏有效监督，存在优亲厚友，甚至私分、挪用资金现象；有的对安全生产事故、道路安全隐患排查治理不及时不到位，对突发公共安全事件反应不快、处置不当。第二，管理方式落后，效能不高。主要是管理方式落后，信息技术运用水平不高。电子政务标准化建设滞后，硬件建设和技术标准不统一；有的关联信息网络建设条块分割、相互封闭，重复投资；有的各级政府协同办公系统运用不充分。

4. 服务意识低、营商环境差

第一，社会保障体系不健全。主要是基本公共服务和基础设施向下覆盖、延伸不够，扶贫、救助、养老、住房、教育、医疗等制度不完善。有的地方财政专项资金分配、使用不透明，项目管理不到位；教育、医疗、养老、文化和体育等公共资源配置不合理，上学难、看病难、养老难未完全得到解决；基础设施建设滞后，"路边黑、水边黑、电边黑、讯边黑"等"最后一千米"问题还比较突出。第二，公共安全保障体系不健全。主要是安全稳定的保障网络还未织牢。有的地方社会治安案件易发多发；有的地方对公共安全事件缺乏预判机制，危害公共安全案件技防能力不足；有的地方见警率较低，群众缺乏安全感。第三，生态保障体系不健全。主要是环保设施建设滞后，生态环境监管责任不落实，环境违法案件查处不力。有的地方落实环境保护"三同时"制度不力，未做到污染防治设施与建设项目同时设计、同时施工、同时投入使用；有的地方环境自动监测系统建设滞后，地表水、空气质量监测等还存在盲点；有的地方重发展轻环保，对环境质量评价走过场，与干部考核不挂钩。

二、政府职能运行的基本特征

近几年，东北各级政府强化社会管理和公共服务职能，积极从全能型、管制型向服务型、法制型转变，政府职能发生了多方面的积极变化，取得了很大的收效。但从总体上看，政府职能改革仍然落后于我国经济体制转轨进程的要求，在政府与企业、政府与市场、政府与社会的关系上，一系列深层次的矛盾尚待解决，其行政管理体制存在的问题已经成为制约经济社会发展的瓶颈，严重影响新一轮东北振兴政策的落实，具体表现为"三强三弱"的政府职能运行格局。

（一）"强政府、弱企业"格局

政府对微观主体特别是国有企业的直接干预依然过多，有效的国有资产管理体制尚未形成，政府的公共管理职能和国有资产所有者职能混淆不清的状况没有根本改变。政府兼具裁判员与运动员的双重功能，包揽企业的管理与运作。政府还没有完全从企业活动中超脱出来，行政干预在某些领域依然存在，如行政管制、用财税返回及贴息的办法支持国有企业等。计划经济时期形成的、经济转轨时期又有某种扩展的行政审批制依然广泛存在，特别是企业设立、领导人任免、投资、外贸等领域的行政审批亟待清理，削减。在推进国有企业改革的过程中，某些政策的实施又产生了强化行政审批和个案处理的副作用。此外，东北地区国有企业一方独大，民企严重弱小。对非公有经济的限制依然过多，公平竞争环境尚未形成。

（二）"强政府、弱市场"格局

东北地区长期以来习惯于自上而下的行政权力管理，有着指令性偏好和行政命令干预经济的习惯，缺乏现代市场管理理念。没有真正理解和相信市场机制的作用，仍然过分迷信行政权力，坚持行政主导，这就导致市场能够发挥作用的地方，政府行政干预最为集中，市场失灵的地方，却是政府管理的盲区。在投融资领域，政府成为配置资源的主体，市场机制发挥的作用太小或是说没有发挥作用。企业家说:"东北给外界的印象是政府主导的市场,不是企业家的市场。"在市场监管领域,一方面是规范市场秩序的法律法规仍不健全,法规不统一、不透明,依法管理的体系还很不完善,还有很多空白点;另一方面是地方保护主义和部门分割不断变换手法,阻碍区域统一市场的形成。这种"人治经济"观念和"指挥式"的管理模式与市场经济多元化的结构已不相适应。

(三)"强政府、弱社会"格局

从政府与社会的关系看,政府包办大多数社会事务,社会治理不发达,政府放权不够,中介机构依附于政府部门,致使真正适应市场经济发展要求的社会中介组织发育不全面。政府在行使职能过程中不同程度地存在着越位、缺位和错位的问题。"越位"就是政府直接管理经济事务;"缺位"就是政府公共服务功能没有充分发挥;"错位"就是政府微观事务繁忙、宏观统筹不力。此外,东北地区科研单位转制停滞不前,事业单位改革滞后,履行大量的行政职能,往往是一个较大的委办厅局,有几个甚至是十几个事业单位。

总之,东北地区的行政体制问题主要是职能错位突出,具体表现为政资不分、政企不分、政事不分、政社不分。东北的落后是一种体制的落后,东北与南方沿海地区的差距,表面上是经济发展水平的落差,实质是政府干预与广义市场化发展不协调的问题。

第二节 政府干预强度和市场化发展水平评价

东北地区面临的体制性、机制性矛盾,主要根源在于行政管理体制以及政府职能越来越不适应市场化的需求。本节将以东北三省及其地市的政府干预强度和市场化发展水平为评价对象,对其均衡性和协调性进行分析。

一、评价区域概述及数据来源

鉴于研究需要,本书的研究区域为狭义的东北地区,即东北三省,辽宁省、吉林省和黑龙江省。本节将对其区域概况、数据获取和处理方式予以说明。

(一)区域概况

东北三省主要包括辽宁省、吉林省和黑龙江省,区域总面积 78.73 万平方千米,人口约为 1.2 亿人。作为中国最早重点建设的老工业基地和重要的区域经济板块，从国家战略、历史现实发展、地缘环境来看，东北三省都具有重要的战略地位。自2003年实施振兴东北老工业基地战略以来，东北地区经济、社会各个领域实现全面、稳步提升，但其深层次的结构性、体制性问题依然没有得到彻底解决，对经济的阻滞作用加大。2015年黑、吉、辽三省GDP增速集体滑落，均处于全国后5位，名义GDP增长率分别为−0.29%、3.41%和0.26%。东北三省面临的结构性、体制性矛盾，主要根源在于行政体制以及政府职能越来越不适应市场化的需求。

东北三省是中国最早进入、最晚退出、实行计划经济最彻底的地区，东北老工业基地受传统计划经济体制影响较深，政府改革、国有企业改革等体制改革相对滞后。虽然东北三省已有的政府改革已经取得一些进展，但依然存在严重的强政府、弱企业，强政府、弱市场，强政府、弱社会的"三强三弱"现状。实现东北老工业基地的重新崛起，缓解东北三省结构性、体制机制矛盾，应该正确认识东北三省"强政府"和"弱市场"的格局和演变趋势，转变政府职能、找准政府角色定位，简政放权，实现从全能型、管制型政府向管理型、服务型、法制型政府转变，使政府职能更好地适应市场经济的需求。这里的"强政府"具体是指奉行干预主义政策的政府，一般被理解为经济管理与社会控制的政府。"弱市场"则是对东北三省市场经济相对滞后现象的客观描述。因此，面临"新常态"的国家宏观经济背景以及复杂多变的国际环境，为客观认识东北三省"强政府弱市场"的结构性、体制机制性矛盾，本书以生态位理论为基础，对东北三省及其34座地市"政府干预强度"和"市场化水平"的现状、演变趋势进行分析，这也是实现东北三省重新崛起，迫切需要解决的科学问题。

（二）数据获取和处理方式

本节的社会、经济数据主要来自于1999~2014年《中国统计年鉴》、1999~2014年《辽宁省统计年鉴》、1999~2014年《吉林省统计年鉴》、1999~2014年《黑龙江省统计年鉴》、1999~2014年《中国城市统计年鉴》、1999~2014年《中国区域经济统计年鉴》、1999~2014年《中国高技术产业统计年鉴》等。由于年度跨越较大，部分缺失数据采用平均值法进行补充。此外，鉴于绥化设市时间较晚，对其评价主要采用2000~2013年的数据。

二、评价理论基础与研究方法

政府干预强度和市场化水平研究是一项复杂的系统工程，涉及多方面的要素及其作用，本书借鉴生态位理论，通过对政府干预与市场化发展生态系统的深度解析，提出相应的评价指标体系，并进一步构建政府干预强度和市场化水平评价指标及体系的生态位模型。

(一)政府干预与市场化发展生态位

1. 生态位理论概述

生态位是生态学的重要理论基础，最早由 Grinnell 于 1917 年提出，将生态位定义为"一个种群在生态系统中所占据的位置及其与相关种群之间的功能关系"(Grinnell, 1928)。随后，又有诸多学者将其内涵进一步拓展，建立了许多量化指标。其中，"生态位宽度"是指生物所利用的各种不同资源的总和，通常可以借用多维空间精确化描述生态位宽度。生态位理论及其相关概念、模型已在多方面得到应用，其最早用于生态系统的物种评价。随着交叉科学的发展和普及，生态位理论的应用领域已经超越了生态学的范畴，渗透到社会经济发展相关领域，如国土空间功能分区(Wang, 2007)、土地环境效应及其适宜性评价(念沛豪等，2014)、城市群发展评价(李鑫等，2012)及旅游资源潜力评价(秦立春和傅晓华，2013；周彬等，2014)等领域均得到广泛运用。这些研究多基于静态数据的采集，对评价对象状态进行描述，未考虑时间连续性和生态位评价模型的动态属性。事实上，要客观评价研究对象的生态位属性，必须关注其动态演替过程和发展规律。

2. 政府干预与市场化发展的生态系统解析

政府干预与市场化发展的系统构成是一个多时空维度、多因子共同形成的系统功能组合体。借鉴自然生态系统及其要素的定义方式，本书分别构建了政府干预生态系统和市场化发展生态系统(图 13-1)，并从动态演替的角度，对系统"态"与"势"两方面的"生态"要素进行总结。生态学中的多维超体积生态理论认为：生物不仅受其自身结构因素影响，更受多种环境因子或条件制约，这些因子在空间上组合为一个 N 维空间，每个物种都对应有一个 N 维空间的点，而各维度值则为该物种的生态位。对于政府干预生态系统，其行政控制生态、社会成本生态、传统经济生态均是由多维要素构成的生态空间，这些空间多维要素同时包括"态"要素和"势"要素。例如，行政控制生态的"态"要素包括行政、财政、司法等，相对应的"势"要素则为简政、监管、放权等。此外，市场化发展生态系统的多维生态空间为商品流通生态、要素投入生态和市场产出生态。政府干预生态系统和市场化发展生态系统的各维生态空间间存在相互作用的关系：有效的政府干预可以协助市场指引要素投入，指导商品流通，从而引导并构建合理的市场产出格局；合理的市场化发展水平可以有效转变政府行政控制职能，降低社会公共服务成本，从而拉动和刺激传统经济发展。

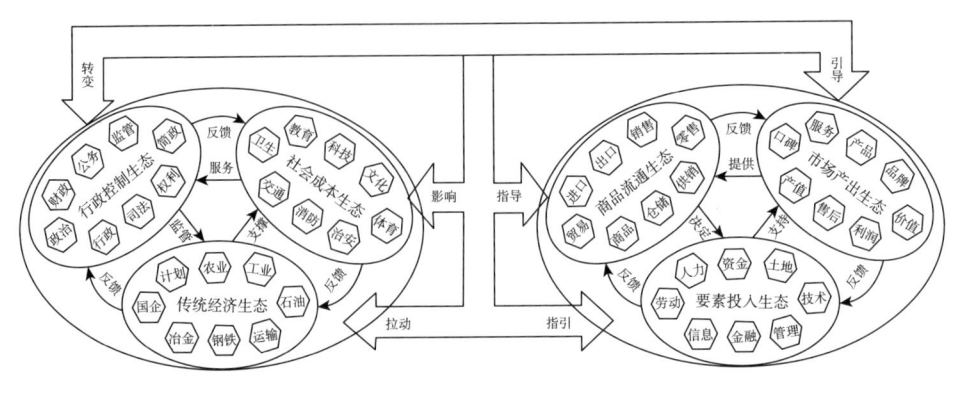

a. 政府干预生态系统　　　　　　　　b. 市场化发展生态系统

图 13-1　政府干预生态系统和市场化发展生态系统

（二）政府干预与市场化发展评价体系

结合案例地政府、市场资源特点和发展实践，按照完备性、精简性、可比性、可获得性和可行性等原则，本书构建了政府干预强度与市场化水平生态位评价指标体系及权重（表 13-1），具体由目标层、维度层、权重状态层、要素层组成。目标层为政府干预强度、市场化水平格局。维度层涉及两个方面六个维度，其中两个方面是政府干预强度和市场化水平，而六个维度指行政控制维、社会成本维、传统经济维、商品流通维、要素投入维、市场产出维。其中，权重依据数字打分、层次分析等方法获得。要素指标依据可获取原则选择统计年鉴中可获取指标。

表 13-1　政府干预强度与市场化水平生态位评价指标体系及权重

目标层	维度层	权重	状态层	要素层
政府干预强度	行政控制维	0.582	公共行政管理格局	公共管理从业人员比重、公共支出占 GDP 比重
			公共行政审批状态	行政审批立项范围、公共行政审批强度（定性）
	社会成本维	0.309	政府权力溢出效应	非税收入占比、行政事业收费占非税收入比重
	传统经济维	0.109	政府发展动力惯性	万元 GDP 固定资产投资
			结构刚性路径依赖	国有工业经济占比
市场化水平	商品流通维	0.540	国际市场流通格局	人均进出口商品总额
			国内市场交易格局	社会零售品总额占比
	要素投入维	0.163	人力资金要素投入	私营企业从业人员占比、人均外商投资额
			科学技术要素投入	R&D 投入占 GDP 比重、新产品占工业总产值比重
	市场产出维	0.297	内资市场产出规模	民营企业产值占比
			外资企业产出规模	外资企业产值占比

1. 行政控制维

行政控制是政府管理的核心职能，主要包括公共行政管理格局、公共行政审批状态两个角度。优良的行政管理状态应是精简的、高效的，即可分别对强政府环境下公共管理从业人员比重、公共财政支出占 GDP 比重、行政审批立项范围、公共行政审批定性强度等要素进行分析。

2. 社会成本维

社会成本是政府干预在社会领域的反映，其评价状态主要为政府权力溢出效应。当前，我国社会成本主要以行政事业收费、罚款等非税收收入的形式存在，本书构建相应的评价要素层分为：非税收入占比、行政事业收费占非税收入比重。

3. 传统经济维

传统经济也是政府的重要干预领域，主要包括政府发展动力惯性、结构刚性路径依赖两个状态（齐艺莹，2004）。前者主要采用万元 GDP 固定资产投资作为评价要素，后者则主要以国有工业经济占比作为评价要素。

4. 商品流通维

商品流通是市场化发展的核心职能，其评价状态主要包括国内市场交易格局、国际市场流通格局两个角度。优良的商品流通状态应为活跃的、高效的，即可分别对人均进出口商品总额、社会零售品总额占比等要素进行分析。

5. 要素投入维

要素投入是市场职能运行的基础和保障，主要包括人力资金要素投入、科学技术要素投入等评价状态。高效的要素投入状态不仅关注流动性市场的私营企业就业占比和投资对市场经济的拉动效应，更关注新技术、新产品的研发和孵化能力。本书构建的对其评价维主要包括私营企业从业人员占比、人均外商投资额、R&D 投入占 GDP 比重、新产品占工业总产值比重。

6. 市场产出维

市场产出也是重要的市场化发展维度，具体包括内资市场产出规模、外资企业产出规模两个状态。对市场产出的评价，不仅要关注国内私营企业投资有效产出，还要更关注外商投资产出，即民营企业、外资企业产值占比均可以有效反映市场的产出维职能。

上述评价维度对政府干预和市场化发展的贡献率具有差异性，需进一步确定各维度的权重。本书拟采用最常用的层次分析法，通过专家会商获取比较矩阵，并由此确定政府干预评价维度权重值为 0.582、0.309、0.109，市场化发展评价维度权重值为0.540、0.163、0.297。

（三）评价指标及其体系的生态位模型

1. 评价指标的生态位模型

在评价模型上，本节选取了生态位的态势模型，并根据研究需要对其进行了改进。该模型由生态位的"态"和"势"决定（朱春全，1997）："态"即为生态位的现状，反映地区"政府干预"和"市场化发展"的生存现状；"势"则是地区政府干预强度和市场化发展水平的演变速度。"态"和"势"综合反映了区域"政府干预"和"市场化发展"的生态位宽度，具体公式如下：

$$S_k = \frac{N_{ki} + Q_{ki}P_{ki}}{\sum_{j=1}^{n}(N_{kj} + Q_{kj}P_{kj})}$$

其中，$j=1,2,3,\cdots n$；n 为评价单元个数；S_k 表征评价指标 k 的生态位宽度；N_{ki}、N_{kj} 分别表征评价指标 k 在第 i、j 个评价单元上的生态位的"态"；P_{ki}、P_{kj} 分别表征评价指标 k 在第 i、j 个评价单元上的生态位的"势"；Q_{ki}、Q_{kj} 分别为评价指标 k 在第 i、j 个评价单元上"势"与"态"的转换系数。

2. 评价体系的生态位测算

"政府干预"和"市场化发展"生态位是一个多维综合值，需要进一步对各指标的生态位宽度值进行降维集成处理。为综合反映各评价指标对区域"政府干预"和"市场化发展"生态位的贡献，需确定评价体系要素层核心指标，并由此构建评价体系的生态位测算模型。

$$S = \sum_{i=1}^{m} q_i \frac{\sum_{k=1}^{w} S_k}{w}$$

其中，$i=1,2,3,\cdots,m$；m 为评价指标体系的维度数；S 表征评价体系的生态位宽度；q_i 则表示各评价维度对指标体系生态位的贡献度；S_k 表征评价指标 k 的生态位宽度；w 为各评价维度的状态数或指标数。

三、政府干预和市场化发展格局

基于上述理论方法，本书选取辽宁省、吉林省和黑龙江省及其34座地级市作为研究客体，对其政府干预和市场化发展的现状、演变趋势进行分析。

(一)省级政府干预与市场格局

东北三省曾是中国最大的老工业基地,它们在向市场经济转轨的过程中多次丧失机遇,致使其工业经济未能突破20世纪50年代确立的总体格局。2003年振兴东北老工业基地战略的实施虽有效缓解了东北三省的"市场不适应症",但其深层次的结构性、体制性问题依然没有得到彻底解决。为客观评价振兴东北老工业基地战略实施前后,东北三省"政府干预""市场化发展"的格局和演变趋势,本节以1998~2013年的数据为基础,对振兴东北老工业基地战略实施前5年和后10年全国及东北三省政府干预和市场化发展的格局及演变趋势进行分析。

1. 东北三省"政府干预"格局演变

1998~2013年,东北三省的"政府干预"格局普遍高于全国平均水平(图13-2),表明其地方政府历来比较强势,对经济的影响力偏大。在新一轮改革浪潮中,东北三省要着力转变政府职能,提高服务效能,打造快捷、便利、高效的营商环境。对于格局的演变,东北三省的"政府干预"现状出现多次波动,其中三省降幅均较高的年份为2003~2005年,这表明振兴东北老工业基地战略对东北地区政府职能改革具有一定的推动作用,但其影响效果的持续性较短。

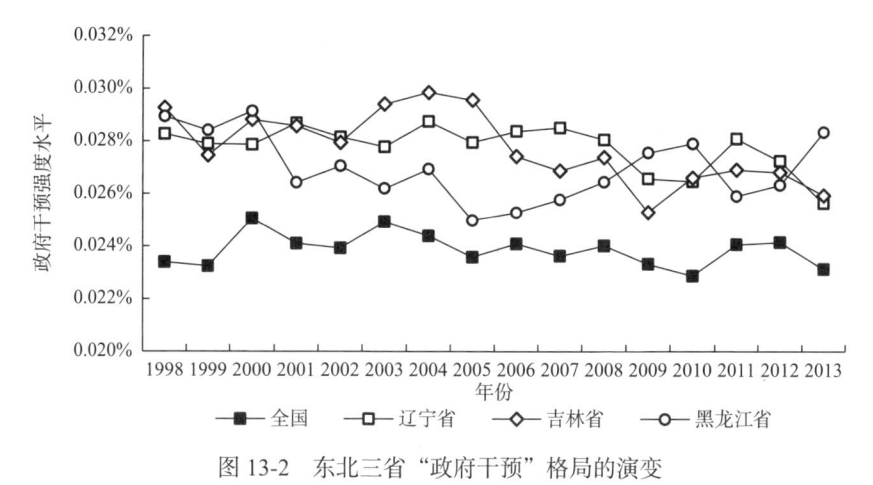

图13-2 东北三省"政府干预"格局的演变

2. 东北三省"市场化发展"格局演变

1998~2013年,东北三省的"市场化发展"格局普遍劣于全国(图13-3),这表明东北三省地方的经营管理水平和市场竞争力较弱,其发展应充分发挥市场在资源配置中的决定作用,以市场竞争方式淘汰落后产能,搞活东北三省市场经济。对于格局的演变,东北三省的"弱市场"现状虽持续改进,但其改进幅度明显低于全国平均水平,只有辽宁省的"市场化发展"提升速度较快,并在2012年

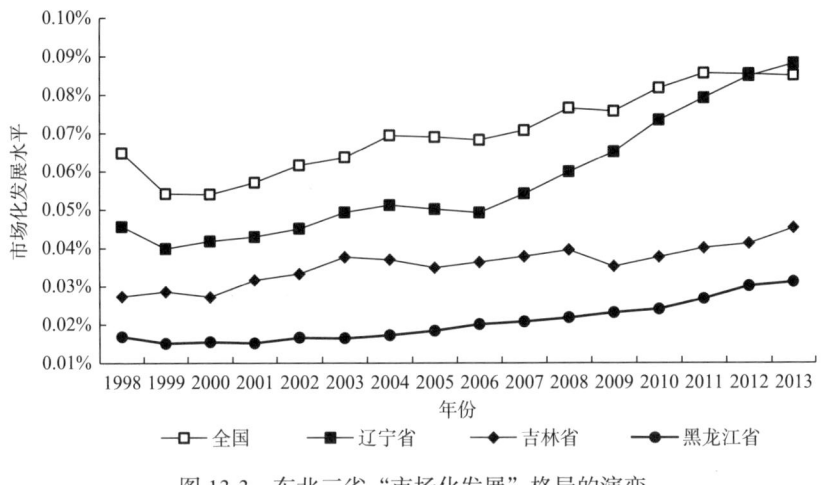

和 2013 年连续两年接近或高于全国平均水平。

图 13-3 东北三省"市场化发展"格局的演变

（二）地市级政府干预和市场化发展

东北三省覆盖 34 座地市（不包括大兴安岭地区和延边朝鲜族自治州），包括资源型城市、沿海开放城市、创新型城市等不同类型城市，其"政府干预强度和市场化水平"具有明显的差异性。本节利用政府干预与市场化发展评价指标体系的生态位模型，对各地市 2013 年政府干预和市场化发展的格局进行分析。

1. 各地市的"政府干预"特征

东北各地市不同的历史发展现状决定了其"政府干预"格局具有较强的区域溢出效应。"强政府干预"状况较为明显的区域主要集中在黑龙江省北部和辽宁省南部，具体为佳木斯市、黑河市、鹤岗市、双鸭山市、白城市、盘锦市、葫芦岛市、大连市等。前四座城市政府干预强势的主要原因是其与中心城市哈尔滨市的距离较远；后三座城市政府干预强势则可能是因为其特殊的政治背景。"政府干预"状况较合理的区域主要集中在吉林省或与内蒙古的交界城市，如绥化市、鞍山市、松原市、四平市、齐齐哈尔市等。这些城市或刚设市不久，或受周边省市的影响较多。

2. 各地市的"市场化发展"特征

东北各地市不同的区位特征同样决定了其"市场化发展"格局具有较强的区域溢出效应。东北三省市场化程度较高的区域主要集中在辽宁沿海开放城市和各省省会城市，具体为大连市、盘锦市、营口市、丹东市、沈阳市、长春市等。前四座城市均为沿海开放城市，且其距日韩海上距离较近，相应的市场开放程度较高；沈阳市和长春市为省会城市，其市场资源相对较为丰富。市场化程度较低的区域则主要集中在黑龙江北部地区和吉林省的内陆地区，如鹤岗市、黑河市、绥化市、松原市等。

3. 各地市政府与市场的强弱势关系

以东北三省政府干预强度和市场化发展水平的生态位数据为基础，进一步对东北各地市政府与市场的强弱势类型进行分析（图13-4）。首先，处于强政府强市场类型的城市为大连市，说明大连依靠沿海开放城市的区位优势，克服政府的强干预，实现市场化发展水平的提升。其次，处于强政府弱市场类型的城市包括佳木斯市、黑河市、白山市、盘锦市、长春市、哈尔滨市、牡丹江市、伊春市等29个城市，这也是东北三省各地级市在政府干预和市场化发展方面的主要强弱势类型，进一步说明东北地区在新一轮振兴过程中应关注政府职能改革和市场化的发展。最后，处于弱政府弱市场类型的城市包括齐齐哈尔市、松原市、四平市等，这些城市的政府干预强度减弱，但是相应的市场化发展水平仍没有起步。

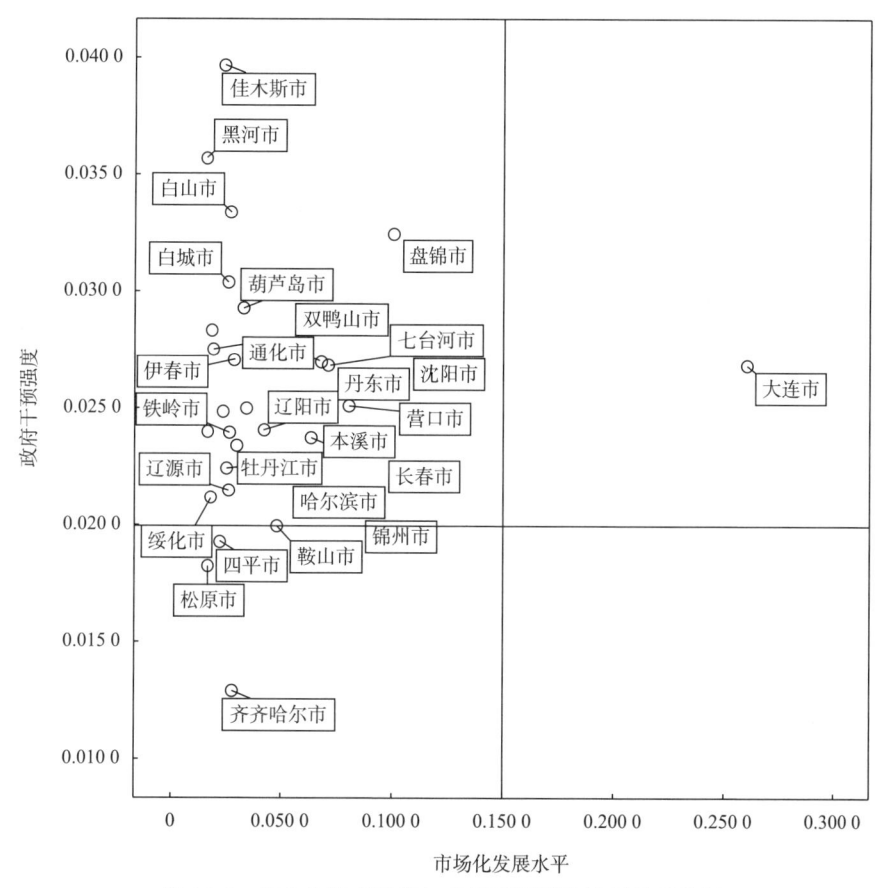

图13-4 东北各地市政府与市场的强弱势类型关系格局

（三）各地市政府干预与市场化发展的演变特征

2003年振兴东北老工业基地战略实施以来，东北各地市"政府干预与市场化发展"格局出现较大变化，为进一步挖掘各地市职能格局演变趋势和特征，以1998~2013年数据为基础，对振兴东北老工业基地战略实施前五年和后十年政府干预和市场化发展格局演变趋势进行梳理（表13-2）。

表13-2 东北各地市政府干预和市场化发展格局演变趋势

地市	1998年	1999年	2000年	2001年	2002年	2003年	2004年	2005年
沈阳	0.769	0.427	0.782	0.756	0.697	0.614	0.493	0.244
大连	−0.289	−0.603	−0.198	−0.216	−0.243	−0.186	−0.240	−0.460
鞍山	0.277	0.236	0.330	0.702	0.410	0.247	0.237	0.128
抚顺	0.479	0.434	0.626	0.542	0.503	0.493	0.399	0.254
本溪	0.821	0.478	0.773	0.801	0.753	0.618	0.496	0.243
丹东	0.337	0.241	0.536	0.342	0.838	0.254	0.274	0.007
锦州	0.199	0.135	0.377	0.288	0.188	0.301	0.159	0.074
营口	−0.145	0.820	0.243	0.173	0.379	0.255	0.187	−0.013
阜新	0.645	0.377	0.620	0.861	0.748	0.622	0.476	0.357
辽阳	0.227	0.289	0.508	0.479	0.373	0.403	0.332	0.245
盘锦	0.275	0.256	0.261	0.387	0.454	0.448	0.488	0.194
铁岭	0.374	0.156	0.286	0.313	0.188	0.247	0.140	0.076
朝阳	0.419	0.226	0.640	0.857	0.549	0.535	0.426	0.148
葫芦岛	0.094	0.025	0.168	0.154	0.359	0.128	−0.051	0.239
长春	0.184	0.183	0.189	0.277	−0.103	0.031	−0.074	−0.046
吉林	0.139	0.132	0.127	0.366	0.226	0.284	0.339	0.180
四平	0.122	−0.048	0.083	0.190	0.141	0.164	0.096	0.005
辽源	0.076	0.168	0.184	0.453	0.307	0.538	0.426	0.957
通化	0.215	0.236	0.328	0.450	0.409	0.477	0.415	0.239
白山	0.372	0.391	0.600	0.727	0.679	0.708	0.902	0.457
松原	0.028	−0.025	−0.033	0.057	−0.035	0.100	−0.042	−0.037
白城	0.299	0.255	0.473	0.463	0.426	0.708	0.464	0.271
哈尔滨	0.444	0.285	0.872	0.501	0.519	0.495	0.390	0.106
齐齐哈尔	0.180	0.124	0.019	0.181	0.074	0.036	0.067	0.038
鸡西	0.248	0.206	0.199	0.134	0.213	0.129	0.087	0.196
鹤岗	0.459	0.319	0.497	0.346	0.338	0.575	0.497	0.285
双鸭山	0.340	0.259	0.482	0.273	0.342	0.364	0.336	0.309
大庆	0.219	0.307	0.169	0.295	0.326	0.207	0.256	0.146
伊春	0.545	0.146	0.323	0.349	0.291	0.483	0.391	0.201

续表

地市	1998年	1999年	2000年	2001年	2002年	2003年	2004年	2005年
佳木斯	0.426	0.250	0.403	0.465	0.280	0.319	0.284	0.114
七台河	0.152	0.140	0.223	0.310	0.235	0.311	0.264	0.204
牡丹江	−0.096	−0.120	0.034	−0.035	−0.019	0.000	−0.093	−0.113
黑河	0.790	0.312	0.568	0.504	0.488	0.615	0.424	0.296
绥化			0.046	−0.099	−0.032	−0.106	−0.071	−0.012

地市	2006年	2007年	2008年	2009年	2010年	2011年	2012年	2013年
沈阳	0.514	0.397	0.356	0.449	0.281	0.522	0.501	0.071
大连	−0.062	−0.088	0.000	−0.036	−0.258	0.000	0.000	−0.493
鞍山	0.212	0.245	0.134	0.339	0.071	0.202	0.215	0.036
抚顺	0.487	0.396	0.316	0.357	0.255	0.418	0.350	0.139
本溪	0.654	0.566	0.336	0.404	0.177	0.347	0.325	0.058
丹东	0.211	0.192	0.185	0.621	0.147	0.245	0.139	0.017
锦州	0.403	0.068	0.140	0.205	0.169	0.383	0.119	0.031
营口	0.143	0.339	0.183	0.239	0.148	0.179	0.230	−0.017
阜新	0.603	0.456	0.338	0.656	0.265	0.477	0.389	0.171
辽阳	0.244	0.393	0.235	0.190	0.234	0.400	0.351	0.119
盘锦	0.394	0.470	0.452	0.573	0.227	0.177	0.227	−0.039
铁岭	0.179	0.243	0.183	0.200	0.223	0.373	0.163	0.064
朝阳	0.340	0.385	0.276	0.306	0.204	0.286	0.275	0.199
葫芦岛	0.188	0.162	0.171	0.640	0.179	0.419	0.281	0.116
长春	−0.165	−0.131	−0.160	0.007	0.208	0.398	0.241	0.026
吉林	0.285	0.200	0.147	0.161	0.146	0.206	0.141	0.120
四平	−0.008	−0.053	0.047	0.080	0.012	0.075	0.053	0.058
辽源	0.858	0.514	0.415	0.368	0.297	0.055	0.098	0.079
通化	0.438	0.250	0.323	0.344	0.312	0.375	0.346	0.183
白山	0.786	0.726	0.767	0.807	0.700	0.840	0.795	0.329
松原	0.033	−0.013	−0.039	−0.043	−0.035	0.003	−0.030	0.068
白城	0.358	0.404	0.330	0.418	0.338	0.465	0.507	0.250
哈尔滨	0.236	0.243	0.185	0.221	0.193	0.336	0.201	0.091
齐齐哈尔	0.138	0.180	0.073	0.271	0.124	−0.053	0.297	−0.040
鸡西	0.153	0.062	0.069	0.166	0.118	0.193	0.075	0.115
鹤岗	0.473	0.507	0.377	0.586	0.394	0.477	0.402	0.242
双鸭山	0.617	0.452	0.448	0.645	0.211	0.349	0.280	0.181
大庆	0.480	0.459	0.446	0.491	0.614	0.410	0.265	0.161
伊春	0.495	0.489	0.444	0.958	0.488	0.754	0.708	0.272

续表

地市	2006年	2007年	2008年	2009年	2010年	2011年	2012年	2013年
佳木斯	0.367	0.369	0.286	0.250	0.215	0.353	0.208	0.969
七台河	0.298	0.353	0.301	0.331	0.095	0.341	0.283	-0.015
牡丹江	-0.108	0.010	-0.054	0.077	0.015	0.204	-0.013	0.149
黑河	0.720	0.365	0.570	0.615	0.897	0.734	0.624	0.400
绥化	-0.076	0.027	0.086	0.114	0.149	0.175	0.164	0.134

注：数据代表"政府干预与市场化发展"关系指数

基于各地市数据标准化和差值的运算原则，表中负向数值越小表明其"政府干预与市场化发展"格局状况越合理，正向数值越大表明其"政府干预与市场化发展"格局状况越严峻。1998～2013年，大连市的数值大多为非正，这表明大连是东北三省"政府干预与市场化发展"格局状况较合理的地市。此外，长春、葫芦岛、松原、牡丹江、绥化等地，其"政府干预与市场化发展"格局数值在2003~2006年出现过短暂的正向转负向的现象，表明这些地区在上一轮振兴东北老工业基地战略实施过程中取得了一定的效果，但效果持续时间较短。在正向数值统计过程中，抚顺、阜新、辽阳、朝阳、吉林、通化、白城、鸡西、鹤岗、双鸭山、大庆、伊春、佳木斯、黑河等地的"政府干预与市场化发展"格局数值持续为正，且数值较高，表明这些地区政府对市场经济的影响力偏大，具有明显"市场不适应症"，这是新一轮振兴战略重点实施区域。

第三节　政府职能改革方向及其路径

基于东北地区政府干预和市场化发展水平的定性分析和定量评价，本节将进一步探讨制约东北地区政府职能改革的主要问题，并在充分借鉴国内外政府职能运行成功经验的基础上，提出面向东北地区的政府职能改革方向和方式。

一、国内外政府职能运行成功经验总结

政府职能改革是国内外各级政府普遍关注的问题，20世纪80年代以来，政府职能改革运动波及全球，西方发达国家、新兴工业国家、苏联东欧国家及发展中国家均卷入了改革浪潮，形成了世界范围内的行政改革潮流，也涌现出一批政府职能改革的成功经验。此外，我国东部发达省份也在改革浪潮中涌现出一系列成功经验。

（一）美国政府职能改革经验

20世纪的美国政府改革和英国政府以及欧盟各国政府改革明显不同。美国的政府改革没有明确的起点和目标，但是带有更明显的管理主义倾向，具体包括三方面的政府职能改革。

（1）推行社会福利制度改革，包括以下内容：提高接受福利者的资格，以减少福利支出；福利项目市场化，借鉴私营部门的管理经验来克服公共部门的浪费和低效；逐步采取联邦、州和地方政府三级福利管理体制，转移联邦财政负担；明确财政收支，划分管理权限，分权管理社会福利项目，使管理者接近受益者。

（2）收缩政府的经济职能，减少政府干预的范围和程度，实行更大的市场化。20世纪80年代，美国政府发布第12291号行政命令，其中有一条规定，在一般情况下，政府不应对企业的开设和经营方式、产量及物价等经济行为施加管制。

（3）实行准入前国民待遇加负面清单的管理模式。在政府市场经济监管方面，国际对外商投资进行管理时，极少国家会出台专门统一的负面清单。而美国在外商投资管理时，则引入相对统一的负面清单管理模式，其核心是在准入阶段给予外国投资者国民待遇，积极推动投资自由化。同时为确保国家安全和经济安全，在国内，通过行业法律法规和外资并购安全审查制度对限制外资进入的部门和行业进行管理；在国际上，通过签署双边投资协定（bilateral investment treaty, BIT）和自由贸易协定将散见于国内法律法规中的与国民待遇、最惠国待遇、履行要求和高管人员条款不一致的措施通过负面清单的形式列出来，采取"不列入即开放的模式"。

美国政府公共服务市场化的价值取向是在公共服务输出领域引进市场机制，一是决策要和执行分开，二是公共服务的供给必须要多元化、竞争发展。此外，面对政府在市场投资监管失效的现状，美国政府通过实行准入前国民待遇加负面清单管理模式，使政府权威与市场交换的功能优势有机组合，提高政府功能在市场化投资和发展方面的输出能力。

（二）欧盟政府职能改革经验

欧盟政府职能改革的成功经验主要体现在公共服务领域，即以社会福利为主的公共服务模式。欧盟政府将更多的政府开支用于公共服务领域，以提升社会保障、社会救济和文化活动等水平，主要包括大陆欧洲模式和北欧福利模式。

1. 大陆欧洲模式

在法国和德国等欧洲大陆国家，公共服务供给的特色在于政府主导的有限市场化。在大陆欧洲模式下，政府在公共服务提供中占据主导地位，法国人甚至赋予其意识形态的内涵，而政府主导的公共服务在德国同样被认为是合法和合理的。法国的公共服务供给实体机构包括行政性公共机构和工商性公共机构，前者负责政府政策的实施或管理某项公共服务，涉及社会保障、社会救济和文化活动等，后者则在保持某种与公共服务联系的同时，在竞争部门开展其所有或一部分有偿业务，涉及供电、供气、铁路、邮政等领域。近年来，法国政府提出"以最低的成本提供最好的公共服务"的改革计划，强化了业绩责任，而机场、高速公路等领域的国有部门也逐步允许私人资本的进入。

2. 北欧福利模式

北欧各国的公共服务供给，尤其是社会保障和社会福利等核心环节，完全由政府通过高税收和高福利的形式予以承担。政府是公共服务提供的决定性因素，但并非直接提供公共服务。政府通过代理机构行使其公共服务职能，即在法律管制下承担公共服务职能的公营单位为公众提供公共服务，政府的职责在于如何有效监督代理机构。近年来，北欧各国在公共事业领域引入市场机制，试图通过强化竞争，进一步提高公共服务的效率和质量。其采取的主要措施包括打破垄断、扩大资本投资自由、促进行业分化和重组，实行所有权与经营权的分离，以增强国有企业的活力和实力，公共部门购买私营部门的服务和产品，使公共服务价格更加有竞争力，等等。

欧盟各国政府职能改革主要实施于公共服务领域，即通过政府强有力的杠杆作用，实现合理化的公共资源再分配机制，其成功经验主要包括如下两个方面：一方面是政府通过代理机构行使其公共服务职能，而其职责在于如何有效监督代理机构；另一方面是在公共事业领域引入市场机制，试图通过强化竞争，进一步提高公共服务的效率和质量。

（三）日韩政府职能改革经验

20世纪末，各国政府都基本认识到政府失灵的原因不仅在于政府职能的过于庞杂，还在于政府自身属性和规模的模糊界定。一些国家在改革中对国有企业和事业单位这类公共部门的民营化改革是"政府瘦身"的重要举措。其中日本和韩国的举措比较突出。

1. 日本的政府部门民营化改造

1997年的桥本政府时期，日本为实现"小政府"改革和政府职能调整的目标，加大了政府部门民营化的力度，其在对政府承担的公共事务和公共事业部门设置的必要性重新审查之后，采取的针对性措施有：对邮政、国有林地的政府经营事业实施部分企业化管理，扩大管理自主权和独立核算来增加压力，以促使其改进管理；推行独立行政法人制度，独立行政法人从事不能完全由民间完成的公共性较强的业务，即日本政府在对公共事业机构进行整理分类以后，对11家业务采取了撤销和民营化措施，对不宜民营化的60多家机构，如医疗卫生机构、博物馆、科研单位等，实行了独立行政法人制度，以明确的责任与绩效和质量要求来约束它们的公共服务水平；改革特殊法人制度，即对金融、基金、财团、住宅、道路等与行政相关的公共事务管理组织，根据其必要性或者缩小规模，或者撤销，或者导入独立行政法人制度。

2. 韩国的国有企业民营化改造

首先，对于企业性强的公有企业，果断进行民营化；其次，对于公共性强的公有企业，根据现状施行大幅度的结构调整和经营管理改革；最后，对于企业性与公共性兼而有之的企业，经过评估剥离以后，将企业性强的部分或完全出售或委托民间经营，公共性比较强的部分则参照企业性的标准和经验来加以调整和改革。实际运作结果是，生产能力占 GDP 8%~9%的所有26家国有企业总公司及其82家分公司中，各有九成被政府实施了民营化改制和经营革新改造。在纳入完全民营化范围的国有企业中，既包括电信、电力、天然气、供暖、输油管道、烟草人参这类垄断性企业，又包括韩国重工业集团、化工制造业集团、国定教科书出版集团和浦港钢铁集团这类国有企业巨舰。

日韩政府职能改革的关键词为"民营化"改造，其改革几乎涉及所有公共部门以及公共部门的组织、过程、角色和文化等方面，改革的具体措施包括结构变革、分权化、商业化、公司化、私有化等，主要内容有：国有企业从事原本生产"私人物品"的政府部门的活动，在市场机制下将国有企业民营化，重组政府部门结构，设置提供公共服务的新架构、新机制。

（四）国内东部地区政府职能改革经验

中国改革正面临着经济、社会和政府全面转型的严峻挑战。在经济转型、社会转型和政府行政管理体制变革转型中政府职能转型是解决我国当前改革所面临的核心问题的关键所在。近年来，东部发达省份结合其区位特点和发展阶段，已经开展并形成一定的政府职能改革经验。

（1）2001年，深圳政府借鉴西方国家的改革经验，推行"行政三分制"改革举措，即将政府的职能一分为三，行政管理职能分为决策、执行、监督三部分，在相对分离的基础上，三者相辅相成、相互制约、相互协调。"行政三分制"具有不同于其他政治体制改革的特点：一是决策体系是一个开放式的公共权力运作过程，这一过程可形成有效的责任机制和监督机制，最大限度地维护公众利益，实现公共目标；二是强化了政府权力的公共服务性质，从制度上保证权力与利益脱钩，进一步降低行政成本。深圳市的"行政三分制"改革并不是三权分立的继续，它所分的是事权不是法权，是将事务管理的权限相对分离、制约和协调。

（2）上海作为我国沿海最大的开放城市，改革开放 40 年来，按照中央要求，结合上海实际，共进行过五次较大规模的行政管理体制改革，并取得了较大成效，其改革的每一次任务，都是由经济体制改革深入以后提出来的，大的趋势是从计划经济向市场经济的转型，重新思考政府与企业、政府与市场、政府与社会的关系，采取整体推进、步步为营的渐进改革方式。每一次改革都在上一次改革的基础上，使政府管理体制与市场经济的要求更进一步，也与上海城市经济社会发展的需要不断适应。经过改革，上海政府职能转变迈出了重要步伐，社会管理和公共服务得到加强；政府组织机构逐步优化，公务员队伍结构明显改善；科学民主决策水平不断提高，依法行政稳步推进，行政效能有较大提高，符合上海经济社会发展特点和适应市场经济发展要求的行政管理体制正在形成。

由此看来，上述国家和地区采取的措施不同、侧重点也不同，但是都要解决三个方面的问题：第一，重新调整政府与社会、政府与市场的关系，减少政府职能，以求使政府管得少的一点，但是要管得好一些；第二，尽可能地实现社会自治，鼓励社会自身的公共管理，也就是利用市场和社会力量来提供公共服务，以弥补政府自身的财力不足；第三，改革政府部门内部的管理体制，甚至尽可能地在一些部门中引进竞争机制，以提高政府部门的工作效率和为社会服务的质量，从而使政府彻底走出财政危机、管理危机和信任危机的困境。

二、政府职能改革的主要方向与路径

（一）简政放权、放管结合

1. 改革方向

简政放权是厘清政府和市场边界的"先手棋"，也是推进供给侧结构性改革、扩大有效需求的重要举措。2013 年以来，国务院总理李克强多次召开国务院常务会议，动员部署"简政放权、放管结合"工作，要求各级政府处理好政府与市场、政府与社会的关系，把该放的权力放掉，把该管的事务管好。东北地区政府职能改革的首要方向也是"简政放权、放管结合"，这要求东北各地政府应结合东北新一轮振兴的总要求，主动适应改革发展新形势、新任务，按照"在放权上求实效，在监管上求创新，在服务上求提升"的总体要求，推动各项改革从重数量向提高含金量转变，从减少审批向放权、监管、服务并重转变，统筹推进行政审批、投资审批、职业资格、收费管理、商事制度、教科文卫体等领域改革，着力解决跨领域、跨部门、跨层级的重大问题，推出一批为企业松绑减负、为创业创新清障搭台的改革新举措，为稳增长、促改革、调结构、惠民生提供有力支撑。总之，"简政放权、放管结合"改革方向有利于创新服务突出"公共"角色、明晰权力边界彰显"护法"角色、强化监管构建廉洁型政府，这对于破解东北地区的体制、机制性障碍、遏制经济下行态势具有重要意义。

2. 实现路径

基于东北地区政府职能改革在"简政放权、放管结合"方面的现实需求，应主要从行政审批、投资审批、收费管理制度等改革方面着手（图13-5）。

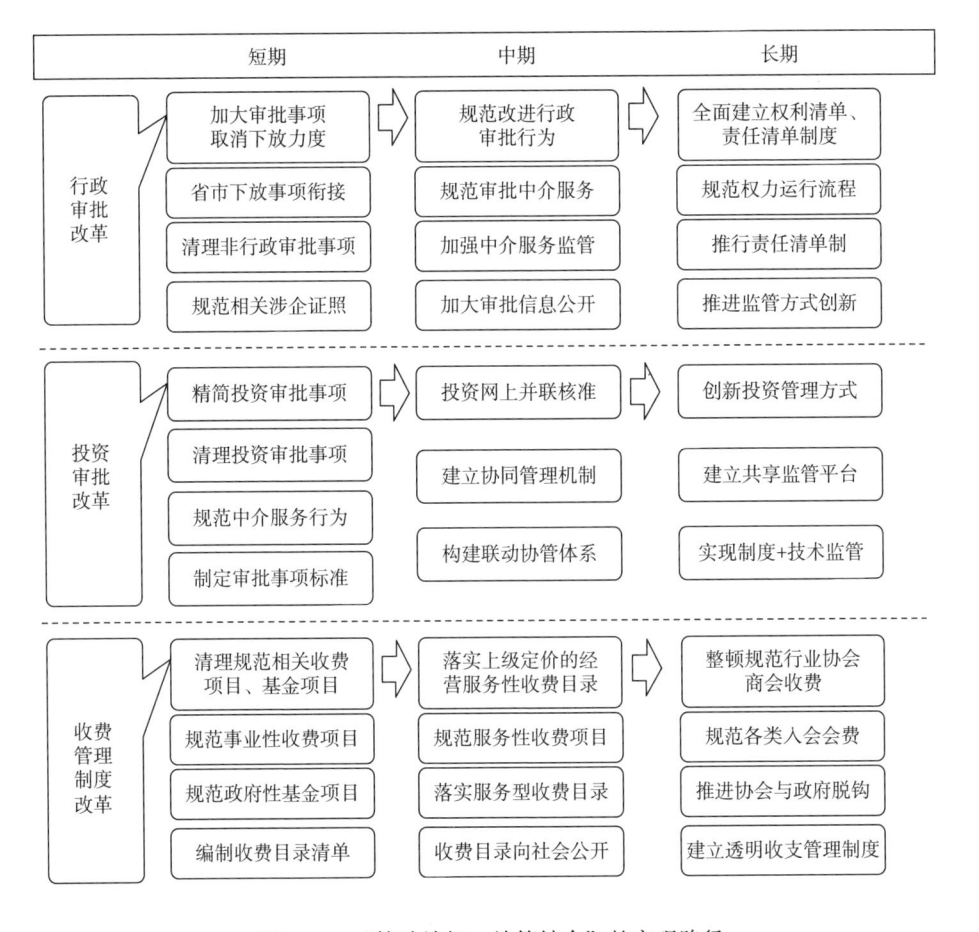

	短期	中期	长期
行政审批改革	加大审批事项取消下放力度 省市下放事项衔接 清理非行政审批事项 规范相关涉企证照	规范改进行政审批行为 规范审批中介服务 加强中介服务监管 加大审批信息公开	全面建立权利清单、责任清单制度 规范权力运行流程 推行责任清单制 推进监管方式创新
投资审批改革	精简投资审批事项 清理投资审批事项 规范中介服务行为 制定审批事项标准	投资网上并联核准 建立协同管理机制 构建联动协管体系	创新投资管理方式 建立共享监管平台 实现制度+技术监管
收费管理制度改革	清理规范相关收费项目、基金项目 规范事业性收费项目 规范政府性基金项目 编制收费目录清单	落实上级定价的经营服务性收费目录 规范服务性收费项目 落实服务型收费目录 收费目录向社会公开	整顿规范行业协会商会收费 规范各类入会会费 推进协会与政府脱钩 建立透明收支管理制度

图13-5 "简政放权、放管结合"的实现路径

（二）优化服务，提升质量

1. 改革方向

加快经济、社会发展步伐，为东北地区振兴提供保障，关键是要尽快实现政府转型，逐步建设服务型政府。优化政府公共服务职能，提升公共服务质量，是摆在东北各级政府面前的一项重要任务。首先，优化政府公共服务能力是实现东北地区振兴目标对政府提出的现实要求。政府要履行自己的公共职责，必须具有相应的行政能力，只有各级政府公共服务能力提高了，才能担负起新一轮东北振兴的历史重任。国际经验表明，市场经济本身可以提高经济的运行效率，但也伴随着一系列严峻的社会问题，这就需要政府承担起治理这种"市场失灵"的职责，从战略高度上重视公共管理，提升自己的服务能力。其次，优化政府公共服务能力是推动东北经济发展的基础条件。东北地区是我国最早进入、最晚退出、实行计划经济最彻底的地区，其地方政府仍保留较强的行政管制职能，这严重制约着东北地区的经济、社会发展。服务型政府是为适应市场经济的发展需要而产生的，将大力促进市场经济的成熟与发展，它不再以投资和形成国有产权为自己的基本职能，而以提供基本的公共产品为第一职能。最后，优化政府服务能力是建设和谐东北的重要条件。推进政府转型，强化政府公共服务功能，有利于化解东北发展中出现的社会矛盾和社会问题，为经济的持续发展提供良好的社会环境。

2. 实现路径

基于东北地区政府职能改革在"优化服务、提升质量"方面的现实需求，应主要从创新公共服务模式、优化政府职能配置、突破公共服务限制等方面着手（图13-6）。

（三）市场主导，政府引导

1. 改革方向

东北三省的落后与东部沿海发达区域相比，最根本的不仅是发展水平的差距，还是政府和市场管理体制的落后，是市场经济观念和体制的发育不良。这种政府主导型的行政区经济严重影响了东北整体和长远的发展。新一轮东北地区政府职能改革过程应是市场主导的区域经济不断发展的过程。市场主导机制是资源配置最有效的手段，它能通过供求、价格、竞争之间的相互作用与影响，推动资源的合理流动与分配，提高资源的使用效率，从而促进社会经济的发展。在东北地区社会主义市场经济体制逐步完善的今天，其经济发展必然要受到市场经济体

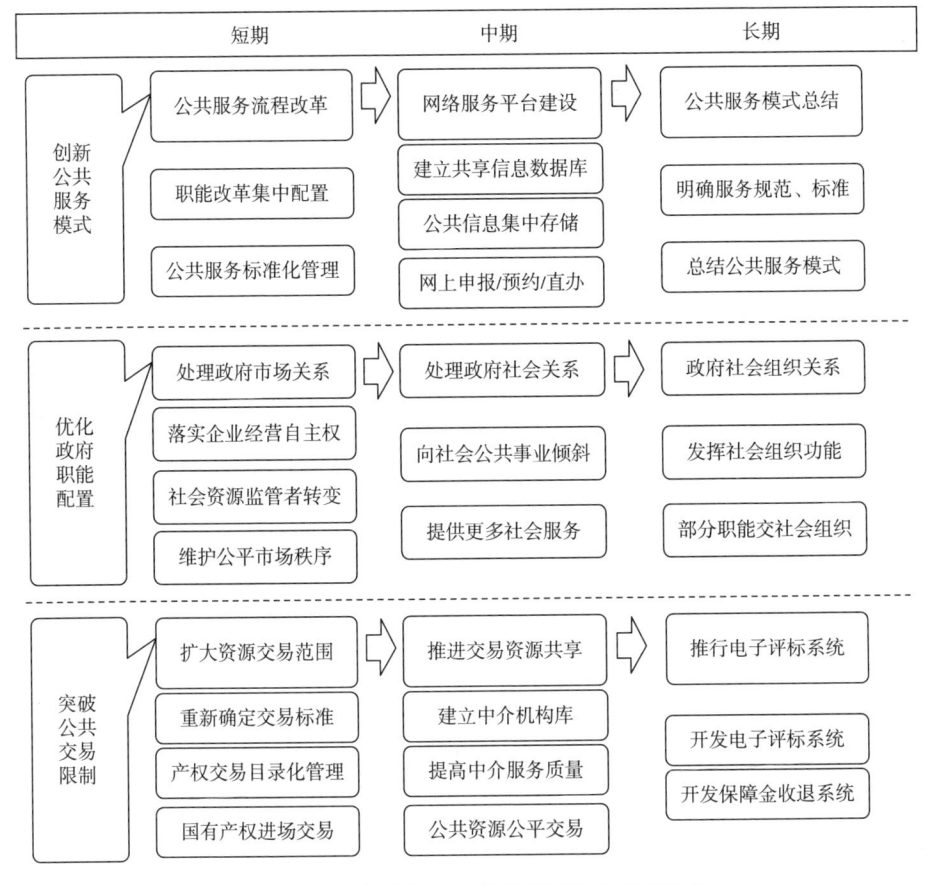

	短期	中期	长期
创新公共服务模式	公共服务流程改革 职能改革集中配置 公共服务标准化管理	网络服务平台建设 建立共享信息数据库 公共信息集中存储 网上申报/预约/直办	公共服务模式总结 明确服务规范、标准 总结公共服务模式
优化政府职能配置	处理政府市场关系 落实企业经营自主权 社会资源监管者转变 维护公平市场秩序	处理政府社会关系 向社会公共事业倾斜 提供更多社会服务	政府社会组织关系 发挥社会组织功能 部分职能交社会组织
突破公共交易限制	扩大资源交易范围 重新确定交易标准 产权交易目录化管理 国有产权进场交易	推进交易资源共享 建立中介机构库 提高中介服务质量 公共资源公平交易	推行电子评标系统 开发电子评标系统 开发保障金收退系统

图 13-6 "优化服务、提升质量"的实现路径

制和运行机制的深刻影响，很多事情要通过市场化的运作才会取得好的效果。总之，振兴东北既要摆脱多年形成的体制性、机制性、结构性矛盾的束缚，又要构建适应新形势的新体制、新机制，政府主导型的行政区经济严重影响了东北整体和长远的发展。长三角地区、珠三角地区经济发展到今天，正出现种种打破区划分割、形成以利益为纽带、区域内共同发展的创新实践，追求区域间生产要素和资源重新配置和整合。振兴东北，就必须以市场机制为主导来配置资源，结构调整、技术改造、企业重组等都应主要依靠市场这只"看不见的手"来决定。只有这样，才会使其产业发展符合市场规律，从而真正得到持续、健康的发展。

2. 实现路径

基于东北地区政府职能改革在"市场主导、政府引导"方面的现实需求，应主要从厘清政府与市场行为边界、增强市场创新内生动力等方面着手（图13-7）。

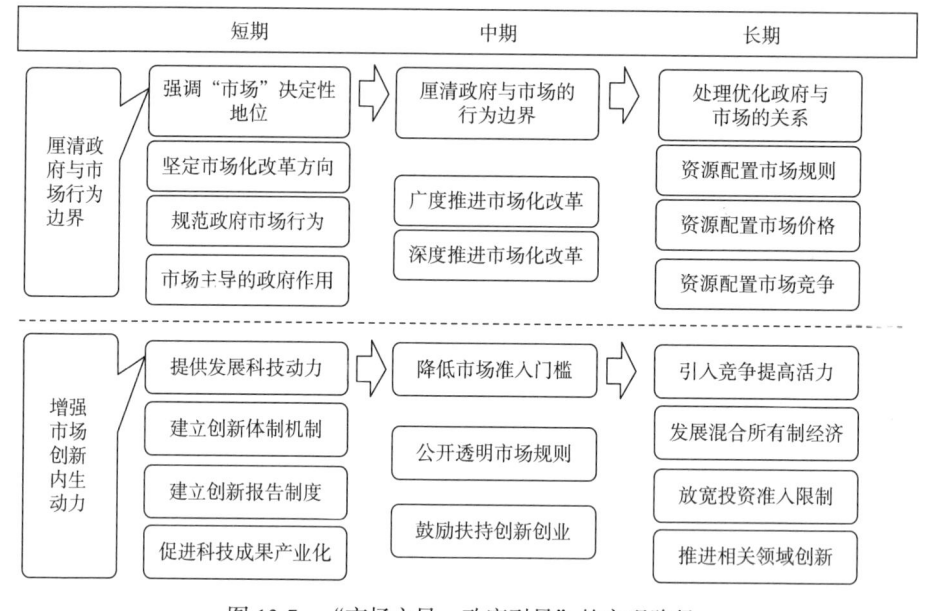

```
短期                          中期                        长期

厘清政府  ┌─ 强调"市场"决定性地位 ─┐   厘清政府与市场的   ┐  处理优化政府与
与市场    │                      │→  行为边界        │→ 市场的关系
行为      ├─ 坚定市场化改革方向   │                    │
边界      │                      │   广度推进市场化改革 │  资源配置市场规则
          ├─ 规范政府市场行为     │                    │
          │                      │   深度推进市场化改革 │  资源配置市场价格
          └─ 市场主导的政府作用   ┘                    ┘
                                                         资源配置市场竞争

增强      ┌─ 提供发展科技动力    ┐   降低市场准入门槛  ┐  引入竞争提高活力
市场      │                      │                    │
创新      ├─ 建立创新体制机制    │→  公开透明市场规则  │→ 发展混合所有制经济
内生      │                      │                    │
动力      ├─ 建立创新报告制度    │   鼓励扶持创新创业  │  放宽投资准入限制
          │                      │                    │
          └─ 促进科技成果产业化  ┘                    ┘  推进相关领域创新
```

图 13-7 "市场主导、政府引导"的实现路径

（四）市场准入负面清单试行

1. 改革方向

市场准入负面清单制度是指区域政府以清单方式明确列出在该地区禁止和限制投资经营的行业、领域、业务等，而负面清单以外的行业、领域、业务等，各类市场主体皆可依法平等进入。首先，实行市场准入负面清单制度是东北地区发挥市场在资源配置中决定性作用的重要基础。通过实行市场准入负面清单制度，可以赋予市场主体更多的主动权，有利于避免计划经济背景下生产资源分配不均问题，形成各类市场主体依法平等使用生产要素、公开公平公正参与竞争的市场环境。其次，实行市场准入负面清单制度是更好发挥政府作用的内在要求。通过实行市场准入负面清单制度，明确政府发挥作用的职责边界，有利于进一步深化行政审批制度改革，简化政府审批流程和范围，创新政府监管方式，促进投资贸易便利化，不断提高行政管理的效率和效能，推进市场监管制度化、规范化、程序化，从根本上促进政府职能转变。最后，实行市场准入负面清单制度是构建开放型经济新体制的必要措施。实施市场准入负面清单和外商投资负面清单制度，有利于加快东北地区现代市场体系的建立，解决老工业基地资源配置低效问题，促进国际国内要素有序自由流动、资源高效配置、市场深度融合，不断提升东北地区的国际竞争力，是以开放促改革、建设更高水平市场经济体制的有效路径。

2. 实现路径

基于东北地区政府职能改革在"市场准入负面清单试行"方面的现实需求，应主要从现行制度衔接、体制机制建设等方面落实负面清单着手（图13-8）。

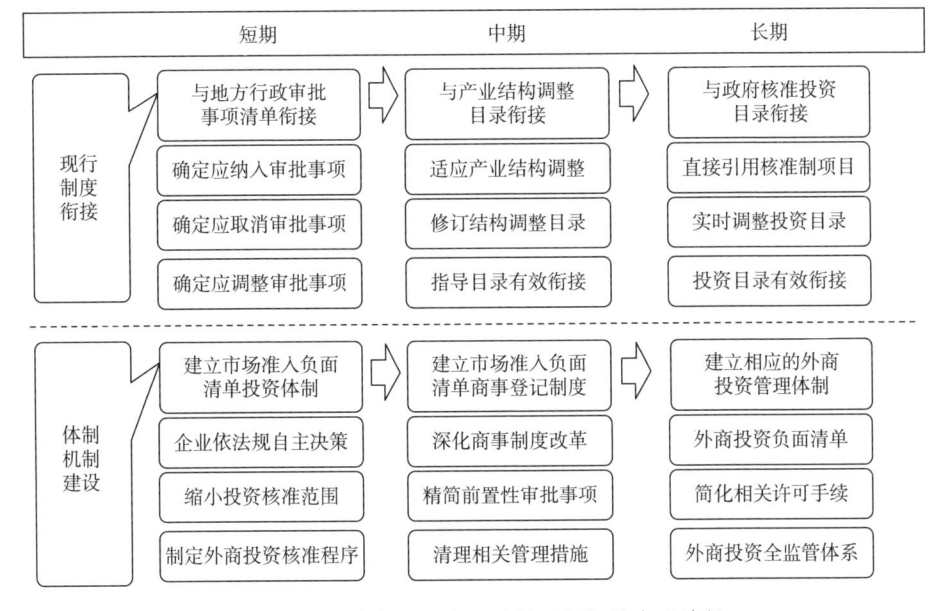

	短期	中期	长期
现行制度衔接	与地方行政审批事项清单衔接；确定应纳入审批事项；确定应取消审批事项；确定应调整审批事项	与产业结构调整目录衔接；适应产业结构调整；修订结构调整目录；指导目录有效衔接	与政府核准投资目录衔接；直接引用核准制项目；实时调整投资目录；投资目录有效衔接
体制机制建设	建立市场准入负面清单投资体制；企业依法规自主决策；缩小投资核准范围；制定外商投资核准程序	建立市场准入负面清单商事登记制度；深化商事制度改革；精简前置性审批事项；清理相关管理措施	建立相应的外商投资管理体制；外商投资负面清单；简化相关许可手续；外商投资全监管体系

图 13-8　"市场准入负面清单试行"的实现路径

第四节　政府职能改革对策建议

基于东北地区政府职能改革的政策模拟分析，并结合其政府干预强度和市场化发展水平评价现状，本书将主要从"政府权力"、"行政审批"和"经济社会结构"等方面，提出如下政策建议。

一、重构中央行政指导政策，探索党政一体管理框架

党政一体化是指将党委、政府、人民代表大会、纪律检查委员会、人民武装部等合多为一，即一套人马多块牌子，这样可以按照精干、高效、合理的原则实施政府管理职能。党政一体化体现党的活动与政府活动的有机结合，有利于解决经济社会活动中的党政冲突，增强党的机关对于社会和经济建设具体工作的直接责任。东北地区行政体制改革的主要瓶颈在于其行政控制强度过强，即公共行政

机构冗余、公共行政审批手续繁杂，这就需要改革其行政管理框架，以中央行政指导政策重构的形式，解决东北地区党政分开，党内各自为政，经济上各自为政的局面。本书结合对东北地区政府职能运行体制、机制性矛盾的梳理，从解决经济社会活动中党政冲突的角度提出东北地区党政一体管理框架如下。

首先，行政运行体制要一体化。东北地区各地市普遍存在行政层级多、官员冗余、行政效率低下等现象。党委和政府两方面的相关部门或在相关建设问题上相互推诿，或为一部法规颁布争吵，严重制约经济社会发展。这就需要中央重构相关行政指导政策，在东北地区率先实施党政体制一体化探索。

其次，工作定位考核要一体化。东北地区党政部门要通过责任分解表、计划书等形式，科学制定合理的分工、协作融合运行体系，使党委工作与政府管理目标同向、工作同步、责任共担。此外，党政之间还要探索相互间的专项考核与例行考核工作机制，尤其对于党政一把手实行一体化考核、同奖同罚。

最后，党政工作职责要一体化。在东北地区率先建立党政交叉任职制度，党委书记要兼任行政副职，行政一把手要兼任党委副书记，通过组织手段保证一岗双责、党政一体化推进。此外，还要进一步理顺党政干部关系，确保干部职权与责任相匹配，实现党政干部权责协调，相互支持、密切配合。

二、重构东北行政管理框架，率先推进大部制改革

东北地区是我国最早进入、最晚退出、实行计划经济最彻底的地区，其市场经济迟迟未推进的主要原因在于其行政管理体制严重制约其经济社会发展，政府自身存在一些深层次问题至今没有得到很好解决，主要包括如下几个方面：第一，政府自身改革滞后，职能转变滞后，行政审批事项太多，社会管理、公共服务职能薄弱；第二，政府部门间职责不清，协调不力，管理方式落后，办事效率不高；第三，政府工作人员依法行政的观念比较淡漠，执法违法的问题时有出现。解决东北地区政府部门设置过多、职能交叉、职能重叠等问题的主要方式在于重构东北行政管理框架，率先推进大部制改革，相应的改革建议如下。

首先，"大部制"改革必须坚守政府的公共性本质。"大部制"是政府对经济社会发展新要求的回应，目的在于加大机构整合力度，加强部门间协调配合，实现政府职能的有机统一，切实解决职能交叉、职责不清、经济社会中的突出矛盾等问题，最终为民众提供高效优质的公共产品和服务，促进社会和谐。

其次，"大部制"改革必须以转变政府职能为核心。大部制就是在政府部门的设置中，将那些职能重叠、业务雷同的事项交给一个部门来管理，即变"九龙治水"为"一龙治水"，这样可以最大限度地减少部门间机构交叉、权限冲突、推诿掣肘和权责脱节等问题，达到降低行政管理成本，充分发挥政府的整

体功能。

再次,"大部制"改革必须强化相关法规和制度建设。作为一项复杂的系统工程,"大部制"改革涉及从个人到组织,从政府到社会、市场的诸多关系。必须进行通盘考虑和系统设计,其中的核心问题就是要做好相关法规和制度建设。例如,职能转变若没有一个有关的明确规定,这样转变往往难以推进。

最后,地方政府"大部制"改革要有本土特色。地方政府不能脱离本地实际而完全套用中央"大部制"改革模式,要摆脱"上下对口""左右相齐"的习惯性思维,要赋予地方较大的改革空间,地方政府可从实际出发,充分研究地方政府在"大部制"改革中的现实问题,改革体现地方发展的地域性、特色化。

三、重构东北政策运行新机制,收缩政府权力边界

东北地区政府职能改革的政策模拟分析说明"缩减政府权力边界水平"可以有效降低东北地区政府的干预强度,从而使市场化发展水平高于政府干预强度,即在一定程度上解决了东北地区的"强政府、弱市场"问题(刘洋,2016)。按照简政放权、放管结合、优化服务的新要求,东北地区政府部门也需要进一步收缩权力边界、责任边界和权责分工,制定落实负面清单、责任清单和权力清单制度,加强政府部门之间的纵向和横向协调。鉴于东北地区政府职能运行的现状,其权力边界收缩必须要做到"法无授权不可为",严禁政府"法外授权",实现政府职能的回位和归位,相应的改革建议如下。

首先,建立全过程、规范化的权力制约结构。公权力被滥用,一般在权力行使过程中缺少有力制约时才能发生,这就要求东北地区把制约权力作为执政党和国家立法建制的主旨,建立起全过程、规范化的权力制约结构,防范权力运行中的脱轨和偏差,具体的政策建议包括上下分权、平行分权、内部分权等。

其次,牢固树立依法执政和执政为公的观点。有序激活相关利益主体的参与规模和程度,引入制度化的外部监督机制,建立违规用权的问责追究机制,逐步改变东北地区政府部门"权力大、责任小"的现状,真正形成"规范权力边界、完善权力运行程序、落实权力监督责任"的体制机制。

再次,逐步推行"政府权力清单制度"。结合东北地区政府职能运行特征,相应的政府权力清单制度应当从权力类型的科学化管理和权力清单范围全覆盖等方面优化改进,即从权力清单的责任约束和有效监督方面建立刚性制约机制,以此来完善东北地区政府权力清单制度的法治化,防止行政权力的滥用。

最后,借助舆论力量制约政府权力边界。现在是互联网支撑的信息社会,公众舆论不但有快速在大范围传播的可能性,而且有多路径"刨根问底"的搜索功能,即"第四种权力"。因此,借助网络舆论可以对党政官员或其他领导干部形

成巨大压力，促使他们严格约束自己的公务行为。

四、重构东北地区官场生态，探索特定管理干部交流政策

本书通过实地访谈和调研发现，东北地区官场生态存在一些问题，主要体现为：一是官本位，尊官轻民，官员只对上负责，不对下负责，想方设法捞政绩，不为老百姓干实事；二是靠背景，"朝中有人好做官"，部分官员认为靠上大树就能一路升迁；三是拉关系，山头主义，拉帮结派，相互支援提携，党同伐异；四是权钱色，权钱交易、权色交易，钱色被誉为毁掉官员的第一毒药。因此，改革东北地区政府职能运行现状应从政府管理干部下手，对东北的官场生态大动手术，将官场的老油条关系户彻底清理一遍，以期建立良好的官场生态循环系统，具体的改革建议如下。

首先，重新确立官员的行为规范，重建官场生态。以《习近平关于党风廉政建设和反腐败斗争论述摘编》为指导，结合东北地区现实情况，应确立如下官员行为准则：当官要为人民做主；当官要多干实事，少钻营关系找靠山；必须铲除官场山头主义；要当好官必须增强对钱色的免疫力。

其次，严惩腐败是构建东北绿色官场生态的重要环节。要形成良好的官场生态，有效解决腐败问题，必须把预防和惩治腐败结合起来，既注重建章立制，又注意抓住关键环节。从长远来说，有必要制定面向东北地区特色的"反腐败法规"；从目前来看，需要遵循政治文明建设的规律，紧紧抓住反腐倡廉的关键环节，积极营造绿色官场生态环境。

最后，东北地区政府职能改革不仅严重落后于其经济转轨的进程，还滞后于国内其他相关地区，这就需要其改革管理干部任用机制。一是打破干部部门化、区域化的局限，拓宽选人视野和渠道，加强干部跨条块跨区域交流，尤其加强和完善其与东部沿海地区的管理干部交流政策。二是破除"官本位"观念，必须从制度上、体制上和思想文化方面对"官本位"意识予以坚决批判和破除，并积极扭转东北地区长期存在的"重官轻商"思想。

参 考 文 献

李鑫, 欧名豪, 陆宇. 2012. 基于生态位理论的阿拉善盟土地利用结构多目标优化研究. 干旱区资源与环境, 26（8）: 69-73.

刘洋. 2016. 东北地区经济转型升级的战略思考. 宏观经济管理, （2）: 47-49.

念沛豪, 蔡玉梅, 谢秀珍, 等. 2014. 基于生态位理论的湖南省国土空间综合功能分区. 资源科

学，36（9）：1958-1968.

齐艺莹. 2004. 东北老工业基地国有资本配置效率评价及对策. 经济视角，（1）：33-37.

秦立春，傅晓华. 2013. 基于生态位理论的长株潭城市群竞合协调发展研究. 经济地理，33（11）：58-62.

周彬，钟林生，陈田，等. 2014. 基于生态位的黑龙江省中俄界江生态旅游潜力评价. 资源科学，36（6）：1142-1151.

朱春全. 1997. 生态位态势理论与扩充假说. 生态学报，17（3）：324-332.

Grinnell J. 1928. Presence and Absence of Animals. Berkeley：University of California Chronicle Press.

Wang Y F. 2007. A theoretical and empirical study on urban competitive based on niche theory. Master Dissertation of Henan University.